JN320595

# 日英の言語・文化・教育

## 多様な視座を求めて

Language Culture Education

日英言語文化研究会 編

三修社

# は し が き

　このたび日英言語文化研究会が2冊目の論集を編集し出版することになったのは誠に喜ばしいことであります。本研究会は2005年6月に発足し，これまで種々の研究活動を続けてきましたが，会員諸氏の強い要望もあり，2008年度から日英言語文化学会として，更なる発展を期することになっております。これを機に論集出版を企画し，会員，役員諸氏の投稿論文25編と研究会が依頼した招待論文8編と合わせて33編の論文（エッセイ，実践報告を含む）を掲載することができました。なお，書名に使っている「日英」は「日本と英語圏諸国」を簡略に表記したものであります。

　各執筆者の専門により論文は様々な分野に亘っていますが，みな言語と文化及びその教育に関心を抱く研究者であり，扱う分野は異なっていても，すべて言語文化研究と英語教育にとって有益な論文であると思います。

　「言語文化」ということばは，かなり古くから使われていますが，特に近年多くの大学の学部，学科名や講座名等に使われるようになりました。しかし，それらの学部，学科や講座の内容は様々であるようです。

　一言で言えば，様々な種類の言語表現を通して，その背景となっている多様な文化の諸相を探求するのが言語文化研究と言えると思います。本研究会では「日英言語文化学」として，日本と英語圏諸国のあらゆる種類の言語表現とその背景文化の探求を目指していますが，各会員の専門分野は多岐に亘っていますので，それぞれの研究成果を総合して，日英の言語と文化について幅広く研究を進めていくと同時に会員同士の学問的及び人間的な交流を深めていきたいと願っています。

　本書が言語文化に関心と興味を持つ学生，研究者，教員の方々にとって資するところが大なることを期待し，ことばと文化の研究を愛する人達が日英言語文化研究会に入会され，共に研究と交流を楽しむことができることを期待しています。

　本論集出版にあたり，貴重な論文をお寄せ頂いた諸先生方に感謝し，また，前回に引き続き出版をご快諾頂いた三修社社長前田俊秀氏に厚くお礼申し上げます。

　　　2008年3月
　　　　　　　　　　　　　　　日英言語文化研究会会長
　　　　　　　　　　　　　　　和洋女子大学名誉教授　　　奥　津　文　夫

# 目　次

はしがき ……………………………………………………………… 1
審査委員一覧 ………………………………………………………… 6

## 第1章　言語と文化

「日本人論」から見た文化と言語の問題　　　　　　浅野　博*……… 9
平成の廃仏毀釈──日本語軽視の数学教育を憂う　　大谷泰照*…… 18
日英語比較と背景文化──"wear"の日本語訳と「腰」
　の意味範囲をめぐって　　　　　　　　　　　　奥津文夫……… 27
国際政治にみられる合意形成の諸相──ポスト冷戦
　期の米国外交から　　　　　　　　　　　　　　須釜幸男……… 37

## 第2章　言語表現と意味

英語の心を読む──その実践　　　　　　　　　　行方昭夫*……… 49
表層の意味と裏の意図──日英語の談話における話し
　手の合図　　　　　　　　　　　　　　　　　　村田　年……… 61
Mangaに見る日英語比較──数量的分析と転移比較の
　観点から　　　　　　　　　　　　　　　　　　三宅美鈴……… 71
インターネット広告の談話分析──日本語とアメリカ
　英語の場合　　　　　　　　　　　　　　　　　足利俊彦……… 81

## 第3章　言語表現の文法

慣用句の変奏　　　　　　　　　　　　　　　　　村田勇三郎*…… 93
眠り姫の庭に眠る廷臣たちを求めて──日英言語文化
　研究ノートから　　　　　　　　　　　　　　　山岸勝榮*…… 106
英語母語話者の潜在意識と冠詞の使い分け方の感覚　坂井孝彦…… 116
onかinか？──可塑性がある対象物に関わる空間前置
　詞の選択　　　　　　　　　　　　　　　　　　遠藤雪枝…… 126
擬似空所化の残留要素──統語構造と情報構造の狭間
　で　　　　　　　　　　　　　　　　　　　　　根本貴行…… 136
「物語」における時制交替の日英語比較　　　　　　小島章子…… 146

## 第4章　言語表現と語彙

意味記述におけるコアの有効性と英語教育における
応用可能性 ... 田中茂範* ... 159

現代のオノマトペに見られる日英語の相違——副詞
使用型と動詞・形容詞使用型の文化的差異 ... 吉村耕治* ... 170

英語のイディオムと日本語の慣用句に使用される
身体語彙の計量的比較分析 ... 長谷川修治 ... 181

## 第5章　文学

殺し文句——藤村とフォークナー ... 池内正直 ... 193

児童文学の翻訳を通してみる日英語の比較 ... 大須賀直子 ... 205

*The Old Man and the Sea* におけるストイシズム
——'must' の用法を中心に ... 桑原清美 ... 217

『ハムレット』における劇作家・役者・観客 ... 横山多津枝 ... 228

翻訳における文化的要因と動的等価性——D. H. ロレ
ンスの「二羽の青い鳥」をめぐって ... 石川慎一郎 ... 238

## 第6章　言語教育と文化

英語教育におけるネイティヴ志向は有益か ... 矢野安剛* ... 253

EIAL の一例としての「日本英語」——その目指すべ
き方向を求めて ... 森住　衛 ... 265

スコットランド・ゲール語法成立の背景——スコッ
トランド政府の言語政策研究 ... 中尾正史 ... 275

*God Made the Country, and Man Made the Town*
の示唆——「生得的」と「経験的」と ... 菅野憲司 ... 285

A Gift of the Cognitive Science of Language to
Secondary EFL Teachers—Toward Liberal Arts
Orientation ... Eiichi Iwasaki ... 295

## 第7章　英語教育と文化

日本人英語学習者のライティング能力——英作文と
日本語作文の関係 ... 馬場千秋 ... 307

英語受容語彙知識の階層性　　　　　　　相澤一美……… 318
文脈の種類と語彙学習──例文と文章それぞれの語彙学
　　習の比較　　　　　　　　　　　　　葉田野不二美…… 328
日本人英語学習者のための電子辞書使用──読解活動
　　に着目して　　　　　　　　　大崎さつき・中山夏恵…… 339
EFL教材に見るジェンダーと対立表現──紙ベース教
　　材とCALL教材の比較　　　　　　　　河内山有佐…… 349
中学校英語教育におけることわざ導入の意義と効用　濱崎敦弘……… 361

執筆者一覧………………………………………………………………… 372
あとがき…………………………………………………………………… 373


（執筆者名の＊印は招待論文を表す。）

──────審査委員一覧 (肩書は 2008 年 3 月 1 日現在)──────

審査委員長
 浅野　博　（筑波大学名誉教授）
審査委員
 足利　俊彦　（北海道医療大学講師）
 池内　正直　（明治大学教授）
 大谷　泰照　（名古屋外国語大学教授・大阪大学名誉教授）
 奥津　文夫　（和洋女子大学名誉教授）
 神保　尚武　（早稲田大学教授）
 須釜　幸男　（東亜大学専任講師）
 杉本　豊久　（成城大学准教授）
 鈴木　博　（東京大学名誉教授）
 田口　孝夫　（大妻女子大学教授）
 中尾　正史　（桐朋学園芸術短期大学准教授）
 行方　昭夫　（東京大学名誉教授・東洋学園大学名誉教授）
 根本　貴行　（駒沢女子大学講師）
 羽鳥　博愛　（東京学芸大学名誉教授）
 馬場　千秋　（明星大学講師）
 坂内　正　（北星学園大学短期大学部教授）
 松山　正男　（神奈川大学名誉教授）
 村田　年　（和洋女子大学教授・千葉大学名誉教授）
 矢野　安剛　（早稲田大学教授）

# 第1章　言語と文化

# 「日本人論」から見た文化と言語の問題

浅野　博

## 1. はじめに

「日本人論」は戦後(1945-)だけでも枚挙にいとまがないが，日本人の立場という観点から，森(1977)の『日本人——＜殻なし卵＞の自我像』に注目したい。これを手がかりに，主に戦後の日本人論の変遷を概観し，その問題点と言語教育の課題を考察するのが本稿の目的である。

## 2. 「＜殻なし卵＞の自我像」
### 2.1 「スキンシップ」のこと

森(1977)は，まず昭和50年ころ日本で流行った「スキンシップ」という用語が，英語であるかどうかを探求するところから始めている。苦労したあげく，結局は和製英語であったという結論に達している。そして，「肌」と"skin"の語感の日米の違いを指摘している。日本語では，「肌で感じる」「肌を寄せ合う」といったプラスのイメージが普通だが，英語ではマイナスのイメージ（時には卑猥な感じ）を示すことが多く，これは英語のみならず，独語，仏語でも言えるとしている。

Beauty is but skin-deep. という諺では，"skin-deep"は「うわべだけのもの」という感じを表している。握手やハグをする西欧人が多いのに，そして，日本人はお辞儀をして，特に初対面の人とは「肌を触れ合う」ことをしないのに，「スキンシップ」という言い方を好んだというのも，本書の主題ではないが，興味ある問題だと私は思う。

### 2.2 これまでの「日本人論」への不満

森氏は，「はしがきに代えて」で，「『しかし』なしの日本人論」を要望している。それまでの日本人論が，「日本の社会は＜タテ社会＞の構造をもってその特色としてきた。しかし，これからの日本人はヨコの連帯意識を持たなければならない」（太字引用者）のような論じ方をしているからだとする。私も日本人の書いた日本人論には，"遠慮がちで，内省的な"ものか，逆に

"日本人の長所を誇示する"口調のものがあるのは確かだと思う。「バランス」とか「公平」をもっと考慮に入れたい。

　日本人は概して温厚な性格なくせに，極端から極端へ走る傾向があるので，上述のような「『しかし』つきの日本人論」を止めよと言うと，自民族賛美の日本人論ばかりになりはしないかと，私は心配する。例えば，安部(2006)『下僕（しもべ）の精神構造』は，日本人が失いかけている「忠孝の精神」「報恩思想」は，世界に誇れる普遍性のあるものなのだから，日本人は卑屈な下僕精神を捨てて，自信と誇りを取り戻せと説いている (p.85)。しかし，私はすぐには同意できない。

## 2.3　「個」「自己」の考え方

　日本人は仲間意識が強く，「個」や「自己」の確立がないということがよく指摘されてきた。英文を読んでいると "identity" という語の訳し方に困ることがある。英英辞典（*LDCE*）などは，"someone's identity is their name or who they are" などと気楽に定義しているが，英和辞典では「本人であること」「同一の人・ものであること」といった訳を与えていて分かりにくい。UFO で使われている "unidentified" は「未確認の（飛行物体）」と訳されているが，わかりやすく言えば「正体がわからない」ということで，"identity" は「正体」と考えてもよい。つまり「個」の持っている「本当の姿，実体」ということだ。英語では，「個（人）」というものは，「他と区別されるべきもの」という前提があるから，それを明確に認識することが，動詞の "identify" で，そう認識されたものが "identity" なのである。

　日本語では，「個性」は「他の人と違った性格」ということで，「個」の存在が出てくるが，「あの人は個性が強い」と言うと，「自己中心的で，協調性がない」という非難の婉曲的な表現になる。つまり，「個」はあくまでも「全体の一部」としか意識されないのである。例えば，河合 (1995)『日本人のアイデンティティ』は次のように述べる。

> 欧米人が「個」として確立された自我をもつのに対して，日本人の自我——それは西洋流に言えば「自我」とも呼べないだろう——は，常に自他との相互関連のなかに存在し，「個」として確立したものではない … (p.23)

　この問題は漱石の「個人主義」を連想させる。荒木 (1976) は，「夏目漱石

と西洋的自我」という一節で次のように書いている。

> 私はある意味で漱石は，日本の歴史のなかにかつて存在したもっとも悲劇的人物ではなかったかと思っている。漱石はその透徹した知性と観察力によって，西洋的自我をもっとも早く理解しえた人物であった。彼はいうならば漱石以前の，いや漱石以後の今日にいたるまで何人も試みえなかった日本文化の「自己滅却」「自己否定」の枠組みからの大胆な脱出を試み，そしてついに刀折れ矢尽きて倒れていった巨人であった。(p.207)

漱石の作品は現在でも多くの人々に愛読され，「漱石論」も膨大な数になるが，漱石については，次のように述べるに留めたい。

私は，漱石の特に晩年の作品における人間の描写は独特の鋭さがあって，「自我」や「個人主義」を挫折することなく（登場人物には自殺の例もあるが），追及していると思う（増満2004）。

### 2.4　「人格構造モデル」

森氏は，これまで提案されてきた「日本人の人格構造モデル」も，「西欧人的自我のモデル」も間違っているとして，次のように述べる。

> 西欧人的自我観をモデル化したとき，＜タテ社会＞とか＜甘えの構造＞とか，とにかく日本人に自信を喪失させるようなモデルが出来上がったのです。したがって，こうした，西欧的発想から浮かびあがったモデルから乳離れしない以上，これをどういじくっても，結局は日本人はダメな民族で，西欧人はリッパ，という結論に達せざるをえないでしょう。(p.40)

しかし，森氏は，「ウルトラ・ナショナリズムがそのままモデル化されたようなもの」は考えないとし，要点を述べると，次のような提案をする。

> 西欧人の自我のモデル＜殻つき卵＞は，中身は簡単には壊れないが，外部からの強い圧力がかかると一気に破壊される。殻があるために，中身の実体を外から知ることはむずかしい。
>
> 日本人の自我のモデル＜殻なし卵＞は，比較的壊れやすいが，外圧に対してはかなり凹むというマイナス面が，突然の破壊を防止している場

合がある。そして，むき出しのたまごは，腐敗しているかどうかがすぐに分かる。

　くわしくは，同書の pp.43-45 を参照してもらいたいが，森氏はこの前提のもとに，日本人と西欧人の人格構造や自我の違いを例証していく。次に1つだけ例を挙げる。

　　まず，＜殻なし卵＞にたとえられるソフトな自我は弾力性に富みます。すなわち外から圧力を加えると，その分だけへこみます。人からある要求を受けるとまずイエス，というわけです。しかし，しばらくたって圧力がとりのぞかれると，あたかも要求がなかったような行動に移ります。「ハイ」と口ではいいながら，実は「ハイ」ではなかったのです。ここに，これまで再三指摘されてきた西欧人の日本人に対するいらだちと不信感を生む原因があります。日本人は一見，たいへんにおとなしそうに見えても，その実まことに鉄面皮なのです。(pp.48-49)

## 2.5　日本人は「鉄面皮」か？

　私はここで，上記引用の最後にある「その実まことに鉄面皮なのです」という言い方は誤解を招くと思うので，異議をとなえておきたい。「鉄面皮」は「厚顔無恥」とも言い，「恥知らず」のことである。したがって，「相手を欺いても平気な人間」ということになってしまう。そうではなく，相手が論理で攻めてきたときに，とことん論理でやり返すのではなく，＜殻なし自我＞の日本人は，「これ以上やり合うと，お互いに壊れてしまう。このあたりで鉾をおさめて仲よくやりましょうよ」というのが多くの場合の本音だと思う。「玉虫色の決着」は戦後政治の中では繰り返し行われてきた。

　日本人同士であればお互いにそれで我慢もするが，国籍や民族が違う相手となると，通用しにくいのも確かだ。たまたま，本稿執筆中(2007 年 7 月中旬)に，アメリカ議会の委員会が，慰安婦問題で日本を非難する決議案を通したというニュースが流れた（後に下院の決議となった）。それに対して，安倍首相は記者会見で，「アメリカがお決めになることですから，私はコメントする立場にはない」と述べていた。「日本政府は謝罪すべきという決議だから，何らかのコメントがあってしかるべきではないか」という質問には，「アメリカでは，決議案などはいくつも出されるのですから」とまともには答えないのだが，放送された場面では，記者団もそれ以上問い詰めることはなか

った。まさに仲間同士の「以心伝心」である。アメリカは同盟国であるから，事を荒立てるべきではないという前提が大事にされる。しかも，こういう「事なかれ主義」を国民性の長所とするか，短所とするかの決着もつけたくないのが日本人の性格である。これでは討論などうまくなるはずがない。

## 3. 心理学的視点の日本人論
### 3.1 「カルチュア・ショックの心理」

これは近藤 (1981) の書名であるが，著者は心理学者の立場から，経済復興とともに，海外へ進出した日本企業の社員とその家族の体験した「文化摩擦」のことを論じている。昔の例としては，永井荷風，夏目漱石，高村光太郎などが，留学によって欧米の生活に触れ，"ノイローゼ"になった様子を伝えている。どんな民族の人間でも，異郷の地にあっては"ホームシック"になるのはむしろ自然なことであろうが，明治時代の文人たちは，特に感受性が強く，西洋に対して強い劣等感を持っていたことも大きな原因であろう。近藤氏は，さらに英語を駆使できた内村鑑三でさえ，異郷の地にあって感じる「孤独感」について書いていることを紹介している (pp.13-14)。

こういう話を読むと，私は中浜（ジョン）万次郎のことを思い出す。出漁中に遭難し，アメリカの捕鯨船に救助されたが，鎖国令に違反したことで，帰国したら処刑されると信じていたとはいえ，数年間もアメリカで過ごし，望郷の念に駆られながらも，農園や金鉱で働いて資金を貯めながら帰国の機会をじっと待っていた精神力の強さは感嘆に値する。帰国後は幕府の通詞として活躍できたのも当然であろう。

日本人の異文化接触の歴史は決して短くはない。しかも，経済大国になってからの海外旅行者は急増した。それでも「国際理解」「異文化理解」は実質的に向上しているようには思えない。その原因は単純ではないが，近藤氏は，日本人の「自文化中心主義 (ethnocentrism)」を指摘する。

### 3.2 受け入れるのは「人」か「もの」か？

昔から「日本人は"もの"は受け入れるが，"人"は受け入れない」と言われてきた。海外の孤児を迎えるような養子の制度が普及しないとか，中国残留孤児が日本での生活に困難を感じるとかの問題がある。近藤 (1981) には次のような指摘がある。

…一方においては舶来品を崇拝するほどに外国の物質的なものには開放的であり，受容的であるのに対して，片方では外国人の異人的な要素に対しては閉鎖的であり，排他的であるという姿勢をもつ日本人が外国に赴いた場合に，自然環境や物的環境にはさほど問題なく適応できても，社会環境において，とくに人的環境において適応上の問題を多く経験するというのは考えてみれば当然なことだと思う (pp.126-127)。

　ところが考え方などが欧米化した若者は，日本に戻ると別のカルチャーショックを感じて，多くの問題を抱える。そこで，渡部・他 (1991) の示すような ICU 高校における教育の取り組みが重要だったのだが，残念ながら全国的な動きとはならなかったように思う。

### 3.3 「ソフトな自我のあり方」
　小此木 (1989) の一節のタイトルだが，森 (1977) の「＜殻なし卵＞の自我像」とはまったく関係なく論じられている。この書物自体が，他の文献などを挙げていない。それも 1 つの論じ方であろうが，日本では，概して個人個人が言いっぱなしで，積み重ねがない。特に，日本人同士が長年にわたって 1 つの見解を発展させることはまれである。これも 1 つの民族性と捉えてよいであろう。現に 1980 年代には流行語にもなった「モラトリアム人間」という言葉は，30 年後の今日ではほとんど聞かれない。実は，この青年心理の分析には，今日の社会現象を予測できる優れた指摘がなされていたと私は思う。

　21 世紀の日本の若者は，自分は何が好きで，将来何をやりたいかがわからずに，フリーターとして，またはホームレスとしてどうにか生きている者もいる。彼らは弱い政治力の犠牲者だとする見解から，日本社会の仕組み，すなわち自由主義経済のあり方そのものを問う声もある。しかし，現実の政治は依然として「景気浮揚策」優先である。

## 4. 「日本人論」——外からと内からの検討
### 4.1 「日本人論の陥し穴」
　これは藤原・他 (1982) の書名で，次の 5 冊の本についての鼎談である。
　　ハーマン・カーン『21 世紀は日本の世紀』
　　ガルブレイス『不確実性の時代』

フリードマン『選択の自由』
ライシャワー『ザ・ジャパニーズ』
ヴォーゲル『ジャパン・アズ・ナンバーワン』
この鼎談についての私の不満は2つある。

① 読者が上記の書物をすべて読んでいることを前提にしている論じ方であること。いずれも話題になった本だが，5冊すべてを読んだ日本人はかなり少ないであろう。しかもはっきり覚えているとは限らない。それなら，論旨を掲載するなどして，読者の便宜をはかるべきである。

② 全体として批評対象の単なる「悪口」の言い合いという印象を与える。小見出しには次のような文言が並ぶ。「日本の置屋文化人たち」「売春政治がはびこる日本」「底の浅い歴史観の上の官僚的発想」「アズとイズの読み違いに便乗した三流学者・ヴォーゲル」など。これでは三流誌の見出しと変わらない。

### 4.2 読者への配慮を

批判するのがいけないのではない。批判するなら，問題の箇所を指摘し，なぜそこが批判されるべきなのかを説明するのが，まず読者に対しての望ましい姿勢である。そして，これは編集者の問題でもある。

望ましい例としては，谷川・多田 (1987)『日本語グラフィティ』を挙げたい。著者たちは明治以来の日本語について対談し，その分野は「教科書」「広告」「漫才」「翻訳」など18項目に及ぶ。有難いことに，話題に応じて明治時代の教科書や古い広告などの資料が随所に再現されていて，対談の内容理解に役立つのである。

### 4.3 批判は具体的に

知日派とされたライシャワー元駐日大使も不適切な考え方をしているところはある。例えば，彼の『真の国際化とは』(1988) では，「(日本人が外国語が下手なのは) 日本語の音組織が他と比較すると貧弱だから (the relative poverty of the Japanese phonetic system)」(p.65) と述べているが，これは，日本語は"劣った言語"だという誤解を招きやすい。母語が学習対象言語と語族が違う場合は困難が大きいというのはほぼ常識で，どちらかの言語が"劣っている"からではない。

鈴木 (1990) も，日本語の音素の数が23個というのは，英，独，仏に比べ

ると「貧弱と言わざるをえない」としている。そして，それを補う工夫が漢字表記にはあるとして，その特徴を述べている（同書4章，5章）。どの言語も長所もあれば短所もあるということである。ちなみに，山口(2006)は，奈良時代の日本語の音韻について，清音が61，濁音が27もあったことを指摘している(p.34)。音素の数の減少は，言語の変化の1つで，言語の退化とは言えない。

　漢字の学習が難しいのは確かである。だからといって，ローマ字表記を採用したら理解しやすくなるとは限らない。井上(2001)は，「相対的な日本語の難易度」を論じながら，「日本語発音は易しいが，文字表記は世界一難しい」としている(pp.176-180)。この難しさは，外国人に日本語を教える場合に特に強く感じられるのも確かであろう（花田1997）。日本語の教育面での舵取りをしているのは国語審議会だが，その提案は，必ずしも効果的なものばかりではない（野村2006）。

## 5. 大衆文化の傾向
### 5.1 「斎藤祐樹くんと日本人」
　これは中野(2007)のタイトルだが，高校野球で優勝した投手の斎藤祐樹が一躍マスコミでヒーローに祭り上げられ，多くの日本人がその言動に大騒ぎをする現象を取り上げている。中野氏は，鋭い社会寸評をするコラムニストだが，ここでも，この若い野球選手が騒がれる社会現象の裏の姿を追求している。彼には日本人が失いつつある「抑制美」があり，豪胆でありながら，優しさを感じさせる振る舞いに，多くの日本人があこがれる現象を多くの例を挙げながら分析している。私が思うに，そういう日本人の心理として，共感できる過去の思い出の象徴を現在に持ちたいという意識が流れていると見たい。これも一種の「仲間意識」と言えよう。

### 5.2 「日本男児」
　赤瀬川(2006)のこのタイトルは，何か古めかしい感じを与える。もっとも，これは著者のものではなく女性編集者の呟きから生まれたものらしい。したがって，著者は単純に「強い父親」の復活を期待しているのではなく，洋式トイレの導入やデジタル機器の普及といった身の回りの事物が人間の心理や肉体に与える影響を間接的に指摘している。ただ，上記の斎藤くんの実像と並べてみると何かしら，大衆文化としての共通点があるように感じられる。

「失われつつあるもの」への憧憬が，現在の社会現象の背後にあると見たい。

## 6. 結びに

　私は，日本人は元来"お人好し"だと思う。お互いに「性善説」を信じている集団である。「日本人論」をわかりやすくするには，このくらい単純化したほうがよいであろう。問題は，それなら，"お人好し"集団の中で，なぜ凶悪な犯罪が生じるかということである。人間はだれでも，「優しさ」と「残酷さ」，「勤勉」と「怠惰」といった多くの二面性を有している。どちらが強く現れるかは，その集団の教育力，政治力といった環境に影響される。特に"お人好し"は周囲の雰囲気に流されやすい。明確な自我がない日本人は，極端から極端に変化しやすいのである。だからこそ適切な政治力や教育力の存在が望まれるのである。そのための政治や教育のあり方については，別の機会に論じたい。

**参照文献**

安部雅延．2006.『下僕の精神構造』中経出版．
赤瀬川原平．2007.『日本男児』（文春新書）文藝春秋社．
荒木博之．1973.『日本人の行動様式』（講談社現代新書）講談社．
─────．1976.『日本人の心情論理』（講談社現代新書）講談社．
藤原肇・早川聖・松崎弘文．1982.『日本人論の陥し穴』山手書房．
花田康紀．1997.「日本語指導における漢字指導の問題」（財）語学教育研究所『紀要』第11号．69-82.
井上史雄．2001.『日本語は生き残れるか──経済言語学の視野から』（PHP新書）PHP研究所．
河合隼雄．1995.『日本人とアイデンティティ──心理療法家の着想』（講談社α文庫）講談社．
増満圭子．2004.『夏目漱石論─漱石文学における「意識」』和泉書院．
森常治．1982.『日本人─〈殻なし卵〉の自我像』（講談社現代新書）講談社．
中野翠．2007.『斎藤祐樹くんと日本人』（文春新書）文藝春秋社．
野村敏夫．2006.『国語政策の戦後史』大修館書店．
ライシャワー，E.O.，国弘正雄訳．1988.『真の国際化とは』（英文付き）チャールズ・イー・タトル出版．
渡部淳・和田雅史．1991.『帰国生のいる教室──授業が変わる・学校が変わる』（NHKブックス）日本放送出版協会．
山口仲美．2006.『日本語の歴史』（岩波新書）岩波書店．

# 平成の廃仏毀釈
## ──日本語軽視の数学教育を憂う──

大　谷　泰　照

## 1. 転換点としての戦争

　わが国は，幕末期に２つの対外戦争を経験した。文久３年（1863年）の薩英戦争と元治元年（1864年）の馬関戦争である。「夷狄斬るべし」と公然と言われ，外国人に対する刃傷沙汰が絶えなかった攘夷運動の激しい時代であった。日本人が自らの力に過度の自信を持っていた時期である。

　薩摩藩の行列を乱したとしてイギリス人３人が殺傷されたのが，いわゆる生麦事件である。その補償を求めて，イギリスは７隻の太平洋艦隊を鹿児島湾に送り込み，砲撃戦の末，薩摩藩の砲台をほぼ壊滅させ，鹿児島の市街地の多くを焼失させた。その結果，薩摩藩が多額の賠償金を支払うことによって，この薩英戦争はやっと決着をみた。

　過激な攘夷政策をとっていた長州藩もまた，馬関海峡を通行する外国船に対して次々と砲撃を加えた。これに対抗するために，英，仏，蘭，米の列強４国は，17隻の艦隊を馬関海峡に差し向け，長州藩の砲台を占拠，破壊してしまった。完膚なきまでに打ちのめされた長州藩もまた，結局はこの馬関戦争終結のために，多額の賠償金を支払うことになった。

　この２つの戦争の敗戦で欧米列強の実力をまざまざとみせつけられると，途端に日本人はそれまでの自信を大きく失い，まるで手のひらを返すように欧米に急接近して文明開化の明治が始まる（1868年）。

　明治新政府の欧化政策によって，西洋の文物・風俗の模倣が熱病のように広まった。後に文部大臣になる森有礼は，日本語を「貧弱な言語（our meagre language）」[1]と考え，その日本語に代えて英語を国語にしようという「英語国語化論」を提唱した。また，後に第２代首相となる黒田清隆らは，日本民族を「劣等な」民族と考え，その日本人を欧米人と結婚させることによって人種の改良を図ろうとする「日本人種改造論」を説いた。

　これに加えて，明治政府の一大失政といわれる神仏分離政策が，日本の伝統的な文化を否定する動きに拍車をかけ，廃仏毀釈は狂気の様相を呈するよ

うになった。全国で多くの寺院が取り壊され，その貴重な文化財が破壊され，散逸するという取り返しのつかない悲劇が引き起こされた。奈良7大寺の1つ興福寺も諸堂は破壊され，現在では国宝となった五重塔はかろうじて生き残ったが，わずか25円で競売され，危うく取り壊されようとした。今日では世界文化遺産の法隆寺も，明治の初めには廃寺の危機に直面し，荒れ果てて，寺の仏像も海外へ流出したほどである。

　この廃仏毀釈によって破壊された寺院，仏像，仏具，仏画，絵巻物，経典などは夥しい数にのぼり，イスラム原理主義タリバンによる世界文化遺産バーミヤンの巨大石仏の破壊をはるかに超える大規模な蛮行であった。大量の仏教美術など文化財の海外流出を目の当たりにして，大森貝塚の発見者のエドワード・S・モース (Edward S. Morse) は，「日本人は自分たちの美しい宝が，日本人たちの国を去って行くことがいかに悲しいことであるかに気づいていない」[2]と憂えた。明治の廃仏毀釈がなければ，わが国の国宝は，優に現在の3倍はあったであろうと考える専門家たちもいる。

　近代以降のこの国の歴史をあらためて考えてみると，尊大なまでに自信過剰であった日本人を，一転して卑屈なまでに自信を失った日本人に豹変させてしまったのは，単に薩英戦争・馬関戦争の敗戦や，前回の日米戦争の敗戦だけではなかった。

　驚異の成長を続けた戦後の日本経済は，1970年代後半になると，世界の大国アメリカをも十分に脅かす存在になった。エズラ・F・ヴォーゲル (Ezra F. Vogel) 教授は『ジャパン・アズ・ナンバーワン』(Japan as Number One, 1979) を書いて，日本はアメリカが学ぶべきお手本であるとまで持ち上げた。その頃から，再び慢心した日本人は「もはや欧米に学ぶものなし」「21世紀は日本の世紀」などと思い上がり，とりわけ日本の政治的指導者たちの他民族蔑視発言が次から次へととび出し，それが国際的な物議をかもすようになった。1982年6月，ストラスブールの欧州会議の席上では，名指しで日本人の高慢さ (Japanese arrogance) が厳しく指弾されて話題になった。昭和61年（1986年）の中曽根首相の「アメリカ人の知識水準」発言は，日本人の傲慢さを，改めて広く全世界に知らしめる結果になった。

　しかし，こんな日本人の自信過剰ぶりも長くは続かなかった。平成3年（1991年），実体を伴わないバブル経済は突如崩壊し，平成人不況がこの国を覆うことになる。まさかの銀行，証券会社，生命保険会社，百貨店などの破綻が相次ぎ，あわてた政府は，大手銀行に対して，実に12兆円を超える

公的資金の注入に踏み切らざるを得なくなった。財務大臣自らが,国会で「国の財政破局が近い」と口にするまでになった。国際的には,こんな日本が「世界恐慌の雷管」になることを恐れる声さえ出始めた。バブル崩壊を境にして,それ以後,わが国の政治的指導者たちの他民族侮蔑発言はぴたりと鳴りをひそめた。いまや,「21世紀は日本の世紀」などと本気で考える日本人は,さすがに少なくなった。

　かつては尊大なまでに自信過剰であった日本人を,一転,卑屈なまでに自信を喪失した日本人に豹変させたものは,ほかならぬ1985年のプラザ合意であった。空前の財政・経常赤字に苦しんでいたアメリカは,特に日本に対して通貨の切り上げを強硬に迫り,結局,日本はその強引な要求を飲まされることになった。その結果,異常なまでの円高が進行し,バブル景気を生み,そのバブルの崩壊とともに,日本は大不況に襲われることになった。「結局,アメリカにいいようにしてやられた」が,大不況に陥って始めて目覚めた日本の政界人や経済人がもらした悔恨のことばであった。アメリカに対するこの経済交渉の敗北が,「第2の日米戦争の敗戦」といわれる所以である。

## 2.　英語教育用語化論

　この日米経済戦争以前には,中学生に英語を必修科目として教えることは「正気の沙汰とは思えない」,「愚民政策のあらわれとしか考えられない」[3]といわれ,この国の政権政党でさえも堂々と「わが国では外国語の能力のないことは事実としては全く不便を来さない」[4]と公言してはばからなかった。ところが,日米経済戦争の敗戦後は,一転して,文部科学省は「英語が使える日本人の育成のための行動計画」を発表し,文字通り国を挙げて英語一辺倒に急変した。

　小渕首相の私的諮問機関「21世紀日本の構想」懇談会が,英語をわが国の第2公用語にすることを検討しようという衝撃的な報告書を出したのは平成12年（2000年）のことであった。バブル崩壊以前には想像も出来なかったことである。この「英語第2公用語化論」は,結局は不発に終わったという見方が一般的である。しかし,はたしてそうなのか。むしろ,この「英語第2公用語化論」は,その後急浮上する「英語教育用語化論」のための導火線の役割を果たしたとみるべきではないのか。

　「英語第2公用語化論」に対して,とりわけ教育界の反応は早かった。早速,日本語を使わず,英語だけで教える小学校や中学校が各地に現れ始めた。平

成14年(2002年)には,小学校,中学校,高校の一貫校をつくり,「国語」と「社会」以外はすべて英語だけで教える群馬県大田市のような自治体まで現れた。小泉首相は,これを構造改革特区の成果として,平成17年(2005年)1月の施政方針演説で取り上げたほどである。

この頃から,日本の一般の学校でも,可能な教科から,教育用言語を現在の日本語から英語に切り替えることを奨励する声が,公的教育関係機関の中からさえ出始めた。こんな時流にのってか,いま,Sheelagh Deller and Christine Price, *Teaching Other Subjects Through English* (OUP, 2007) などが評判である。

そんな教科の候補として,いつも真っ先にあがるのが算数・数学である。数や数式は,それ自体がすでに一種の国際共通語であり,必ずしも日本語で教える必要はないと考えられやすいためである。「算数を英語でやることで,英語も覚えられて一石二鳥」のうたい文句で,「算数・数学を英語で学ぶ新しいスタイルのクラス」が各地に誕生した。すでに『算数を英語で』(2005) などという小学校低学年用算数教科書も出ている。

## 3. 文化型としての数詞と10進法

数や数式は一般に,個別の言語には依存しない超民族的な普遍性をもった万国共通語であると信じて疑われることはない。数学の教師や研究者など数学の専門家の間でさえも,学習者の言語・文化によって数学の学習が影響を受けるなどとは考えられもしない。そのために,1964年の第1回IEA(国際教育到達度評価学会)国際教育到達度調査でも,国際比較のための学力調査の対象として,真っ先にとり上げられたのが「数学」であった。

たしかに,たとえば数式2×3は,そのまま広く国際的に通用する。2×3は国際的に共通であって,国や地域によってその意味が異なるなどとは一般に考えられていない。しかし,実はこの数式は,日本と英語圏ではその意味が,明らかに異なる。こんな事実に気づいている人は,国際的にみても,まだ決して多いとはいえない。

2×3は,日本では当然「2の3倍」,すなわち2+2+2を意味する。ところがアメリカやイギリスでは,一般にそうは考えない。この数式は英語圏では,「2 times 3 (2倍の3)」と読まれ,3+3と解されるのが一般である。たとえば,英語国の算数の教科書を開いてみるがよい。そこには必ず次のような記述がある。

2 threes are 6. We write: 2×3 = 6. We say: Two times three is 6. 2×3 means 3 + 3, and 3×2 means 2 + 2 + 2.

　すなわち，日本語と英語では，乗数と被乗数の位置が逆転するのである。これは明らかに，各言語に固有の構造が，普遍的であるはずの数式を個別に拘束した結果に他ならない。
　しかし，わが国では，近代数学の同じ数式が，英語圏と日本では意味が正反対になると言っても，恐らく信じる人はほとんどいないと思われる。その証拠に，わが国の辞書・事典類が「乗数」をどのように定義しているかを調べてみるとよい。『広辞苑』，『日本国語大辞典』など国語辞典はもちろんのこと，『新数学事典』，『数学用語辞典』など数学の専門の事典類でさえも，「乗数」は，先ず例外なく「掛け算の掛けるほうの数。A×BのB」と言い切っている。われわれは，「乗数」とはBであって，それ以外のものではあり得ないと固く信じて疑わない。そして，実はBは「乗数」ではなく，逆にAが「乗数」であると考える文化圏が，この地球上には立派に存在するという事実が，わが国では完全に見落とされてしまっている。これでは，われわれが数式2×3を，そのまま普遍的な万国共通語であるかのように誤解するのも無理はない。一見，普遍的にみえる数や数式にも，実は個別の言語・文化が少なからぬ関わりをもっているという事実に気づくことは容易でない。
　数は言語を超越した普遍的な概念と考えられやすいが，実は世界で最も簡明な数詞と，最も完全な10進法の数詞組織をもつのは，中国語と，それを取り入れた日本語などいくつかの漢字文化圏の言語である。[5] これが，日本人や他の漢字文化圏の人々の数観念の率直な発展と，数の容易な取り扱いに果たした役割ははかり知れない。
　これに比べると，ヨーロッパ語の数詞の体系は，単純性と合理性に欠ける点で，はるかに不完全で不便であると言わざるを得ない。ヨーロッパ語にみられる10進法，12進法，20進法の混数法はそのひとつである。
　たとえば91を，フランス語では4×20＋11 (quatre-vingt-onze)，デンマーク語では1＋4½×20 (en og halvfemsindstyve) のように表すが，世界にはこんな複雑な数詞をもつ国が実際に存在することをが，はたして日本人には信じられるであろうか。日本の小学生なら，2年生段階で簡単に出来る91－5程度の引き算に，フランスやデンマークの小学生がひどく難渋するのは，このような複雑な数詞をもっているためである。2年生段階では未

習の掛け算や，さらには 20 進法，その上分数まで出てくれば，日本人児童といえども手には負えないはずである。

英語にも 40 を two score，人生 70 年を three score and ten などと表現する 20 進法の習慣はいまだに失われていない。また，ダース，グロス，インチ，フィートなど 12 進法の名残も強く，イギリスやアメリカでは，九九表も 9 × 9 までででは追いつかず，12 × 12 まで，あるいはそれ以上を必要とするほどである。

こんな混数法が，10 進法を基本とする近代数学との間に不適合を起こさないはずがない。イギリスでは，長年使ってきた 1 ペニー × 12 ＝ 1 シリング，1 シリング × 20 ＝ 1 ポンドという混数法の複雑な通貨単位を，ついに 1971 年に 10 進法を採用して，1 ペニー × 100 ＝ 1 ポンドに改めた。アメリカでも，近年になってやっとメートル法採用の動きが出てきた。これらは，いずれも従来の混数法の不合理と不利とを悟ったからに他ならない。

しかし，ヨーロッパの数詞のうちでは最も出来がよいといわれる英語でさえも，その最大の泣き所は 11 ～ 19 の数詞の複雑さである。11, 12 は，日本語では，10 進法に基づく算用数字の記数法そのままに，整然と「ジュウ・イチ」(10 ＋ 1)，「ジュウ・ニ」(10 ＋ 2) と表す。これに対して，英語では ten-one, ten-two とはならず，eleven, twelve という特別の形をとらなければならない。

そのために，英語国の児童には，日本の児童とは違って，「10」を位取り (place-value) を表す特別の数とみる意識は乏しい。[6]「10」は単に「9 の次の数」であり，「11 の手前の数」であるにすぎず，それ以上の意味をもちにくい。したがって，イギリスやアメリカの小学校では，初歩の算数クラスは，特別の数である「10」の数観念を植え付けることに終始しているといってもよいほどである。延々と「10 進位取りのドリル」('make ten' drills) を繰り返す光景は，日本人にはまことに滑稽にさえみえる。英語国の児童にとっては，なぜ twenty は ten が 2 つなのかを理解させることは，日本では考えられもしないほどの難作業なのである。

さらに，13 以下 19 までの数も，たとえば 16 (sixteen) を 10 ＋ 6 とは表さず，6 ＋ 10 の形をとり，しかも 60 (sixty) とまぎらわしい。特に 10 代の数の理解について，英語国の幼い児童が日本の児童には考えられないつまずき方をしやすいといわれるのも，英語のこんな数詞のなせるわざなのである。

簡明な数詞と徹底した10進法をとる日本語と比較した場合，数の単位観念の明確度という点からみれば，英語の数詞と体系が，とりわけ初等段階の数学学習者にあたえる心理的障害は，決して過小に評価することは出来ない。演算については，これが，四則計算のうち，特に加算と減算の習熟に及ぼす影響を無視出来ない。

## 4. 文化型としての乗法九九

　さらに，日本人と英語国民の数学学習にあたって，それぞれの母語の性格が大きな影響をもつと考えられるものに，乗法九九の学習法がある。

　欧米の小学校では，九九は2，3学年，もしくは3，4学年の2年間をかけて学習して，なお完全に記憶出来ない児童が多いのが実情である。筆者の調査では，アメリカのカリフォルニア州とニューヨーク州の小学校卒業時に，九九を身につけている児童の割合は40～50％である。カリフォルニア大学ロサンゼルス校（UCLA）の3，4年次生および大学院生でさえもわずかに65％程度である。

　ところがわが国では，九九は小学校2学年の2学期の1～2か月で，ほとんどすべての児童が反射的に口をついて出るまでに習熟する。日本の子どもがアメリカの小学校に転校すると，算数だけはほぼ例外なくクラスのトップの成績をあげるのも不思議はない。こんな日本の子どもを，米『タイム』誌（1990年6月4日）は「コンピュータのような頭脳をもった超人たち」（'computer-brained superhumans'）と報じたほどである。わが国の学校数学教育がまだ十分に整備されていなかった明治の初期に，すでに欧米人宣教師たちが，日本人の九九の記憶力と数学学力の高さに驚嘆した報告書をいくつも書き残している。[7]

　これは，日本語の九九が，古来，日本語の特徴を巧みに生かして，欧米語の九九とは比較にならぬほど簡潔で，唱えやすく，記憶しやすい形式を整えているためである。従って，日本に住むアメリカ人・カナダ人の小学生について行った筆者の調査によると，彼らの九九の学力は，暗算にもっぱら日本語を使う子どもたちに限っては，日本人に比べて何の遜色も認められない。暗算にもっぱら英語を使うアメリカ人・カナダ人の小学生に比べれば，はるかに高い成績をあげる。

　九九は，いうまでもなく，同数の累加を一度に行うもので，この学習が乗算，除算の学力に大きな関わりをもち，ひいては数学の正確で迅速な運用能

力の基礎となるものである。

　こう考えてくると，国際数学テストの度に，特に四則計算に関わる算数技法的な問題について，日本の子どもたちが，欧米に比べて巨大なクラスサイズなど，明らかに劣悪な教育条件にもかかわらず，異常なまでに高い成績をあげることも合点がいこう。また，その種の国際数学テストの度ごとに，とび抜けて高成績をあげるのは，きまって日本と，日本に類似の漢字文化圏の国々であることも理解されよう。IEAは，1964年以来2003年まで，5回にわたって中学2年生（13歳）対象の国際数学学力テストを行ってきたが，そのいずれのテストにおいても，日本，韓国，台湾，香港，シンガポール（人口の78％が中国系市民）の5か国・地域は，常に例外なく欧米諸国を大きく引き離して，最上位の得点を独占している。[8]

## 5.　歴史の教訓

　明治の初め，薩英戦争・馬関戦争に敗れて大きく自信を失った日本人は，日本固有の文化の価値に気づかず，西欧文物の模倣に走り，日本語さえも捨てて，代わりに英語を国語にしようとしたことがあった。それから130余年，日米経済戦争に敗れて自信を失ったわれわれは，日本人児童の高い数学（算数）学力を支える日本語固有の役割りに気づかず，またしても日本語を惜しげもなく捨てて英語による数学教育に走ろうとしている。

　明治の初期，わが国の文化財の海外流出については，それを深く憂うモースがいた。森有礼の「英語国語化論」については，それを諫めて思いとどまらせたイェール大学のウィリアム・D・ホイットニー（William D. Whitney）教授がいた。しかし，今日の「英語第2公用語化論」については，それを憂う平成のモースもいなければ，「英語による数学教育論」を戒めて思いとどまらせる平成のホイットニー教授もいない。

　しかし，揺れ動いて定まらない日本人の対外意識のありようを，冷静に観察している知日家がいないわけではない。マサチューセッツ工科大学(MIT)のジョン・W・ダワー教授は，第2次大戦敗戦後の日本社会を分析した大著『敗北を抱きしめて——第2次大戦後の日本人』（*Embracing Defeat: Japan in the Wake of World War II*）によって2000年4月にピューリツアー賞を受賞した。その際，現代のアメリカきっての知日家といわれる彼は，戦後46年目の日本が体験した日米経済戦争による「第2の敗戦」に触れて次のように語った。

日本は，かつてナンバーワンであると錯覚した時期があったが，正気の沙汰ではない。どん底状態にある今の日本にアメリカがまったく同情しないのは，当時の傲岸不遜な態度が原因だろう。[9]

　傲慢なまでの自信過剰と，卑屈なまでの自信喪失。幕末以来，この対立する２極間の往復運動を徒に繰り返してきた日本人にとって，ダワー教授のこの厳しいことばは，われわれの対外意識のあり方を自ら問い直すための何よりの貴重な戒めと聞くべきではないか。

注

1) 森有礼．1873. 'Education in Japan.' 1972.『森有礼全集』第３巻．宣文堂書店．p.286.
2) ドロシー・G・ウェイマン著，蜷川親正訳．1976.『エドワード・シルベスター・モース』下巻．中央公論美術出版．p.60.
3) 加藤周一．1955.「信州の旅から――英語の義務教育化に対する疑問」『世界』12月号．
4) 自由民主党政務調査会．1974.「外国語教育の現状と改革の方向―― 一つの試案」
5) 泉井久之助．1973.「数詞の世界」『言語生活』11月号．
6) D.Pauling. 1982. *Teaching Mathematics in Primary Schools*. OUP. p.33.
7) たとえば，1883. *Proceedings of the General Conference of the Protestant Missionaries of Japan*. R. Meikle-john. p.166.
8) 詳しくは，下記を参照のこと。
　大谷泰照．2007.『日本人にとって英語とは何か――異文化理解のあり方を問う』大修館書店．pp.4-28.
9) *AERA*. 2000年４月４日号．

# 日英語比較と背景文化
―― "wear" の日本語訳と「腰」の意味範囲をめぐって ――

奥 津 文 夫

## 1. はじめに
　日本語と英語の語彙や表現の比較［対照］に関しては，これまでもさまざまな研究がなされてきたが，その背景となっている文化についての考察は，まだ十分になされているとは言い難い。
　本論では，英語の "wear" と日本語の「腰」という語を取り上げて日英の語彙を比較し，その背景文化の考察を試み，「日英比較言語文化研究」の1試論としたい。

## 2. 身につけるものと動詞の関係
　英語では，帽子でも上着でもズボンでも装飾品でも，身につけるものすべてに wear [put on] を使えるが，日本語では，上半身につけるものは「着る」と言い，下半身につけるものは「はく」と言い，その他，頭，顔，手などにつけるものにはまた別の動詞を使う。

| | |
|---|---|
| a coat | （上着を）着ている |
| a hat | （帽子を）かぶっている |
| glasses | （めがねを）かけている |
| contact lenses | （コンタクトレンズを）つけて［して］いる |
| wear gloves [a watch, a ring] | （手袋［時計，指輪］を）はめて［して］いる |
| a tie [a belt] | （ネクタイ［ベルト］を）締めて［して］いる |
| a scarf | （スカーフを）巻いている |
| trousers [socks] | （ズボン［靴下］を）穿いている＜下半身に衣類＞ |
| shoes [slippers] | （靴［スリッパ］を）履いている＜足に履き物＞ |
| perfume | （香水を）つけている |
| lipstick | （口紅を）塗って［つけて］いる |
| a mustache | （口ひげを）生やして［たくわえて］いる |

## 3．ことばの細分化

　一般に，一国の文化の中で重要な位置を占める語については語彙が細分化される。英語の rice は日本語では「稲・籾・米・ごはん［めし，おまんま，しゃり］」などと細分化され，日本語の「麦」は英語では，wheat, barley, rye, oats などに細分化される。四面海に囲まれ，漁業が盛んだった日本では，魚に関する語彙は極めて豊富である。金田一（1988）によれば，漢和辞典の部首の中で国字の一番多いものは「魚」部であり，第2位の「木」部を引き離しているという。出世魚と云われるボラなどは，「ハク・オボコ（スバシリ）・イナ・ボラ・トド」と名を変える。うぶな人間（娘）を「おぼこ」と云い，「とどのつまり」という成句もある。牧畜を主とした欧米では「牛」は重要な動物であり，雄か雌か，去勢しているかいないか，食肉用か荷役用か，などにより区別し，cow, bull, ox, calf, steer, bullock, heifer など，さまざまな語に細分化されている。昔，牛が財産であったために，元来「財産」という意味であった cattle（蓄牛，家畜）という語もある。

## 4．服装に対する深い関心

　英語の wear に対して，日本語では身につけるものによって動詞が異なるということは，古来日本人が衣類や服装に特別な関心を持ってきたことを示していよう。「衣食足りて礼節（栄辱）を知る」という古いことわざもあるが，これに相当する英語のことわざはなく，Money makes a man. や The belly has no ears. A hungry man is an angry man. などのように，礼節を知るのに必要なものは金や食物である。Clothes make the man. ということわざはあるが，これは「人は着ている服によって判断される」という意味であり，上記の日本語のことわざとは趣旨を異にする。

　四季の変化に富み，「衣替え」などといった日本固有のことばもある。また日本人は「ウチ」と「ソト」を区別し，「よそ行き」（best clothes, Sunday best）と「ふだん着」（everyday clothes）の区別に特に気を遣う国民である。「よそ行きの顔」（prim look）とか「よそ行きのことば」（formal language）といった表現もある。Benedict（1964）は日本文化を，恥を基調とする文化とし shame culture（恥辱文化）と呼んだが，世間体に常に気を使い，外に出るときは他人に笑われないように無理をしても良い服を着ようとする日本人は多い。

　外出する人に「おや，どちらへ」と声をかけるのは，必ずしもどこへ行

くか聞いているのではなく，その人がふだんよりきれいに装っていることを認めて言う儀礼上の挨拶のことばでもあった。

金田一（1977）は，日本の文学作品を読むと，日本人が服装について異常な関心を持っていたと思われるほどであると述べ，例を挙げて次のように述べている。

> 円髷に結ひたる四十ばかりの小くやせて色白き女の，茶微塵の糸織の小袖に黒の奉書紬の紋付の羽織着たるは，この家の内儀なるべし（箕輪亮輔の妻）。
>
> 中の間なる団欒の柱側に座を占めて，重げに戴ける夜会結びに淡紫のリボン飾りして，小豆ねずみの縮緬の羽織を着たるが，人の打騒ぐを興あるやうに涼しき目を見はりて，みずからは淑やかに引繕へる娘あり（鳴沢宮）。（尾崎紅葉『金色夜叉』）
>
> 部屋一様に，五人の豪奢な式服が拡げられ，寧子は黒地に金蒔絵の裾模様に，吉兆文様の袋帯，二子は若草色の桃山風手描き友禅の振袖に，光琳菊の袋帯，三子は薄桃色の匹田の振袖に，総金通しの袋帯，そして早苗と相子は，それぞれ摺箔に縫い取りの黒留袖に，佐賀錦の帯であった。（山崎豊子『華麗なる一族』）
>
> ――日本では，服装は，その人の年齢・階級・職業・懐具合から生育地・性向・趣味までを一目で知らせるものとして重要視されたためにこのような詳しい叙述になるので，その点，欧米の小説で両親の国籍や目の色・毛の色をいうのと同じような効果を期待されているものと見られる。（中略）川端康成の『雪国』とそれを訳したサイデンステッカー氏の *The Snow Country* を比べてみると，服装に関するところは，それにあたる英語がないことが多いのもゆえあるかなである。

アメリカ人の場合には，一般には身分・地位などと服装が無関係であるし，イギリス人の服装も概して地味である。これはイギリスには質素を重視するピューリタンの伝統が生きていることとも関係があると思われる。

日本語に「身形（みなり）」ということばがあるが，これは「衣服をつけた様子（姿）」の意味で，英語には相当する語がない。和英辞典では clothing, dress, appearance などが示されているが，いずれも一致しない。金田一（1988）によれば「身なり」は着物を着た全体の姿であり，「身づく

ろい」は着物の着方を改めることで，「姿」という美しい日本語は，着物を着た人を少しはなれて眺めたときの印象のことであるという。『新選漢和辞典』には次のような記述がある。

　　「姿」──形声。女が形を表し，次が音を示す。次は資と同じで，もとで，もちまえの意味がある。姿は，女のもちまえのすがたをいう。一説に，次にはなまめかしいようすという意味を含んでいるから，姿は，女のなまめかしいすがたを表すという。

　その他，日本語には衣服，身なりに由来する成句も多い。──「襟を正す」「襟を開く」「袖にすがる」「袖にする」「袖を引く」「袖振り合うも他生の縁」「袖の下」「袂を分かつ」「袂を濡らす」「袂にすがる」「懐が深い」「懐が暖かい〔寒い〕」「懐に飛び込む」「懐に入れる」「懐を痛める〔肥やす〕」「脱帽する」「袴を着る〔脱ぐ〕」「ボタンの掛け違い」「褌を締めてかかる」「人の褌で相撲をとる」「兜を脱ぐ」「兜の緒を締める」「〜仕立て」

## 5．上半身と下半身（手と足）

　wear の訳語は，日本人が身体部位に対して抱くイメージとも深く関わっていると考える。

　昔から日本人は下半身を不浄とする潔癖感のようなものを持っていたと考えられる。「下半身に人格はない」とか「下ネタ」などという表現もある。下半身を不浄としたことには種々の理由が考えられるが，日本人が sex（性行為）や excretion（排泄行為）を特に恥ずかしいこと，隠すべきことと考えることに大いに関係があろう。実際日本語には sex に対して日常使える適当なことばがないし，トイレには「ご不浄」とか「はばかり」という古風な言い方があるが，前者は「汚れている所」という意味であり，後者は「人目をはばかる所」という意味である。英語の toilet, rest room, bathroom, comfort station などとは大きな違いがある。

　また農耕民族にとっては，足よりも手が大切であり「手づくり」「手編み」「手打ち」「手焼き」など，手を使うことを望ましいこととする表現が多いが，「足切り」「足がつく」「足が出る」「足をすくう」「足を引っ張る」「足を向けて寝られない」など，足は悪者扱いされることが多い。悪い仲間や仕事から離れることを「足を洗う」と言うが，英語で washing of feet (feet washing) と言えば，キリスト教における洗足式であり，敬虔な宗教行事である。英語

で「足を洗う」に近い表現は wash one's hands (of ~) であり，hand を用いている。これは「～から手を引く」「～と手を切る」に対応する表現であるが，英語圏の人々にとっては，手は汚れやすい部位であるが，足は常に靴の中にあって汚れることはないので，手を洗う習慣はあるが，足を洗う習慣はないわけである。日本では昔宿屋（旅籠）に客が到着すると，まず「すすぎ」といって足を洗う習慣があったが，欧米人の場合は全く反対なのである。だから「足を洗う」が英語では「手を洗う」になるのである。日本語には「手を汚す」「手を染める」といった成句もある。

狩猟［遊牧］民族にとっては，足こそ重要な部位であった。日本語では「あし」1語で済むところを英語では foot と leg ではっきり区別する。日本語の「手を打つ」「手始めに」は英語では take a step, as a first step のように足を使った表現になり，「手段」が英語では「足」になるのである。日本語の長さの単位である「寸」は医者が脈をはかるときに，指1本で脈を押さえたときの，押さえる幅であると言われ，「尺」は，手指で物の長さをはかるとき，指を曲げる形になることとも言われるが，英語の長さの単位 foot, feet（フィート）や mile（ラテン語で「千歩」の意）は足を基準にしている。

また日本では，犯人には「手錠」をかけるが，欧米では昔囚人は fetters（足錠，足枷）をかけられた。足の自由を奪われるのが一番つらいことなのである。現代でもアメリカなどでは，犯人に足錠をかけることが多く，実際 fetters は「束縛」の意味で使われる。最近でも，アメリカのヒルトンホテルの令嬢パリス・ヒルトンが交通違反で逮捕されたのち釈放された折に，足に発信機をつけられたのも日本人の発想とは異なる。

英語には Please put your feet up. という表現があるが，これは「どうぞお楽にして下さい」という意味である。また put one's best foot forward（全力を尽くす，自分を良く見せようと愛想良く振舞う）といったような表現が多くあるが，人前に足を投げ出すことは極めて失礼なことである日本人にとっては馴染めない表現とも言える。

日本には「足」や「土」を卑しむ風潮もある。地面（土）に接する足は汚いという感覚を持つのであろうが，早くから靴をはく生活に慣れてきた欧米では，足の汚れが気になることもなかったのである。

日本語の「足蹴にする」は相手に大変な屈辱を与える行為であり，大切な物を足で踏んだり，またいだりすることは最も行儀の悪いことである。「土

足」「下足」「土臭い」「土下座」「（相撲取りが）土がつく」などの表現もある。「人の心の中に土足で入ってくる」というような表現もあるように，日本人は靴を脱ぐことが礼儀であったり，リラックスすることである場合が多い。だから「くつろぐ」の語源は「靴を脱ぐ」だという俗説もある。

　しかしながら欧米は，靴というものに大変価値を置く「靴の文化」である。男が女を愛するときに靴を愛し，結婚式には靴の形をした杯で固めの杯を交わすという風習は現在でも残っている。シンデレラの童話では，靴が合うということが人格の最後の決め手になる。

　日本では，靴は汚れるものであり，部屋の中には持ちこまず，玄関の靴箱（現在でも「下駄箱」という人が多い）にしまってあるが，英米ではふつう衣装戸棚の中に服と一緒にしまってある。靴は身体に wear する衣類の一つなのである。Roget（1994）の類語辞典でも shoes は clothing の中に分類されている。

　次のような英語の慣用表現も，英米人の靴への重視を示している。

be in a person's shoes（人の立場になって考える），fill a person's shoes（人の後任になる），if the shoe fits（そのことばに思い当たるところがあれば），where the shoe pinches（悩みの種），another pair of shoes（全く別の問題），put the shoe on the right foot（責任［非難，賞賛］を当然受けるべき人に与える）

　また「気を引き締めて取りかかる」ことを「靴下」を使って pull one's socks up というが，これは日本語の「褌を締めてかかる」に相当する。

## 6．腰と waist, hip について

　英語の語彙には「腰」に相当する語はない。腰は waist や hip と重なる部分もあるが，それぞれの語が指す部分は異なる。waist と hip の辞書の定義は次のようになっている。

> waist = the narrow part in the middle of the human body: wearing a belt around his waist（*LDCE*）
> waist = the part of the human body below the ribs and above the hips（*COD*）
> hip = one of the two parts on each side of your body between the top of your leg and your waist（*LDCE*）

つまり waist は ribs（肋骨）と hips に挟まれた胴が一番細くくびれた狭い帯状の部分を指す。hip は坐骨にそって両側に張り出した部分，つまり，まっすぐ起立して両手を下げた場合，手のひらが当たる部分を指し，常に一対として捉えられる。hip は「尻」よりも「腰」に近い部分である。したがって「彼は腰に手を当てて立っていた」は英語では He was standing with his hands on his hips. となる。しかるに，日本語の辞書で「腰」を引くと，その定義は次のようになっている。

 こし［腰］= 人体の背柱の下部で，骨盤の上部の屈折し得る部分（『広辞苑』）
 こし［腰］= 胴体のくびれた部分から，足のつけ根あたりまでのうしろの部分（『日本語大辞典』）

したがって，腰の上辺は waist と大体重なっているが，腰の場合には「屈折し得る部分」であり，「うしろの部分」であるが，waist は屈折しないし，うしろの部分でもない。要するに，腰は英語の waist と hips のかなりの部分と back の一部を含みながら，それ以上に広がっている部分であると言える。腰に近い部位を示す語に古くは loin があったが，これは現代では主に動物の腰肉を意味する場合に使われ，人間の腰にはあまり使われない。

## 7．「腰」は日本文化の基盤

 日本語にはなぜ英語にはない「腰」という独特の，やや漠然とした部分を示す語が存在するのであろうか。古来着物と畳の上の生活を基盤とする「座の文化」を持ち，立ったり座ったりすることが多く，またお辞儀を頻繁にし，「腰を低くする」ことが美徳である日本人にとっては，腰は特に重要な部位であった。日本の農業にあって，最も重要な作業である田植えでは，腰を折った姿勢が必須であった。また，相撲，柔道，剣道のような，日本古来の武芸において，腰が重要な部位であったことも，日本人が腰を重視した理由の一つであろう。昔武芸の下手な弱い武士を「腰抜け侍」と言った。日本の剣術における剣の使い方は，農耕民族の鍬の使い方に由来するものであり，西洋のフェンシングのフットワークは，牧畜民族の家畜を追う動きに通じるものである。日本舞踊でも，腰が座ることがまず大事であった。日本古来の基本的な座り方である正座をするにも，腰の支えが必須なのである。まさに日本人の身体の構造の中心は腰であり，「身体の要(かなめ)」という意味の「腰」

という字の構成もこれを示している。

　したがって日本語の「腰」は，人間の腰に限らず，「動物の腰部」「衣服などの腰にあたる部分」「壁・障子などの中央より少し下の部分」「ふもとに近い山腹」「和歌の第三句」「麺類などの粘り気・弾力」「紙などの張りがあって破れにくい性質」など，種々のものについて，その大事な部分を示すときに使われる。

　また，英語では waist を使った慣用句は殆どないが，日本語には「腰」を使った成句は極めて多く，英語では殆どの場合 waist でなく feet, back, hip, knee その他の語を使って表現する必要がある。

　　「腰をかける」sit down, take a seat
　　「腰を上げる」stand up, rise to one's feet
　　「腰をかがめる」stoop[down], bend one's knees
　　「腰が痛い」feel pain in the small of one's back
　　「腰を伸ばす」stretch oneself
　　「腰が重い」be slow to act
　　「腰が軽い」be ready to act
　　「腰が低い」be modest, polite to everybody
　　「腰が高い」be arrogant
　　「腰が弱い」be weak in the knees, be weak-kneed
　　「腰を抜かす」be unable to stand up
　　「腰の強いそば」noodles that do not break easily
　　「話の腰を折らないでくれ」Don't interrupt me while I'm talking.
　　「私はその町にしばらく腰を落ち着けることにした」
　　　　I decided to stay in the town for a while.
　　「警官は腰にピストルをさげていた」
　　　　The policeman wore a revolver on his belt.

## 8．まとめ

　以上述べたような諸事象の考察を通して，wear の訳語の多様性と「腰」という身体部位を示す日本語固有の語の存在の文化的背景が，かなりの程度解明されるものと考える。

　日本人は腰を境として，身体をまず上半身と下半身とに分け，それぞれに

対して異なるイメージを描いている。そして，上半身に着用する上着類に「着る」，下半身のズボン類に「はく」ということばを使い，さらに帽子，めがね，ネクタイ，手袋など，上半身に身につける他の衣類にはまた別のことばを用いている。これは日本人の服装に関する極めて強い関心を示すものであると同時に，日本人の感性を示すものでもあろう。どのようなものに強い関心や感性を示すかは，民族の文化や社会構造等によって異なる。例えば，水と湯を区別せず water ですますことなどは日本人の感性では考えられないことであろうが，1匹でも2匹でも100匹でも，英語の dog と dogs のように区別することもなく，「犬」と表現する日本人の数意識の低さは英米人には奇異に感じられるであろう。brother や son で済ませるところを，日本人は「兄」「弟」と区別し，さらに「総領」「長男」「次男」「三男」「末っ子」などと区別するのは，日本の社会構造や慣習が背景にあるし，先に生まれたことを示す「先生」ということばが，様々な分野で最も多用される敬称であるというのは「タテ社会」の日本ならではの現象であろう。

　また日本人が「腰」を重視するのは，欧米の「立の文化」に対して，「座の文化」を持ち，着物，畳，お辞儀の生活環境と生活習慣の中での必然であり，既述の様々な事実を考察すると，日本文化が腰を基盤としているとも言えるほどなのである。

　言語の背景にある発想や国民性，生活様式が「言語文化」であるが，日英語の比較を通して日本と英語圏諸国の文化を探る「日英（比較）言語文化研究」は日本の英語教育において極めて重要な分野であり，これまであまり研究がなされなかった分野であろうと思う。英語研究者がこの種の研究を深めるには，言語学，歴史学，社会学，文化人類学，哲学など，多くの分野の研究者との協力も必要であるが，今後の発展を期待したい。

**参考文献**

*Concise Oxford Dictionary.* 2001. OUP (*COD*).
金田一春彦．1988．『日本語（上）』岩波書店．
＿＿＿＿＿．1977．『日本人の言語表現』講談社．
『広辞苑』1992．岩波書店．
小林信明（編）．1993．『新選漢和辞典』小学館．
*Longman Dictionary of Contemporary English.* 2001. Longman (*LDCE*).
『日・中・英　言語文化事典』1989．マクミランランゲージハウス．
『日本語大辞典』1989．講談社．

奥津文夫. 2000.『日英ことわざの比較文化』大修館書店.
＿＿＿＿. 2002.『日英比較・英単語発想事典』三修社.
大築立志. 1989.『手の日本人　足の西欧人』徳間書店.
*Roget's International Thesaurus*. 1994. Harper.
ルース・ベネディクト，長谷川松治訳. 1965.『菊と刀』社会思想社.
芝垣哲夫. 2000.『日本人の深層文化——相対的比較論』旺史社.

# 国際政治にみられる合意形成の諸相
## ——ポスト冷戦期の米国外交から——

須　釜　幸　男

## 1.　はじめに

　冷戦の終焉は，十余年も前の出来事になった。1990年代前半，フクヤマ（Fukuyama）が語った「歴史の終わり」を体現するように，米国の一極支配が新秩序へと転換していくという予想が世界を席捲した（Fukuyama, 1992）。それも束の間，90年代後半に入ると，イスラム原理主義の台頭を前に，米国の外交政策は見直しを余儀なくされることになる。米国同時多発テロ（2001年）は，その象徴的事件だったといえよう。イラクや北朝鮮の混迷した情勢に，明るい兆しはなおも感じられない。

　近年，国際関係で目にする顕著な動向は，グローバル化（globalization）がもたらす影響力で，衆目の一致するところだ。情報や交通，物流手段が発達・拡充したことで，価値ある情報を発信する者には，より価値ある情報が，更にはヒトや資金までもが大挙し越境してくる時代となった。随所で情報が詳らかにされる時代，また瞬時にヒトやモノ，カネが移動する時代が，現代の特徴である。長期に外交的プレゼンス（存在感）を示すためには，益々合意形成に至る段階でのカード捌き，つまり情報戦略が決め手となってきた（川島，2002）。

　そうした中，米国はハードとソフト両面で圧倒的優位性を誇示し，主導的な立場に就く反面，「単独行動主義（unilateralism）」だと揶揄されてしまう表情を持つことも確かだ。その所以は，外交政策の説明不足と青写真の欠如にあるといわれる。しかも世界情勢が刻々と変貌している中で，米国では外交や内政で，熟慮を欠いた言動が目立ってきている。しかし我々自身も米国に限らず，日常生活に浸透したグローバル化の意味について，改めて省みる機会は少ない。新製品が発表されると直ぐ，メディア合戦が始まり，「生活が変わった」や「便利になった」というムードばかりが独り歩きしていく。その影で，かつては国家しか持ち得なかった大量破壊能力が，テロリストネットワークの手中に落ちつつある。次世代の秩序構築のために，グローバル

化の意味を再検討する時期に来ているのではないか。

そこで本論では，先ずポスト冷戦期国際政治へのアプローチを先行研究から概観し，アクター（行為主体）の増加が交渉に与える難点や課題を浮き彫りにする。その上で，米国の外交政策を実例に，グローバル化時代の外交交渉について，若干の検証を施すこととしたい。

## 2. 国際政治の現況

90年代以降，冷戦終結やIT革命，グローバリゼーションを経て，世界中が未曾有の経済的発展に乗り遅れまいとしている。同時に，環境・人権に対する持続可能性への配慮や，更にはテロや核拡散，国際犯罪，大規模災害などに対し，最高レベルの安全保障・危機管理を満した上，経済発展を求められるという想像以上の難題を突き付けられている。

### 2.1 国際政治――リアリズムとリベラリズム

国際政治学は通常，「自然状態」にある国際政治の捉え方から，二つに大別される。即ち，国際政治に対し悲観的な見方をするリアリズムと，楽観的な見方をするリベラリズムの二つである。

先ず古典的なリアリズムは，時代は違えども国際政治に滔々と流れる国民国家や領土（領域）の求心性をみる。その要諦は軍事的プレゼンスに他ならない。また，ナショナリズムを高揚させることも重要項になってくる。発展途上国に限定すれば，権威主義的な政治体制の下で，報道管制や情報統制，多国籍企業の国有化や規制強化も，国家が浮揚するためには依然，有効である。こうした政策の根幹にはハードパワー（hard power）の極大化があり，リアリストは自国の安全保障を阻害する他国の能力を極小化することに終始するのである（Morgenthau, 1967）。

次にリベラリズムは，通信技術や交通網の発展・拡充がもたらす非国家アクターの跳躍に注目する。リベラリストによれば，科学技術が益々地球を小さく緊密化させ,漸進的に領土国家の役割を縮小させていく。その代わりに，国際組織や多国籍企業，非営利活動などの脱国家的な（transnational）行為主体が，世界政治の推進力へと転換していくというものだ。実際，ビジネスシーンやNGO・NPOの献身的活動を考えてみても，脱国家行為主体が外交に与える影響は無視できない。様々なアクターが複雑にコミットする結果，その波及効果は大きく，外交官だけが唯一の外交チャネルではなくなっ

てきていることは注目に値する (Nye, 2005)。

## 2.2 グローバリゼーション

リアリズムにせよリベラリズムにせよ，冷戦期とは時代背景が異なっており，新たな枠組の構築に対する説得力を提示できているかというと，必ずしも十分ではない。国際政治はそう単純な構造ではなく，複雑な因子が絡み合い，成り立っているからだ。双方のアプローチを対置させて考えてみると，それが浮かび上がってくる。以下，説明順序が逆になるが，詳述したい。

確かに，冷戦後に顕著になっているリベラリズムの手法は，科学技術の進歩により，増加したコミットメントが導いていく時代の潮流を鮮やかに描き出している。しかし，リベラリストは経済的・社会的相互依存の側面に固執するあまり，肝心の政治的なフィードバックまでも短絡的に結び付けてしまった点に，問題が隠れている。本来，国際社会とは主権国家を単位として構成され，夫々が対等・独立的な関係にあるとされる。しかし，実際には国益追求による権力政治 (power politics) の側面が多分に存在し，軍事的な相互依存自体も深化していることを，経済的・社会的相互依存だけでは十分に説明できないからだ。

一方，古典的なリアリズムのアプローチも完全だとはいえない。主権国家で構成される国際社会にとって，安全保障や外交などの政治的争点が高次元に位置することも確かである。ところが，経済摩擦や社会問題，更には環境問題から生じる国際問題も主権と緊密であり，低次元の課題だと一蹴することは難しいからだ。ジョージ・ワシントン大学教授ローズノウ (Rosenau) が語ったように，近年は国内政治と国際政治の区分が相対化していく「連繋政治 (linkage politics)」の状態にある。それ程までに，政治的・経済的・社会的相互依存は深化しているといえる。

## 3. 相互依存とアクターの多様化
### 3.1 相互依存論

そうしたリアリズムとリベラリズムの際限なき論争に終止符を打とうとしたのが，相互依存論 (interdependence) である。その代表格であるコヘイン (Keohane) とナイは著書『パワーと相互依存』で両主義の調停を図り，新たな国際政治の分析枠組みを提唱した。国際社会は多様な要素が折り重なって成立しているため，一方の自己完結型モデルに偏ると，精緻な検証には

至らない。相互依存論は敢えて両主義を対置させ，現代版に昇華させようとしたのである。

コヘインとナイは，相互依存が深化した状態に注目する。裏返せば，現代は相互依存が進展して，統御が効かない時代だからこそ，規則や規制が欠かせないと説く。その効力を高めるためには，主権国家による権威付けが肝要になってくると考えたのである。このように，相互依存論はリベラリズムに軸足を置きながらも，リアリズムが唱える主権国家の求心力にも着目した点に，大きな特徴がある。

更に相互依存論の主張を掘下げ，実際の国際社会に敷衍させてみる。第一は行為主体が多様化することで，外交チャネルも多元化していくことである。その多元化によって，外交事案に対する主権国家のイニシアチブが低下する事態も想定されるであろう。第二に安全保障が必ずしも，最優先順位に来ないという事態が増加することだ。近年のマニフェスト（政策綱領）ブームからも窺えるように，人々の関心は全体の幸福よりも，個人の幸せにシフトしている。言い換えれば，安全保障だけでは人心を惹き付けられなくなっている。第三は目的遂行を果たす上で，軍事力の効力が低下していくことである。情報媒体が豊富になったことで，人々は容易く情報に接触することが可能である。よって，ハードパワーを行使した場合，かえってイメージ悪化に繋がることも多く，これまでの外交努力が灰燼に帰すケースも少なくない。

相互依存論の分析に説得力があるのは，「複合的相互依存（complex interdependence）」を強調した点である。単純化に陥ることなく，敢えて複雑性を前提とした点が明晰である。国際社会はそう単純に変化するわけではないものの，危機の場合は急変もあり，逆行するケースもあり得るからだ。実際，ハードパワーは国際政治において，依然大きな牽引力である。一見，人々の関心から消え失せたかに思える安全保障も，状況次第では直ぐに階層の頂点に戻り得るからである（Keohane, 1977）。

### 3.2 アクターの多様化と問題点

現代の国際体制は，17世紀に誕生したウェストファリア体制に端を発する。それは，三十年戦争（1618-48年）のウェストファリア条約（1648年）で確認された国家主権と政教分離の概念に依拠するものである。よって，この原則に従えば，行為主体には主権国家を中心に，非国家の組織・運動体が該当する。更に言えば，現国際体制が厳密には宗教分離を前提としている以

上，宗教や信徒の位置付けが曖昧になってしまう。そして，この矛盾を浮き彫りにするのが，グローバル化である。近年，非国家行為主体の跳躍ぶりばかりが注視されながら，宗教や信徒の受け皿が用意されていないという事態が看過されてしまっているのだ。

そして，グローバル化によって現国際体制（ウェストファリア体制）の動揺が叫ばれるなかで問題となるのが，主権国家原則だけに注目が集まる点である。アクターの増加によって，外交チャネルの多様化が議論の対象となるが，むしろ国境を越えた交流やサイバー上の連帯感が顕著な形で露呈するのが，宗教と信徒なのである。例えば，世界中に張り巡らされた「イスラム」ネットワークをどう理解するのか，現国際体制の主導グループで有益な議論が十分だとはいえない。

また，宗教や信徒の扱いについては，議論が少ないというだけで済まされる問題ではなく，一つの危険が伴う。それは「イスラム」を単純化・外部化してしまう衝動に駆られる可能性だ。「イスラム」イコール「テロリスト・テロ組織」や「反西洋近代」という短絡的な固定観念は，新たな国際秩序の構築に対し，大きな障害となり得る。「国際政治とイスラム」ではなく，「国際政治におけるイスラム」を早急に，再考する必要性がある（末近, 2007）。

その好例は2007年夏に話題になった，米国ニューヨーク市警がとった二つの対応である。米国内部に深まるテロ不安に対し，当局が発表した文書には，渡航者や短期滞在者よりも，米国で育った「国産テロリスト」の潜在的脅威が強調されている。その文書には，「イスラム，男性，35歳未満，高卒以上，中流家庭，犯歴なし」など，眉を曇らす条件が連なっている。この文書は，多民族共存を標榜する米国に潜む料簡の狭さを露呈させた形となった（NYPD, 2007）。同様にNY市警は，イラン大統領アフマディネジャド（Mahmud Ahmadi-Nejad）によるグラウンド・ゼロ（世界貿易センタービル跡地）への献花の申し出を，再開発の工事中を理由に許可していない。NY市警のこうした対応も，イスラムを単純化・外部化した事例として記憶に新しい。

## 4. 外交理念と長期的戦略
### 4.1 外交政策に対する見解

現国際社会はウェストファリア体制，つまり主権国家と政教分離の原則を踏襲している。その事実上の牽引国は米国に相当するわけだが，ここで米国

内に存在する外交論を考えてみる。

先ずは，米国に伝統的な孤立主義者（isolationists）である。パリ講和会議（1919年）で，ウィルソン（Thomas Woodrow Wilson）大統領は国際連盟（League of Nations）設立を高らかに提唱した。ところが，当時の米国議会（上院）では孤立主義が支配的であったことから，米国は参加を見送るに至った経緯を有する。孤立主義者は，米国の方向性は内政の充実にあると考え，面倒な対外的関与は極力避けるべきだ主張する。現在では少数派にはなったものの，米国の建国時から存続する伝統的な立場である。

次に，一国主義者（unilateralists）が存在する。ただし，これは対外コミットメントへの対応から，消極派と積極派の二派に分かれる。前者の消極派は米国固有の価値観保持のため，国家主権を前面に出すだけであるが，比較的相性の合う孤立主義からの共鳴者も多い。一方，後者の積極派は市場経済や民主主義といった「普遍」的且つ「米国」的な価値観を，地球規模で普及させようとする立場である。この主張は時期と手法を間違えなければ，普遍的な浸透力を持つことは確かだ。

最後に，多国間主義者（multilateralists）は，積極的に国際的な機構や条約に関与・介入することを主張する。しかし，その真意は米国の国益を確保することであり，最終的には国際ルール自体を，米国側の国益に副う形で創出しようと考えるものである。

当然ながら，こうした図式が単純に外交政策になって現れてくるとは限らず，また夫々が内部的に一枚岩であるわけでもない。様々な要素が絡み合いながら，一本の筋が見え隠れするような外交の態様になる（Smith, 1995）。

## 4.2　ソフトパワー

科学技術の発達自体は産業革命以降，徐々に進行してきたのに対して，情報技術や情報媒体の場合は，ポスト冷戦期に傾れを打って発展・増加してきたことが特徴である。それは，パワーのあり方にも急変をもたらしている。例えば，多くの武器や兵器自体が高精度なプログラミングで制御されていることから，情報のもたらす効力は計り知れない。また，それよりも深刻なのは，誰でも大量の情報に接近可能になったことから，ハードパワーを行使したことが大きく印象の悪化に繋がり，その後の形勢が不利になるケースが考えられることだ。むしろ発想を転換して，情報を上手く活用し，その後の形勢を有利に進めようとするソフトパワー（soft power）戦略が得策となって

きている。政策決定者は従来，情報を収集・蓄積し，分析した上で，漏洩なく活用することに苦心惨憺してきたが，むしろ今後は精査・選別に心血を注いで，自国に有利な情報だけを公表，或いは意図的に漏洩する方向にシフトしていくことになる。

　こうしたソフトパワー概念を提唱したのは，ジョセフ・ナイ（Joseph S. Nye）である。彼はハーバード大学ケネディ行政大学院長を務め，カーター政権では国務次官代理（1977-79年）を，クリントン政権では国防次官補（1994-95年）を経験した安全保障や国家情報の専門家である。ナイの主張は，政治学領域のリーダーシップ論にあるように，効果的な支配を施すには相手からの協力や共鳴が不可欠であるとし，そのツールとして文化や理念への憧憬を強調した点が特徴的である。そうすることで，相互の信頼を醸成して，相手方の選好を自国の望む方向性に誘引させるわけである。一見すると，強制力（power）に訴える従来型のハードパワーとは方法が異なるが，目的遂行の一手段という点では何ら変わりがなく，外交交渉術では一枚上手の域に入る。

　また，こうした議論は，プリンストン大学教授アイケンベリー（Ikenberry）の主張にも見受けられる。その主張の骨格は「戦略的抑制（strategic restraint）」であり，覇権国による究極的な目標は，長期的に自己利益を実現することだと強調する。そのためには，一先ず覇権国は一国主義的行動を抑制し，国際的な秩序や制度の構築という自他共に足枷を嵌めることが必要である。そうしたプロセスを通じて，その覇権国の相対的パワーが衰退したとしても，揺ぎない政治的影響力を示すことが出来るというものである。

　アイケンベリーの見解によると，覇権国には三つの選択肢が与えられる。第一の"dominate"は「支配」を意味し，覇権国が勢力圏で物理的強制力を振って他国を動かし，利権配分をめぐる争奪戦に勝ち続けるという方法である。この選択肢だと，相手からの同意や納得が期待できない以上，反発や反目が予想される。第二の"abandon"は「切り捨て」を意味することから，覇権国は戦後の混乱や紛争から手を引き，本国に引き上げを行なうことになる。この手法は，場合によると，以前の体制や勢力図に逆戻りする可能性もある。第三の"transform"は「変容」であることから，覇権国は勢力圏で獲得した有利な立場を永続的な秩序に変容させることを意味する。

　アイケンベリーが意図する主張はこの第三の「変容」，つまり安定的秩序の形成に該当するであろう。そのためには，偏ったパワー行使ではなく，制

度を整備しながら交渉を有利に進める方が得策になってくる。実際のところ，この手法は主導国にも，追従国にもメリットが多い。主導国には抑制が一時的には足枷となるが，追従国を含めた自国の安全保障の維持コストは軽減されるからだ。しかも，制度的な交渉が正当なコミットメントと受け取られ，追従国の自発的服従を引き出すことが見込まれる。反対に，追従側はパワーの回復・増強の可能性を放棄し，服従に甘んじるという形にはなるが，制度という正当性を示されたことで，エクスキューズを得ることが出来る。また，"dominate"による威嚇や不安に怯えずに済むという心理的コストも軽減され，主導側の制度に相乗りすることで，"abandon"による制度構築に伴う諸コスト負担も少なくて済むのである（Ikenberry, 2001）。

## 5. 結びにかえて

　以上，冷戦終結後のグローバル化時代の国際政治と交渉について，米国外交を事例に検討してきた。

　先ずは，新しい国際秩序を構築する上で，主導的地位に就く米国が，国際社会の潮目を再検討することが必要である。イスラム原理主義の台頭が声高になってきた頃から，米国の外交政策は後向きになったといわれる。テロ根絶が国家安全保障政策の主軸となってしまったからだ。ハードパワーを利用して，中東の勢力図を変えるだけで，テロリストを産み出す土壌を一掃できるという短絡的な論理を見直す時期に来ている。

　次に，米国のような覇権国は，制度的交渉に則って抑制を効かせつつ，積極的に対外コミットメントを果たし，信頼や共感に基づく秩序を構築することが重要であることも確認できた。これまでも，米国は様々な交渉局面で「ステーク・ホルダー（stake holder）」という言葉を登場させてきた。まさに「利害共有者」の意味を体現することが，長期的プレゼンスには得策なのである。新たな国際秩序を構築する上で，関係者はそれ相応の責任と義務を負い，ベネフィットを得る方法を丁寧に説明していくことが望まれる。

　最後に，外交政策を前向きなベクトルに転換していく必要がある。実際，テロの脅威だけでなく，火急のグローバル・イシューが山積している。例えば，インフルエンザ・パンデミックやSARS（重症急性呼吸器症候群）などは交通・物流の拡充がかえって仇となり，局地的な発生が瞬時に蔓延するという危険性を孕んでいる。こうした防疫体制など，米国が実力を，つまりソ

フトパワーを存分に発揮できる課題があるはずだ。そうした他国から歓迎されるアプローチこそが相互依存を深化させ，価値観の共有に繋がり，安定した国際秩序に至るという構図が期待される。

とまれ，世界秩序を舵取りする器量を満すとなると，当分の間，米国に取って代わる国家の出現は難しそうだ。リーダーシップを発揮する大国の存在は，秩序の長期的安定にとって不可欠である。ところが，肝心の米国はテロ対策に腐心していることから，そのコスト負担が国力の弱体化に繋がる可能性もゼロではない。而して，相互不信といった負のスパイラルに陥る前に各方面とのパートナーシップに基づいた米国の外交政策への転換が早急に求められているのである。

**参考文献**

Fukuyama, Francis. 1992. *The End of History and the Last Man.* Free Press.
Ikenberry, G. John. 2001. *After Victory: Institutions, Strategic Restraint, and the Rebuilding of Order After Major Wars.* Princeton University Press.
川島高峰・須釜幸男他. 2002.『アメリカ国務省人権報告──日本・北朝鮮・アフガニスタン・東チモール』現代史料出版.
Keohane, Robert O. and Nye, Joseph S. 1977. *Power and Interdependence: World Politics in Transition.* Little, Brown and Company.
Morgenthau, Hans J. 1967. *Politics among Nations: The Struggle for Power and Peace.* Knopf.
New York City Police Department. 2007. *Radicalization in the West: The Homegrown Threat.* NYPD.
Nye, Joseph S. Jr.. 2005. *Understanding International Conflicts: An Introduction to Theory and History* (Longman Classics in Political Science), 5th Edition. Pearson Education.
Smith, Tony. 1995. *America's Mission.* Princeton University Press.
末近浩太. 2007.『国際政治におけるイスラーム：認知論的再考』京都大学文学部.

# 第2章　言語表現と意味

# 英語の心を読む──その実践

行 方 昭 夫

## 1. コンテクストにこめられた意味

(1) Are you a boy or a girl?

　昔はこんな文章を教科書で教えるから日本の英語教育は役に立たないなどと，言われたものでした。しかし，今では男女の外観が似てきたので，これは有用な文になったかもしれません。とはいえ，こんな場合もあります。都会っ子の Tom が夏休みに田舎の祖父を訪ねます。昔気質の祖父は，久しぶりに会った孫がひ弱で，イヤリングまで付けているのにショックを受けます。そして上の疑問文を投げつけるのです。こういうコンテクストで，英文にこめられた祖父の心を表す日本文はどういうものが適切でしょうか？いくつもありえますが，例えば「それでも男の子か！」という一喝ではいかが。

(2) Is this coffee or tea?

　これは実際に私が経験した話です。アメリカ滞在中のある夕，知り合って間もないアメリカ人夫妻を家に招待しました。夫は初対面でしたが，指揮者だということでした。確かに鋭敏な感覚の持主で，最近私たちがメトロポリタン歌劇場でみたオペラの話になると，どういう席で聴いたかと尋ね，答を聞くと，そんな席では "You can't hear anything" だと断定的にいわれたくらいでした。しかしグルメな彼もワイフの用意した食事に喜び，適切なほめ言葉で満足の気持を表現しました。ところが食後のコーヒーを出すと，上の質問を発したのです。一目で分かるのですから，単純な質問の筈はありません。「こんなコーヒー飲めるか！」という意図であるのは疑いようがありませんでした。話者の人柄とコーヒーをちらっ見，一口味わった不快そうな様子というコンテクストから，そのように解釈するしかありませんでした。

(3) I love you.

　この英文に相当する日本文は？と尋ねたら，どんなに英語が苦手な学生でも，ばかにするな，知っているといって怒るでしょうね。しかし，学校でい

じめにあって，しょんぼりして帰宅した子供に向かって優しい母が，子供を抱きしめながらささやいた言葉だとしたら，どうでしょうか。例えば，「お前はママには大事な子なのよ」,「ママはお前が可愛くて，可愛くて」などと訳すことになりましょう。

　日英言語文化研究会の奥津文夫会長から教えていただいた例を挙げましょう。二葉亭四迷がツルゲーネフの小説を翻訳しているとき，若い娘が勇を鼓して好きな青年に愛の告白をする場面にぶつかりました。当時の日本では「好きよ」とか「愛しているわ」などと口にする良家の子女は皆無でした。ロシア語の原文には英語の I love you. に相当する告白の言葉があったのです。困り果てた四迷は二日二晩考え抜いて，時代の制約というコンテクストから，「死んでもいいわ」と訳したそうです。なかなか迫力がありますね。

## 2.　文と文のつながりを読む

(4) Mary struck John on the head. He had given a violent kick to her puppy.

　この2文を考えてみましょう。16歳の大人しそうな少女メアリが10歳のいたずらっ子ジョンの姿を見つけると走っていって，殴りつけたのです。これを「メアリはジョンの頭を殴った。彼は彼女の子犬を乱暴に蹴飛ばした」と訳したとしたら，いかがでしょう。安手の翻訳機械ならこう訳すかもしれません。英語と日本語の間に1対1の対応があり，訳すというは，英語と日本語の置き換え，昔流に言えば，横のものを縦にするだけであるのなら――そのように思っている人が訳読批判者に多いのですよ――この日本語で事足りたといえるでしょう。

　問題は2つ。後文は過去完了ですから，前文より時間的に以前の行為を述べているのに，無視されています。2つ目に忘れているのは，前の文と後の文の関係です。それを考えて訳せば「メアリはジョンの頭を殴った。ジョンが彼女の子犬を乱暴に蹴飛ばしたからだ」あるいは最後は「のに対して復讐したのだ」でもいいでしょう。後文の冒頭に「だって」に相当する for や because がないのは，英語では何か意外なことを述べたら，その理由を説明する義務があるので，読者は心の中で「だって」があるのを期待し，自然に補うからです。

　このように広い意味のコンテクスト，つまり文脈だけでなく時代背景，文

化的背景などまで含めたコンテクストを十分に考慮した上で訳すことが，私のいう「英語の心を読む」ことです。以下，もっと長い文章を取り上げてみます。

(5) During my first term at Wilkie's I returned home one day with a black eye, having been bashed by a boy called Woolmer. To all my father's searching inquiries I stubbornly repeated that I had run against the edge of a door: already the school boy's code of honour bound me. On this occasion, when my father asked me if I had been fighting, I could truthfully answer no. I had received one blow, without retaliating, immobilized by the sudden anger and hatred in my assailant's eyes: I had never seen naked hate before. There was almost no bullying at Wilkie's, and the black-eye episode remained an isolated one; yet for a long time I was haunted by the shaming cowardice I had shown in not hitting back, and neither my relative intrepidity at games and gym nor my stoicism under pain could compensate for that failure of nerve.

　この英文は精読の立場からいろいろ問題があって興味深いので，拙著『英文の読み方』でも取り上げたのですが，英語を専門とする方と共により深く検討しようと思い，再度取り上げます。 イギリスの詩人 C. Day Lewis の自伝 **The Buried Day** (1960) からです。主人公が10歳のとき，ウィルキーという小学校で級友に突然殴られた経験を語った箇所です。目の縁に黒い痣ができるほどの一撃だったのですが，生徒同志の仁義にしばられて，ドアの端にぶつかったと父にごまかします。主人公は襲いかかってきた相手の目に浮かぶ激しい憎悪と怒りを見て，手も足も出なかったので，何の仕返しもしなかったのだそうです。そんなむきだしの憎悪を見たのは初めてだったという事情もありました。

　ここまではあまり問題はないと思います。There was almost no bullying 以下を最初はあまり頭を使わずに（心を読まずに）さっと訳してみましょう。

### 訳例 A

「ウィルキー校には弱いものいじめはあまりなくて，目に黒い痣がで

きたあの事件のようなことは，前にも後にも他に例がなかった。しかし，殴り返さなかったことで示した，不名誉な意気地なさが長い間僕の頭から離れなかった。競技や体育で皆より大胆に行動したり，苦痛に耐える克己心を発揮したりしたのだが，あの殴り返さなかったことの埋め合わせにはならなかった」

　どうでしょう？もしこの訳文を英語の原文を見ながら聞けば，結構よい訳だと思うのではありませんか。教室での学生との訳読のゼミであれば「よくできました」と言う教員がいるでしょう。

　しかし，いくつか問題点を出してみます。「いじめがなかった」と「頭から離れなかった」という2つの文を「しかし」で接続させるのは，論理的でしょうか。「いじめはなかったけど，僕個人は事件の記憶につきまとわれていて，苦しい学校生活を送った」というのでしょうか。

　そもそも主人公自身は事件を「不名誉な意気地なさ」と思っているのでしょうか。前半にあるように，相手が強くて怖いので殴り返さなかったのではない，とはっきり述べていますね。

　さらに，事件後に体育や競技で他の生徒より大胆だったとか，苦痛に対して我慢強かったというのは，彼は自分自身のことを事件のときも含めて，臆病だったと思ったことがないという証拠ではないでしょうか。

　そうだとすれば，自分が臆病だという意識に悩まされ続けた，という解釈は理屈にあわないのでは？　原文を見れば，sense of cowardice となっていませんから「行為」でしょう。なお shaming は「恥ずべき」に違いありませんが，そういう形容詞は誰がつけたのか。彼自身ではなく周囲の友人たちであるのは，まず確実です。

　このような問題点を拾ってゆくと，どうも事件への見解，解釈の点で，彼と周囲の生徒との間には溝があったと考えられます。

　このように考えた結果として，次の訳が生まれてきます。

　　訳例 B
　「ウィルキー校には弱いものいじめはほとんどなくて，あの目に黒い痣のできた事件は例外的なものだった。しかし，殴り返さなかったことで，人前で見せてしまった恥ずべき臆病のせいで，僕はずっと長いこと周囲の皆から白い目で見られた。競技や体育で皆より大胆に行動したり，苦痛に耐える勇気を示したりしたのだが，あの時に度胸が欠けたことを

帳消しにはしてもらえなかった」

このように訳すのが正しければ，彼としては，思い切って大胆に言えば「いじめがないというのは建前というか，表向きの話にすぎず，僕個人はけっこう皆から隠微ないじめにあい続けた。皆は殴り返さなかった本当の理由など気づきもせず表面的な振る舞いしか見なかったのだ」というところではないでしょうか。

イギリス流の understatement「控えめな言い方」というのはご存じでしょう。この文はその典型的な例ではないでしょうか。同じおいしいものを食べたアメリカ人とイギリス人がいたとすると，前者は大げさに "How nice! I've never eaten anything so delicious." と言えば，後者は "It is not bad." と言うだけ。ところが実際に何度もお代わりして美味しそうに食べたのは後者だった，という多少誇張した話をお聞きになったことがありましょう。

注意深い読者は気づいておられるでしょうが，実は原文の haunt という動詞について，まだ十分に考察していませんでした。この語は普通は「つきまとう」と覚えておけば大体間に合いますね。訳例Aは，この用法に従っているのです。実際，訳例Bを正当化するためには，「つきまとう」以外の用法がなければいけません。

そこで調べてみましょう。いくつかの辞典などから引用します。

1. if the soul of a dead person haunts a place, it appears there often: *The pub is said to be haunted by the ghost of a former landlord.*
2. to make someone worry or make them sad: *Clare was haunted by the fear that her husband was having an affair.*
3. to cause problems for someone over a long period of time: *It was an error that would come back to haunt them for years to come.*
  *The leaders remain haunted by the forces of dissent they ordered the army to crush.*
  *Even after there has been a conviction on a minor charge, should a person be haunted all his life by a petty youthful offence?*

3. の最後の例文は中村保男氏の『英和翻訳表現辞典』の haunt の項に出ているものです。同氏の適訳も紹介しておきましょう。「たとえ些細な罪で

起訴されて有罪となった場合でも，若気の至りで犯した微罪に一生つきまとわれることがあっていいものだろうか」これでお気づきのように，「つきまとう」という同じ訳語でも，3. は 1., 2. とは少し意味合いが違うのですね。辞典によっては，worry, trouble つまり「悩ます」としているものもあります。中村氏の引用している例は，今の黒痣事件にかなり似ていますね。(なお，英和辞典に「悩ます」が載る日がくるといいと私は思っています。)

　ところで，これで上の英文にこめられた Day Lewis の心は正しく読み取れたのでしょうか。平たくいえば，訳例 A は誤りで訳例 B は正しいでしょうか。

　ひょっとして読者の中に，そういう判断をしてもらうのに，教養あるネイティヴに尋ねてみたらいいのに，とお考えの人がいるかもしれません。そこで私の2つの経験を述べましょう。私は勤めていた大学で，イギリス人（イングランド，スコットランド出身者それぞれ），アメリカ人，カナダ人，オーストラリア人を同僚としていました。そこで，英文の解釈で問題があるとこの人たちに尋ねたものでした。むろん，別々にその同僚にだけ質問していると思わせて尋ねたのです。自信ありげに断定的に答える人もいれば，微妙だからはっきりいえないと，躊躇しながら答える人もいます。そして，全員が同じ意見になることは稀でした。相手が「行方先生はどう解釈するのですか？」と聞くので，意見を述べると，必ず賛成するのにも気づきました。この経験から，問題の英文が複雑な場合，ネイティヴに聞いても仕方がないことが多いと思うようになりました。

　もう一つの経験は私自身の書いた日本語のエッセイに関してです。ある予備校から手紙がきて，私が以前岩波書店の『図書』に書いたエッセイの一部を国語の模擬試験に使わせて欲しいと言ってきました。その後しばらくして礼状とともに，問題が送られてきました。長文問題に使われていて，設問の中に「著者の意見はどれか。次の5つから1つ選べ」というのがありました。好奇心から答えてみようとしたのですが，驚いたことには，正しいと思える答えが何と2つあったのです。

　何語であれ，文章の解釈は常に1つとは限らない，どちらが正しく，どちらが誤りということはない，微妙な場合もあるのだと，覚えておくといいという思いを，その時も新たにしました。今の英文についても，仮にデイ＝ルイスが生存していて彼自身に問題の箇所について質問したとしても，おそらく「もちろん訳例 B が正解です」と答えてくれるかどうか疑わしいような

気が少しします。

　実は先日私が日英言語文化研究会の年次大会で講演した折にも，この文章の解釈をめぐって，聴衆に中に訳例Aでよいと思うと述べた会員がいました。また正直にお伝えしますと，私がその英語力を尊重している友人の英文学者2人がやはりAを支持しています。それでもAかBかと議論することは有意義であり，英語の心を読む，ことであると信じるので再度ここで取り上げました。むろん，私はBだと考えていますが，Aなり他の解釈を全面的に否定はしません。

## 4. ときには「常識」を捨てて英文の心を読む

(6) Nothing could be more enchanting than Hume's style when he is discussing philosophical subjects. The grace and clarity of exquisite writing are enhanced by a touch of colloquialism — the tone of a polished conversation. A personality — a most engaging personality — just appears. The cat-like touches of ironic malice — hints of something very sharp behind the velvet—add to the effects. "Nothing," Hume concludes, after demolishing every argument in favour of the immortality of the soul, "could set in a fuller light the infinite obligations which mankind have to divine revelation, since we find that no other medium could ascertan this great and important truth." The sentence is characteristic of Hume's writing at its best, where the pungency of the sense varies in direct proportion with the mildness of the expression.

　これはイギリスの新伝記文学の創始者とされているリットン・ストレイチー Lytton Strachey (1880-1932) の『てのひらの肖像画』*Portraits in Miniature* (1931) の収められているイギリス18世紀の哲学者デイヴィッド・ヒュームの簡潔な伝記の一部です。

　冒頭から訳します。

　　　前半——哲学上の問題を論じるときのヒュームの文体くらい魅力的なものはない。見事な文体の優雅さと明快さは，わずかばかりの談話体というか，洗練された会話口調のお陰で一段と増している。文章の中に作者の個性が，それも大変に魅力的な個性がまさに彷彿するのである。意

地悪な皮肉をこっそり示す猫のような筆遣い，いわば滑らかなビロードの背後に何か尖ったものが隠されているような感じ―それが文体の魅力を増している。

　ここまでは，あまり問題ないでしょうね。この文体の描写は，ふわふわした毛並みの猫を撫でていたら，急にさっと引掻かれた経験のある人なら感じが掴めるかもしれません。後半はなかなか手ごわいでしょうから，ゆっくり検討しましょう。

　After demolishing every argument in favour of the immortality of the soul は，そのまま「魂の不滅を支持するあらゆる議論を粉砕した後で」としてよいですね。ここを正しく理解するというのは，ヒュームが霊魂不滅を信じていないようだと，見当をつけることです。つまり哲学者という人種は霊魂などを考えるものだから，霊魂不滅を信じているだろうなどと，思い込まないことが必要です。ここをしっかりさせておかないと，後の解読を間違えます。Nothing could set in a fuller light に行きます。まず set in a full light とはどういう意味でしょうか。「～を十分な光の中に置く」と直訳できましょうから，「～を非常にはっきりさせる」という意味になりましょう。動詞は set の他 place, put, show でも同じです。これに続く the infinite obligations which mankind have to divine revelation は難解ですが，考えれば分かります。have obligations to は文字通り「～に対して義理を持つ，義理がある」でいいです。そこで「人類が神の啓示に対してもつ無限の義理」と直訳できましょうが，もっと砕くと「このことに関して人類は神の啓示に計り知れぬ恩恵を蒙っている」となりましょう。

　Nothing ... in a fuller light と最後が full でなく fuller と比較級になっているのを見逃すと大変です。I couldn't agree more. が「もっと賛成なんて出来っこない，大賛成だ」という意味であるのと同じです。「もっと十分な光にさらすことは出来ないだろう」と直訳し，次に内容を捉えて「これくらい十分にはっきりさせることは，他にありえないだろう」とすれば正確に文章の心を捉えたといえましょう。「これくらい」をもっと明確にすれば，「霊魂不滅の支持論くらい」であるのはコンテクストの検討から分かります。以上を纏めれば，「人間が神様の啓示にものすごくお世話になっていることを，こういう説くらい明確に示してくれるものは他にありえない」となります。

　次の since we find ... important truth も決して易しくありません。「と

いうのは，他のどの手段もこの偉大で重要なtruthを確認できないだろう」と一応訳すことは可能ですが，no other medium than divine revelationというように省略された語句を補うことが必要です。またtruthが何を指すのか，それをはっきりさせなくてはいけません。コンテクストからthe immortality of the soulを指すと見当はつくでしょうか。ヒュームが神と魂をどのように考えているか，その心を捉え損なうと，間違ってしまいます。彼がその両方に皮肉な態度をとっていると分からないと，great and importantという形容詞が皮肉に使われていると気づかないでしょう。このように考えて後半は次のように訳せます。

　　後半——例えば，霊魂不滅を支持する論拠をことごとく粉砕した上で，結論としてヒュームは「人間が神の啓示に無限の恩義を受けていることを，霊魂不滅説ぐらい明確に示すものは他にないでしょうな。何しろ，どう考ええたところで，こういう勿体無いようなお説を証明してくれる手立ては，神の啓示以外にはありえないのですからね」と述べている。この文は最上のヒュームの文体の特色を遺憾なく発揮していて，表現の穏やかさと正比例して皮肉の度合いが高まっている。

　舞台裏を話せば，10年前に「英語青年」の英文解釈練習の課題文にこの一節を採用したことがありました。投稿者には英検1級レベルの人も少なくないのですが，この時ばかりは，一握りを除くほぼ全員が惨めな成績でした。その理由の一つは，英文の心を読むのに必要な勘と常識がこの場合は邪魔になったからでした。哲学者は肉体より精神を尊ぶものだから，おそらく宗教心も篤く霊魂不滅を支持しているに決まっている，という「常識」をヒュームにも当てはめたからのようでした。

　では最後に現代小説から1つ。

## 5. よく調べたのちに心を読む

(7) Denis is a Catholic, but not a particularly devout one. His mother, who has shouted herself hoarse from the foot of the stairs on many a Sunday morning to get him up in time for church, would be stunned to see him here of his own volition at an early midweek mass. He is fairly stunned himself, yearning for breakfast. This is not his idea of fun, but he has no choice, he

cannot bear to let Angela out of his sight.

　イギリスの現代小説家 David Lodge の小説 *How Far Can You Go* (1980) からの抜粋です。デニス青年は一目ぼれしたアンジェラの近くに居たくてしょうがありません。はじめに杜撰な読み方を出します。

　　訳例 A
　「デニスはカトリック信者だったが，特に熱心な信者ではなかった。彼の母は，多くの日曜日の朝，教会に間に合うように行かせようと，階段の下から声が嗄れるまで叫んでいたので，週半ばの早朝ミサに息子が自分の意志で来ているのを見たら，仰天するであろう。デニス自身，朝食が食べたくて，すっかり呆然としている。これは彼のふざけた思いつきから出たものではなく，選択の余地はない。彼はアンジェラが見えない所にいるのに耐えられない」

　原文を見て気づくのは，句読点に関しては，この作家はコンマしか使わないということでしょう。コロン，セミコロンを使うべきところをコンマで代用しています。読者としては，そのあたりのことにも注意しなくてはなりません。さて，朝食が食べたくて，すっかり呆然としている，というのは，どういうことでしょう？ここでは stunned という動詞が母と息子と両方に使われていますね。息子の場合は fairly という副詞と himself が添えられているのが違います。A の訳だと，空腹のあまり気を失いそうだ，というみたいですが，そうではありません。早朝ミサへの出席について母も息子も驚いているのです。母は出席した理由がアンジェラへの恋心だと知らないので，ただただびっくり仰天しているのですが，デニス自身は理由が分かっているので，母ほどは驚かない。言い換えれば「かなり驚いている」というのが真実です。fairly には A のような「まったく，すっかり」という意味もありえますが，古風な用法ですから，ここでは不適切です。yearning for his breakfast は補足的に今の彼の状態を述べているだけで，stunned の理由ではありません。

　his idea of fun は間違い易いですね。念のために『フェイバリット英和辞典』でみますと，Is this your idea of fun? というここにピタリの例文が載っていて，「君はこういうことが楽しいのかい」という好訳がついていました。最後の he cannot bear 以下が直前の he has no choice の理由になっている

のを見落としているようです。ここも訂正しましょう。全体としてこうします。

訳例 B
「デニスはカトリック信者であるけれど，とくに敬虔な信者ではない。彼が，週半ばの早朝ミサに自分の意志で出席しているのを見たとしたら，母親はさぞびっくり仰天するだろう。何しろ，毎日曜の朝に礼拝に遅れないように息子を起こそうとして階段の下から声をからして怒鳴り続けてきたのだから。実のところ，デニス自身もいささかびっくりしていて，もっぱら朝食のことばかり思い浮かべていた。こんなことが楽しくてここに居るわけではない。一瞬たりともアンジェラを自分の視界の外に置いておくなんて耐えられなかったのだから，こうするしかないのだ」

さてこのようにデニスはアンジェラに恋しているのですが，美しく純情な彼女を慕う青年は彼だけではありません。なかなか親しくなれないのですが，彼には有利な事情があります。すこし先の文も読んでみましょう。

That he was a Catholic gave him an immediate advantage, for Angela trusted him not to be like the other boys she had met at hops who, she complained, held you too close on the dance floor and offered to see you home only to be rude.

訳例 A
「カトリック信者であることが，すぐに彼にとって有利に働いた。デニスなら，彼女がこれまでダンスパーティーで会った青年たちのようではないと信用したからである。彼女がこぼすには，そういう青年たちはダンスホールで人をあまりにひきつけるし，ただ無作法に家まで送ると申し出るだけだった」

ここで使われている you は本当は her なのですが，you のほうが口語的になり，文章に一種の軽さを与えるのでしょう。日本語でも「あたしのことをどう思っているのかしら」という場合に「人のことを」と言いますね。ここは間接話法にも，その用法を持ち込んだのです。問題は offered to see you home only to be rude です。see you home を「家に来いと誘う」などと勘違いする人が時々います。「家まで送る」ということです。only to be rude は結果を表す副詞句でしょう？コンテクストを無視すれば「その結果無作法になった」と直訳できます。

　この rude という語で著者が，あるいはアンジェラが，どういう内容を伝えたいのか，考える必要があります。まず，コンテクストとして，ダンスしながら体を引き寄せる，という一般の青年へのアンジェラの不平が出ています。それと並ぶ不平なのですから，アンジェラの肉体，端的に言えば性的魅力と関係するのではないでしょうか。そこまで見当をつけて，辞典で調べるのも有効かもしれません。常に有効とは限りませんが，この語に関しては，次の COBUILD の説明がピタリです。

　　'rude is used to describe words or behaviour that are likely to embarrass or offend other people, usually words or behaviour relating to sex or other bodily function'

　さて，こういう内容だと知ったうえで，どういう日本語をあてたらよいか，これもよく考える必要があります。というのはアンジェラは「みだら」とか「エッチなこと」などという語を口にするのを嫌うタイプらしいので，別の言葉，遠回しの言葉を当てなくては彼女の心から離れてしまうからです。そのあたりのことも含めて，次の改定訳を見てください。

　　訳例 B
　　「デニスがカトリック信者であるのがすぐ有利に働いた。アンジェラはデニスをパーティーで出会った他の青年たちとは違うと信頼したのであった。あの人たちときたら，ダンス会場であたしの体をやたらと引き寄せるし，パーティーの後で家まで送ってくれるというけれど，無作法なことをするためだけなのよ，と彼女はこぼすのだった」

ところがデニスも他の青年と同じく，彼女を抱き寄せたいし，「無作法」なこともしたいのです。しかしそんな態度をみせたらすぐ逃げられてしまう，このジレンマを作者は面白がって描いています。

　以上さまざまな例で，私が大事だと信じている「英語の心を読む」ことの意義と，そのための方法を論じました。なお，加筆修正した形ではありますが，既刊の拙著で使った材料を活用した場合もあるのをお断りしておきます。

# 表層の意味と裏の意図
## ——日英語の談話における話し手の合図——

村 田　年

## 1. はじめに

　現在辞書編集の重要課題の1つは「語用論的記述をどのように進めるか」であると言ってよいであろう。語用論的記述が意識的に，体系的に辞書に取り込まれるようになったのは *LDOCE*$^2$ (1987) 以降であろう。本稿では，主に辞書の中の解説と用例を用いて，英語表現における表層の意味と裏の意図，言い換えれば，話し手の合図と聞き手の受取り方を詳しく跡付けてみたい。

### 1.1　語用論的記述における *LDOCE*$^2$ (1987) の意義

　発話の意図，あるいは，表現のニュアンスについての情報は外国語学習においては重要である。したがって英語学習用辞典には古くから多くの語・句・文に注記の形で書き加えられてきた。大きな流れとしては，A.S. Hornby ほかの *ISED* (1942) に始まり，海外の多くの EFL 辞典，わが国の英和辞典・和英辞典に取り込まれ，拡大発展してきたと言えるであろう。その伝統を踏まえ，しかも意識的，体系的に語用論的記述を実施した初めての辞書として *LDOCE*$^2$ を挙げることができる。

　ここで編者の Leech は，「正しい用法かどうか」(not only to the correct) だけでなく，「適切な用法かどうか」(but to the appropriate use of language) を記述し，「文の意味」(sentence-meaning) と同時に「話し手の意味（するところ）」(speaker-meaning) を書くべきであるとしている。辞書全編にわたって計画的，組織的にそれを行っている点は高く評価できるものである。(Leech (1987:F12))

## 2. 序論：発話の合図（discourse markers）

　慣習として，ある合図が出るとその言語の母語話者ならば間違いなく，すぐに察知する，そのような話し手の気持・意図などを聞き手に伝える合図（ディスコース・マーカー）は，いずれの言語にも存在する。いくつかの実例を

示そう。

## 2.1　望ましいことの成就の合図

(1) *At last* he came.
　　*\*At last* he didn't come.

　at last は「長い間待って，いろいろ努力して，望ましいことがついに（とうとう，やっとのことで）成就した」場合に用いる。(『ジーニアス英和辞典』[4]) これで「否定文には用いられない」理由もわかる。

(2) <u>とうとう</u>おばあさんがなくなりました。
　　\*<u>やっと</u>おばあさんが亡くなりました。

　「やっと」は「何らかの制約や困難があったために成立しがたかった行為・状態がどうにか成り立つさまを表す語」(『国語大辞典』) であり，留学生の場合間違いが起こりやすい。

## 2.2　依頼・要請の合図

(3) *Perhaps* you would be good enough to do me a favor?

　perhaps は「もしかしたら」とそうなる可能性が低いことを表して，実はそうなってほしいという望みを控えめにほのめかす丁寧な表現である。

(4) Would you *kindly* stop making a noise?

　kindly は「誠に恐れ入りますが」というていねいな表現であるが，そうさせずにはおかない強さが裏にある。それゆえ規則を示す掲示などによく用いられる。

## 2.3　間接的な訂正の合図

(5) 'Great! I love French coffee!' 'Er, it's German *actually*.' (In conversation, especially in British English, **actually** can be used to make what you are saying softer, especially if you are correcting someone, disagreeing, or complaining.) — *LDOCE*[3]

　婉曲的に，表現を和らげているのであるが，相手の言ったことを訂正して

いることはこのマーカーによってきちんと伝わるのである。

## 2.4 新たな話題の提供，話題の転換，話題の打ち切りなどの合図

(6) ***By the way***, I wonder if we could discuss my salary some time? (Although this expression seems to suggest that you are going to add unimportant information, in fact it is often used to introduce a subject that is really very important to you.) — *LDOCE*[2]

このように by the way, incidentally などは anyway, anyhow などと同じく新たな話の展開を合図したり，話題を変えたりする際のマーカーとなる。

## 3. 本　論

以上概略したように話し手の意図を暗示する合図が日英語でほぼ共通で，そう言われればすぐに理解できる場合から，日本語に対応する型がなく，理解が困難な場合まで，さまざまな事例が見られる。ここでは日英語が，1) ほぼ対応する場合，2) 対応にずれがある場合，3) 対応が見えにくい場合に分けて詳述したい。

## 3.1 日英語が対応する場合

1例として certainly を取り上げる。certainly は「確かにその通り」と文の内容に間違いがないことを保証する副詞であるが，ときによっては，「確かに…ではあるが，しかし」といった留保条件 (concession) を含意する。

(7) It's ***certainly*** very beautiful,
　　　　— ***and*** I'd like to get it.
　　　　***but*** it's far too expensive. — *LDOCE*[2]
(8) <u>確か</u>におっしゃる通りです。――これに決めましょう。
　　　　　　<u>が</u>，ちょっと値が張りますね。

(7) の certainly は用例の後者のような条件を内包する場合が見られる。一方日本語の「確かに」も「が，…」以下のような留保条件を暗示する用法がある。この場合は日英語が対応しているので言われればすぐにわかる。この用法について *LDOCE*[2] には次の説明がある。

(9) **Certainly** is often used when there is some doubt left in the speaker's mind. — *LDOCE*[2]

すると，話し手が certainly と言った場合は聞き手は用心する必要があることがわかる。さらに説明があり，but 以下は呑みこまれてしまって，発話としては出てこないことがある，との注記がある。ある程度まで音調でわかるのであるが，学習者としては注意が必要であろう。

(10) "He's a brilliant student, isn't he?" "Well, he *certainly* works very hard." (=but I do not agree that he is brilliant) — *LDOCE*[2]
(11) Sometimes the doubts are not expressed openly but only suggested. — *LDOCE*[2]

このような用法の類語としては以下の語が挙げられる。この種の語の用法について学習辞典はもっときちんと記述すべきであろう。

(12) **certainly** の類語： possibly; absolutely, completely, quite, definitely, doubtlessly, exactly, yes, ...

日本語の「確かに」もまったく同じ用法が見られる。a) 留保条件がない場合，b) 条件が隠れている場合，c) 条件が発話に出ている場合である。

(13)「... 本件の「運用管理」に注目すべきです。」
　　 a)「<u>確かに</u>わかりました。」
　　 b)「<u>確かに</u>わかるような気<u>も</u>します。(がしかし, ...)」
　　 c)「<u>確かに</u>わかるような気が(も)します<u>が</u>，視点を変えると...」

## 3.2　日英語の対応にずれが見られる場合

一般に please と「どうぞ」は同じ意味であると思われているが，詳細に検討してみると相当の意味・用法上のずれが認められる。

### 3.2.1　please と「どうぞ」

(14) a) I'd like some more pudding, *please*.（依頼・要請）
　　 b) Can I have some more pudding, *please*?（依頼・要請）
　　 c) *Would you like more pudding, *please*?（勧誘・提案）

d) *More pudding, ***please***.（プリンをもっとおあがり下さい。）

（勧誘・提案）— Stubbs (1983)

e) More pudding, ***please***.（プリンもっとお願いします。）（依頼・要請）

ひとに食べ物や飲み物を「どうぞ，どうぞ」と勧める「勧誘」には普通 please は用いないのである。一方「どうぞ」は注文などで自分のために「…して下さい」と依頼するときは使わないようである。$LDOCE^2$ にはこの点について注記がある。

(15) Note also that, unlike in some other languages, **please** is not used in English when offering things to people or when replying to thanks.　　$LDOCE^2$

日本語では依頼を表す際に「どうか」を用いるが，この語は意味が強く，守備範囲にも偏りがあるため，原則的には依頼には用いられない「どうぞ」が使われることがある。

(16) どうぞ［どうか］お貸し下さい。—『明鏡国語辞典』

さらに同辞典は「「どうか」は自分の願う気持が強く，ともすると相手に強要する含みが生じる。」と説明している。

### 3.2.2　Please の用法の公式化

以上のような検討を経て 'please'「どうぞ」「どうか」の 3 語の用法をまとめると次のようになるであろう。

　　**please** — 話し手指向：話し手の利益（Speaker-oriented: benefit for the speaker）
　　どうぞ　　 聞き手指向：聞き手の利益（Addressee-oriented: benefit for the addressee）
　　どうか — 話し手指向：話し手の利益（Speaker-oriented: benefit for the speaker）

'please' と「どうか」は共に話し手指向で話し手の利益を表すときに用いられるのであるが，前述したように「どうか」は強い表現で，やや使用範囲が限られるので，「どうぞ」が代わりに用いられることがある。「どうぞ」はそれだけ意味範囲が広く，やや境界がぼやけているが，やはり聞き手指向な

ので，生徒はそれをまねて please の用法を誤るようである。

## 3.3 日英語の対応が見えにくい場合

この場合は無意識のうちに誤った解釈や使い方をする可能性があり，外国語教育においては十分な理解と注意が必要である。1 例として perhaps を取り上げ，詳しく調べてみたい。

(17) 'I'm sure we can make it,' he says. ***Perhaps,***
　　　　　　a) ***but*** I don't think so because it is not easy.
　　　　　　b) ? we can make it although it is not easy.
(18)「きっとうまく行きますよ。」と彼は言う。**おそらくは,**
　　　　　　a) **? しかし**そうは思えない。たやすくはないから。
　　　　　　b) うまくいくだろう。たやすくはないけれど。

英語の場合は a) but の方が自然なつながりであり，b) のような肯定的なつながりはあまり普通ではない。日本語の「おそらくは」は，どちらともつながるが，どちらかと言うと b) の肯定的なつながりが好まれる。

(19) perhaps に相当する日本語表現：たぶん，おそらく，確か，おおよそ，おおかた，だいたい，ひょっとすると，ことによると，あるいは，ええまあ，もしかしたら，もしか，そうかも知れないが，そうでしょうね，そうでしょうけど，といったところで，…

perhaps に相当する日本語の表現は，意味の上では可能性の低いものもあるが，実際に使用した場合どうしても肯定的意味合いになってしまう。この点で perhaps と日本語の訳語とは大きなずれがある。

(20) a. 正雄は**たぶん**合格するでしょう。
　　 b. 正雄は**おそらく**合格するでしょう。
　　 c. 正雄は**もしかしたら**合格するかもしれません。
　　 d. 正雄は**ひょっとすると**合格するかも知れません。
　　 e. 正雄は，**そんなことはないとは思いますが，ひょっとすると**合格するかもしれません。

日本人社会では (e) の場合ですら，もう合格祝いは考える必要はないとは思わないのである。イギリス英語の perhaps，アメリカ英語の maybe に相

当する（裏に否定的な気持を含んだ）表現は日本人にとっては難しいようである。本当は "No" と言いたいときに失礼にならないように perhaps を用いると COBUILD[2] は説明している。

(21) You can say **perhaps** as a response to a question or remark, when you do not want to agree or accept, but think that it would be rude to disagree or refuse. — COBUILD[2]

　上記の解説でわかるように「そうではない，賛成したくない」といった気持ちが下敷きにあって「もしかしたら」と言っているわけである。どちらかと言うと否定的な表現で，「もしかしたら，そうなるよ」ではなくて「もしかしたら…やっぱりだめだろうな」と否定的なのである。

(22) "Is he coming to the party?" "*Perhaps (so).*"
　　　　　　　　　　　　　　　"*Perhaps not.*"

　maybe と perhaps はともに可能性が低い表現で，50％以下だと言われている。中心的な用法としては 30–20％であるが，話し手の頭の中では10％もないと思っている場合も考えられる。（小西（2006））それゆえ，上記の場合 "Perhaps" も "Perhaps not" も大きな意味の違いはない，あるいは同じであると言える。前者は「来ないだろう」と思うが，そう言ってしまうのもためらわれるので，「来るかなー？」ぐらいの気持ちであろう。"Yes, perhaps." も同じニュアンスで，but が含意され，yes ではないのである。後者は "No."（いや来ないだろう）と言う表現を和らげているだけで，「来ない」の反対の「来る」というニュアンスを伝えているわけではない。

　maybe もほとんど perhaps と同じ意味合いで，口語体で，あるいはアメリカ英語で多く用いられているのであるが，ある文献では，maybe は negative な気持を表し，例えば何か許可を求めたときにお父さんお母さんが "Maybe" と応えた場合はその人はダメだ（No）と受け取ったと言う。(Tschudy (2004:80))

　『ロングマン英和辞典』は「日本人英語学習者は，perhaps や maybe を使いすぎる傾向がある。英語では別の表現を用いて推量や可能性を表すことができる。」と注記している。さらに言えば，このような場合日本人学習者としては perhaps や maybe を用いない方がよいと言えるであろう。（ほかに行方（2005: 94-5））

(23) "She understood him better than his wife ever did." "***Perhaps** so. **But** ...*" (used to express reluctant or qualified agreement or acceptance) — *NODE*

同意するにしても「条件がつく」(qualified) わけである。…の場合ならばそうかも知れないが，だいたいはそうではないだろう，といったニュアンスである。

最後に Thomas Hardy の名作を取り上げて，perhaps という語を境にして，明るい新婚生活の門出から悲劇へと大転換する場面を見てみたい。

(24) "Do you remember what we said to each other this morning about telling our faults?" he asked abruptly, finding that she still remained immovable. "We spoke lightly ***perhaps***, and you may well have done so, ***but*** for me it was no light promise. I want to make a confession to you, Love." This, from him, so unexpectedly apposite, had the effect upon her of a Providential interposition. "You have to confess something?" she said quickly, and even with gladness and relief.

— Chapter XXXIV, *Tess of the D'Urbervilles*
*a Pure Woman* by Thomas Hardy

Engel は結婚してやっと二人だけになれた夜に互いに過去のことを告白しあおうと提案する。「ぼくはまあ軽い気持ちで言ったんだし，きみもそのつもりで当然いいんだよ。」と言っている。しかし実は Engel は何度も自分の過去の不注意な過ちについては早く Tess に告白して許してもらおうと思い，何度もその機会を求めてきた。Tess の方はそれ以上に，付き合い始めたときから，何度も告白しなければと強く思いつつ，いつも何かに遮られ，なかなか機会がなくて，すっかり塞ぎ込んで，いても立ってもいられない状態に追い込まれてすっかり沈み込んでいて，Engel の方も実はそれがたいへんに気になっていたのである。

lightly perhaps（まあ軽く → 実は重いことを暗示）→（でも実はぼくは軽い気持ちではない，きみの沈み込んだ態度も気になって仕方がない）→（小説全体における神の摂理による告白）

Engelにとってもこの告白し合うことは「軽いこと」ではなくて，たいへんに気にかけていた重大事なのであるが，Tessにとってはさらに重大事を通り越して，「神が仲立ちをしてくれたような，やっと訪れた機会」（a Providential interpositionと表現されている）だったのである。

Engelの過ちの告白についてはTessは認めて許す。が，Tessの過去の告白を聞くや否や，状況はぐるっと変わって悲劇へと突き進むのである。筆者にはこのperhapsが物語の大団円を暗示しているのではないかと思われる。しかし，読んでみた4種類の翻訳にはそのようなperhapsの裏の意味はまったく出てなく，軽い，明るい雰囲気が映されていた。

別の英文の解釈において，perhapsの意味について行方昭夫氏は「一般に日本語では，あり得ないほど可能性の低いことは，「多分」ではなく，「ひょっとすると」「もしかすると」と表現するのではないでしょうか。」と述べている。（行方（2007：61））ここからわかることは，perhapsはときに「あり得ないほど可能性が低い」ことを表すこと，もうひとつは，そのような場合でもperhapsの訳語は「ひょっとすると」ぐらいしか日本語には存在しないということである。

このように英語表現と日本語表現に大きなずれがあって，対応が見えにくい場合は，英語を教える際にも，翻訳をする際にも工夫が必要であろう。

## 5. まとめ

以上，英語における話し手の意図の合図としてのディスコース・マーカーについて，日英語がうまく対応する場合，一部ずれが見られる場合，対応が見えにくい場合に分けて，実例に基づいて詳しく論じた。今後の課題として，辞書における語用論的記述は，現在相当に進み，記述例も多くなってきているが，その体系化はあまり進んではいないようである。語用論的記述の類型別による体系化を目指したいと願っている。

**参考文献**

権田澄子．2004．「*Northanger Abbey*に現れた"Perhaps"の意味」日本英語表現学会第33回大会における研究発表ハンドアウト．於　日本大学文理学部．
広瀬浩三．1989．「談話辞Anywayの分析」『語法研究と英語教育』No. 11．
Hofmann, Th. R.・影山太郎．1986. *10 Voyages in the Realms of Meaning*. くろしお出版．
Leech, G.N. 1983. *Principles of Pragmatics*. Longman.
Levinson, S.C. 1983. *Pragmatics*. Cambridge University Press.

行方昭夫．2005．『英語の発想がよくわかる表現50』岩波書店．
＿＿＿＿．2007．『英文の読み方』岩波書店．
西光義弘．1993．「依頼表現の日英語比較」『英語青年』139巻5号．
Quirk, R., S. Greenbaum, G. Leech, and J. Svartvic.1985. *A Comprehensive Grammar of the English Language*. Longman Group Ltd.
Schiffrin, D. 1987. *Discourse Markers*. Cambridge University Press.
Stubbs, M. 1983. *Discourse Analysis: The Sociolinguistic Analysis of Natural Language*. Basil Blackwell Ltd.
高原　脩．1993．「談話標識の語用論的機能」『英語青年』139巻5号．
Tschudy, J. & Hidetsugu Yoshida. 2004. *ODDS & ENDS*. Seibido.

## 辞　書

Hornby, A.S. et al. 1942. *Idiomatic and Syntactic English Dictionary*. Kaitakusha Ltd. [*ISED*]
池上嘉彦他．2006．『ロングマン英和辞典』ピアソン・エデュケーション．
小西友七．2006．『現代英語語法辞典』三省堂．
北原保雄．2003．『明鏡国語辞典』大修館書店．
Pearsall, J. and Hanks, P. 1998. *The New Oxford Dictionary of English*. Clarendon Press. [*NODE*]
Sinclair, J. 1995. *Collins COBUILD English Dictionary*. 2nd edition; 3rd edition, 2001; 4th edition, 2003. [*COBUILD*]
尚学図書．1981．『国語大辞典』小学館．
Summers, D. 1987. *Longman Dictionary of Contemporary English*. 2nd edition, 1987; 3rd edition, 1995; 4th edition, 2003. [*LDOCE*]

## 資　料

Hardy, T. 1891 (1974). *Tess of the d'Urbervilles　A Pure Woman*. Macmillan.

# Manga に見る日英語比較
## ——数量的分析と転移比較の観点から——

三 宅 美 鈴

## 1. はじめに

　手塚治虫の「Budda」、「火の鳥」や宮崎駿のアカデミー賞受賞作品「千と千尋の神隠し」など、日本の Manga は、世界に発信しているひとつの文化としてその地位を確立している。そのため現在では、数多くの英訳版が出版されており、英語学習者の興味を惹いている。ここでいう Manga とは、「日本で作られた漫画を英訳したもの」を指している。筆者は、その中でも特に日本語と英語が同ページに表記されている対訳版に興味を抱いている。ひとつひとつの表現がどのように転移しているか一目で比較できるからである。また、Manga の英語は文体が口語体であり、場面設定も日常生活の場合が多く、表現も臨場感あふれるものが多い。口語英語習得に役立つのではないかという期待もある。そこで本研究では Manga の中の英語がどのような英語であるのか数量的・質的観点から日本語と比較しながら考察し、最後に教育的示唆の提示を試みる。

## 2. 分析材料

　対訳版のある Manga の中でも、「サザエさん」や「いじわるばあさん」などの4コマ漫画は、日本特有の文化的背景を色濃く反映する話題や日本特有の語彙が多い。読者はそれらの語彙の説明に注意が注がれてしまい英語らしい表現に目が届かない。そのオチも英語版ではわかりにくいところがある。また、題材が恋愛物では会話がある程度限定された人物間に限られる場合が多い。結果、今回の研究材料として、比較的文化的匂いが薄く、かつ学生たちの日常生活におけるやり取りが多く盛り込まれ、ストーリーが展開されていく「金田一少年の事件簿」(1999) を選んだ。その中から英文とそれに対する和文を約 500 文ずつ電子ファイル化し、分析調査対象とした。

## 3. 数量的分析
### 3.1 Manga における英語と日本語

「金田一少年の事件簿」で使用されている英語と日本語がどのような語であるかをまず数量的観点から分析を行った。

#### a. 完全文と不完全文

英文における完全文と不完全文[1]の割合は 3.6：1 であった。水谷（1985）によると形式的な場面での会話の完全文と不完全文の比率は 20：1，パーティの場面では 1.4：1，平均の口語英語の割合は 3：1 と報告されている。このことから，今回の Manga での英語は，平均的口語英語と言える。ちなみに，日本語は 5.2：1 の割合であった[2]。このように日本語と比べても，Manga における口語英語では意外に語彙の省略が多く，不完全文が多いのに驚かされる。詳しく見ると，それらは名詞の言い切り（23 文），主語が話者 "I" の場合（14 文）や漠然とした状況の "it"（21 文）などの文であり，また動詞が be 動詞の時の感嘆文ではそれらの主語・動詞はすべて省略されていた（7 文）。以下はそれら省略文の例である。

表1　数量的日英比較[3]

|  | 英　語 | 日本語 |
|---|---|---|
| 総語数 | 2,711 | 3,460 |
| 異語数 | 884 | 948 |
| 文数 | 533 | 535 |
| 完全文 | 416 | 449 |
| 不完全文 | 117 | 86 |
| TTR | 0.33 | 0.27 |
| MLU | 5.1 | 6.5 |

>　Wonder where he went.（どこに行っちゃったのかしら…）
>　Hard to believe.（ふ～ん，そんなもんかね）
>　Not as much fun as it looks.（見かけほど楽しくもないよ）
>　What a drag!（あっ～，めんどくさい）

#### b. TTR と MLU

TTR とは Type Token Ratio の略で総語数と異語数の割合を指す。また MLU は Mean Length of Utterance の略で 1 文における発話語数を意味する。TTR の数値は 1 に近づくほど語彙の密度が薄い，つまり同じ語を繰り返し使用している割合が低いと言える。ジャンルにもよるが平均的英文の

TTR は 0.4 である。今回の Manga の英語の TTR は 0.33，また日本語の TTR は 0.27 であった（表1）。大雑把に言って TTR の数値が低いほど平易な文と言えることから，今回の Manga の英語は口語体ということもあり，比較的平易な英文であると言うことができる。また日本語の方が同じ語を多く繰り返し使用していることがわかる。これは英語の代名詞の存在以外に，英文では同じ語を繰り返し使用せず異なった語彙で表現されていたこともある。

一文における発話語数 (MLU) に関しては，英語が 5.1 語，日本語が 6.5 語で，英語の方がやや短い発話であることもわかる。短いだけでなく英語の方が端的な表現が多く見られた。例えば以下の文のように，which などの関係代名詞で，文を繋がず短い文で端的な表現をしている。

「おれの作った仮面で遊ぶな」
Don't mess around with the mask. I made it.

#### c. 文型と文の種類

文型に関しては英語のみの分析とする。文型の分類にも諸説あるが，ここではごく一般的な 5 文型に当てはめる。

表2　英文文型

| | 文型 | 文数 |
|---|---|---|
| 1 | SV | 127 |
| 2 | SVC | 123 |
| 3 | SVO | 116 |
| 4 | SVOO | 7 |
| 5 | SVOC | 9 |
| 総数 | | 382 |

表3　文の種類

| 複文 | 47 |
|---|---|
| 重文 | 19 |
| 単文 | 316 |
| 合計 | 382 |

全部で 533 文のうち 151 文は間投語や 1 語文であったため，それらを除いた結果，分析対象文は 382 文になった。結果は表2のとおり，第1文型・第2文型・第3文型が圧倒的に多く，第4文型と第5文型はほとんど使用されていなかった。水谷（1985）によると，家庭での会話では第2・第3文型が最も多いとの報告がある。今回の Manga では僅差ではあるが，第1文型が最も多いという結果であった。これはおそらく読者を惹きつけるため

に，丁々発止の会話や絵による描写の視覚的補助により非常に端的な短い表現が多く用いられたためと考えられる。

また文の種類においては，表3のとおり圧倒的に単文が多いことがわかる。文型と同様に文の種類においても，単純な文が多い。

### d. 語彙レベル

Manga で使用されている語彙の難易レベルに関して，JACET8000 という8段階に選別されている語彙リストを基準に行った。JACET8000は「BNC (British National Corpus, 1億語) を基準スケールとし，それに日本の英語教育の現状を反映した言語資料とアメリカ英語を比較的多く含めた言語資料に基づいて」(JACET, 2003) 作られた基本語リストである。レベル1～2は基礎語彙，レベル3以上は「主として新聞や雑誌などで目にする受信語彙が一定数含まれており，レベルが上がるにつれてその割合も高くなっている。」(p.3) なお，表4のレベル0にはJACET8000に含まれていない語や複合語が含まれている。結果は約80%の語彙がレベル1であり，基礎語彙であるレベル2を合わせると全体の85%を占め，大半が基本語で構成されていることがわかる（表4）。

表4 語彙レベル

| 語彙レベル | 1 | 2 | 3 | 4 | 5 | 6 | 7 | 8 | 0 | 合計 |
|---|---|---|---|---|---|---|---|---|---|---|
| 語彙数 | 2,157 | 141 | 68 | 28 | 26 | 39 | 6 | 21 | 225 | 2,711 |

### 3.2 数量的分析のまとめ

以上，数量的観点から，今回の Manga の英語は以下のとおりである。
1. Manga で使用されている英語はごく平均的な口語英語である。
2. Manga の英語1文における語数は日本語と比べて少なく，端的な表現が多い。
3. Manga の英語は日本語より語の繰り返す割合が低く，語種が多い。
4. Manga の英語では第1・第2・第3文型が多く，しかも単文が多い。
5. Manga の英語では比較的難易度の低い語彙が多く使用されている。

## 4. 質的分析

次に，どのように日本語から英語に転移をしているか，カテゴリー別に分類し，質的分析を行った。カテゴリー分類に際して，楳垣 (1975) を参考

にした。楳垣（1975）は，文の構成を比較する「比較統辞論」と日英語の相対応する語の意味についてその異同を比較検討する「比較意味論」について，「語」を素材とするならば「統辞」はその運用であり，それぞれ相まってはじめて価値が生じる（p.25）と述べている。そこで，本研究では，比較統辞論的観点から「主語補充」「主語省略」「簡略化」「意味補充」「目的語補充」「動詞省略」，比較意味論的観点から「主語変化」「代名詞変化」「語彙変化」「肯定否定変化」「具体的表現変化」「慣用句への変化」の 12 カテゴリーに分類した。

### 4.1 日英語転移カテゴリー

(1) **主語の補充**：日本語では省略されている主語を補って転移。
   例：横浜で開業医をしています。→ I have a practice in Yokohama.

(2) **主語の省略**：英語においても，主語を省略した表現で転移。
   例：もう，返しましたよ。→ Already did.

(3) **簡略化**：日本語を簡略化して，英語に転移。
   例：わざわざ別荘に立派な劇場を作ったんですよ。
     → So he built this theater in his summer house.

(4) **意味の補充**：日本語では最後まで述べられていないこと（「…」で表わされている箇所）を英語ではその意味を明確に述べ加えて転移。
   例：またまたぁ…。→ You must be joking.

(5) **目的語の補充**：日本語では言い表されていない目的語を英語で補充された表現に転移。
   例：じゃ　君がちゃちくない手品やってみせてくれよ。→
     Show us a trick that isn't cheap, then.

(6) **動詞の省略**：英語において動詞が省略され転移。
   例：ちゃんと両手で持て！→ Both hands, for Chrissakes.

(7) **主語の変化**：日本語と英語では違った主語に転移。
   例：ありゃじっちゃんに習ったんだ。→ Gramps taught me.

(8) **代名詞への移行**：日本語では名前を使っているが，英語では代名詞に

転移。

例：神矢くんたちは月島さんの自殺を目の前で…。→
You guys actually saw her commit suicide.

(9) **語彙の変化**：単語自体が日本語から英語への転移の際に変化。
例：ねぇ，はじめちゃんも行かない？ → Hajime, you come, too?

(10) **肯定・否定表現の変化**：日本語では否定的表現が英語では肯定的表現に転移。
例：あの事件には部員以外誰も知らない"事実"がある！→
There is another side to this tragedy that only the drama club members know of.

(11) **具体的表現への変化**：日本語ではあいまいな表現が英語ではより特定した表現に転移。
例：あたし ちょっと見てくるわ。→ I'll go and look for her.

(12) **慣用句・決まり文句・俗語**：慣用句あるいは決まり文句として転移。
例：ちょっと手を貸してくんない！→ Gimme a hand.

以上，12のカテゴリーにおける転移を見ることができ，それぞれのカテゴリーにおける転移数は表5のとおりである。転移総数は878であった。これらの転移の中には，「無生物主語に変化」しているともとれる転移（5文）や，「態の変化」の転移（2文）もあったが，本研究では意味論的観点から，これらを「主語の変化」と捉えた。

表5　転移カテゴリー数（合計878）

| 順位 | カテゴリー | 数 | 順位 | カテゴリー | 数 |
|---|---|---|---|---|---|
| 1 | 語彙変化 | 241 | 7 | 主語省略 | 57 |
| 2 | 主語補充 | 110 | 8 | 目的語補充 | 50 |
| 3 | 慣用句 | 82 | 9 | 代名詞へ変化 | 40 |
| 4 | 簡略 | 77 | 10 | 意味補充 | 40 |
| 5 | 具体的 | 64 | 11 | 動詞省略 | 38 |
| 6 | 主語変化 | 61 | 12 | 肯定否定 | 18 |

## 4.2　1文における転移の数

1文における転移カテゴリー数を見てみると表6のようになった。レベル1というのは日本文1文において1つのカテゴリー転移があったことを意味し，レベル2は日本文1文において2つのカテゴリー転移があったことを意味する。表6より，日本文1文において最も多く転移が行われているレベルは1で，文数は155文であった。続いてレベル2の2カテゴリーの転移が多く行われている文で，その数は126文，転移カテゴリー数は252であった。なお，日本文535文において，111文は転移に変化が見られず，分析対象文数は424文であった。

表6　1文における転移カテゴリー数

| レベル | カテゴリー数 | 文数 | 割合（％） |
| --- | --- | --- | --- |
| 1 | 155 | 155 | 17.7 |
| 2 | 252 | 126 | 28.7 |
| 3 | 315 | 105 | 35.9 |
| 4 | 136 | 34 | 15.5 |
| 5 | 20 | 4 | 2.3 |
| 合計 | 878 | 424 | 100.1 |

## 4.3　転移カテゴリー間の相関関係

次に，これらの転移カテゴリー間をピアソンの相関係数の有意性検定を行い，相関関係を見た。その結果，表7のように，4つのカテゴリーの組み合わせにおいて，統計的に有意であった。

表7　カテゴリー間の相関係数

| カテゴリー | ピアソンの相関係数 | 有意確率 |
| --- | --- | --- |
| 動詞省略 / 主語省略 | 0.591** | 0.000 |
| 具体的 / 主語補充 | 0.132** | 0.007 |
| 主語変化 / 語彙変化 | 0.128** | 0.008 |
| 主語変化 / 目的語補充 | 0.125** | 0.010 |

** 相関係数は1％水準で有意（両側）を表す。

つまり，動詞が省略される場合には主語も省略され，具体的に表現する時には主語を補充する場合が多い。また主語が変わればその他の語彙も変化するか，または目的語を補充することが多いことなどが明らかになった。ちなみに各カテゴリーのレベルにおける内訳は表8のとおりである。慣用句への転移は1文において1転移されている文が最も多く，肯定否定への変化と目的語補充においては1文において3〜4の転移が行われている文が最も多かった。これら3つのカテゴリーの他においては，ほとんど1文において2〜3の転移が行われている文が最も多い。

表8　各レベルにおけるカテゴリー数

| 変化 | レベル1 | レベル2 | レベル3 | レベル4 | レベル5 | 周辺 |
|---|---|---|---|---|---|---|
| 主語補充 | 11 | 40 | 35 | 21 | 3 | 110 |
| 主語省略 | 4 | 15 | 28 | 8 | 2 | 57 |
| 簡略 | 12 | 19 | 32 | 12 | 2 | 77 |
| 慣用句 | 35 | 22 | 19 | 5 | 1 | 82 |
| 代名詞 | 7 | 12 | 15 | 6 | 0 | 40 |
| 主語変化 | 4 | 23 | 22 | 9 | 3 | 61 |
| 意味補充 | 7 | 13 | 10 | 9 | 1 | 40 |
| 語彙変化 | 58 | 66 | 85 | 29 | 3 | 241 |
| 肯定否定 | 1 | 3 | 8 | 6 | 0 | 18 |
| 具体的 | 9 | 16 | 26 | 13 | 0 | 64 |
| 目的語補充 | 5 | 12 | 15 | 15 | 3 | 50 |
| 動詞省略 | 2 | 11 | 20 | 3 | 2 | 38 |
| 周辺 | 155 | 252 | 315 | 136 | 20 | 878 |

### 4.4　質的分析のまとめ

以上，質的分析をまとめると，

1. 12の転移カテゴリーに分類できた。
2. 語彙変化と主語補充が最も多い転移カテゴリーであった。
3. 1文における転移カテゴリー数が1カテゴリーの文が最も多く，続いて2カテゴリー，3カテゴリーの文と続く。
4. 主語省略／動詞省略，具体的表現への変化／主語補充，主語変化／語彙変化，主語変化／目的語補充の間に，相関があった。

## 5.　まとめと教育的示唆

中学校英語を知っていれば，話すことができるとよく耳にする。実際，今回の数量的分析結果が示しているように話し言葉で使用されているのは平易

な語彙で，しかも単文が多く，文型も第1・第2・第3文型と比較的単純な文である。しかし質的分析から慣用句・熟語が会話の中に頻繁に出現していることがわかった。語彙が易しいだけでは話すことはできない。語自体はレベル1の語彙でも，熟語となると語彙レベル1ではなくなるからである。口語英語のように文が短ければ短いほど，慣用句，熟語が決め手になる。質的分析からも，155文中35文（22.6％）が，1文において慣用句に置き換えるだけで，英語らしい表現で表わすことができる。多く慣れ親しみ記憶するのが一番であろう。

　また，転移カテゴリーの中では，語彙変化が最も多かった。英語らしい表現をするには，当然のことかもしれないが，豊富な語彙が必要であることが改めて確認された。そして，カテゴリー間において関係性の高いいくつかの転移カテゴリーが存在することが分かった。それらを参考にしてできるだけ早く同時に，転移を行うことができるように試みていくことが大事であろう。そうすることによって，日本語から英語への転移に慣れ，いずれは直接に英語で表現できるようになるであろう。

　最後に，当初，Mangaが口語英語習得に役立つかもしれないという期待があった。量的質的に分析した結果，その期待を裏切るものではなかった。教材としての可能性も大いにあるとの感を持つことができる。教材として用いることによって，平均的な口語英語を，学生の興味を惹きつつ，疑似体験として表現に触れさせていくことができるのではないだろうか。

## 注

1) 英文において,不完全文とはここでは①主語の省略,②「主語＋動詞」の省略（1句文），および③途中で終わっている文（例：I just didn't know him that well and ....）のことを指し，"yes"や"no"だけのものや応答，呼びかけ("Hi")，感動語("Wow")などの間投詞は1文として成立すると考え不完全文とは扱わなかった。
2) 日本語文においては，主語が省略されている文は不完全文とは扱わなかった。よって，例えば「いくら幼なじみでも…」のように意味において省略がされている文を不完全文とした。
3) 英文の解析にはWordSmith (Ver.4) を使用し，日本語文の解析には奈良先端科学技術大学院大学情報科学研究科自然言語処理講座（松本研究室）から無償で配布されている形態素解析システム『茶筌』のWindows版WinChaを使用した。

## 参考文献

大学英語教育学会基本語改訂委員会（編）．2003.『大学英語教育学会基本語リスト』

（JACET8000）大学英語教育学会.

羽鳥博愛. 2005.「日・英表現の違いの根底にあるものと違い調査のための分類案」『日英語の比較——発想・背景・文化』三修社. 9-14.

楳垣　実. 1975.『日英比較表現論』大修館書店.

石村貞夫. 1998.『SPSSによる多変量データ解析の手順』東京書店.

金成陽三郎. 1999.『バイリンガル版金田一少年の事件簿①オペラ座館殺人事件』講談社.

清川英男. 1990.『英語教育研究入門』大修館書店.

水谷信子. 1985.『日英比較：話しことばの文法』くろしお出版.

# インターネット広告の談話分析
―― 日本語とアメリカ英語の場合 ――

足 利 俊 彦

## 1. はじめに

近年，情報通信環境の発達に伴い，語学教育においてもコンピュータやインターネットを活用した教授法が試みられ，さまざまな視点から研究および実践が行われている。

広告の談話分析については，これまでに新聞，雑誌，テレビなどさまざまなメディアについて多くの研究が行われている（例 Cook 2001, Goddard 2002）。インターネットは最新かつ最も注目を集めるメディアであり，いまやテレビ，新聞に次ぐ第3の広告媒体となろうとしている。それにもかかわらず，インターネット広告の談話に焦点を当てた研究，特に異文化間での研究はほとんど見られないのが現状である。

本研究では，日米の大手新聞社が運営するウェブサイトに掲載されたインターネット広告を題材に，言語学的観点から日本語とアメリカ英語の特徴について調査した。ここでは広告の構造，機能，語彙，ポライトネス，ジャンルなど日米の相違点に着目し分析を行い，どのような文化的・社会的要因が反映されているか考察した。

## 2. データ

本研究のデータは2006年5月3日から5日までの3日間，日米それぞれ4つの新聞社が運営するサイトから収集された。アメリカは *The New York Times, The Washington Post, Los Angeles Times, Chicago Tribune*[1]，日本は朝日新聞，産経新聞，毎日新聞，読売新聞の各紙で，いずれも日米両国において最も出版部数の多い一般紙である。データは午前と午後の2回，日米で同一時間帯に各紙のホームページ，ビジネス，国際，スポーツ，エンターテイメントなど7つの異なるセクションから収集された。広告の総数は日本語80種類，英語は149種類である。[2]

## 3. 考　察

インターネット広告には，商品の認知度，評価，イメージを向上させる効果が期待されているが，Janoschka (2004)が指摘するように，これ以外にも，顧客の注目を集め，広告をクリックして商品を見てみたいと感じさせる動機付けを行うという重要な役割がある。さらに，その商品のホームページで顧客が知りたいと思う具体的な情報を広告に掲載することが期待されている。

実際に，インターネットの広告では，利用者の注意を引き，さらに商品のホームページへと繋がるボタンをクリックするよう促すためのさまざまな工夫，言葉の技法が利用されている。まず初めに，顧客にアピールする手段のひとつである動詞の命令形について考えてみたい。

### 3.1.　「動詞中心」（アメリカ英語）と「名詞中心」（日本語）

アメリカ英語では動詞の命令形が多用され，日本語では名詞を中心とした表現が多く見られた。以下の例を参考にされたい

(1)

図　3.1　　　　　http://www.chicagotribune.com (05/04/06)

(2)

図　3.2
　　　　　http://www.washingtonpost.com (05/03/06)

上の例 (1)，(2) では命令形が多用されているが，英語の場合，ほとんどすべてのインターネット広告で命令表現が見られた。"Click!" や "Click here" といったインターネット広告に特有の表現はたいてい広告の最後に提示されるが（例 (2) 参照），命令文は広告のタイトルから本文（コピー）に至るまで広範囲で使用されていた。広告メッセージは単に顧客に対して商品を紹介

し訴えかけるだけでなく，Janoschka が指摘するように，時間，スペース，認知の観点から簡潔かつ的を射た表現でなければならず，それ故に命令形が多用されていると考えられる。

　本来，命令文は「命令や禁止の意を表す」文であるが，広告という特殊な談話の中では強い提案の機能を持つと考えられる。Mey (1993) によると，困難や苦痛を強いる場合とは対照的に，英語では相手の利益になる場合は積極的に命令形を使用することができるとされる（例 "Have another sandwich."）。

(3)

図 3.3 A

図 3.3 B

http://www.mainichi-msn.co.jp (05/03/06)

　ところが一方，日本語ではこのような命令形を使用した広告は皆無に近かった。日本人はこのような場面で相手に命令されたくない，自分のテリトリー，面目を守りたいという意識，つまり Brown & Levinson (1987) が指摘する「消極的フェイス」(negative face)[3] の欲求を尊重する傾向があるのではないだろうか。言い換えれば，命令文の形をした提案は相手に対して失礼と考えられ，そのため日本語の広告では命令文がほとんど利用されないのであろう。

　日本語では，動詞の代わりに名詞が多用される傾向にある（例「モバイルテクノロジー搭載」，「注目の新着物件満載！」）。また上の例 (3) のように肯定的な意味を含む名詞が頻繁に用いられる（例「充実の施設と安全性の提案」）。さらに，動詞と似た働きをする名詞[4] も存在するが決してメッセージの受け手に何か行動するよう命令するような強いものではない（例「詳細を確認」，「情報をお届け」，「出会いから結婚までをプロデュース」）。

このように英語では命令文が多用され，日本語では名詞を中心とした表現が多く見られた。ここまでインターネット広告の命令文について触れたが，次にネット広告で利用されている言語の特徴である人称代名詞，疑問文について論じる。

## 3.2. 「エージェント重視」と「商品重視」
　インターネット上の広告は本来，不特定多数の人間に対するメッセージと考えられているが，実は個々の人間に対する個人的なメッセージとして捉えることも可能である。

### 3.2.1 「エージェント重視」(アメリカ英語)
#### 3.2.1.1 人称代名詞
(4)

図 3.4
　　　　http://www.chicagotribune.com (05/04/06)

(5)

図 3.5 A

図 3.5 B

図 3.5 C

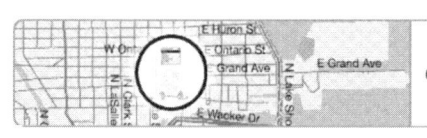

[GET YOUR IPOD IN STREETERVILLE]

図 3.5 D

[Chicago Tribune shopLocal — GET SALES, SPECIALS AND DEALS IN YOUR OWN ZIP CODE ▶ SHOP NOW]

http://www.chicagotribune.com (05/03/06)

　上記（例(4)）の疑問文は，人称代名詞"you"を使うことによって個々の顧客に直接，個人的に語りかけている。同様に（例(5)）では，代名詞の所有格"your"を利用することで指示文をよりプライベートなものにしていると考えられる。

　Janoschkaは，インターネット広告で1人称や2人称代名詞を活用することで，会話と同じような状況を作り出すことが可能であると主張する。つまりメッセージの送り手と受け手があたかも個人的に対話しているような状況を作り出すというものである。このようにして，広告の製作者は受信者を個人として待遇し，コミュニケーションのプロセスに引き込むことが可能となるのである。

### 3.2.1.2　疑問文

(6)

[Want to look like a local in Venice Rome Milan?]

図 3.6 A

[Take the train — See the real Europe! RailEurope]

図 3.6 B

http://www.latimes.com (05/04/06)

インターネット広告では同様に，疑問文も広告とメッセージ受信者との間の対話手段として利用することがある。疑問文を利用することにより，人と人とのコミュニケーションと同じような印象を醸し出すことが可能となる（例 (4), (6) 参照）。その結果，メッセージ受信者である顧客の行動に影響を与えることができるのである。

このように命令形，疑問文，人称代名詞 "you" には相手に直接語りかける働きがある。また "find," "use," "search," "learn" といった経験を示す動詞もしばしば使用され，これらの動詞は通常能動態であり，メッセージ受信者をエージェント（動作の主体）として扱う。これにより，メッセージ受信者にあたかも自分がその場面で実際に行動や感情を経験しているような印象を持たせる効果がある。英語のネット広告ではこのようにさまざまな言葉の技法を利用してメッセージの受信者である顧客に重点が置かれるよう工夫されているのである。

### 3.2.2 「商品重視」（日本語）

日本のインターネット広告は，英語のように人称代名詞，疑問文，命令文といった言語の特性を利用して直接顧客に呼びかけるのではなく，商品の説明・描写に重点を置いている（例 (3), (7) 参照）。つまりアメリカではメッセージの受信者である顧客に重点が置かれるが，日本では商品に重点が置かれているのである。これは，日本語では出会い，出来事，現象を描写する際，場面が中心となる，という Maynard (1997) の主張と関連しているかもしれない。その場面で行動を起こすエージェントに焦点が置かれる英語とは対照的である。Maynard は英語と日本語の違いを "scene-orientation" と "agent-orientation" という表現で定義し区別している。日本人にとっては，出来事の場面全体が第一の焦点であるが，英語では動作の主体が最大の焦点なのである。インターネット上でも同様に，英語の広告はエージェント重視，日本語は商品重視と定義することができるのではないだろうか。

## 3.3 インターネット広告と社会
### 3.3.1 語彙の特徴

英語の広告では，動詞に加えて，肯定的な意味を持つさまざまな形容詞が頻繁に使用されている。例えば，"free", "great", "special", "guaranteed" といった形容詞である。"best", "largest", "lowest" といった形容詞の最上級や

"higher", "more", "better" といった形容詞の比較級も効果的に利用されている。

しかしながら，日本語の広告では名詞が最も多く使われている。形容詞もしばしば「名詞＋の」（例「理想の」「注目の」「最新の」）という形で代用される。さらに動詞と同じような働きをする名詞も存在する。このように日本の広告では名詞が最も高い頻度で使用されている。

Janoschka は，実際に顧客に行動を促すような効果的な言葉を "trigger words" と呼んでいるが，日米両国において，お金の節約に関する表現が特に顧客の関心を惹きつけるようである。例えば，英語では "save", "free", "special offer", "cash back" といった表現で，日本語では「無料」、「プレゼント」などである。このように英語では動詞や形容詞，日本語では名詞がそれぞれメッセージの受け手の関心を惹く効果的な言葉のようである。

### 3.3.2　広告と社会

(7)

理想の結婚 はサンマリエから

図 3.7 A

理想の結婚 を手に入れる秘訣とは…

図 3.7 B

出会いから結婚までをプロデュース!!　click

図 3.7 C

http://www.sankei.co.jp (05/03/06)

日米の広告のジャンルを比較することによって，2つの社会の相違点を浮き彫りにすることができる。アメリカの新聞では，金融関連，自動車，旅行の広告が多数を占め，日本では住宅，健康，結婚関連の広告がより多く掲載される傾向があった。お見合い・結婚関連の広告は日本のインターネット新

聞に特有で，本研究が対象としたアメリカの新聞のホームページには見られなかった。日本社会が直面している晩婚化や未婚率の増加傾向を反映しているのであろう。石川 (2001) が指摘しているように，広告の言語はまさに社会の価値観を映し出しているようである。

## 4. 終わりに

まず初めにインターネット広告での命令文の多用について論じた。アメリカ英語では，命令文が非常に高い頻度で使用されるが，日本語においては皆無に近い状態であった。これは，英語では相手の利益になる場合，命令文を積極的に利用することが可能とされるが，日本語では相手の「消極的フェイスの欲求」を脅かす危険性があるため，日米でこのような相違が生まれたのではないかと推察された。

次に英語の広告を「エージェント重視」，日本語の広告を「商品重視」とそれぞれ定義した。アメリカのインターネット広告は，人称代名詞の "You"，疑問文，命令形などを駆使して直接相手に呼びかけるが，日本語の広告では商品を描写することに焦点を合わせる傾向があることが判明した。

最後にインターネット広告と社会の関係について触れた。日米のインターネット広告のジャンル，使用される語彙の特徴を比較することで，2つの社会の相違点が浮き彫りになった。本研究の対象はインターネット上の新聞広告という限定された領域ではあるが，広告の中の言語は2つの国の社会的価値観を映し出しているといえよう。

今後の研究課題としては，新聞，雑誌，TV といった他のメディアの広告との比較研究が挙げられよう。それぞれのメディアの広告にどのような談話構造の特徴があるのか興味深い。今後ますますインターネット広告の比重が高まることが予想されるが，更なる研究が行われ，異文化理解，語学教育に積極的に応用されることを期待する。

注

1) アメリカでは全国紙は *USA Today* のみなので，発行部数の多い地方紙4紙を研究対象とした。
2) 本研究ではインターネット広告の多数を占める書き言葉の談話を対象としたため，動画広告は対象外とした。
3) フェイスは「積極的」と「消極的」に区別され，前者は他人から認められたい，好かれたい，尊敬されたいという欲求，後者は，他人に邪魔されたくない，押し付けられ

たくない，自由に行動したいといった欲求に表れる。
4) 「動作を表す名詞」で「サ変名詞」と呼ばれる。「する」を付けると「サ変動詞」となる。国語辞典では，サ変名詞の用語に「サ変」「スル」などと表記されている場合もある。

## 参考文献

Brown, P. and S.C. Levinson. 1978. *Politeness: Some Universals in Language Usage.* Cambridge University Press.
Cook, G. 2001. *The Discourse of Advertising* (2nd ed.). Routledge.
Goddard, A. 2002. *The Language of Advertising* (2nd ed.). Routledge.
石川淑子. 2001.『ことばと意味――隠喩・広告を通して』リーベル出版.
Janoschka, A. 2004. *Web Advertising.* John Benjamins Publishing Company.
Maynard, S.K. 1997. *Japanese Communication: Language and Thought in Context.* University of Hawai'i Press.
Mey, J.L. 1993. *Pragmatics: An Introduction.* Blackwell.
Wennerstrom, A. 2003. *Discourse Analysis in the Language Classroom.* The University of Michigan Press.
Wierzbicka, A. 1991. *Cross-Cultural Pragmatics: The Semantics of Human Interaction.* Mouton de Gruyter.

## 各新聞社のホームページ

*The New York Times* http://www.nytimes.com
*The Washington Post* http://www.washingtonpost.com
*Los Angeles Times* http://www.latimes.com
*Chicago Tribune* http://www.chicagotribune.com
朝日新聞 http://www.asahi.com
産経新聞 http://www.sankei.co.jp
毎日新聞 http://www.mainichi-msn.co.jp
読売新聞 http://www.yomiuri.co.jp

# 第3章　言語表現の文法

# 慣用句の変奏

村 田 勇 三 郎

## 1. はじめに

　綿貫陽・マーク・ピーターセン共著『実践ロイヤル英文法』(旺文社 2006) の推薦文を執筆した関係か,マーク・ピーターセンの講演「学校英語と伝統的文法教育」予告記事(『英語青年』片々録 日英言語文化研究会第2回年次大会 2006年6月10日明治大学駿河台校舎) が偶然目に留まり会に出席した。こんなことから同研究会との御縁が始まった。今回研究会から『論集』を刊行するという。喜んで一同に参画した。

## 2. rain cats and dogs (土砂降り)

　ある英和辞典に It's raining cats and dogs.(どしゃ降りだ。ネイティブスピーカーはあまり使わない) とあった。COBUILD Corpus でアクセスしてみると,rain cats and dogs について 10 例検索された。

(1) It began to rain cats and dogs when I arrived there.
(2) I hope it's fucking raining cats and dogs. (ひでえ土砂降りだなー)
(3) 'You mean she wasn't wearing a coat, even though it was raining cats and dogs?' said Cicero, gently puzzled. (「土砂降りだったけど彼女はコートを着ていなかったということ?」とシセロは当惑したように云った。)
(4) It really was raining cats and dogs.
(5) Raining cats and dogs.

通算して It's (was) raining cats and dogs. は7例(現在進行形4例,過去進行形3例),Raining cats and dogs のような省略形2例,It began to rain cats and dogs 1例で,rain cats and dogs は進行形で使用されていることが多いことが判明した。なお It never rains but it pours. が11例に対し,It never rains but it snows. が1例検索された。イギリスは雨が多く雪が少ないためであろうか。

## 3. selling like hot cakes（飛ぶように売れている）

能動・受動態 (activo-passive) は生成文法では middle construction（中間構造）といわれるが，sell well（よく売れる），break easily（こわれ易い）が多く目にとまる。

(1) Look around your shop and try to identify products which do not sell well.（店内を見て回ってよく売れない商品は何か見分けるようにしなさい。）

(2) It has no elasticity, is brittle and breaks easily when brushed or combed.（それは弾力性がなく，もろく，ブラシをかけたり，櫛でとかすとすぐこわれる。）

(2) で注意すべきは brush や comb は受動態で用いられており，能動・受動態としては用いることが出来ない。

動詞が能動・受動態に用いられる場合，主語になる(代)名詞は主に被動者 (patient) の関係にある。時制は単純現在時制が普通だが，法助動詞 (modal aux) は will が用いられ，否定辞 (neg) が伴うことが多く，様態副詞 (manner adverb e.g. well, easily) が共起する。文の意味はある特定の出来事 (a specific event) ではなく，一般的な状態 (a general state) を述べるというのが従来の通説であった。しかし BNC を検索してみると例外的に sell のみ進行形として用いられている。

(3) T-shirts and posters are selling like hot cakes, and books, stickers, videos and even a monthly magazines are on the way.
（Tシャツやポスターが飛ぶように売れ，本，ステッカー，ヴィデオや月刊雑誌も売れている。）

selling like hot cakes は口語に見られる成句で，BNC では 17 例検索された。次のような特徴がみられる。なお go like hot cakes は 3 例検索されたが，全て単純形である。

　i) 主語が単数でも like a hot cake のように数の呼応は起こらない　6
　ii) 現在進行形　4　　　　iii) 過去進行形　2
　iv) 現在完了進行形　2　　v) 分詞構文　3
　vi) 単純現在時制　2　　　vii) 単純過去時制　1
　viii) may (should, will) sell　3

ix) go like hot cakes（単純現在時制 1，単純過去時制 2）

具体例を挙げる。

(4) Opren was selling like hot cakes.（オプレンは飛ぶように売れていた。）
 （Opren（英国）は Oraflex（米）ともいい，関節炎の薬）
(5) Personal computer networks have been selling like hot cakes.
(6) The shares were selling hot cakes.
(7) SCOTS HOME SELL LIKE HOT CAKES.
 （マイホーム建設会社の広告）
(8) Sterling + 2 is selling like hot cakes.（純銀英貨ポンド(stg.)硬貨の広告）
(9) It went like hot cakes.
(10) It will sell like hot cakes.

以下，should, may, fail to と共起している sell well の例を付加する。

(11) It should sell like hot cakes if I knock it into the right sort of shape.（まともな型にすれば，飛ぶように売れよう。）
(12) The fact is that the song did not sell well because, let's face it, it was a bloody awful record.（事実，その歌曲はよく売れなかった。実際ひどいレコードだったから。）
(13) Some mass-produced goods may not sell well in regions which have their own styles or tastes.（独自の生活様式や趣味を持った地域では大量生産の商品はよく売れないかもしれない。）
(14) If a product fails to sell well, the company may be left with a lot of unwanted stock which it has to sell at a reduced price.（製品が売れそこなうと，会社は値引きしてでも売らなければならない多くの無用の在庫品をかかえることになる。）

sell は様態動詞をとらない場合がある。過去形，進行形も可能である (Dixon 2005:450)。BNC の検索例から判明したことだが，sell は中間自動詞として最も多用される動詞である。

(15) Did those sports cars sell?
(16) These red sports models do sell, don't they?

## 4. It is a case of の後に見られる諺, 警句の変奏

### 4.1
It's (is, was, will be, etc.) a case of の後の構成素は通例 (i) NP, (ii) ~ing, (iii) NP ~ing で, 所有格 ('s) ~ing は 1 例も検索されていない。

(1) It's a case of waiting for the tide to turn.
（潮の流れの変わるのを待つこと）

(2) It's a case of having to dance to a tune other than the one you are accustomed to.（それは慣れた曲とは違った曲に合わせて踊らなければならないようなものだ。）

(3) It's a case of still waters running deep.（それはまさに浅き瀬にこそと波は立てだ。）

(4) This is a case of discretion being the worse part of valour.（これは慎重は勇気の大半の反例である；君子危うきに近寄らずの逆の例。）

(5) It really was a case of, you know, reality and fiction kind of blending together.（ご存知のように事実とフィクションが交じり合っているようなものだった。）

(6) It could be a case of familiarity breeding comtempt.（慣れ過ぎは侮りを招く例になりかねない。）

### 4.2 命令文
wait and see とか reform or die といった警句的命令文が続くことがある。

(7) It's a case of adapt or die.（順応するか命を絶つかである。）

(8) I think this is a case of cure or kill.
（これは治療するか殺すかの事例である。）

(9) It's a case of get in before I drive off.
（立ち去る前に乗り込むのだ。）

(10) It was a case of never mind quality, look at the quantity.
（質は気にするな。量に目を向けよ。）

(11) It's a case of reform or die.（改革するか滅びるかである。）

(12) It has to be a case of wait and see.
（待てば海路の日和ありの場合でなければならぬ。）

(13) It's a case of unite and fight the real enemy, or divide and fight each other.（一丸となって真の敵にいどむか，それともばらばらになって内輪揉めをするかである。）

## 4.3 前置きの機能

It is a case of は前置きのようなもので，談話の中で既に述べたことを諺，格言とか他の決まり文句にたとえる際，よく用いられる。いわば目前の状況を一括して読者に提供する役をする。例えば It is a case of sour grapes. (times 70892) を目にしただけで，かの有名なイソップ寓話の「キツネとブドウ」の話から負け惜しみを読者は連想するのである。

(14) Some owners like to fit protective boots on their horse whenever they ride, even though the horse may not actually brush. It is a case of 'a stitch in time.' (britbooks 865)
（馬の所有者は乗馬する時は何時も，馬が事実疾走することがなくとも，馬に保護長靴をぴったり合わせたがる。まさに今日の一針明日の十針である。）

(15) I think it is a case of sour grapes to complain.　　　(times 70892)
（ぶつぶつ言うのは負け惜しみだと思う。）

(16) It was a case of out of sight, out of mind.　　　(britbooks 340)
（去る者は日々に疎し。）

(17) It's a case of first come, first served.　　　(today 230992)
（早いもの勝ちだ。）

(18) It was a case of nothing ventured, nothing gained.　　　(mags 527)
（虎穴に入らずんば虎児を得ずだった。）

(19) That replacement was a case of more haste, less speed.(guard9073)
（その代替えはまさに急がば回れであった。）

(20) It's a case of ignorance is bliss.　　　(spoken 108)
（まさに知らぬが仏。）

(21) It is a case of time will heal.　　　(today 131192)
（時がたてば癒されますよ。）

(22) It would have been a case of all's well that ends well.　　　(mags 675)
（それはまさに終り良ければ全てよしだったであろう。）

(23) It may have been a case of cart before the horse.　　　(britbook 684)

(それは本末転倒の例だったかもしれない。)

(24) It's a case of cometh the hour, cometh the answer.　(today 110692)
　　　(時機が到来し，解決策いずる。)

(25) It was a case of cometh the hour, cometh the man.　(indy 81090)
　　　(時機が到来し，まさにその人が現れり。)

(25)は今日英米でよく用いられている言い回しであるためか，時制の一致を受けていない。正確な出典は不明であるが，聖書に類似表現がある。But the hour cometh, and now is. (John 4:23)　また Opportunity makes the man. というイギリスの諺がある。アメリカ人の William Young が1861年南部同盟の大統領に当選した Jefferson Davis を 'The man and the hour have met.' と言ったといわれている。言い方は違うが同じことを述べていると思われる。

以上挙げた例の中には a case of の後に完全文が続いている ((20), (21), (22))。

時には目の前の新しい状況に応じて諺，警句の内容の一部を変えている例が見られる。

(26) This is not a case of when in France, do as the French do.
　　　　　　　　　　　　　　　　　　　　　　　　　　(guard 9072)

(27) This is a case of discretion being the worse part of valour.
　　　　　　　　　　　　　　　　　　　　　　　　　　(mags 734)

これらは次の諺をもじったものであることは明白である。

When in Rome, do as the Romans do.
Discretion is the better part of valour.

## 5.　Tom, Dick and Harry

「猫も杓子も」にあたる表現は everybody, everyone で充分と思うが，Tom, Dick and Harry とか all the world and his wife もある。そもそも日本語で「誰でも」で済むところを「どいつもこいつも」とか「猫も杓子も」というと少々オーバーでユーモラスに響く。もっとも近頃十代の若者で「猫も杓子も」という表現の意味を理解していない者もいるかもしれない。「だれもかれも」が「周囲にあるもの何もかも」ということから，手近にいる

猫，或いは台所にある杓子も含めて「猫も杓子も」という表現が生まれたのであろう。(「猫の手も借りたい」とも日常我々は口にする。やはり身近かな存在だからである。) 英語の Tom, Dick and Harry もけっこう使用されており，男子名の Tom, Dick and Harry の対になる女子名は Nancy である (cf. (3), (4))。every や any を前置させたり，不定冠詞を付けて普通名詞化されている例も散見される (cf.(2), (3), (5))。更に Tom, Dick and Harry に対して男子名を挙げるとすれば William であることもわかった (cf.(7))。とりとめないことであるが，興味津々である。こういう知識は Mother Goose (nursery rhyme) の分野に入るのであろうか。

(1) The subject of a reciprocal can refer to more than two participants, as in *Tom, Dick and Harry like one another*.
(Dixon2005：65) (相互代名詞の主語はTom, Dick and Harry like one another.に見られるように二人以上の参与者を指すことがある。)

(2) It seems daft to have to send to America to buy a British product, but that is what I have done, because I am tired of being rlpped off by every Tom, Dick and Harry. (英国製の物品を買うために，アメリカに送金しなければならないなんて馬鹿げているようですが，私は今そうやっているのです。というのは誰からも高値を吹っかけられるのにうんざりしているのです。)

(3) For every Nancy, there was a Tom, Dick and Harry, and together and separately, each with own dcgrcc of commitmcnt, hopcs and fears, we struggled with the various therapies. (それぞれの女の子にトムとか，ディックとかハリーといった男の子がいた。そして連れだってとか，別々に一人で，各自それぞれの関わり合いの仕方で，希望をいだいたり，こわがったりしながら，我々はいろいろな治療に取り組んでいた。)

(4) I told them all the positive things, of the love I have seen, of Nancy, of Tom, Dick and Harry and of my various forms of visualizations. (私は彼等にすべて前向きな話をした。私の経験した恋のこと，女の子のこと，トムやディックやハリーといった男の子達，それからはっきり思い浮かべられるさまざまな人間のことを彼等に話してあげた。)

(5) Adam would have to admit he had been in the wrong, had been extremely negligent, Criminally careless really, in allowing any

Tom, Dick and Harry access to Wyvis Hall.
（アダムは自分は間違っていた，きわめて怠慢だったと認めざるをえないし，実際ありとあらゆる男の子にウイビス・ホールに入れる便宜をはかっていたという点では，犯罪といえるほど不注意であったと認めざるをえないだろう。）

(6) He says it may help keep out every Tom, Dick and Harry who want to busk.
（街なかで演奏することを望んでいるありとあらゆる人を遠ざけるのに役立つかもしれないと彼はいっている。）

every Tom, Dick and Harry を複数形 want で呼応している。

(7) Problems are likely to occur if there are several "actors" in the story — if, that is, the story is about Tom, Dick and Harry, rather than just William, for the simple pronominalization is not always possible without ambiguity. （物語に数人の「役者」が登場すると問題が生じ易い。つまりただ一人のウイリヤムスではなく，トムやディックやハリーの話となると，何かと問題が起こり易い。というのも，ただ「彼は」と代名詞でいうことが必ずしも可能でなく，曖昧さが生じるからだ。）

(8) If he stayed in a private house, he was in the mercy of its owners, who exhibited him like a prized duck; if he stayed at a hotel, every Tom and Dick and Harry under the sun was looking in; if he rented a villa, he had to surround it with half the French police force, which made it highly embarrassing for guests on arrival, especially the more personal ones. （個人の家に泊まろうものなら，彼はあるじの言いなりになって，入賞したアヒルのようにみせびらかされた。ホテルに泊まると，猫も杓子もホテルに宿泊の予約をしてきた。また別荘を借りようものなら，フランスの警察当局の半分の警察官に取り囲まざるを得なかった。これらは到着する客，特に私用でやってくる客にとっては迷惑千万であった。）

(8) では under the sun が後置され，更に強められている。なお，all the world and his wife という言い方もある。

(9) It seemed that all the world and his wife were in Madrid. （猫も杓子もマドリードにいるようであった。）

(10) Now all the world and his wife seems to have heard of them!（今や猫も杓子も彼等の噂を聞いてしまったようだ。）

(9) では複数形 (were) で受け，(10) では単数形 (seems) で受けている。all the world and his wife はどちらかといえば文学的表現で，J. Swift (1667 - 1745), *Polite Conversation* Dialogue II に見られる。

## 6. No news is good news.

この諺をもじった例は COBUILD Corpus で 18 例検索されたが，No news is good news. そのままは計 8 例であった。その他の異形はつぎの通りである。

(1) No news is good news on this front.
(2) No news is good news at Italy's Lake d'Orta.
(3) No news is good.
(4) No news is bad.
(5) No news is no doubt bad news.
(6) No news is not necessarily the worst news.
(7) No news is not always good news.
(8) No news is not such good news for Portugal's ruling Social Democratic Party.（ポルトガル第 1 党の社会民主党にとってニュースがないことはそんなによいことではない。）
(9) No news is probably bad news in Birmingham where the much trumpeted Wilde Club has still failed to open.（いろいろと吹聴されたワイルドクラブがまだ開演されていないバーミンガムではニュースがないのは恐らくよくないことであろう。）

(1) 〜 (9) の No news is... という文はいずれも「便りがないのは…」とう解釈である。ところが No girls came here last night. は「昨夜女の子は誰もここに来なかった」である。

どうしてこのようになるのだろうか。思うにこの諺は昔から人口に膾炙されており，No news is... と始まったら，英語を母国語とする人達の思考は固定してしまい，「便りがないのは…」というようにこの No は news だけを否定する語否定 (word negation) に解釈し，「どの知らせもよい知らせで

はない」という文否定 (Sentence negation) には解釈が及ばないのではなかろうか。人間の思考のパターン化，固定観念ということを想起せざるをえない。

　Quirk et al. (1972, 381) は語否定，文否定のいずれにも解される場合があるとして次の文をあげている。

(10) Nothing agrees with me more than oysters.
　　i. 文否定の解釈：カキほど私の好みに合うものはない。
　　ii. 語否定の解釈：カキを食べるくらいなら何も食べないほうがましだ。

付加疑問を付けるなら i. には does it? であり，ii. には doesn't it? であるという。はじめてこの説明を読んだ時，i. の読みのほうが自然ではないかと思った。同僚のイギリス人，アメリカ人教師に伺うと i. の読みのほうが普通で自然だという。ii. の解釈もあるかと更に問いただすと 'Possible, but not real.' という返答がかえってきた。改訂版の Quirk et al. (1985) では上記 (10) の例文は削除されている。

　繰り返すが Nobody went there. は文否定であり，No news is good news. は語否定である。この語否定は「述部圧縮名詞句」(noun phrases that express a compressed predication) にみられる（Quirk et al. 1985, 792）。

(11) The weatherman predicts no rain.
　　（天気予報では雨は降らないとのことである。）
(12) The company promised no victimization.
　　（その会社は今後犠牲者を出さないと約束した。）
(13) I promise you no punishment.（処分しないことを約束します。）

　No news is good news. では Receiving no news is good news. という文の Receiving no news（便りを受け取っていないこと）の Receiving が圧縮されたと見る。(12) も The company promised that there would be no victimization.、(13) は I promise that you will not be punished. という文が縮められ名詞句に換えられたと解するのであり，(13) を I don't promise you any punishment. のように解するのは「語用論的にみて不自然」(pragmatically odd) であると Bolinger (1977, 43) はいっている。

　しかし Huddleston – Pullum (2002, 815) は次の文は曖昧であるといって

いる。

(14) They predicted no rain.
(15) They promised no increase in income tax.

　文否定に解するなら，例えば (14) は They didn't predict that it would rain. であり，否定辞は動詞 predict を作用域 (scope) に収めるが，語否定に解するなら，They predicted that it would not rain. となり，動詞の predicted は否定辞の作用域の外にあるといえる。しかし人の認知の働きとして「…とは予報しなかった」，とか「…とは約束しなかった」と否定的に言うより「…でないと予報した」，「…しないと約束した」のように肯定的に陳述を締めくくるほうが自然だと思う。前者の解釈の場面では「それならどう予報したのか，雪でも降ると予報したのか」とか「どう約束したのか，所得税をあげると約束したのか」と言い返されよう。これは denial（否認）であり，metalinguistic negation（メタ言語的否定）の一種である。

i. I don't like her much.
ii. I don't rather like her much: I absolutely adore her.

　i. は通例の否定だが，ii. は rather like her much（どちらかといえば好きだ）といっているのではない。I absolutely adore her.（大好きだ）といっているのであり，ii. の否定文をメタ言語的否定という。Bolinger が「語用論的にみて不自然」といっていることを敷術的に説明すれば以上のようになると思う。Bolinger (1977) の説に賛成したい。Huddleston – Pullum の挙げている例文はいずれも主語が不定代名詞 they で明示的でない (implicit) が，Bolinger (1977) では主語が the weatherman とか I になっており，主語が明示的 (explicit) であることに両者に解釈の相違が生じたものと思われる。
　文否定に解釈されるか，語否定に解釈されるかで，文構造に変化が見られる。at no time（文否定），in no time（語否定）の文をあげる。

文否定
(16) We were friends at no time, not even when we were at school.
(17) We were friends at no time, and neither were our brothers.
(18) We were friends at no time, were we?
(19) At no time were we friends.

語否定

(20) *We were friends in no time, not even within a few days.
(21) We were friends in no time, and so were our brothers.
(22) We were friends in not time, weren't we?
(23) *In no time were we friends.

つまり at no time は never, in no time は very soon と同機能である。(17) neither と (21) so の相違，(18) were we? と (22) weren't we? との付加疑問の相違に現れ，at no time は never と同じく否定極性項目（negative polarity item）であるから，文頭にもってくると (19) に見られるように SAI (= Subject Aux Inversion) の現象が生じ，倒置文となるが，in no time は肯定極性項目 (positive polarity item) であるから，(23) は In no time we were friends. とすれば文法的となる。

ところで No news is good news. に類する例は COBUILD Corpus から 18 例検索されたが，唯一次の例の No news is Welsh news. は文否定に解さざるをえない。

(24) No news is Welsh news, 19 August, 1992. Welsh speaking TV viewers switching off their own nightly news programme, because they can't understand the language. It's not the Welshnese just the words used. （どのニュースもウェールズ語で話されているニュースではない。1992年8月19日，ウェールズ語を話すテレビ視聴者は夜のニュース番組を消している。何故ならその人達は言葉が理解できないからである。その番組はウェールズ語ではない，ただ単語の羅列なのである。）

## 7. まとめ

1994年バーミンガム大学 CARE (Centre for Advanced Research in English) で COBUILD corpus にアクセスして蒐集したデータの中で，たまたま英語の慣用句に関して検索した資料が見つかったのでここにまとめた。BNC からの資料も追加してある。定着している慣用表現をもじって，変異のパターンを楽しんでいる英語の母国語話者がいることの一端を垣間見たつもりである。この方面に関心のある方にご参考になれば有難い。

## 参考文献

Bybee, J. and P. Hopper(eds.) 2001. *Frequency and the Emergence of Linguistic Structure*. John Benjamin.

Bolinger, D.L. 1977. *Meaning and Form*. Longman.

Dixon, R.M.W. 2005. *A Semantic Approach to English Grammar*. OUP.

Halliday, M.A.K. 1967, 1968. "Notes on Transitivity and Theme in English." *Journal of Linguistics*. 3. 37-81; 3. 199-244; 4. 179-215.

Horn, L.R. 1985. "Metalinguistic Negation and Pragmatic Ambiguity." *Language*. 61: 121-74.

―――――. 2001. *A Natural History of Negation*. CSLI Publications.

Huddleston, R. and G.K. Pullum. 2002. *The Cambridge Grammar of the English Language*. CUP.

Keyser, S.J. and T. Roeper. 1984. "On the Middle and Ergative Constructions in English." *Linguistic Inquiry*. 15, 381-416.

村田勇三郎. 2005. 『現代英語の語彙的・構文的事象』開拓社.

Thompson, S.A. and P.J. Hopper. 2001. "Transitivity, Clause Structure, and Argument Structure: Evidence from Conversation." In Bybee, J. and P. Hopper(eds.), 27-60.

Quirk, R., S. Greenbaum, G. Leech and J. Svartvik. 1972. *A Grammar of Contemporary English*. Longman.

Quirk, R. et al. 1985. *A Comprehensive Grammar of the English Language*. Longman.

## 資料（コーパス）

COBUILD ( = Collins Birmingham University International Language Database)
BNC ( = British National Corpus)

# 眠り姫の庭に眠る廷臣たちを求めて
## ——日英言語文化研究ノートから——

山　岸　勝　榮

## 1. はじめに

　Owen Barfield (1898-1997) は自著 *History in English Words* (1953) の第1章において，我々が日常的に用いているありふれた語の中に，過去の民族の魂や人々の思想・感情が，「眠り姫の庭に眠る廷臣たち」(the courtiers in the garden of the Sleeping Beauty) のように，死ぬことなく，そのままのかっこうで存在している，と書いた。

　また，Edward Sapir (1884-1939) は自著 *Language* (1921) の第10章において，「言語は，文化すなわち社会的に相続され，我々の生活の組織を決定する風俗・信仰などの集まりを離れては，存在しない」(language does not exist apart from culture, that is, from the socially inherited assemblage of practices and beliefs that determines the texture of our lives.) と書いて，言語と文化の不可分性を強調した。

　両者の指摘を平易に換言すれば，「言語はそれを用いる人々の文化・社会と不可分の関係にある」ということになる。筆者は上記二者の言によって，日英言語文化研究の世界へと本格的に誘(いざな)われた。その日英の"英"の具体的研究対象となった表現が，本稿で言及する"Blighty"と"go to (the) university"の2例である。過去にも別所で紹介した事項であるが，日英言語文化研究と筆者との出合いを最もよく記念するものであり，また，本書の趣旨に沿うと思うので，敢えて後学の若き諸氏のためにその新版として再録し，言語と文化・社会の不可分性を中心に，それらの「外延的意味，辞書的意味」(denotative meaning) と「内包的意味，文化的［社会的］意味」(connotative meaning) とを論ずることにした。

## 2.　イギリス英語とイギリス社会との不可分性
### 2.1　Blightyの場合

　筆者がこの語に初めて出合ったのは，イギリス人作家 Frederick Forsyth

(1938- ) の短編 The Shepherd (『シェパード』; 1975) を読んでいる時であった。今から30数年も前のことである。実際には，次のように用いられていた。

> For tonight there would be no wandering aviators to look down and check their bearings; tonight was Christmas Eve, in the year of grace 1957, and I was a young pilot trying to get home to Blighty for his Christmas leave.
> 
> 今夜は自分の位置を確認するために基地のライトを求めてさまようパイロットたちはいないと思われるからである。今夜は1957年のクリスマス・イヴなのだ。そして私はクリスマスの休暇を利用してBlightyへ帰ろうとしている若い戦闘機乗りなのだ。

当時，参照した机上の英英辞典には，この語（[bláiti] と発音）がヒンディ語の bilayati (foreign land) に由来する軍隊俗語で，"イングランド"あるいは，"兵士を帰国させるほどの重傷"などの意味であることが記されていた。「なるほど，イングランド」という意味か。それなら，フォーサイスが使っているその語の意味も理解できると納得したが，"Blighty"という語がなぜ，"イングランド"や"兵士を帰国させるほどの重傷"といった意味になるのかがわからなかった。

ここから筆者の「眠り姫の庭に眠る廷臣たち」を探す旅が始まった。軍隊俗語であることさえわかれば，"廷臣たち"の眠る場所への経路を知ることは難しくない。

そこで，*The Oxford English Dict.*, E. Partridge: *A Dict. of Slang & Unconventional English* (2 Vols.) は言うに及ばず，E. Partridge: *Words at War, Words at Peace*, R.W. Zandvoort: *Wartime English*, A. Barrère & C.G. Leland: *A Dict. of Slang, Jargon & Cant* (2 Vols.), H. Yule & A.C. Burnell: *Hobson-Jobson – A Dict. of Anglo-Indian Colloquial Words & Phrases*, E. Fraser & J. Gibbons: *Soldier & Sailor Words & Phrases* 等々，関連書籍に目を通した。

現代ならインターネットを利用すれば，この語の来歴など，まさに瞬時にして調べることが可能である(その点，最近の若い研究者諸氏は幸運である)。

以下は，そうした関連書籍を参照した結果まとめられた情報である。

この "Blighty" という語は，もともと第一次大戦中 (1914-18)，イン

ドに駐屯したイギリス陸軍兵士たちが，"祖国イングランド［イギリス］" (England or Britain, the homeland) の意味で用い始めた語で，ヒンディ語の bilayati (=foreign land) に由来する。

遠い異国の地にあって，兵士たちが思いを馳せた"（インド以外の）よその国"(bilayati)，転属を希望した"異国の地"(bilayati) とは，ほかならぬ"祖国イングランド［イギリス］"だったわけである。この bilayati が転訛したものが "Blighty" (blighty と語頭を小文字でも綴る ) であり，兵士たちが片時も忘れることのなかった国・イングランド［イギリス］を指す語となったのである。爾来，この語は陸軍以外の軍隊でも同様の"語性"で兵士たちから愛用されるようになった。"Blighty" が "England" や "Britain" と異なる理由はここにある。

兵士たちは，さらにこの語を，本国帰還が必要とされるほどの戦傷を指すのにも用いた。「たとえ片腕と引き換えになってもかまわない，それでもよいからイングランド［イギリス］へ帰りたい」というような強烈な望郷の念さえこの語に込めたのである。したがって，兵士たちが，負傷した戦友を指して，"He was lucky enough to get a *Blighty*." とか "He's got a *Blighty*." と言う時，それはほとんど常に，彼らの，その負傷兵に対する"羨望"からであった。兵士たちを，そういった，本国送還と結び付くような戦傷を "*Blighty* wound" とも "*Blighty* one" とも呼んだ。その兵士たちが，負傷兵に "He's got [received] a *Blighty* bag." と言う時，その負傷兵に対する羨望はすでに"嫉妬"に変わっていることが多かった。なぜなら，"*Blighty* bag" とは，負傷兵が野戦病院や治療所で受け取る私物収納袋であり，これを支給されるということは，とりも直さず，その負傷兵が "Blighty"（祖国）へ送還されることを意味していたからである。

兵士たちは，さらに，この語を "English" "British" "as good as English [British]" "first-rate" "ideal" などの形容詞としても多用した。"*Blighty* girl" と言えば，それは「（すばらしい）イングランド［イギリス］娘」という意味であり，兵士たちは "Give me a *Blighty* girl, / A *Blighty* girl for me ..." と熱唱した。また，彼らは，戦地で口にしたバターが，「祖国のそれと同じ」で，「第一級の」，「申し分のない」ものであれば，そのバターを "This is real *Blighty* butter." と表現した。イングランド［イギリス］兵士たちはこうして，Blighty という語に，「祖国」への熱い思いを込めたのである。

しかも，兵士たちは，望郷の念や懐郷病が高じてくると，"Blighty" を特

に"dear old Blighty [blighty]"と表現した。そうした当時の兵士たちが，祖国を思いつつ歌ったのであろう，イギリスの古い唄の1つに次のようなのがある。

> Carry me back to *dear old Blighty*,
> Put me on the train to London Town.
> Take me over there,
> Drop me anywhere,
> Liverpool, Leeds, Manchester,
> I don't care.
> I should like to see my best girl,
> Cuddling up again we soon shall be.
> Hi-ti-iddley-hi-tee,
> Carry me home to *Blighty*,
> *Blighty* is the best place for me.

懐かしの祖国へ連れて帰っておくれ
ロンドン行きの列車に乗せておくれ
どうか祖国へ連れてっておくれ
リバプール，リーズ，マンチェスター
ほんとにどこでもいいからさ
かわいいあの娘（こ）に会いたいんだよ
もう一度すぐに抱き合えるだろうな
ハイティイドゥリハイティ
祖国へ連れて帰っておくれ
祖国が私の本当の居場所さ

　こうした来歴を持つ表現，とりわけ"dear old Blighty [blighty]"は今日，軍人でも外国居住者でもない，一般のイングランド「イギリス」人庶民によって日常的に用いられることがある。その場合のこの表現からは，多くの場合，使用者の，祖国イングランドもしくはイギリスへの"思い入れ"が察せられる。それは，かつて遠い異国の地から，兵士たちが祖国に寄せた"熱い思い"と本質を同じくするものである。

　もう四半世紀以上も前のものだが，その典型例とも言うべき例が筆者の手元にある。果物栽培好きの一国内居住者が *The Sunday Express* (Sept. 20, 1981) に寄稿した文章からの引用である。

If I wanted to grow the biggest and best coconuts in the world, I would set off east for somewhere like Malaysia.

　　If it were bananas that interested me, then I would be heading west for a country such as Columbia.

　　But for a simple fruit like the raspberry I am quite content to stay in *dear old blighty*. If you want to have the finest raspberries in the world, you cannot do better than to grow them in Britain.

　　It does not seem to matter how cold our winters are, or how wet and sunless our springs are, come summer we can always count on good crops of raspberries when other fruits have failed.

　　私はもし自分が，世界一大きく最良のココナツを栽培したいと思ったなら，東のどこか，たとえばマレーシアのような国に出かけて行くだろう。
　　また，もしバナナの栽培に興味があるのなら，西の，コロンビアのような国にまっすぐに向うだろう。
　　だが，ラズベリーのような素朴な果物となれば，私は愛するこの国に留まっていたい。世界最高品質のラズベリーを作りたいと思うなら，それを育てる場所はイギリスをおいてほかにない。
　　冬がどれほど寒かろうと，春がどれほど雨が多く，日照が少なかろうと，何の心配もいらないだろう。夏になれば，たとえほかのどんな果物が不作の時でも，ラズベリーだけは必ず豊作を約束してくれる。

　このように，小さな語であるが，この小さな語が担って来た1世紀近くのイングランド人，イギリス人の歴史と精神史は注目に値する。

　なお，アメリカ兵たちも "I've got a week's leave in old Blighty."（イギリスで1週間休暇が楽しめる）などと表現したらしい。しかし，彼らにとっての "old Blighty" は，イングランド［イギリス］兵たちにとっての "dear old Blighty" とはおのずと心情的に異なったはずである。アメリカ兵たちには "God's country" あるいは "God's own country" のほうがよく似合うように思う。

　ちなみに，本項冒頭に引用したフォーサイスの短編からの1文を翻訳家の某氏は，次のように訳している。

　今夜だけは，自分の位置を確認するために基地のライトを求めてさまよう航空機もいないからである。今夜は，一九五七年のクリスマス・イヴなのだ。そしてわたしは，クリスマスの休暇を利用してブライティの実家へ帰ろうと

している若い戦闘機乗りなのである。

"Blighty"の来歴を知らない日本人読者がこの訳文を読めば，まず間違いなく，"ブライティ"をイギリス国内の地名もしくは地方の1つだと思うであろう。訳者が，その来歴は言うにおよばず，同語の意味を測りかねたことは容易に想像できる。

「眠り姫の庭に眠る廷臣たち」を求め，その存在と実体を知る意義は，果物栽培好きの一国内居住者が *The Sunday Express*（上掲）に寄稿した文章や，ここに引用したフォーサイスの短編の文章を正確に読もうとする際に顕著になる。

## 2.2　go to (the) university の場合

今から40年近く前，『英語教育』誌（大修館書店発行）その他の英語雑誌において，"go to *the* university"（大学に行く）の定冠詞 "the" は省略可能かどうかということが，かなり賑やかに論議されたことがある。当時，かの A.S. Hornby (1898-1978) や James Kirkup (1918- ) は無冠詞用法を認めなかった。興味深かったのは，無冠詞用法を認めないはずの Hornby 自身が，日本でのインタビュー（With A. S. Hornby – An interview during his recent visit to Japan）の中で，数度 "go to university" と言っていたことである。ちなみに，Kirkup は "Go to university" is used by less educated and perhaps rather lower class people. ("Go to university" という言い方は教育程度の低い人々，あるいは社会階級のかなり低い人々によって用いられるであろう。）と明言したことがあるが，自著において，自らが無冠詞用法を用いていた（*Japan, Now*; Eichosha, 1967: 7）。

ところが，1960年代に入った頃にはすでに，イギリス英語では定冠詞無しの "go to university" という言い方が地歩を固めつつあった。この点は，F. T. Wood: *Current English Usage*（発行年1965年，著者前書きは1961年）の "university" の項を見るとよくわかる。

> *Go to university* (without the article) is rapidly gaining ground, presumably on the analogy of *go to school, go to church, go to college,* etc. It is perhaps too late to object to it now, but 'go to the university' is to be preferred.
>
> go to university という（定冠詞を伴わない）表現は，今や急速に地歩を固めつつ

あるが，これはまず間違いなく go to school, go to church, go to college などからの類推によって生じたものである。これに異議を唱えることはすでに時機遅れであろうが，今のところは go to the university を用いるほうが無難である。

これを見るかぎり，1950年代後半から1960年代初頭が，イギリス英語における "go to the university" と "go to university" の混在期であるように思われる。

Wood は，上掲のとおり，言葉の変化に柔軟な態度を示しているが，L. A. Hill (*A Guide to Correct English*, 1968) は，

> *University* is countable. It cannot be used without a determiner after to *go* or *be at*, as school can.
>> university は可算語であるから，go や be at の後ろでは，school の場合と異なり，限定詞を伴わずに用いることはできない。

と，"go to university" という無冠詞表現を否定している。

ところが，Wood の予想は的中し，約20年後の1980年代になると，"go to university" という，無冠詞用法が普通になる。Wood の上掲書を改訂したのは R. H. Flavell & L. M. Flavell であるが，その1981年改訂版では，当該項目は次のように解説されている。

> We *go to university, go to college, go to church*, not *to the university, to the church,* etc, unless we are being specific about the building. (*He goes to the college at the end of Lambourne Road.*)
>> 私たちは go to university, go to college, go to church という言い方をして，go to the university, go to the church などとは言わない。例外は He goes to the college at the end of Lambourne Road.（彼はランボーン通りのはずれにあるコレッジに通っている）のように，具体的な建物をいっている場合である。

このように，それまで正用法であった "go to the university" が非正用法となった。言語は変化するものであることをこの語法例は我々によく教えてくれる。

ちなみに，Wood の上掲改訂版が出版されたのと同年に，チャールズ英王子の発言集とも言うべき *Charles In His Own Words* も出版されているが，王子は自分が受けた大学教育に関するインタビューを受けて，次のように答えている。

I'm one of those stupid bums who *went to university*. Well, I think it's helped me. You see, I really wanted to *go to university* because I felt I hadn't had enough education at school, and I felt that *going to university* for another three years would round it off and give me just that much more.

> 私は頭の悪い大学進学組の一人でした。大学に行ったことはその後の役に立っていると思います。私は自分がしっかり勉強したなどとは思っていませんでしたから、ぜひ大学に行きたかったのです。もう3年間大学で勉強すれば、自分のそうした気持ちも満たされるだろうし、それだけの成果も上がるだろうと思ったのです。

チャールズ王子は上のインタビューで3度大学進学に言及しているが、3度とも "go to university" と言っており、定冠詞を伴った言い方をしていない。

上述したことからも分かるであろうが、"go to university" という無冠詞の言い方は、go to school, go to college, go to church などの無冠詞用法に影響されたもので、イギリスにおいて大学教育が庶民化したことを示している（とは言っても、イギリスにおける大学教育の普及は、日本におけるほど大衆的になっているとは言えない）。

イングランドにおける、庶民化以前の大学と言えば、よく知られた Oxford 大学（11世紀末頃創立）と Cambridge 大学（13世紀初頭創立）の2校、いわゆる Oxbridge である。そのいずれか大学を特定したのが定冠詞の "the" であった。このあたりに関して、S. Potter が *Changing English* (1969; Chapter 7) で次のように記述している

> When the university was the only form of tertiary education in England, it was not regarded as an institution like school, college, church, chapel, synagogue, hospital or prison. Children went to school or college, worshippers to church, chapel or synagogue, sick folk to hospital, and malefactors to prison. But students went to the university. Before the year 1828 this could mean in England only to Oxford or Cambridge ... the omission of the article may appear to be something trivial, but in this instance it is significant.

> イングランドで大学が唯一の中等教育後教育であった頃、大学は学校、コレッジ、教会、チャペル、シナゴグ、病院あるいは監獄といった施設と同類とはみなされな

かった。子どもについては go to school [college], 礼拝者については go to church [chapel / synagogue], 病人については go to hospital, 犯罪者については go to prison という言い方をした。ところが, 大学生に関してだけは go to the university と言った。1828年までは, この表現はイングランドではオックスフォード大学かケンブリッジ大学を指した。(中略)冠詞の消滅はささいなことに思えるかもしれないが, この場合は有意義的である。

この解説によってもわかるとおり, 大学教育が Oxbridge の占有物でなくなってからは, university は school, college, church, chapel などと同類と考えられるようになり, その結果, 後に定冠詞を落していった。

現代イギリス英語における一般的用法は確実に "go to university" であり, この事実は British National Corpus の検索によっても確認できる。

なお, アメリカ英語では, 過去・現代共に, 定冠詞付きの "go to the university" が一般的である。

## 3. 日英言語文化研究の重要性

これまで, イギリス英語表現を例に採り, 言語と社会・文化との不可分性に言及して来たが, このような地道な研究はイギリスの言語や社会・文化をよりよく理解することになり, Barfield (冒頭文参照) 言うところの「民族の魂や人々の思想・感情」を知ることに繋がる。

上でイギリス英語の2例を見たが, このような手法でアメリカ英語（カナダ英語, オーストラリア英語, 等々）と言及対象を広げ, 最終的には, 日英言語文化に関わる諸例を採り上げて行けばよいであろう。

たとえば, 日本語には「急がば回れ」という諺がある。これに相当する英語として筆者が学校で覚えたのは, Slow and [but] steady wins the race. (ゆっくりと着実なのが競争に勝つ) であった。しかし, 日本語の「急がば回れ」は, その元の文句「武士（もののふ）の　矢橋（やばせ）の船の　速けれど　急がば回れ　瀬田の長橋」（室町時代の連歌師・宗長の作）の成立過程を考慮に入れれば, 英語の対応表現とされるものと意味的なズレがあることに気づくであろう。当時, 東海道を通って大津（滋賀県）に行く場合、二つの経路があり, 約2里（約8キロ）の遠回りの陸路（瀬田回り）を行くのを面倒がって, 琵琶湖を船で渡ろうとして, 比叡颪（おろし）に遭遇し, 湖水に命を散らす者も多かったという。この諺は, そうした背景の中で生まれたもので, したがって, 「急ぐ時には危険な近道よりも, 安全確実な回り道を選べ」と教えている。

いっぽう，英語の諺は，よく知られているように，イソップ物語のウサギとカメが教える教訓である。すなわち，「（実行不可能に思えるようなことでも）途中で投げ出さず着実にやっていれば成功につながる」と，持続することの大切さを言っている。

もう1例，「知らぬが仏」とその対応表現とされる Ignorance is bliss. であるが，日本語の諺に，「気づいていないのは当人だけ」というようなあざ笑う気持ちが含まれているのに対して，英語の諺は，元の形が，イギリスの詩人 Thomas Gray (1716-71) が書いた *Ode on a Distant Prospect of Eton College*（「イートン・コレッジ遠望の賦」）という詩の最後の2行 Where ignorance is bliss, 'tis folly to be wise.（知らないでいるのが無上の幸せなら，知ることは愚かである）に由来するもので，日本語の諺が持つような冷笑・嘲笑の含みはない。その点に，日英対応表現とされる「知らぬが仏」と Ignorance is bliss. との決定的違いがある。

諺2例の日英比較を試みたが，そうした違いを探り当てて，両者の正しい理解に至る道も，やはり「眠り姫の庭に眠る廷臣たち」との出会いを求める旅と呼んでよかろう。

## 4．おわりに

今後，日本語とそれを育んだ文化・社会，英語とそれを育んだ文化・社会，それぞれの歴史や現状などをこれまで以上に，よく知り，よく比較対照して，それぞれの特質や異同を学び，お互いの長所を採り入れて，お互いが欠いているものを埋め合う努力がいっそう強く望まれる。

J. W. von Goethe (1749-1832) の *Wer fremde Sprachen nicht kennt, weiß nichts von seiner eigenen.*（外国語を知らない人は，自国語を知らない）という言葉はまことに当を得たものである。

# 英語母語話者の潜在意識と冠詞の使い分け方の感覚

坂　井　孝　彦

　英語の滑らかな理解・紡出のためには，辞書・学習参考書などに記述されている「英語の流れに対する分析的な，あるいは，遡及的な解説」に加えて，これにはあまり記述されていない「英語の流れを左から右へと，あるいは，上流から下流へと順送りに捕捉するための手順」も参照してゆけることが好ましい。本稿では「制限的関係詞節などの後置修飾節［句，語］を後続させる名詞句表現」に対して，英語を母語とする人たち（その人たちを「英語話者」と呼ぶことにする）がほぼ無意識的に働かせていると思われる「英語の流れに沿った感覚」について考察を進め，さらには冠詞に付随する「対比する，あるいは，対照する感覚」や「分類する，あるいは，クラス分けする感覚」についても言及し考察を加えてみたい。

## 1.　はじめに
### 1.1　辞書・学習参考書などにみられる文法ルールの遡及的説明

　「the の用法:《後ろから限定を受けて》〈その〉の意」[1] / the: 修飾語句・節などにより限定される名詞に付ける [2] /「形容詞の働きをする句や節が名詞につくとその名詞に the がつく」[3] / The definite article is used with nouns when it is the phrase or clause following the noun which indicates which thing the noun refers to.[4]

　『ジーニアス英和辞典第4版 (2006)』（以下，この辞書を G4 と呼ぶことにする）は，the の項目で，上記のような使い方を「後方照応的」という用語を使って説明している。この用語は，定冠詞の用法説明において使われる「前方照応的」，「言語外照応的」などと対照的に使われるいくつかの用語のなかの一つである。G4 における「前方」「後方」とはそれぞれ「英語の流れの上流側」，「英語の流れの下流側」というほどの意味を表しており，「言語外」とは「英語の流れには直接的には関与しないその場の状況など」というほどの意味を表しているものと解される。「制限的関係詞節などの後置修飾節［句，

語] を後続させる名詞句表現」は，G4 の用語を借用すれば，「(前方照応的でもなく言語外照応的でもない) 後方照応的な名詞句表現」と呼ぶことができる。本稿では，これを考察の対象にしてゆくことにしたい。

さて，本節の冒頭に記した文法ルールに従うと英語学習者にどのような事態が発生するだろうか。

(1) a. * Shibuya is the place that young people like.
　　b. Shibuya is a place that young people like.

英語学習者の多くが，限定用法の節によって修飾されている名詞の前には the を置かねばならないと思い込んでしまっているようなので，その結果として (1a) の様な英文を作る。that young people like が place を修飾する限定節だから定冠詞が必要である，というわけである。しかし，この文は意味をなしていない非文である (非文には「＊印」を付することにする)。英語話者は (1a) の the という標識に対してほぼ無意識的に，あるいは，直感的に，「唯一つであって他にはない」というほどの感覚を働かせるので，この文を「渋谷は若者が好きな唯一無二の場所である」というほどの意味に解釈する。これは the という指標に働く「一つのもの，または，一つの集団に決まる」という感覚を働かせた結果である。この感覚を今後，「唯一無二の感覚，または，唯一的な感覚」と呼ぶことにする。これに対して (1b) は，「渋谷は若者が好きな場所のうちのひとつである」というほどの意味に解される適格文である。定冠詞の the を使った (1a) は非文であり，これに対して不定冠詞の a を使った (1b) は適格文である，という説明は，本節冒頭の文法ルールを学んだ英語学習者に戸惑いを与える。(1b) の場合，英語話者は，不定冠詞 a にたいして，「複数の同類的要素 [存在] の内の一つ」というほどの感覚を働かせているものと思われるのでこれを「任意の一つの感覚」と呼ぶことにする。

以上のような考察を通じて，次のようなことが言える：先行詞を含めてある名詞句が定冠詞を要求するか不定冠詞を要求するかは，名詞の直後に接触する「関係詞節などに代表される限定語・句・節」と言われるものには関係なく，それぞれの冠詞の用法によって決まる。[5] ここで言う「冠詞の用法」とは，基本的には，定冠詞においては「唯一無二の感覚」が，不定冠詞においては「任意の一つの感覚」が示唆している感覚を指すことになる。(以下，「関係詞節などに代表される限定節・句・語」を，英語学習参考書などでよ

く用いられている「限定語句」という名称で呼ぶことにする。)
　以上の考察内容は次の例文によっても確かめることができる。

(2) a. This is the house that Jack built.
　　 b. This is a house that Jack built.

　英語話者は，(2a) の the をみて「Jack の建てた家はこれ一軒だけで他にはない」と直感し，(2b) の a をみた場合は「Jack の建てた家は他にもある」と直感する。
　さらに，英語話者は (2a) の the をみて，(2a) の文意として，ほぼ無意識的に，あるいは，直感的に「この家は Jack の建てた家であって，他のだれか，たとえば，Mike や Dick の建てた家ではない」というほどの字面には表現されていない感覚を働かせた解釈をほどこす。この感覚を「対比の感覚，あるいは，対照の感覚」と呼ぶことにする。日本語では特別に必要でない限り「対比を意識した表現」と「対比を意識しない表現」が区別されて示されることが少ないので，(2a) の名詞句 the house that Jack built の解釈としては，「ジャックの建てた家」という程度の簡単な和訳で済ませる場合が多い。しかし，この名詞句の背景には，「たとえば Mike ではなくて，あるいは，たとえば Dick ではなくて，Jack が建てた家」と言うほどの「対比の感覚」が潜んでいる。英語学習者は「他の人ではなくて Jack が建てた家」のような「対比の感覚」も働かせる必要がある。
　この「対比の感覚」については，本稿の第 3 項でさらに言及することにしたい。

## 1.2　母語話者の言語直感——英語における冠詞と日本語における「ハ」と「ガ」

There is a good deal of overlap in linguistic function between Japanese "wa" and "ga" and English "the" and "a." Since both have to do with unspoken assumptions concerning how much speaker and listener know, both convey some of the subtlest nuances of their respective languages, and both are extremely difficult for foreigners. Even the most accomplished Japanese speaker of English will continue to make mistakes with "the" and "a," and native users of English will probably always have some degree of difficulty with "wa" and "ga." This is surely one of those intuitive areas of language that can only be fully mastered in early childhood.[6]

　上記の英文には英語話者が日本語を学習する際には,「ハ」と「ガ」の使い方が苦痛の種となり,一方,日本語を母語とする人々（以下,「日本語話者」と呼ぶことにする）が英語を学習する際には,"the"と"a"の使い方が苦痛の種となり,この領域における言語操作はどちらも幼児期の母語経験を経ないと易々と操れるということにはならない分野である,との内容が記述されている。別の見方をすれば日本語話者にとっては「ハ」と「ガ」の使い方は当然の言語直感の一つであり,英語話者にとっては"the"と"a"の使い方は当然の言語直感の一つである,ということを述べていることになる。しかし,日本語話者だからといって,おおかたの日本語話者にとっては,次のような日本語文の背後に隠されている「ハ」と「ガ」の使い分けに関するなんらかのルールを突き止めることは容易ではない。

(1) a. 昔々,あるところにおじいさんとおばあさんがおりました。
　　 b. 昔々,あるところにおじいさんとおばあさんはおりました。

　大部分の日本語話者は,幼児期からの経験を経てほぼ無意識のうちに「ハ」と「ガ」の使い分けを身につけてそれを無意識のうちに使っている。そういう日本語話者は (1b) の「ハ」の使い方に違和感を覚える。しかし,使い方に関するなんらかのルールを提示することはそんなに容易なことではない。

　同じようなことは"the"と"a"の使い方にも言える。従って,英語学習者は,英語話者がほぼ無意識のうちに働かせていると思われる感覚やルールを探り出して,これを意識的に身につけるようにせねばならない。

　以下,英語の流れに沿って読み書きするはずの英語話者がほぼ無意識に働かせていると思われる感覚をさらに模索してみたい。

　象徴的に述べれば,難しいことではあるが,Mark Petersen が示唆した「名詞に冠詞をつける」のではなくて「冠詞に名詞をつける」というような英語の流れに沿った英語の学び方がもっと奨励されてもよい。

　英語の流れを理解したり紡いだりする際には,分析的な,あるいは,遡及的な考え方に基盤を置くことはできるだけ止めて,英語が上流から下流へ時間軸に沿ってどのように流れているのか,あるいは,流れてゆけばよいのか,

というその挙動に注意を払いその感覚を体得してゆかねばならない。英語は右分岐構造の言語であるから英語の流れは，いわば「本館」に「新館・別館」を次々に建増してゆくという構造になっている。換言すれば，情報が右方向へ次々に追加されてゆくという流れになっている。英語学習者はこの「情報が追加されてゆく」という感覚を身につけてゆかねばならない。

## 2. 英語の流れに逆らわない特定化についての考え方

定冠詞を使う表現（これを「定表現」と呼ぶことにする）における特定化はつぎのような過程をたどる：話し手による特定者意味対象の指示 → 聞き手の同定 → 話し手・聞き手の共通理解へ。

同定の図り方には大別して二つの方法がある。その第一は，G4 の説明による用語を使って述べれば，前方照応的な指示，言語外照応的な指示によるものである。これは，英語の流れに逆らわない指示方法であって理解しやすい。この方策による同定の図り方についての詳論については，本稿においては考察の対象外とする。

第二の同定の図り方は，G4 の説明による用語を使って述べれば，後方照応的な指示によるものである。G4 は，「説明の語句が付いて限定される名詞の前で使う the である」としている。この説明は，本稿の 1.1 項の冒頭に記した遡及的な文法ルールの記述に類似している。

(1) a. I'm going to the airport.
    b. I'm going to the airport at Narita.

多くの学習英文法は (1b) の全体を俯瞰して，例えばつぎのように解説する：この名詞句に「定性」が与えられているのは後続する限定語句によって，つまり後方照応的にそれが「唯一的に同定可能」なものにされたためである。[9] 言い換えると，名詞句 the airport at Narita に the が付いているのは，下流側の at Narita という限定句によってそれが唯一的に同定可能なものにされたためである，という説明をしていることになる。このような説明の仕方は英語の流れに逆らう遡及的な説明であって，英語の流れを左から右へと，あるいは，上流から下流へむけて自然に紡ぎ出していくのだ，という方策にはなじまない考え方ではないだろうか。

通例，この分析的な解説にはさらに，「限定語句」を伴えば必ず the が付くと考えるのは，誤りである，というほどの注意書きが添えられる。それは

確かにその通りではある。しかし，「限定」ということばの通例的な意味内容から考えると「限定語句」とはまさに「なにかを限定してくれているはずの語句」であると解されるから，これを伴えば当該名詞句は確実に限定されているはずである，と考えるのが自然な理である。ところが現実には，「限定語句」を伴ったとしても必ずしも the が付くわけではない，という主旨の注意書きが添えられているので，このことに英語学習者は別の意味で新たな戸惑いを覚えることになる。

「後方照応的に同定を図る」とは，未だ発話されていない下流側の「限定語句」を照応して，あるいは，指示して上流側にある名詞に the をつける，という手順を経ることである。英語話者は，未だ発話をしていないはずの下流側の限定語句を照応して上流側にある名詞に the をつける，というような手順をほんとうに実行しているのだろうか。英語話者は実は，一旦 the を伴う名詞を発した以上はこれにさらなる情報を追加することによって，この名詞句の唯一的同定を図ろうとしているだけではないだろうか。こういう単純明解な方策をほぼ無意識的に採用しているだけではないだろうか。この場合，追加される情報の形態としては，制限的関係詞節，前置詞句，不定詞，分詞，同格などの形をとることになるという事実は，従来からの英語参考書などに述べられている通りであろう。英語の流れを左から右へと，あるいは，上流側から下流側へと素直に理解したり紡出したりするには，「限定語句」によって「先行している，あるいは，上流側に位置する名詞」が限定されるから，その名詞に the をつけるのだ，というような方策はできるだけ放棄したほうがよいのではないだろうか。

以上のような考察を重ねると，「後方照応的な」というような呼び方は，英語を左から右へと自然な流れとして紡ぎ出してゆこう，とする場合には，違和感のある言い回しのように感じられてくる。そこで「後方照応的な」をこれからは「情報追加式の」と呼ぶことにしたい。

「情報追加式の名詞句」における「定性」について，もう一度，確認しておくと，この場合の the は，先行文脈中の名詞を指したり，先行名詞の指示物から含意されるものを指したりすることによって，あるいは，外界の場面から何を指しているのか聞き手にわかる，といった指示方法に立脚して発話された the ではない。「情報追加式の名詞句」の場合には，先行文脈や場面には特定存在が指示されていないので，聞き手は話し手による「情報追加」という手順を経てはじめて唯一的に特定存在を同定することになる。

さらに付言すれば,「情報追加式の名詞句」は「情報追加の手順」以外には同定できる手順が聞き手側には存在しなかった場合の the の使い方に関するものであるから, この場合の the は, 聞き手にとっては, いわば「初出の the」あるいは「突然の the」とも言える指標である。つまり,「情報追加式の名詞句」は, the を伴っている定表現であるのにもかかわらず, 聞き手にとっては旧情報 [既知情報] ではなくて新情報である, と言えそうである (異論はあるかもしれないが, 提言としてここに記しておきたい)。

「情報追加式の名詞句」は, 話し手が話題をそれだけに決めていて the を使う場合である, とも言える。その話題と決めた名詞に形容詞的要素を追加して聞き手に指示物が分かるようにするという手順を経る。the を使うことは話し手の意中で初めから決まっているので, 聞き手に指示物が分かるようにするために形容詞的要素を追加するのである。

つまり, この英語の流れに沿った考え方は「形容詞の働きをする句や節を名詞につけたらその名詞に the をつける」というような遡及的な方策とは一線を画するものである, と言える。

(1a) を, 成田空港はまだ存在しておらず, 空港と言えば羽田空港のことを指していた頃の一昔前の東京地区での発話である, と想定してみる。こういう設定場面で, 話し手のほうが, それまでの話題を突然変えて唐突に (1a) のように聞き手に向かって発話をした場合を考えてみる。すると, 定表現 the airport は,「唯一無二の, 一つしかなくてそれ以外には存在しない空港」を示唆することになるから, 聞き手は (1a) の発話を聞いてすぐにその特定存在を同定できたはずである。

つぎに, これを現代の東京地区での発話であると想定してみる。現代では, 空港は羽田空港のほかに成田空港も存在しているので, 話し手は, the airport の下流側にさらに at Narita という情報を追加し, (1b) のように発話して聞き手に対して特定存在の唯一的同定を図ることになる。

なお, 急いで付言すれば, 定表現 the airport at Narita に対して日本人英語学習者は, 通例, 特別の場合を除いては「対比の感覚」を働かせることなく, 単に「成田にある空港」と捉える。これに対して, 英語話者であれば, 彼らはほぼ無意識に「羽田にある (方の) ではなくて成田にある (方の) 空港」というような「対比の感覚」を働かせる, ということに注意する必要がある。(次の第3項を参照)

付言すれば,「情報追加式」の方策に立脚すれば, いわゆる「限定語句」を

伴ったとしても必ずしも the が付くわけではない，という主旨の参考書などに見られる注意書きに覚える英語学習者の当惑の気持ちも和らげられることになる。

## 3.　「対比の感覚」と「クラス分け」の感覚
### 3.1　定表現の場合
(1) "Take the shoes that are in the closet." This means: take the shoes that are in the closet, not the ones under the bed.[11]

英語学習者は通例，(1) の英文は「物置にある靴を履きなさい」というほどの意味である，と理解する域にとどまる。ところが実際には (1) の追加説明にみられるように，この英文の真意にはもっと奥深いものがある。「物置にある（方の）靴を履くんですよ，ベッドの下にある（方の）靴じゃあないですよ」という「対比の感覚」を働かせたメッセージが，この英文に込められている。

織田 (2002:154) はこれを「特定存在ないしは特定要素の選別的対照的指示」と総括する。[12] 同書における詳細な説明は「対比する感覚，あるいは，対照する感覚」を働かせる the の使い方に関してその核心に迫る記述となっている。

デニス＝キーン・松浪有 (1995:31) にも，「情報追加式の名詞句」に意識される「対比の感覚」についてのつぎのようなわかりやすい説明がある：

(2) "I am studying the history of English Literature."
"The" is the specifying word: "the history of English Literature" sees itself as contrasted with, say, "the history of French Literature."[13]

### 3.2　不定表現の場合
(1) "I am writing a history of English Literature."
"A history of English Literature" sees itself contrasted with other histories of English Literature. [14]

これは，不定表現 a history of English Literature（ある任意の英文学史書）には，other histories of English Literature（他の同類の英文学史書）との対

比が意識される，という説明である．この説明は，不定冠詞 a に伴う「任意の一つの感覚」を，「任意の一つ と これ以外の他の同類存在との対比」という視点から眺めた記述である． This is a book that I bought yesterday. という発話には，通例「これは昨日買った本のうちの一冊です（二冊かそれ以上の本を買ったがこれはそのうちの一冊です）」という解釈が与えられる．[15]

そしてこの発話では，a book that I bought yesterday と other books that I bought yesterday とが対比されていることになる．

> (2) I am talking about my books, and how badly mildewed they get after a few months, because Japan is so humid in summer. So I say: "Look, this is a book I bought two years ago, and this is a book I bought yesterday. —Notice the difference." In that case both books are not being seen as specific books, but as types of their class.

"Look, this is a book I bought two years ago, and this is a book I bought yesterday." においては，「二冊かそれ以上の本を買ったがこれはそのうちの一冊です」という「任意の一つの感覚」は希薄になる．この二文に働く感覚は「分類の感覚，あるいは，クラス別けの感覚」と呼ぶことができよう．この文例においては，指で差し示されたそれぞれの本が，いつ購入されたのかという時期を基準にした「クラス分け」がされている．

この「クラス分けの感覚」は，本稿 1.1 に記した (1b) (2b) のそれぞれの英文を，次の (3) のような重文の形に書き換えてみた場合にもかなり明示的な感じでその存在を感得することができる．

> (3) a. Shibuya is a place young people like, while Ginza is a place old people like.
> b. This is a house Jack built, and that is a house Mike built.

英語の流れを紡ぐときにはこの感覚を不定表現に託し，然る後に形容詞節などを使ってクラス分けに関わる情報を追加してゆくことになる．

## 4. おわりに

冠詞の使い分けは日本人英語学習者には頭痛の種，英語話者には当然の言語直感の一つである．本稿では，英語話者が定表現・不定表現に関わる発話

の中でほぼ無意識に働かせていると思われる感覚を模索した。従来「後方照応的」という用語を使って分析されてきた定冠詞の用法に関連して，英語の流れをなるべく上流から下流にむけて順送りに理解し紡出するために，「情報を追加する」という方策を「後方を照応する」に替わるものとして提示した。さらに，英語の流れのよりよき理解と紡出のためには，冠詞の背後に隠れている「対比の感覚」や「クラス分けの感覚」を会得することが望ましいと考えてその一端を紹介し考察を加えた。

## 注

1) 井上永幸・赤野一郎．2007.『ウィズダム英和辞典第2版』三省堂．p.1873.
2) Leech, G.・池上嘉彦・上田明子・長尾真・山田進（監修）2007.『ロングマン英和辞典』ピアソン・エデュケーション．p.1762.
3) 金谷 憲．2002.『くわしい英文法 中学1～3年』文英堂．p.21.
4) Berry, R. 1993. *Articles (Collins COBUILD English Guides 3)*. HarperCollins. p.30.
5) 吉田正治．1998.『英語教師のための英文法』研究社．p.138.
6) Rubin, J. 2002. *Making Sense of Japanese (First trade paperback edition)*. Kodansha International. p.37.
7) 大津由紀雄．2007.『英語学習7つの誤解』NHK出版．p.37.
8) マーク＝ピーターセン．1988.『日本人の英語』岩波書店．pp.11-2.
9) 安藤貞雄．2005.『現代英文法講義』開拓社．p.453.
10) DIXIE＝らんど．1996.『学校英語に異議あり』国際語学社．p.26.
11) Zinsser, W. 2001. *On Writing Well*. HarperCollins. p.76.
12) 織田 稔．2002.『英語冠詞の世界』研究社．p.154.
13) デニス＝キーン・松浪 有．1995. "'A' and 'The.'" *Problems in English*. 研究社．pp.31-2.
14) デニス＝キーン・松浪 有．1995. "'A' and 'The.'" *Problems in English*. 研究社．p.32.
15) 熊山晶久．1985.『英語冠詞用法辞典』大修館書店．p.237.
16) デニス＝キーン・松浪 有．1995. "'A' and 'The.'" *Problems in English*. 研究社．p.34.

# on か in か？
## ——可塑性がある対象物に関わる空間前置詞の選択——

遠　藤　雪　枝

## 1.　はじめに

　Herskovits (1988) は，空間前置詞がもつ意味の可塑性をテーマとしてその分析を展開したが，本稿で筆者は，対象物に可塑性がある場合の空間前置詞の選択について考察したい。なぜなら，対象物の可塑性それ自体が空間前置詞の選択を左右する事例が多々見受けられるからである。

　Herskovits は，空間前置詞の選択とその意味解釈に影響を及ぼす文脈上の要因として次の4つを指摘した。[1] (1) salience（際立ち）——例えば the cat under the table と言う際，the table はその際立った部分である the table top を意味している。(2) relevance（妥当）——例えば milk in a bowl は妥当であるが the milk on the bowl は妥当でない。(3) tolerance（許容）——例えば Put the napkin to the right of the plate. と言う時，ナプキンの皿からの距離や角度のある程度のずれは許容範囲に入る。(4) typicality（典型）——例えば behind は数百メートル離れた後方のものに言及する場合にも使え，behind の意味には closeness や nextness は含まれていないが，The fountain is behind the city hall. と言う場合のように，通常は'すぐ後ろ'を意味し，典型的には behind に nextness の条件が含まれている。

　筆者は1993年に，Herskovits が提示した事例文に基づいて空間前置詞の選択に関する実態調査を英語話者63名に実施し，その結果，Herskovits の分析を追認しつつも，空間関係によっては必ずしも使用される前置詞が単一ではないことを，時には大きく二つに分かれることを拙稿（遠藤，1993）に著した。今回は選択が大きく二つに分かれると推測される事例を中心に取り上げて調査・考察したい。

## 2.　調査内容とその結果一覧

　英語話者160人，および日本語話者（大学生）288人に絵付の事例文を見せ，前置詞 on か in（あるいは両方）を選んでもらった。[2] 前置詞の選択は動詞

に依存することがあるので，動詞の格フレーム中に場所が現れない表現として，A is 空間前置詞 B. を用いた。Herskovits の言葉を借りれば，A は a located object（位置づけられる対象）であり，空間前置詞の対象物になる B は a reference object（〈位置づけられる対象の〉参照対象）である。以下に調査で使用した事例文と絵と，調査結果一覧を示す。

*'on' or 'in' or what?*

| | | 英語話者 | | | 日本語話者（大学生） | | |
|---|---|---|---|---|---|---|---|
| | | on | in | on & in | on | in | on & in |
| 1 | A bird is (on / in) the water. | 92 (58%) | 47 (29%) | 21 (13%) | 234 (82%) | 51 (18%) | 2 (1%) |
| 2 | A bird is (on / in) the pond/lake. | 84 (53%) | 50 (31%) | 26 (16%) | 122 (43%) | 156 (54%) | 9 (3%) |
| 3 | A bird is (on / in) the river/sea. | 77 (48%) | 63 (40%) | 19 (12%) | 113 (40%) | 165 (58%) | 8 (3%) |
| 4 | Birds are (on / in) the waves. | 102 (64%) | 41 (26%) | 17 (11%) | 195 (68%) | 87 (30%) | 4 (1%) |
| 5 | A bird is (on / in) the grove/woods/forest. (no picture) | 1 (0.7%) | 138 (99%) | | 53 (19%) | 229 (80%) | 4 (1%) |
| 6 | A bird is (on / in) the bush. | 11 (8%) | 113 (80%) | 17 (12%) | 115 (40%) | 169 (59%) | 3 (1%) |
| 7 | A bird is (on / in) the tree. | 25 (16%) | 118 (73%) | 17 (11%) | 228 (80%) | 51 (18%) | 6 (2%) |
| 8 | A bird is (on / in) the branch. | 156 (98%) | 3 (2%) | | 245 (85%) | 38 (13%) | 4 (1%) |
| 9 | A bird is (on / in) the field (= grass-covered plain). | 17 (11%) | 131 (83%) | 10 (6%) | 72 (25%) | 204 (71%) | 10 (3%) |
| 10 | A bird is (on / in) her hand. | 45 (28%) | 90 (56%) | 25 (16%) | 196 (68%) | 80 (28%) | 11 (4%) |
| 11 | A fly is (on / in) her hair. | 55 (34%) | 80 (50%) | 25 (16%) | 239 (83%) | 45 (16%) | 3 (1%) |
| 12 | A fly is (on / in) the soup. | 3 (2%) | 153 (96%) | 4 (3%) | 38 (13%) | 242 (84%) | 7 (2%) |
| 13 | A grasshopper is (on / in) the grass. | 22 (14%) | 119 (74%) | 19 (12%) | 61 (21%) | 215 (75%) | 11 (4%) |
| 14 | Grasshoppers are (on / in) the field. | 31 (19%) | 115 (72%) | 14 (9%) | 191 (67%) | 88 (31%) | 8 (3%) |
| 15 | A table is (on / in) the garden. | 2 (1%) | 155 (98%) | 1 (0.6%) | 53 (18%) | 226 (79%) | 8 (3%) |
| 16 | A table is (on / in) the lawn. | 145 (92%) | 11 (7%) | 2 (1%) | 216 (75%) | 65 (23%) | 6 (2%) |

注）比率は，事例文ごとの実回答総数を分母とする。

1, 2, 3    4    6    7, 8    9    10

11　　　12　　　13　　　　14　　　　15　　　　16

## 3. 英語話者への調査結果考察

　可塑性がある対象物を，流動体，樹木，草地のカテゴリー別に考察していきたい。まず，流動体の場合を見てみよう。

### 3.1　対象物が流動体の場合

　物理的可塑性をもつ流動体である the water/pond/lake/river/sea を対象物にする場合には，言語使用者の見方次第で on と in の両方が使用可能であるが，調査結果では on を選択した回答者が in を選んだ回答者の1.2倍ないし2倍に達した。なぜか？

　まず，私たちが日常目にする湖，川，海が有界的でないことに原因があるのではないだろうか？　つまり，通常私たちが目にする湖，川，海は人間の視界に入るためには大きすぎて，その全体像を認識できない。その境界線や輪郭を明確に定めることができないため，水面は板のような何か平たいものと捉えられて，鳥を支える表面として概念化されていると考えられるのである。

　次に，in は本来的には内包を意味し，in deep water と言えば，under (the surface of) the water と同様に，水中に没している状態を指す。しかし，体の一部が水上にあり，一部が水中に没しているような曖昧な状況では in と on の選別ラインは不明確である。鳥の体のどの程度が水中に浸かっているかにもよりけりだが，普通は足ひれと体の底部だけが水面下にあり，少なくとも体の半分以上は水上にあると認識できるので，on を選択した回答者のほうが多かったと考えられる。

　さらに，流動体の中でも the waves の場合には特に on を選択した人が多く，in を選んだ回答者の数の2.5倍にのぼり，on と in の両方を選択した人を含めると，全回答者の実に75%が on を選択した。これはなぜか？

　Herskovits は，the bus/boat/subway などの公共輸送機関には on が使用されていることを説明不能な用法として取り上げた。[3) ] 続いて Lee (2001) は，on が使われる理由として，電車などの交通機関を容器としてではなく乗り

物として捉える場合には，「人がその内部にいるという事実よりも，人がそれに接し支えられている事実のほうがより重要である」と指摘した。[4] 確かに Lee の指摘するとおりであるが，加えて筆者は，品詞は前置詞から副詞に変わるが go on や on and on という表現に典型的に見られるように on には'行動と時間の継続'，つまり'動き'が内包されていることを指摘したい。したがって birds on the waves は surfers riding on the waves のように波乗りをしている鳥たちという認識である。on に'動き'が内包されていることには Herskovits も気づいていたようで，"Object 'on' a large vehicle" という on の用法の説明を「乗り物は走行中でなければならない。なぜなら The family lives on a converted bus. と言うのは不自然だからだ」と結んでいる。[5]

では，湖，川，海と同じ流動体でも，スープの場合には，なぜ A fly is in the soup. なのか？ テーブルの上に止まっているハエなら誰もが a fly on the table と認識するだろうし，パンの上にちょこんと止まったハエも a fly on the bread である。ハエがスープ内部に埋もれて見えない状態にあるのではなくて，スープの上に浮かんで見える状態にあるにもかかわらず，実に96％の回答者が in のみの使用を選択している。なぜか？ その理由として次の3点が考えられる。

(1) 私たちがスープを飲む時のように，上から見る視点でスープを見ている。したがって，湖，川，海と異なり，スープの全体像が視界に入っている。(2) 視界に収まるスープは，容器に入れられたスープである。したがって当然，容器の機能としての内包領域の中にそのスープは入っている。(3) スープ・ボウルにせよ皿にせよカップにせよ，スープが入っている容器は小さい。したがって，容器がスープを内包しているイメージが強い。このことは慣用句としての比喩表現である a fly in the ointment にも当てはまるであろう。旧約聖書当時の香油が入っている甕の口も小さめだったはずである。

以上の3点を要約すると，同じ流動体の湖，川，海とは異なり，飲もうとしているスープは視界内に収まるサイズの有界的な対象物でその輪郭が明確であり，96％の回答者は，テーブル上の"小さいスープ容器の中に見えるハエ"というイメージで in を選択したと考えられる。

### 3.2 対象物が樹木の場合

次に樹木の場合であるが，樹木には液体のような変幻自在の流動性はない

が，時間の経過や季節による形状と形態の変化などの可塑性がある。

Herskovits は彼女の言う「幾何学的概念化」(geometric conceptualization) の一例として the bird in the tree を提示し，木の幹から伸び出る複数の枝全体を包含する輪郭を点線で描いた幾何的イメージの絵を添えて，木の輪郭の内部にいる鳥だと説明している。[6] つまり，木は木の枝の先端を境界線とする3次元の物体とみなされ，容器として概念化されているのである。鳥は，幾何的イメージによって作り出された一定空間内に位置づけられ，したがって鳥は実際には一本の枝の上にいるのだが，in the tree と表現できるというわけである。

Herskovits が取り上げた空間前置詞の事例を確認すべく1993年に筆者がアメリカ人英語話者に聞き取り調査をした際には，the bird in the tree と回答した人が全体の62％で the bird on the tree と言う人は38％という結果を得た。[7]

今回はアメリカ人以外の英語話者も調査対象にし，かつ複数の樹木の規模を対象物として調査した。その結果，一本の枝 the branch の場合には98％の回答者が on を使い，複数の樹木の集合体 the grove/woods/forest が対象物の場合には99％の回答者が in を使うと回答した。ここまでは実は聞かずもがなの事例なのだが，the bush や the tree との違いを引き立たせるために故意的に設定した。続いて，低木の茂み the bush の場合に in を選択した回答者は80％で，一本の木 the tree の場合には73％の回答者が in を選択した。ここで注目したいのは in を選択した回答者が減ったということではなく on を選択した人が増えたということである。複数の樹木の集合体から一本の木へと対象物が変化すると on を使用する人が増えるのはなぜだろうか？

特に対象物が the tree の場合，on を選択した回答者が，on と in の両方を選択した回答者を含めると全体の3割近くに達したが，on the tree と表現するのは tree の一部を際立たせ突出させて捉える salience の一例であると筆者は考える。Herskovits は salience の一例として，人が上から見下ろす視点からの carp under the water を取り上げて，この場合の the water は the top surface of the water を意味する synecdoche（提喩）であると指摘しているが [8]，on the tree についてもこれと同じことが言える。つまり，厳密には，枯れ枝に止まっている鳥を指して on the branch of the tree，あるいは枯れ木のてっぺんに止まっている鳥を指して on the top of the tree

と表現すべきところなのだが，tree の一部を指して on the tree と表現しているのである。

潅木 the bush も丈が低くて規模が小さいので on が使われるケースも充分に考えられる。が，規模が大きすぎて人間の視界に入りきらない森 the grove/woods/forest，つまり多数の樹木の上に止まる一羽の鳥という表現は不自然で非現実的である。人間が認識できる現実は，林冠の鳥たち birds on (or in) the forest canopy である。

### 3.3 対象物が草地の場合

可塑性をもつ対象物の第 3 グループとして草地を取り上げたが，最初に field という語の概念が曖昧であり，そのイメージに可塑性があることを確認しておきたい。a field は通常トウモロコシ畑 a cornfield とかライ麦畑 a rye field のように穀物が栽培されている場所，あるいは馬や牛，羊などが草を食む草地を指す。そして時にはスポーツが行われるグラウンドを指すこともあるが，草が生えていないむき出しの地面ではなくて短い芝草が生えている場所である。調査では the field (=grass-covered plain) を野原もしくは草地に限定し，これに加えて the grass, the lawn, the garden を対象物に設定してみた。

the field を対象物とした場合の調査結果を考察する前に，その比較対象として the garden と the lawn の場合をまず見てみたい。Herskovits は，空間関係モデルとしては説明不能な制約がある例として，The table is in the lawn. と言うことはできないが，The table is in the garden. と言うことはできると指摘した。[9] この使用制約を追認するために筆者はこれら 2 つの文についても調査してみたところ，98％の人が A table is in the garden. と言い，92％の人が A table is on the lawn. と言うという結果が出た。では，この場合，なぜ in the garden で，なぜ on the lawn なのか？

the lawn は the garden 内にあるそれである。in the garden と言う理由は，the garden は有界的な区域であり，一種の容器のようなものであって，a table がその特定区域内，その容器内に包含されているからである。これに対して on the lawn と言う理由は，テーブルの脚の底部のごく一部は芝草に埋まっているかもしれないが，芝草の丈は通常短いのでテーブル全体は芝草の上に乗っかっていると認識されるからであろう。Lee は，「あるものが別のものの中に埋め込まれている状態を表す」ために in が使われる事例の

1つとして the weeds in the lawn（芝草の中の雑草）を提示しているが[10]，もしテーブルの高さが10センチにも満たないほど極端に低く，かつ芝草は刈り込まれずに伸びている状態であったなら，A table is in the lawn.（テーブルは芝草の中に埋もれている）という表現は可能になる。

では the field (=grass-covered plain) と the grass の場合はどうか？ 83%の回答者が A bird is in the field. と in のみを使用した。なぜか？ the field は the garden よりも広いが，それでも山，川，森，空の自然の広がりの中では一定区域として認識されているようで，その捉え方は field の「分野」という意味での比喩的な用法にも現れている。また，鳥の鳴き声は聞こえるが，その姿は草に埋もれて見えないので in を使うとも解釈できよう。鳥よりもサイズが小さいバッタが主体の場合にも70%以上が Grasshoppers are in the field. そして A grasshopper is in the grass. と in のみの使用を選択した。バッタがいるのは the field や the grass の領域内で，しかも草の中に埋入しているという認識であろう。しかし，これらの調査結果は in の使用が一般的，常識的で想定しやすい状況だということであって，決して on の選択使用を排除するものではない。on と in の両方を選択した回答者を含めると30%弱の英語話者が on the field, on the grass と on を選択使用しており，on か in かは the field の質および見る人の視点と考え方による。丈の低い草の原をあたかも湖面を見るかのように眺めて There are birds or grasshoppers on the field. と言うのは不自然ではない。

以上，流動体，樹木，草地が対象物になる事例を考察してきたが，最後に髪と手の事例を見てみたい。髪は tree や bush に比較しうるし，人間の手はその全体の形をいろいろに変えることができるという点で可塑性を持っている。

調査の結果，A fly is (on/in) her hair. でも A bird is (on/in) her hand. でも意見が分かれた。いずれの事例でも in を使用すると言う人のほうが多いが，in と on の両方が自然に使用可能であるというのがこの調査結果から引き出されうる結論と言えよう。

ハエが髪にくっつくかのようにして止まっていれば on であろうし，もじゃもじゃした髪の中に入っていれば in であろう。添付した絵の感じでは on の選択が多いであろうと思われたが実際には in の選択が多かった理由は，慣用句として get in one's hair という比喩表現はあるが on one's hair という言い回しはないことが影響しているかもしれない。また A bird is (on/in) her hand. の事例では A bird in the hand is worth two in the bush. という諺が影響しているのかもしれない。

## 4．日本語話者への調査結果考察

　日本語話者は英語を母語としないので，彼らの英語使用と英語感覚を英語話者と同列において比較することはできないが，今回の16の事例調査では以下の4つの事例で日英間に目立つ差異が現れた。その内の3つは，絵がもたらすイメージの影響によるものと考えられるが，the tree の事例だけは日英間の言語感覚の特筆すべき差異として注目に値すると思われる。

　A bird is (on/in) the tree. では英語話者の73%が in のみを使用したのに対して，同じ状況で日本語話者の実に80%が on のみを選択した。正反対とも言える結果が出たが，なぜだろうか？ 英語話者は木を幾何的イメージで捉え，鳥がそのイメージの輪郭内にいると認識するのに対して，日本語話者は日本語で「鳥が木にとまっている」とか「木の上にいる」と考えるからであろう。

　A bird is (on/in) her hand. A fly is (on/in) her hair. Grasshoppers are (on/in) the field. の3つ事例でも，英語話者の過半数が in を使用したのに対して，日本語話者の約7～8割が on を選択したが，この対照の原因は日英間の言語感覚の差異ではなく，絵がもたらすイメージにあると考えられる。つまり，A bird is (on/in) her hand. では，日本語で「鳥は手の中にいる」と言う場合，手の指は曲がり鳥を手で覆うイメージがあるので in を選んだ日本語話者が少なかったのではないか。もし絵に描かれた手が鳥を包み込んでいたら，ほとんどの日本語話者も in を選択したであろう。また A fly is (on/in) her hair. では，in the hair と言う場合，日本語話者はハエが髪の内部に埋入しているような状態をイメージするからであろう。絵では髪に止まっているハエがはっきりと見える状態であるため，ほとんどの日本語話者は on を選択したと推察できる。Grasshoppers are (on/in) the field. でも，草が生えている地面上のバッタたちを描いた絵の状況をそのまま表現して on を選択したと思われる。

　総じて，日本語話者は添付の絵を見て，そのイメージに忠実に回答したと考えられる。これに対して多くの英語話者は，絵を参照しつつも，自らの母語としての英語体験に基づいて判断し，慣用的・比喩的使用も含めて一般的な使用表現である in one's hand, in one's hair, in the field を選択したと推

察できる。もしそうでなければ，上記3つの事例における日英間の回答のあまりに際立った差異は説明がつかない。

## 5．おわりに

本稿は，空間前置詞の意味と用法に関する Herskovits の分析に触発されて実施した筆者の調査研究をまとめたものである。

キーワードは可塑性である。Herskovits は空間前置詞の意味の可塑性をテーマとし，空間前置詞の選択とその意味の決定に関わる文脈上の要因として salience（際立ち），relevance（妥当），tolerance（許容），typicality（典型）を類別した。これに対して筆者は，空間前置詞の対象物の可塑性に注目し，可塑性をもつ対象物として，流動体，樹木，草地，および人間の髪と手の事例を取り上げて追究した。

結論として筆者は，空間前置詞の対象物の可塑性 — the plasticity of a reference object — を前置詞決定要因の一つに加えることを主張する。なぜなら，調査結果に基づいて本稿で考察したように，可塑性のある対象物に関わる空間前置詞の選択・決定には，言語使用者の主観的判断がかなりの程度関与しており，その人が空間関係をどのように認知するかによって選択する前置詞が変わるからである。

## 注

1) Herskovits. 1988: 284-90.
2) 調査は 2007 年 5 月から 7 月にかけて実施した。英語話者に関しては，日本国内で開かれた ELT Conference や JALT 大会，筆者の出講先（明治大学・日本大学・玉川大学），およびオーストラリア国内で実施し，ニューヨークの友人や知人からも回答を得た。国籍別では，アメリカ人 54 名，カナダ人 9 名，イギリス人・アイルランド人 17 名，オーストラリア人・ニュージーランド人 47 名，不明 19 名（ELT Conference で筆者が回答を依頼した英語話者たちだが，国籍を尋ねることはしなかった人たち），非英語圏ヨーロッパ人 14 名となっている。日本語話者は，筆者の出講先の学生を対象に調査した。調査事例文の 7, 15, 16 には Herskovits が提示した事例を活用した。それ以外の事例はすべて筆者が今回独自に作成したものである。なお，事例文添付の絵は，ICS カレッジ・オブ・アーツ教育ディレクター細川万紀子氏に作成してもらった。
3) Herskovits. 1988: 291-2, 294-5.
4) Lee. 2001: 25-6.
5) Herskovits. 1988: 292.
6) Herskovits. 1988: 274-5.
7) 遠藤雪枝．1993: 59.

8) Herskovits. 1988: 275-6.
9) Herskovits. 1988: 279.
10) Lee. 2001: 25.

**参考文献**

阿部純一・桃内佳雄他．1994.『人間の言語情報処理─言語理解の認知科学』サイエンス社.

Croft, W. 1991. *Syntactic Categories and Grammatical Relations: The Cognitive Organization of Information.* University of Chicago Press.

遠藤雪枝．1993.「心象現象から見た前置詞」『研究紀要』第2号．言語文化研究会. 59-68.

Fauconnier, G. 1994. *Mental Spaces.* CUP.

Herskovits, A. 1986a. *Language and Spatial Cognition: An Interdisciplinary Study of the Prepositions in English.* CUP.（堂下修司・西田豊明・山田　篤〔訳〕．1991.『空間認知と言語理解』オーム社.）

Herskovits, A. 1988b. "*Spatial Expressions and the Plasticity of Meaning.*" In R. Brygida ed., *Topics in Cognitive Linguistics.* John Benjamins Publishing Company. 271-97.

Langacker, R. W. 1987. *Foundations of Cognitive Grammar I: Theoretical Prerequisites.* Stanford UP

Lee, D. 2001. *Cognitive Linguistics: An Introduction.* OUP.（宮浦国江〔訳〕．2006.『実例で学ぶ認知言語学』大修館書店.）

松本　曜・田中茂範（中右　実編）．1997. 日英比較選書6『空間と移動の表現』研究社.

松本　曜（編著）．2004. シリーズ認知言語学入門　第3巻『認知意味論』大修館書店.

大堀壽夫．2002.『認知言語学』東京大学出版会.

Taylor, J. R. 1989. *Linguistic Categorization — Prototypes in Linguistic Theory.* Clarendon Press.

# 擬似空所化の残留要素
## ——統語構造と情報構造の狭間で——

根 本 貴 行

## 1. はじめに

　空所化や削除とは，言語音声化（可視化）されない要素が先行詞を参照することによって適切に解釈される現象のことである。また先行詞を参照することが可能であるコンテクストとは，空所化もしくは削除される要素が既知の情報，すなわち旧情報でなければならないと言い換えることができる。空所化や削除現象には，統語上の制約のみならず，情報の重さや新旧という点においても文法性の判断が概ね一様であることから，学習不可能な普遍性があると思われる。本稿では擬似空所化と呼ばれる統語現象について，統語上の制約およびメカニズムと，情報構造上の制約を比較してみたい。

　はじめに擬似空所化の統語的構文分析を検討し，擬似空所化において残留要素がどのように削除を免れるのかを見ていく。そのメカニズムとして考えられうる，数量詞繰上げ (Quantifier Raising) による動詞句からの上昇，重名詞句移動 (Heavy NP Shift) による上昇，対格照合のための上昇などの可能性を考え，それらの問題点を指摘したい。さらに統語上の制約と機能上（情報構造上）の制約ともに普遍的であると思われるにもかかわらず，それぞれにおける文法性や自然さに対する予測には整合性が見られないということを見ていく。

## 2. 擬似空所化

　統語論において，削除現象は構成素全体に適用されるものであると考えられている。しかし，擬似空所化は一見すると構成素を成していない部分が削除されているように感じられる。

(1) a. Mary hasn't dated Bill, but she has ~~dated~~ Harry. (Jayaseelan 1990)

　　b. It doesn't bother Harry that Bill left, but it does ~~bother~~ me ~~that Bill left~~. (Levin 1985)

c. The DA proved Jones guilty and the Assistant DA will ~~prove~~
　　　　Smith ~~guilty~~. 　　　　　　　　　　　　　　　　(Lasnik 1995)

　擬似空所化の文では，(1)a のように助動詞を残した上で目的語が削除されずに残留する。興味深いのは (1)bc で，助動詞 (does や will) と目的語 (me や Smith) が残留している点では共通しているが，例えば (b) において 'me' を除いて 'bother' と 'that / Bill left' のように非連続した箇所が削除されており，一見すると構成素（動詞句）の削除現象として扱われないように感じる。
　Lasnik (1995) が述べているように，擬似空所化における残留要素は直接目的語の名詞句であり，また二重目的語構文では間接目的語に限られる。

(2)　a. *Rona sounded annoyed, and Sue did ~~sounded~~ frustrated.
　　　b. John gave a lot of money to Bill, and Mary will ~~give~~ a lot of advice ~~to Bill~~.
　　　c. *John gave a lot of money to Bill, and Mary will ~~give a lot of money~~ to Susan.
　　　　　　　　　　　　　　　　　　　　　　　　　　　(Lasnik 1995)

　一見すると構成素でない要素が削除されている問題については，残留要素が何らかの理由で動詞句から動詞句外へ移動し，残された動詞句全体が削除されることにより派生すると考えることができる。

(3)　… and Mary will  Susan  [~~VP give　t　a lot of money~~]

　残留要素の動詞句からの移動については，May (1985) に基づいた数量詞繰り上げや，Jayaseelan (1990) の重名詞句移動，Lasnik (1995) による対格の格照合のための移動などが考えられる。
　以下でこれら３つの分析を検証し問題点を指摘していきたい。

## 3.　擬似空所化文の残留要素について
### 3.1　数量詞繰上げおよび先行詞内削除との関連
　残留要素が動詞句から移動をすることで削除を免れるというメカニズムは，先行詞内削除 (Antecedent Contained Deletion) において削除要素を復元する際に May (1985) による数量詞繰上げを用いて，復元要素に削除要素

が繰り返して生じるという問題を回避する分析に類似している。

(4) John discussed every topic that Mary did Ø.

(4) において，関係節の省略箇所（Ø）を表層的な語順に基づいて復元しようとすると '(did) discuss every topic that Mary did Ø.' のように，削除復元位置に再び削除を含んだ部位が生じてしまう。

May (1985) によれば，'every' のような数量詞は LF で適切な作用域を持つことができるように解釈されるために，数量詞繰上げが行われる。

(5) a. [every topic that Mary did Ø]$_i$ John discussed $t_i$
b. [every topic that Mary did Ø(=discuss $t_i$)]$_i$ John discussed $t_i$

数量詞繰上げが行われた後で関係節の省略箇所を復元すれば，(5)b が示すとおり，復元された部分に再び削除箇所が現れるという問題は生じない。

ここで擬似空所化の残留要素が数量詞繰上げによる移動で削除を免れている可能性がでてくるが，その可能性は否である。まず始めに問題となるのが，数量詞繰上げが不可視的に起こる現象であるという点である。擬似空所化で残留要素が削除を免れるためには動詞句から可視的に移動する必要がある。また，先行詞内削除が文法的になる条件として，先行詞に数量詞が含まれる必要があるが，擬似空所化の残留要素にはそのような制限は観察されない。

(6) a. I read {every book / all the books} that you did.
b. *I read {many / some / two} books that you did. （高見 2001）
(7) Bill read some articles in the magazine, and Tom did {many columns / some columns / every column / two columns}.

(6) が示すとおり，先行詞に many/some/two を含んだ先行詞内削除文は非文法的であるが，(7)[1] では，擬似空所化の残留要素に同様の数量詞がきてもその文法性に大きな差が見られないことを示している。

さらに，Chomsky (1995) などにより数量詞の繰上げが数量詞のみで，句全体を随伴しないという分析もあり，もしこれが正しければ，そもそも (5) の分析も成り立たず問題となる。

## 3.2 重名詞句移動による分析

文中の長い要素は重名詞句移動により文末へ移動される。

(8) a. John gave Bill a lot of money yesterday.
　　b. John gave Bill $t_i$ yesterday [more money that he had expected]$_i$.
　　c. *John gave $t_i$ a lot of money [the fund for the preservationof wild animals in Africa]$_i$

　二重目的語構文で重名詞句移動が生ずる場合，直接目的語には適用可能であるが，(8)c が示すとおり間接目的語に適用されると非文法的な文となる。Jayaseelan (1990) は擬似空所化の残留要素を重名詞句移動の結果削除を免れると分析している。しかし，Lasnik (1995) も指摘しているように，二重目的語構文における重名詞句移動が直接目的語に限られるとすれば，擬似空所化における残留要素も直接目的語のみであるとの予測が立てられるが，(8)c が示すように，この予測は誤っている。

(9) a. John gave a lot of money to Bill, and Mary will a lot of advice.
　　b. *John gave a lot of money to Bill, and Mary will to Susan.

　(9) (=(2)bc) が示すように，二重目的語構文での擬似空所化は間接目的語のみが残留要素となる。

### 3.3　格照合のための移動分析

　生成文法における極小主義の枠組みでは，不必要な移動は非経済的な操作と考えられ排除される。統語要素の必要な移動とは，その移動を動機付ける形式素性によって誘発される移動である。Lasnik (1995) は擬似空所化の残留要素は対格の名詞句であるとの一般化を述べた上で，Koizumi (1995) に基づき残留要素の動詞句からの移動を格照合として分析している。Koizumi (1995) では，目的語も主語と同様に目的語の格を照合するための AgrO が仮定され，目的語は可視的にこの指定部に移動して対格の照合が行われる。

(10) a. John watched the TV program yesterday.
　　 b. [$_{AgrS}$ John$_i$ [$_{TP}$ T [$_{VP}$ $t_i$ watched$_k$ [$_{AgrO}$ the TV program$_j$ [$_{VP}$ $t_k$ $t_j$ ] yesterday ]]]]

　もし残留要素が格照合のための移動によるものであれば，名詞句以外の要素が残留し非文法的になる例 (11) (=(2)a) の説明が可能となる。

(11) *Rona sounded annoyed, and Sue did frustrated.

格照合を必要としない 'frustrated' は動詞句から移動せず残留が可能とならない。さらに二重目的語構文における目的語もそれぞれ AgrO の指定部へと移動する。

(12) a. *John gave a lot of money to Bill, and Mary will ~~give a lot of money~~ to Susan.
b. [$_{AgrSP}$ Mary$_i$ [$_T$ will [$_{VP}$ $t_i$ [$_{AgrOP}$ a lot of money$_j$ ~~[$_{VP}$ give $t_j$ to Susan]~~ ]]]]

対格の 'a lot of money' は動詞句から AgrO の指定部へ格照合のために移動をするが, 'to Susan' は動詞句内に留まるため, 動詞 'give' が AgrO へ移動する前のタイミングで動詞句が削除されると対格が残留要素となる擬似空所化の文が派生する。(12)a では逆に与格要素が残留しており非文法的となっている。

しかし, Chomsky (2000) では対格照合はいわゆる「探査」(Probe – Goal) により行われ, 対格の可視的移動が仮定されていない。例えば, (13) において主格照合は T の探査によって, また対格照合は v の探査によって行われる。

(13) [$_{TP}$ Bill$_i$ T(EPP) [$_{vP}$ v [$_{VP}$ $t_i$ visited the museum]]].

(13) では主格照合と対格照合はそれぞれ T と v の探査によって不可視的に行われる。これは不必要な音声および素性の移動を伴わないため, 計算上の経済性を考慮すると好ましい。ただし主格については T の EPP 素性により, 音声素性を伴った全体 (Bill) が TP 指定部へ移動している。一方, 対格については v に EPP 素性がない限りにおいて, the museum 全体の移動は仮定されない。以下にも述べるとおり, v の EPP 素性は目的語が文頭へ移動する際, 随意的に出現が仮定されている。このシステムに従えば, もはや対格は要素の移動そのものが仮定されておらず, 動詞句削除を免れる動詞句からの移動は生じず擬似削除文の派生を考える上で問題となる。

### 3.4 EPP 素性による誘引分析

そもそも EPP とは，Chomsky (1982) 以来，英語において主題役割のない要素が主語に来ることを保証するために仮定されてきたものである。極小主義の枠組みでは，形式素性の一つとして主語の位置（時制辞 (T)）にあり，EPP 素性を照合するために名詞句が主語の位置，すなわち TP の指定部へ移動すると考えられている。

Chomsky (2004) における位相 (Phase) のシステムでは，位相を越えて移動する要素は必ず位相の周縁部 (Edge) に移動しなければならない。位相は CP と vP であると仮定されており，例えば，目的語が文頭へ wh 移動しなければならない場合は，位相である vP の周縁部へ移動しなければ次の位相への移動ができないと考える。

この目的語位置からの vP への移動はどのような動機によるものであるかということに関しては様々な議論を呼ぶところであるが，Chomsky (2000) は次のように述べている。(( ) は筆者)

(14) Optionally, OCC (EPP feature) should be available only when necessary, that is, when it contributes to an outcome at SEM (Semantic) that is not otherwise expressible...

EPP 素性出現の随意性が正しければ，vP に EPP 素性が出現し，残留要素が動詞句から繰り上がり削除を免れると意味解釈において何らかの影響が見られるということになる。その可能性として，照応表現の解釈が挙げられる。

(15) a. John gave some pictures for his father, and Mary gave some albums for him.
    b. John gave some pictures for his father, and Mary did some albums.

照応形が削除部に含まれると同一解釈と緩やかな同一解釈の二通りが生じ曖昧になる（有元・村杉 2005）。(15)a の等位節前半の his が John を指すとすると，等位節後半の him は John の父親を指す解釈しか成り立たない（同一解釈）。一方 (15)b では照応形を含んだ箇所が省略されており，この場合 Mary がアルバムをあげたのは John の父親か Mary の父親となり二通りの解釈が得られる（緩やかな同一解釈）。

## 4. 機能的観点から見た擬似空所化
### 4.1 擬似受動化と擬似空所化

受動化変形と呼ばれる操作は，任意の要素を任意の位置へ移動させる，いわゆる Move $-\alpha$ という扱いの一つである。動詞補部に付与されるべき格が過去分詞によって吸収されるため，過去分詞動詞の補部名詞句が主語位置へ移動する。しかし，前置詞を従える句動詞の受動化（擬似受動化）は，前置詞を過去分詞動詞に再分析することで処理されるが，高見 (2005) の以下の例は統語論では問題となる。

(16) a. *This river was swum in by John.
    b. This river should not be swum in.

高見 (2005) は，擬似受動化が可能である理由を機能的な観点から受動化の制約と主語の制約を仮定して文法性の予測している。もしこの操作が統語的な制約にも合っていれば，前置詞の補部が vP へ繰り上がることが可能となり擬似空所化の残部要素になれるという可能性がでてくる。しかし事実は否である。

(17) You cannot swim in this river, but
    a. *[?]you can in that river.
    b. *you can that river.

予測としては，名詞句が vP にある EPP によって誘引される (17)b がより容認可能となるはずである。しかしインフォーマントの判断としては，(17)a の容認度がわずかに上がるもののどちらも文法性としては低いものであった。(17) において，残部要素の動詞句からの移動が，高見 (2005) が主張する主語制約と関わらないためであるという見方もある。次の例を見てみよう。

(18) Generations of immigrants lived in the U.S., and
    a. *only Inuit did in the Alaska.
    b. *only Inuit did the Alaska.

神尾・高見 (1998) は機能的観点から，空所化における省略要素の制約を述べている。概略，省略できる箇所は残部要素よりも情報の重要度が低いものでなければならない。しかし，only の存在により，残部要素は情報の重

要度が高いと考えられるにも関わらず，(18) は非文法的である。

　これらのことから言えることは，機能的制約以前に残部要素の vP への移動が禁止されている可能性があるということであり，(16) との整合性を考えるとさらなる考察が要される。

### 4.2　残留要素と情報構造

　Kuno (1978) や Quirk et al. (1985)，高見 (2001) は文における情報構造として，文頭の情報が古く（旧情報），文尾へいくほど新しく（新情報）なると述べている。また既に述べたとおり，空所化における削除要素は旧情報であり，残留要素は新情報である。次の例を見てみよう。

(19) What will Bill buy for Mary?
　　a. ?He will buy a doll for her.
　　b. He will buy her a doll.

　質問文は Mary に何かを買うということを前提にしているので，(19)a のように for her を新情報として応答している文は情報構造の流れに合わない。これを参考に擬似空所化を含んだ次の例を考えてみたい。

(20) What will they buy for Mary?
　　a. Bill will buy her a doll, and Mike will ~~buy her~~ a handkerchief.
　　b. Bill will buy a doll for her, and Mike will ~~buy~~ a handkerchief ~~for her~~.
　　c. Bill will buy her a doll, and Mike ~~will buy her~~ a handkerchief.

　(20)ab を比べると，削除されている箇所は異なるものの表面的に音声化（可視化）されている部分は同一である。(20)a の後半部分は間接目的語が省略された構造となっており，擬似空所化の文法性としては低いと予想される。一方，(20)b の後半部分は間接目的語が残留要素となっており文法的に問題はないが，情報構造としては旧情報の 'for her' が文尾にきており自然さを欠く文である。これらの文について文法性と自然さの観点から英語母語話者に判断をしてもらった結果，(20)a を自然であると判断した英語母語話者もあったが，興味深い反応として (20)b の等位節後半部を (20)a の後半部に

すれば自然でありかつ文法的であるというものである。(20)a～cの中で最も文法的で自然であるという判断であったのが(20)cである。(20)cは時制辞 (T) にある助動詞以下が削除され，直接目的語が残留要素となっている[2]。間接目的語が削除対象になる際は時制辞以下が削除される構文が選択されなければならず，表面上は助動詞の有無が情報構造に影響を及ぼす形となっている。すなわち，(20)の応答文が文法的かつ自然なものとして成り立つためには，間接目的語が削除されなければならず，間接目的語削除には助動詞の削除も同時に行われなければならない。will は旧情報のため，助動詞が削除されている(20)cが最も自然である判断が下されているという見方もできるが，(21)のような応答文でコントラストが生じるような状況は考えにくいことが予測される。

(21) What will they buy for Mary?
... ?Bill will buy her a doll, Mike a handkerchief, but John can't anything, because he had spent all his money.

(21)の最後の等位節では can't のようにコントラストが述べられており，機能上の制約から考えると自然な文として成立するはずであるが，実際そのようには判断されない。

(20)(21)を見る限りにおいて，移動に関する統語上の制約と情報構造上の機能的な制約が一致していないことが分かる。

## 5. まとめ

統語上の制約や条件が極めて普遍的な傾向を見せていることに異論はないところであろう。同様に機能的制約，特に情報構造についての制約も普遍的な部分が認められると考えられる。文法モデルを考える上で，この二つの関係がどのようになっているかは大変興味深いテーマである。本稿では擬似空所化の残留要素に関して，統語上の制約と情報構造の制約による文法性の予測が異なるということを考察した。ここで観察された統語上の制約と情報構造上の制約の間に見られる乖離については，母語習得過程や普遍的な言語の特徴などを構築し，文法モデル（言語モデル）を考える際にさらなる考察を要するものと思われる。

## 注

1) 例文 (7) 以下の文法性判断は J.B.Jones 氏と A.W.Young 氏による。
2) (20)c の文における残留要素は重名詞句移動により動詞句から移動している可能性がある。

   i. Bill gave Mary yesterday more books than she had ever seen, and Henry, the day before yesterday more magazines than she had expected.

   i. において，移動先として可能なのは時制句 (TP) 付加である。位相のシステムでは，目的語が TP へ移動する際，位相周縁部である vP へ一度付加することとなるため，この移動の動機付けも問題となる。

## 参考文献

有元將剛・村杉恵子. 2005.『束縛と削除』研究社.
Chomsky, N. 1982. *Some Concepts and Consequences of the Theory of Government and Binding*. MIT Press.
Chomsky, N. 1995. *The Minimalist Program*. MIT Press.
Chomsky, N. 2000. "Minimalist Inquiries." In R, Martin, et al. (ed) *Step by Step: Essays on Minimalist Syntax in Honor of Howard Lasnik*. MIT Press.
Chomsky, N. 2004. "Beyond Explanatory Adequacy." Belletti, A. (ed.) *Structures and Beyond: The Catography of Syntactic Structures,* Vol.3. OUP.
Jayaseelan, K. A. 1990. "Incomplete VP Deletion And Gapping." *Linguistic Analysis*. 20. 64-81.
神尾昭雄・高見健一. 1998.『談話と情報構造』研究社.
Koizumi, M. 1995. *Phrase Structure in Minimalist Syntax*. Ph.D dissertation. MIT.
Kuno, S. 1978. "Gapping: A Functional Analysis." *Linguistic Inquiry*. 7. 300-18.
久野暲・高見健一. 2005.『謎解きの英文法 文の意味』くろしお出版.
Lasnik, H. 1995. "A Note on Pseudogapping." *MIT Working Papers in Linguistics*. 27. 143-63.
Levin, N. 1986. *Main Verb Ellipsis in Spoken English*. Ph.D dissertation. Ohio State University.
May, R. 1985. *Logical Form*. MIT Press.
Quirk, R., Greenbaum, S., Leech, G., Svartvik, J. 1985. *A Comprehensive Grammar of the English Language*. Longman.
高見健一. 2001.『日英語の機能的構文分析』鳳書房.

# 「物語」における時制交替の日英語比較

小　島　章　子

## 1.　はじめに

　本稿では,「物語」における時制交替現象の日英語比較を試みる。データは,日常会話の中に時折現れる「経験談」を使用する。「経験談」を話すという発話行為は,子供が話の展開の仕方の習得をしていく初期段階から見られるだけでなく,人間の言語の歴史を考えても,書き言葉の「物語」,すなわち「民話」「伝説」「小説」「ドラマ」などに先立つものと言え,従って,すべての「物語」構成の原型と見ることもできる。さて,日本語の「物語」に現れる動詞の過去形(「タ」形)と現在形(「ル」形)の用法は,一見したところ西欧語の場合と似ている。そのため,日本語の物語分析においても,過去の出来事を「ル」形で述べる用法について,英語の直訳の「歴史的現在」という術語が使われたりもしてきた。しかし,はたして日本語の「タ」形と「ル」形の用法は,英語の用法と同じと言えるのであろうか。筆者はこの点について考察していく。尚,英文の引用の日本語訳はすべて筆者自身によるものである。

## 2.　「物語」とは

　本稿で分析する「経験談」とは,英語のspoken narrative（話し言葉の「物語」）にあたる。種類は,その話し手の役割によって「一人称物語」「二人称物語」「三人称物語」の3種類がある。「一人称物語」では,話し手が主人公で,「三人称物語」には,話し手自身は登場人物の中には現れない。日常会話の中での「噂話」が分かりやすい例である。「二人称物語」は,理論上,聞き手が登場してきて中心人物になる話を意味するが,非常にまれである。本稿で分析する「経験談」というのは,上の例で言うと,「一人称物語」である。日常会話をしているときに,話し手が自分自身の過去の経験談を話すことがあるが,これは,その「個人的経験談」にあたる。次に英語と日本語の例を示す。過去の出来事を「現在形」で話している部分に下線,「過去形」の部分に波線を付す。

(1) 英語の例：

Two years ago we were in Mexico, at Acapulco, and I called Mexico City and I asked for Juan. Now I've got to go through operators and I make it person-to-person. And the maid tells the operator in Spanish and the operator tells me, "He's not there." I said, "When will he be back?", and the maid and the operator are having this great big conversation. I keep getting the same answer. And finally the operator says to me, "He's not here. He died. That's — he's not here. He died." Well, I tell you, I was so upset. I said, "Thank you", and I hung up.　　　　(Wolfson 1982:30-31)

(2) 日本語の例：

あの，ホームステイのお父さんがピザの箱を買ってきたんですよ。で，こうやって，お父さんがこうやって開けます。ピザのでっかい箱なんですけど，こういう風に開けて，あの，お前ペパロニ・ピザほしいか，と言う。ペパロニが乗ったピザほしいか，と聞かれて，で，まあ，ほしい，と言ったら，そしたら，なんか，こう，作業してるんですよ。僕はまあ何だろうって思ったんですね。たら，プレーン・ピザの上にサラミが3枚ぐらい置いてあるんですよ。結局わかったのは，要するに，ペパロニ・ピザを1枚だけ買ってきて，あとは全部プレーン・ピザだったんです。

　上記の英語と日本語の例を比較してわかるように，共に，まず「過去形」で始まって，そのあと「現在形」と「過去形」が混ざって使われ，最後は「過去形」で終わっている。この過去の「物語」中の「過去形」と「現在形」の使用が「時制交替」（Wolfson 1982）と呼ばれるものである。

## 3.　英語の場合

　英語の「物語」における「現在形」の用法については古くから historical present という術語が使われ，それは，話し手あるいは書き手が，あたかもその場にいるような「臨場感」を感じているからだ，と説明されてきた (Jespersen 1924, Kipersky 1968)。ところが，1979年，Wolfson が日常会話における「経験談」を分析し，「歴史的現在」それ自体には伝統的に考えられてきた vividness（『迫真性』）のような特殊効果の意味はなく，「過去形」から「現在形」，「現在形」から「過去形」への切り替わりの部分に，「物語」の展開の変化がみられ，「時制交替」には物語構成上の「区切り」の意味がある

のだと主張した。その後，Schiffrin (1981) が，同じく話し言葉の「経験談」の分析を行い，話し手があたかもその場にいるように感じているため，感情の高まりと共に「現在形」を使用するのだと，伝統的な説明の妥当性を裏付ける主張をし，Wolfson に反論した。その後，1995 年に筆者が同僚と共に，英語のデータを録音収集したものを分析したところ，Schiffrin の分析の妥当性が確認できた。その理由としては，「現在形」は，1 つの動詞のみでなく，一度現れると，その後も多くの動詞に続けて使われること，さらに，直説法の引用文を導入する動詞の go によく「現在形」が使われること，「現在進行形」と共に現れることが多いこと，などが挙げられる。

## 4. 日本語の場合
### 4.1 先行研究

話し言葉の「一人称物語」の「時制交替現象」の分析では，Szatrowski (1985) が，まずいくつかの日本語の「経験談」を集めた後，その中に現れる「現在形」と「過去形」を入れ替えたものを日本語母語話者に見せてどのように感じるかを問う実験を行った。結論として，その使い分けは，participant tracking であると結論付けた。これは日本語の場合，主語を省略することが多いが,「ル」形と「タ」形の使い分けで，主語が誰であるのかがわかるようになる，というものである。その後，Iwasaki (1993) が，Szatrowski で使われたデータに自分自身で集めたデータを加えて分析を行った。Iwasaki は，transitivity (「他動性」) という言語学の概念から，日本語と英語の時制交替現象は異なるものである，と結論付けた。例えば，「現在形」の用法ではなく，むしろ「過去形」の用法のほうに vividness が感じられる，と解釈する。さらにその後，Takahashi (1996) が，Iwasaki のデータを分析し，日本語の時制交替現象は，英語のそれに類似しており，特に「現在形」の用法は,「臨場感」の表出としての話し手の「パフォーマンス」であるのだと，結論付けた。すなわち，同じデータを分析して，全く正反対の結論になったことになる。これらの先行研究を受けて，今回筆者は自分自身でデータを集めて分析することにした。

### 4.2 本研究のデータ

筆者が集めた「経験談」は,「一人称物語」である。すなわち，話の中で，話し手が中心的人物，主役を演じている。同時に，話を語る，いわば，ナ

レーターの役も演じている，と考えられる。データ収集は，社会言語学の field method の1つとして，Wolfson をはじめとして多くの社会言語学者が使用してきたものと同じ「テープ録音法」（Labov 1972）で行った。データの中で「時制交替」の見られるものについて合計40の「一人称物語」を分析した。インフォーマントは合計で，男性7人，女性6人で，年齢は21歳から55歳までである。なお，これ以降，動詞の二つの形を，「タ」形，「ル」形と呼ぶ。また，日本語の場合，主語の省略が多く，「一人称主語」という場合，ふつうは「私」のような代名詞が使われることは少ない。

### 4.3. データ分析結果

「タ」形と「ル」形の分布は表1に示されているとおりである。

表1 「タ」形／「ル」形と主語の分布

|  | 一人称主語 | 三人称主語 |
|---|---|---|
| 「タ」形 | 112（94%） | 99（49%） |
| 「ル」形 | 7（6%） | 101（51%） |
| 合計 | 119（100%） | 200（100%） |

表1が示すように，文の主語と動詞の「タ」形と「ル」形の二つの形の間には相互依存関係がある。「タ」形の文の94%が一人称主語を取っており，「ル」形の一人称主語文は，わずか6%である。一方，三人称主語文は，「タ」形と「ル」形は，ほとんど同じ比率で49%対51%となっている。本稿では，文の主語と動詞の形との関係を説明するのに認知言語学の概念の1つ，subjectivity を応用した概念を導入するが，その前に，次の節で認知言語学について簡単に考察する。

### 4.4. 認知言語学と subjectivity

チョムスキーの生成文法では，文法を抽象的な規則と捉え，生得的に人間に備わったものとしている。そしてそれは，他の認知システムから独立したもので，自然科学的に客観的なものとして分析できると考えられてきた。一方，認知言語学は，もともと「意味論」から始まった。「認知言語学」における「文法」とは，既存の（例えば音素など）の「記号表現」を組み合わせて，より複雑な構造を持った表現を作り，そうすることによって「意味」を

表すために発達してきたものと捉えられる。そして「文法」は，それ自体独立したものではなく，文化，社会，さらには物理的な重力にも支配されている世界環境，また，人間の身体，日常的な経験，心的直感までもが「意味」と「記号表現」に相互にかかわっていると考える。また，これらを考慮するため，普遍文法と違って，言語ごとの違いに焦点を当てる。Langacker が提唱してきた認知文法 (Cognitive Grammar) では，imagery という概念によって，概念化を空間的な要素を使って説明する。例えば，「右」と「左」の意味は，話し手と聞き手あるいは何らかのものに面している者の方向によって規定される。また，upright と upside down は，標準的な位置というものを前提として考えられる概念である。さらに，このような文法は，実際的で物理的な vantage point (「視点」) の場合に限らない。例えば，orientational metaphors は，空間的な位置を想起させる。例えば，happy という語は，up を想起させるものであり，「I'm feeling up today.」はその一例である (Lakoff and Johnson 1980)。

vantage point に最も近い概念が，subjectivity と objectivity である。これらは，それぞれ「主観的」「客観的」という意味と関連はあるが，認知言語学で使うこれらの術語は，判断を示す意味で使われる語としてではなく，「見地」あるいは「視点」の空間的な違いを指す。例えば，普段かけているメガネを使って考えてみよう。まず，今かけているメガネをはずして，それを持って自分の前に持って見てみよう。この場合，そのメガネを見る自分の捉え方は，最大限に objective と言える。つまり，メガネというものは，純粋に自分が見る object (「対象物」) であって，視覚器具 (メガネのこと) の一部であるということはない。このような視点を objectivity と呼ぶ。次に，そのメガネをかけて他の物を見ている場合，そのメガネの捉え方は，最大限に subjective であると言える。なぜなら，そのメガネという物体は，自分が視覚経験をしているということに関わっているにもかかわらず，自分がそのメガネをかけているという意識が薄れるからである。すなわち，メガネは知覚をする subject (「主体」) の一部として機能する。言い換えれば，メガネは，目，あるいは，その人の一部となっており，見られている対象物ではなくなっている。このような視点を subjectivity と呼ぶ (Langacker 1990:6)。筆者が次の節で導入する Subjectivity という術語は，上記で考察した認知言語学の空間的視点の応用である。

## 4.5. 一人称主語文
### 4.5.1. 分　析
「一人称物語」において，話し手はナレーターでもあるし，その話の主役でもある。しかし，文の主語の「私」が現在の時点にいて話しているナレーターである「私」なのか，過去に起こった出来事の登場人物の「私」なのかあいまいな場合が多い。いわば，現在の「私」と過去の「私」の二人が一体化しているわけである。この図式は，上記4.4.の後半でのメガネの話を想起していただきたい。すなわち，ナレーターの今の自分（メガネをかけている状態）がいて，過去の自分自身（メガネ）を見ている。しかし，それはメガネをかけている自分における，「メガネ」と「自分自身」のようなもので，どちらも自分自身では，対象物として見えるものではない。一方，日本語の「一人称物語」の基本は「タ」形である。なぜなら，過去の話は普通「タ」形で描写すべきものであるから。ここで，一人称主語と動詞の「タ」形の組み合わせの文を Internal Subjectivity（後で見る三人称主語文で，External Subjectivity を使うため，対比のために，Internal を付けた）という視点が符号化された形と見る。表1で見たように，「一人称物語」ではこの「文法」が圧倒しているようである。

さて，そのような「物語」にあって，一人称主語文の「ル」形が，まれにではあるが出現する。では，そのまれなものとは，どのような文であろうか。それらを分析すると，ある体系が浮かび上がってくる。まず，それらは，次のような二つのタイプに分類できる。（前後の文脈については，後述する。）

**タイプ1.** 話し手は，自分の行動あるいは状態を社会的なアイデンティティーを示す表現と共に用いる。

（例1）ユダヤ人の家から，アジア人の僕がのぞいてるわけです。
（例2）まあ，子供ですから。

**タイプ2.** 話し手は，自分の行動や状態を比喩的な表現を通して描写している。

（例3）もう，浮いてるんですね。こっちは。
（例4）もう，固まってるの。

さて，これらの文を，単独で見るとなんら文法的に間違っているようには感じられないが，過去の話という文脈から見ると，日本語母語者には，直感

的に何か違和感が感じられるはずである．Kuroda (1973) のことばを借りると，split ego とでも言える感覚ではなかろうか．Kuroda は次のような例を引いて，split ego について説明する．日本語で例えば，「私は熱い」は，正しいが，「彼は熱い」とは言えず，主語が三人称の場合，「彼は熱がっている」でなければならない．さらに，「私は熱がっている」という文は直感的におかしいと感じる．すなわち，この場合，同じひとりの人間が熱いという感覚を感じている主体であると同時に，この感覚を感じている主体を客観的に観察している第三者，すなわち，主語が「私」という一人称であるにもかかわらず，まるで他人，つまり，三人称のことについて言っているように受け取れる．そのような，「自我の内的分割」とでもいうような感覚を split ego と呼んでいる．

### 4.5.2. Lakoff と比喩表現

前節で述べた split ego と同じようなことを，認知言語学者でもある Lakoff (1996) が，"Sorry, I'm not myself today: the metaphor system for conceptualizing the self" の中で，Subject と Self という術語を用いて，英語の比喩的表現について論じている．Subject とは，subjectivity と判断や意志を含む「意識」のある場所で，Self とは，身体的特徴，名前，社会的役割，宗教などを含む，自分の中に心的に存在するもう一人の自分を指す．Lakoff によると，比喩表現でこの自分の中の内的分割について考えたり表現したりする．例えば，

(1) You need to step outside yourself.

という文は，「あなたはあなた自身から見た自分とは違う，外から見た自分を見る必要があるんじゃないか」という意味である．例えば，あなたの友人が「あなた自身から一歩外へ出て自分を見てみると，自分自身の欲求だけを満足させようという利己的な自分が見えるかもしれない」というようなことを示唆するときに使われる．この yourself は他人があなたを見る自分を指し，外側からの視点から見たあなた自身，すなわち，Self である．この文の主語の you は，外から見える自分を見ている内なる主体の自分，すなわち Subject である．もうひとつの比喩の例を挙げる．

(2) I'm beside myself.

この文は,「自分自身が自分の隣にいる」という比喩表現で,「恐怖で気が転倒している」とか「うれしさで有頂天になっている」つまり「われを忘れている」「本当の自分じゃない」という意味を表す。ふつう,Subject (本当の自分) は,決まった位置にいるのだが,この場合,自己抑制ができなくて,そこから外へ出て行ってしまっているという自分,Self がいる,というわけである。

ここで,本稿の日本語のデータの例に戻ろう。便宜上,その例をここで繰り返して提示する。まず,タイプ1。

(例1) ユダヤ人の家から,アジア人の僕がのぞいてるわけです。
(例2) まあ,子供ですから。

まず,(例1)の文の前の部分は次のようなものである。

(例1-1) で,警官もびっくりしたらしくて,オー,ジーとか言ってピストル,カチャってやったんです。

この「物語」では,話し手は,自分が警官に対面した時の経験を話している。警報装置が誤って鳴ってしまった後,警察のパトカーが,彼が滞在しているユダヤ人の家族の家に着いた。この時点で,ユダヤ人の家族は留守で,話し手は,一人でその家の中にいて窓から外を見ていた。(例1)の文は,話し手が,外にいる警官の視点で,話し手自身の行動を表現しているわけである。この外からの視点は,次に続く「警官もびっくりしたらしくて」という文から,より明らかにわかる。言い換えると,(例1)では,話し手はその出来事を「三人称」の視点(この場合「警官」の視点で)で見ることで,再評価していると捉えられる。次の(例2)の文に続く話は,次のとおりである。

(例2-2) 文章までは考えませんでしたけど,ストーリーを正確につかまえられたんですね。

この「物語」では話し手は作家で,自分の好きな本を書き写すのが好きだった子供時代について話している。(例2)「まあ,子供ですから」と言って,「大人になった自分」の視点で「子供だった自分」を表現している。ここでも,話し手は「三人称」の視点から見ることで,出来事を再評価している。話し手は,過去を振り返って,本を内容までよく考えずに単純に書き写すという行為を,あたかも一般的な子供の行為として捉えている。以上のように,

タイプ1では，Lakoff の術語を使うと，話し手の中の Subject が外から見た自分，Self（上の例では，それぞれ「アジア人の自分」と「子供の自分」）を表現していると解釈できる。

次に二番目の比喩的表現のタイプを見てみる。これらの例は共に話し手が怖かった出来事について話している文脈で現れている。

（例3）もう，浮いてるんですね。こっちは。
（例4）もう，固まってるの。

（例3）を Lakoff 風に言うと，Subject はふつう重力のため地上に足を置いて立っているはずなのだが，恐怖のため，浮いている。（例4）の比喩的表現は，ふつうは特に硬くないのだが，恐怖のために硬く固まってしまっている，と説明できる。この二つの例は，まさに，英語の I'm beside myself と訳すことができる。そしてこの場合もやはり，二人の自分がいる。怖がっているもう一人の自分 (Self) を，冷静な自分 (Subject) が，外から客観的に眺めて表現しているイメージが浮かぶ。

### 4.5.3. まとめ

以上，一人称主語文と動詞の関係について見てきたが，なぜ一人称主語文は圧倒的に「タ」形であるのかが見て取れる。Lakoff の Subject と Self と英語の比喩表現の解釈を引用すると，「人はふつう subjective なスタンスを取っているわけであるから，objective なスタンスを取るには相当な努力と力が必要となる」(ibid:103) わけである。つまり，自分というものから外に飛び出て，もう一人の外から見える自分を見るのには特別なエネルギーがいるわけである。従って，「ル」形の一人称主語文の使用頻度はまれになる。Internal Subjectivity と「ル」形の動詞との組み合わせには強い葛藤が生じるのである。

### 4.5.4. 三人称主語文

表1の「タ」形と「ル」形の分布では，三人称主語文は，それぞれ，49% 対 51% で，ほぼ同率である。筆者の認知言語学に基づく分析では，External Subjectivity という術語を使い，三人称主語文の場合は，一人称主語の場合と違って，話し手が見たもの，聞いたものを描写しているわけで，はじめから話し手の視点は，描写対象の外にあると考える。従って，簡単に

心理的に近いものと，遠いものをシフトできる。その結果，「タ」形と「ル」形の割合がほぼ同じになった，と解釈する。

## 5. まとめ

本稿では,「一人称物語」について，筆者自身で収集したデータを分析した。結論として，Iwasakiの言うように，日本語の「時制交替現象」は，英語のそれとは根本的に異なると考える。理由は，一人称主語と「タ」形の動詞との結びつきが Internal Subjectivity の表出，すなわち，認知言語学的「文法」で，それは日本語独自のものであると考えるからである。Iwasakiの場合，transitivity という概念における subjectivity からの説明を行っており，「ル」形の動詞と一人称主語文の組み合わせについての説明が充分になされなかった。筆者は，transitivity では，充分に説明しきれないのではないかと考える。本稿では認知言語学の空間的な要素を含む概念での詳しい説明を試みた。三人称主語文においては，「ル」形の動詞で表現される文には，確かに英語の「歴史的現在」の用法に似ている箇所もある。しかしながら，それは人間の普遍的な言語活動を示唆するに過ぎず，やはり根本的な違いのほうが大きいと考える。

**参考文献**

Iwasaki, S. 1993. *Subjectivity in Grammar and Discourse: Theoretical Considerations and a Case Study in Japanese Spoken Discourse.* John Benjamins.

Jespersen, O. 1924. *The Philosophy of Grammar. Part IV.* George Allen & Unwin.

Kiparsky, P. 1968. "Tense and Mood in Indo-European Syntax." In *Foundations of Language 4.* 30-57.

Kuroda, S.-Y. 1973. "Where Epistemology, Style, and Grammar Meet: A Case Study from Japanese. In S.R. Anderson et al. (Ed.) *A Festschrift for Morris Halle.* Holt. 377-91.

Labov. W. 1972. *Sociolinguistic Patterns.* University of Pennsylvania Press.

Lakoff, G. 1996. "Sorry, I'm not Myself Today: The Metaphor System for Conceptualizing the Self." In G.Faucounnier and et al. (Ed.) *Spaces,Worlds, and Grammar.* 91-123.

Lakoff, G. and M.Johnson. 1980. *Metaphor We Live By.* The University of Chicago Press.

Langacker, R.W. 1990. "Subjectification." *Cognitive Linguistics 1.* 5-38.

Schiffrin, D. 1981. 'Tense Variation in Narrative.' *Language 57.* 45-62.

Szatrowski, P.L. 1985. 'The Use of Japanese Tense-Aspect Forms for Vividness Effect and Participant Tracking in Conversations about Past Experiences.' *Journal of Asian Culture 9*. 102-24.

Takahashi, K. 1996. *Mechanisms of Tense Switch in Japanese Oral Narratives: (Re) Enactment/Recollection and Involvement/Considerateness*. Ph.D. Diss. UCLA.

Wolfson, N. 1979. 'The Conversational Historical Present Alternation.' *Language 55*. 168-82.

_____. 1982. *CHP The Conversational Historical Present in American English Narrative*. Foris Publication.

# 第4章　言語表現と語彙

# 意味記述におけるコアの有効性と
# 英語教育における応用可能性

田　中　茂　範

## 1.　はじめに

　基本語力が英語力の要である。基本語力とは，基本語を使い分けつつ，使い切る力のこと，と定義することができる。中型の英和辞典では執筆においては 10 万語前後の語彙を 2000 頁程度の紙面を割いて取り扱うが，1000 語程度の基本語の執筆で約半分の紙面を使うことになる。これは基本語の意味の可能性の大きさを物語っている。しかし，実際，基本語力を身につけることはむずかしい。日英語の比較という視座からだけでなく，英語学習という観点からも，基本語をどう取り扱うかは重大な問題である。そこで本稿では，基本語の中でも基本動詞を取り上げ，その意味の記述においてコア（lexical core）を示すことの有効性と英語教育への応用可能性について述べてみたい（田中 1987, 1990；田中他 2003, 2006）。

## 2.　基本動詞の意味を記述する際の 2 つの問題

　英語の基本動詞の意味を日本語との対応で捉えようとすると 2 つの問題が出てくる。そのひとつは「意味の分断」であり，もうひとつは「意味の周回路の無限遡及」という問題である。最初の問題に関し，put を例にして訳語との対応を見てみよう。

  She put those dishes on the table.　彼女はその皿をテーブルに置いた。
  First, put a pan on the fire.　まずフライパンを火にかけます。
  I forgot to put the detergent in the washing machine.　洗濯機に洗剤を入れるのを忘れちゃった。
  Put those documents back, will you?　その書類を元に戻してくれないかな。
  She first puts foundation on.　彼女はまずファンデーションを塗る。
  She put flowers in a vase elegantly.　彼女はエレガントに花を花瓶に活けた。
  They put a heavy tax on import goods.　輸入品に重い税を課した。

She put those Japanese poems into English. 彼女はその日本語の詩を英語に翻訳した。

こうした用例の次元で，英語の put と日本語の対応語との関係をみると，以下のように 1 対多の関係になる。

PUT = {置く，かける，入れる，戻す，塗る，活ける，課す，翻訳する….}

英語では同一語が使用されており，そこにはなんらかの意味の関連性があるはずである。しかし，日本語表現のリストはそれぞれが異なった動詞であり，それぞれの意味的な関連性あるいは連続性を読み取ることはむずかしい。これは意味の分断の問題であり，この問題をどう取り扱うかが，英和辞典などの編集だけでなく，英語学習においても大きな課題となる。

もうひとつの「意味の周回路の無限遡及」というのは，例えば「置く」は put の意味の部分かといえばそうではない。「(店に) タマゴを置いている」だとか「子を置いて逃げる」などの「置く」を put で表現するのは不自然である。「かける」「いれる」などについても同様である。すると，通常の英和辞典に見られるように複数の語義(や釈義)をすべてリストしても put の意味は説明されないということになる。つまり，put は n 個の日本語訳に対応するという場合，それぞれの日本語訳はまた n 個の英語に対応し，どこまでいっても本来の意味を捉えきれないという問題が起こる。これが，意味の周回路の無限遡及である。

以上，意味の分断と意味の周回路の無限遡及は，英語学習だけでなく，意味記述においても本質的な問題であるが，これらを克服する手段としてコアがある。

## 3. 基本動詞のコアとは何か

名詞には指示機能があるため，なんらかの対象を指すという意識が働く。そこで，名詞が使われれば，それが知覚対象であれ，観念対象であり，何かを指しているという意識が生まれる。したがって，多義の性質にしても，複数の語義を安定したものとして想定することが可能となる。動詞には何かを指すという働きはない。むしろ，動詞の意味は関数的である。モノを関連づけてコトとして表現するに不可欠なのが動詞であり，機能的には，関係づけ機能がある。

そこで例えば John と the window というモノがあり，それを John broke the window. と表現することで，「ジョンが窓を割った」というコト（事態）が構成されるのである。この場合 break (John, the window) と関数的に表現することが可能となる (Miller and Johnson-Laird 1976)。

意味が関数的であるということは，break の種々の意味は，break (x, y) における変数 (x と y) の値によって暫定的に決まるのであって，break に複数の意味が所与として備わっているのではないということを含意する。

この考え方を押しすすめていけば，基本動詞の意味は複雑で多岐に亘るというのが実相ではなく，実は，単純で曖昧である，そして曖昧性があるからこそ，さまざまな状況に適用することが可能なのだ，ということになる。この単純で曖昧な意味をどう表現するか，そして，単純で曖昧な意味から多様な用法が生まれるが，それをどう説明するか，これが意味論の課題である。

筆者は，単純で曖昧な意味をコアとして捉え，その表現には全体的で図式的なものと，その特徴を描写する記述的なものが含まれると考える。コアとは，文脈に依存しない意味である。John broke the window. だと，「ジョンは窓を割る」という事態を表現しており，ここでの break は「割る」という意味として了解される。しかし，John broke the world record. だと「ジョンは世界記録を破った」となり，ここでは break は「破る」と対応することになる。また，John broke the computer. だと「ジョンはコンピュータをこわした（動かなくさせた）」という意味合いで，ここでは break が「機能を損なう」といった意味合いになる。しかし，これらの用例の背後には共通の意味（コア）を読み取ることができる。

break のコアは「外的な力を加えて，何か（の形・機能・流れ）をコワス」と記述することができる。このコア記述を「形・機能を損じる」と「流れを絶つ」に切り分けることができる。そして，それを図式で表現すると下図のようになる。

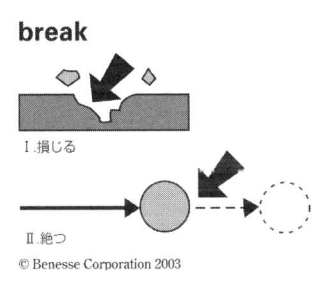

**break**

Ⅰ. 損じる

Ⅱ. 絶つ

© Benesse Corporation 2003

John broke the computer. といえば，通常，「機能をこわした」という意味合いだろうし，Mary broke the vase. といえば，通常，「形をこわした」という意味合いだろう。しかし，She broke her career to study abroad. になると，「職業という経歴（流れ）をこわした（中断した）」という意味合いになる。いずれにせよ，「なんらかの力を加えることで，何かをこわす」ということにおいては共通している。コンピュータの場合は，水をキーボードにかけることによって機能をこわした，花瓶の場合は，花瓶を落として衝撃を加えることで形をこわした，そして仕事の場合は，自分の意志によって仕事の流れをこわした，ということである。

## 4. 使い分けつつ使い切るために

さて，基本動詞の多くは，図式的にコアを表すことが可能である。これをコア図式と呼ぶ (Johnson 1987)。先に，英語力の要となる基本語力とは，「使い分けつつ使いきる力」であると定義した。put であれば，put を使い切ることと，例えば意味的に類似した set との使い分けを行うことができることが求められる。そのために有効なのがコアであるが，put と set のコア図式を示すと以下の通りである（『E ゲイト英和辞典』より転写）。

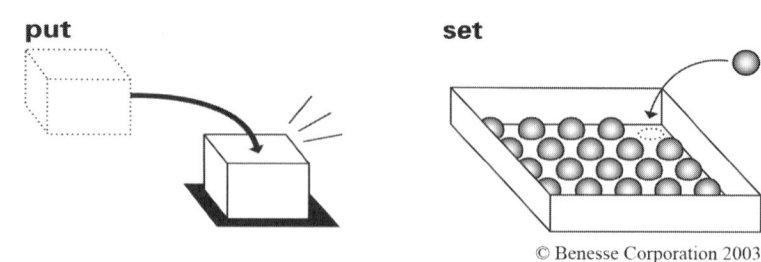

**put：**何かをあるところに位置させる
**set：**（定められた位置に）据える

「何かをどこかに位置させる」として put を規定すると，何をどこに位置させるかによってその日本語訳が異なってくることがわかる。例えば，put a 200 yen stamp on the envelope なら「200 円切手を封筒に貼る」と put a letter in the envelope なら「手紙を封筒に入れる」となる。何をどこに位置させるかが問題なのである。「位置させる」という言葉は，「置く」のように水平の関係を前提としない。そこで，目薬を目の中に put（位置）すれば put eye drops in one's eyes となり，「目薬をさす」という日本語表現に対応

することになるが，あくまでも put のコア感覚で理解することが重要である。

put のコアを押さえておけば，put off のような句動詞の理解にも役立つ。例えば，Let's put the meeting off until next Monday. の put off ではどうして「延期する」の意味になるのだろうか。put off には「離して」の off と「どこかに位置させる」の put の 2 つの要素が含まれる。つまり，put off は「…から外して (off)，どこかに位置させる (put)」ということであり，予定されていた日程から外して別のところに位置させるということから「延期する」の意味が出てくる。しかし，例えば，興味・関心から外れるだと，His way of speaking really puts me off. (彼の話し方には本当に嫌になっちゃう) のように，put off で「いやな気持ちにさせる」といった意味合いになる。集中した状態が前提なら，put off は「集中力をそぐ」という意味合いになるが，「何かをある状態から外して位置づける」ということにおいては put off は図式的に共通している。

しかし，set との違いはなんだろうか。She put some dishes on the table. だと，無造作に何枚かの皿をテーブルに置いたという解釈も可能だが，She set some dishes on the table. だと食卓の準備をするために所定の位置に据えたという意味合いになる。ここでは put と set のコアの差が解釈の差異につながっている。写真を撮っている状況で Stay put. (そのままにして) という表現があるが，Stay set. だと最初からとどまる位置が定まっているということになり不自然である。一方，陸上競技などで，On your marks, set, go! の場合の set はまさに，所定の位置につくということである。さらに，The sun sets in the west. という表現があるが，太陽が沈む位置が定まっているということが前提の表現だといえる。

このように，それぞれの動詞のコアを理解するということは，使い分けつつ使い切る力を身に付ける際に不可欠である。と同時に，意味のありようが関数的であり，状況依存的であるということから，基本動詞の意味の記述にはコアは不可欠ということなる。

## 5. コア図式の動態化

コア図式は Gibson (1979) らのいう「(知覚・認識の) パターン (pattern)」のようなものである。Gibson によれば，人は，変動を見せる事例の集合の中に「不変な構造 (invariant structure)」を見出す。それがパターンである。渡辺 (1978) は，パターンは「変換に耐えうる構造」である，という言い

方をしている。この指摘を受け，宮崎・上野（1985）は「私たちは，個別な事例の背後に，特徴や属性というよりは，可能な変化のあり方を見ているように思われる」と述べ，パターン概念の動的なモデルを提示している。

　原型と変換規則を知っていれば，事例を無限に生成することができるというのが宮崎・上野の論点である。十年ぶりに会った旧友をその人と認めることができるのは，その人の面影（不変の構造）を見て取っているからであり，また，変化が許容範囲だからである。

　動詞の多義の世界も同様の観点で捉えることができる。すなわち，コア（原型）は変換可能性を射程に入れた概念であるといえる。そして，コア図式の変換操作の原理としては，図式投射（Schema Projection），図式焦点化（Schema Highlighting），図式融合（Schema Blending）の3つが含まれる。以下では，それぞれについて概説しておきたい。

## 5.1　図式投射

　図式投射は意味の拡張において最も広範にみられる現象である。一言でいえば，コア図式をさまざまな状況に当てはめることをいう。ここでは，driveを事例として図式投射のありようを見てみよう。

　driveのコアは「ある対象に外から働きかけて動かす（駆る）」という内容のものであり，図式で示せば，以下のようになる。

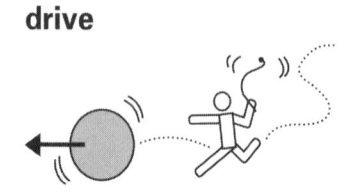

**drive**

© Benesse Corporation 2003

「対象に働きかける」ということは「対象に力を加えたり，影響を及ぼす」ということである。上図が示すように，印象的には，driveの行為者は少し離れたところから追い立て，対象も影響を受けて自ら動くに至る，という感じがある。さらに，driveには「何かを駆る勢い」があり，いやがるもの，あるいはその気のないものであっても，無理やりある状態に追い立てるという感じを伴う。典型的な用法としてのdrive a carは，外から働きかけ車を動かす，ということである。すなわち，車のエンジンを外から活性化し，車

意味記述におけるコアの有効性と英語教育における応用可能性　165

自体を動かすという意味合いである。この用法を理解するには、「家畜を駆る」というイメージから、馬車を動かすイメージを経由して、車を動かすというイメージに drive の図式を投射させることができる。

driveには以下のような使い方があるが、以下のイラストが示すように、ここでも共通の図式の投射を読み取ることができる。

> The rain drove me inside. 雨が降ってきたので屋内に入った。
> The coach has been driving us into the ground lately. コーチは近頃僕たちをへとへとになるまでしごいている。
> He drove the last nail into his newly finished boat. 彼は新しく完成した船に最後の釘を打ち込んだ。

これらの用法の背後にも、drive のコア図式を投射させることで共通のイメージが働いていることが理解できる。なお、She drives me crazy.（彼女にかかると頭がおかしくなる）という表現においても、ある女性が自分を crazy な状態に追いやっている様子を思い浮かべることができよう。

## 5.2　図式焦点化

次に図式焦点化は、図式のある部分を強調することで意味が派生する現象である。日本語でも「とる」には、「しみをとる」のように除去の意味合いと、「栄養をとる」のように摂取・獲得の意味合いがあるが、これは「とる」という図式のどの部分を焦点化するかで生まれる内容である。ここでは go を例にとってみよう。

go のコアは「視点の置かれているところから離れる」というものだが、その図式のどこを焦点化するかによって、go の多様な使い方を説明することができる。

**go**

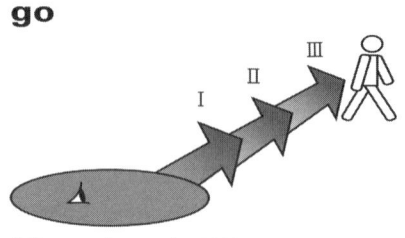

焦点化の可能性として，3箇所が示されている。Ⅰは「あるところから離れる」という側面，Ⅱは「(離れて)進行している」という側面，そして，Ⅲは「あるところに移動する」という到達点が含まれる側面である。Ⅰの側面を焦点化した典型例として，On your marks. (Get) set. Go! があるが，あるところから飛び出す感じがよくでている。I want to talk more, but I must be going. も典型例である。また，My headache has gone. や This stain won't go. もⅠの焦点化の例として理解することができる。

次に，go には The marathon runner is going too fast. だとか My pulse is going quickly. あるいは How's everything going? といった使い方がある。これらはコア図式のⅡの側面を焦点化した事例として理解することができよう。

さらに，She went into a drugstore. のように，移動先を示すのがコア図式のⅢを焦点化した使い方である。My mother decided to go to hospital. だとか These dishes all go into the bottom shelf. などは，その応用例と見なすことができる。

コア図式の焦点化という考え方を採用すると，He went swimming in the river. のような表現の理解にも役立つ。 go to a drugstore だと「場所への移動」，go bad だと「状態への移動」，そして go swimming だと「連続的な状態(活動)への移動」として理解することができよう。He went swimming in the river. は「彼は川に泳ぎに行った」と訳されることが多いが，ここでの go は川へ移動するということを含意するものではない。むしろ，go swimming であって，in the river は [swimming in the river] と解釈されるべきである。実際，英語では，He went to the river to go swimming. という表現がまったく自然である。このことから，ここでの go は「ある所に向かう」の側面の焦点化として理解することができよう。

## 5.3 図式融合

動詞と空間詞の図式を融合することで，豊かな句動詞の意味世界が展開する。例えば，take over には「引継ぎ」の意味合いと，「占拠」の意味合いがあり，この2つは日本語で見る限り，なんら関係がない。

> The teacher took over Mr. Wilson's class. その教師はウイルソン先生のクラスを引き継いだ。
> A big French company took over our firm. フランスの大企業がわが社を乗っ取った。

しかし，英語では take over という同じ表現で2つの状況が表現されているという点が重要である。このことを説明するのに図式融合という考えを導入することができる。take は下の図で示したように，何かを自分のところに取り込むといったコアがある。この図式ではあるところから別のところへの移動が関与すると同時に，自分の守備範囲に入れるということが関与する。

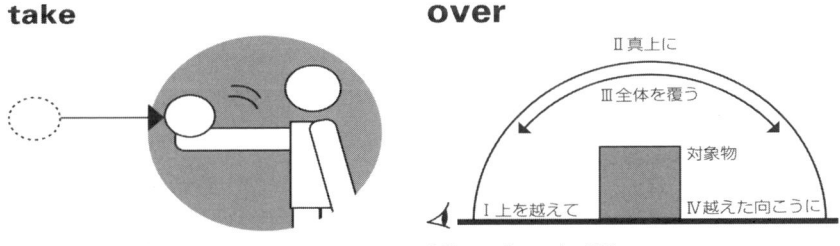

**take**　　　　　**over**

Ⅱ 真上に
Ⅲ 全体を覆う
対象物
Ⅰ 上を越えて　Ⅳ 越えた向こうに

© Benesse Corporation 2003　© Benesse Corporation 2003

take のコア図式にも go の場合と同様に焦点化が働く。「あるところから（取り込む）」という起点を強調した焦点化，「手にして移動させて（取り込む）」といった移動を強調した焦点化，それに「自分のところに（取り込む）」といった獲得を強調した焦点化がそれである。

一方，over のコアはある対象を覆うように弧を描いている図式で表現することができるが，この場合，下図に示すように，弧を描くような移動感があると同時に，全体を上から覆うという感覚が含まれる。

この図式から，over には4つの焦点化の側面があることがわかる。「上を越えて」「真上を越えて」「全体を覆って」それに視点が関与する「超えた向こうに」である。

「引継ぎ」の場合には，自分のところに取り入れる移動感を強調した take

の図式と弧を描くような移動感を強調した over が融合することで生まれる。つまり何かを手にして自分のところに弧を描くように移動させる，というのが「引き継ぎ」である。一方，「占拠」の場合は，自分の守備範囲に入れるという部分を強調した take の図式と全体を覆う部分を強調した over の図式が織り成す意味である。このように，引継ぎと占拠といった，一見，無関係な意味も図式を通して理解することで，意味の連続性を感得することができるようになる。

## 6. おわりに

　筆者は，英和辞典の編纂において，英語の語彙の意味をどう記述すればよいかという問題と真剣に向き合った。結論からいえば，健全な意味理論なくして辞典の編纂を行えば，少なくとも学習英和辞典としての学習機能がはたらかない産物になってしまう。本稿で主として取り上げた基本動詞の領域においては，その意味の可能性（meaning potential）は大きい。しかし，基本動詞には複数の語義が所与として存在するのだろうか。これは意味理論のありようを決定する際の試金石となる根源的な問いである。動詞というものが項を関係づけてコト的世界の描写を可能にする品詞だとすると，動詞の意味は関数的ということになる。ということは，語義確定主義に基づく意味理論は動詞の意味の記述においては妥当しないということになる。

　例えば，He took some pills. の take some pills という連語から「薬を飲む」を連想するかもしれない。しかし，この take は「摂取する」という語義を予め持っているのではない。というのは，He took some pills and put them on the table. だとか He took some pills to Mary. のように，下線部の文脈情報が加わることによって take some pills の解釈が容易に異なるからである。

　本稿では，動詞の意味が関数的であるということを前提に，基本動詞の意味は単純であいまいである，という理論的スタンスを採用した。そして，基本動詞の単純な意味構造をコアとして記述するという主張を行った。コア理論では「形が違えば意味もちがう」それに「形が同じなら共通の意味がある」という2つの命題（Bolinger 1977）の妥当性を受け入れるが，違う形の意味の違いを説明する原理としてはコアによる以外方法がない，ということもここに指摘しておきたい（詳細は田中他 [2006] を参照）。

## 参考文献

Bolinger, D. 1977. *Meaning and Form*. Longman.
Gibson, J. 1979. *The Ecological Approach to Visual Perception*. Houghton Mifflin.
Johnson, M. 1987. *The Body in the Mind*. University of Chicago Press.
Miller, G. and Johnson-Laird, P. 1976. *Language and Perception*. Harvard University Press.
宮崎清孝・上野直樹．1985.『視点』東京大学出版.
田中茂範（編著）．1987.『基本動詞の意味論：コアとプロトタイプ』三友社.
田中茂範．1990.『認知意味論：英語動詞の多義の構造』三友社.
田中茂範・武田修二・川出才紀（編）．2003.『Eゲイト英和辞典』ベネッセコーポレーション．
田中茂範・佐藤芳明・阿部一．2006.『英語感覚が身につく実践的指導：コアとチャンクの活用法』大修館書店.
渡辺　慧．1978.『認識とパターン』（岩波新書）岩波書店.


図版は『Eゲイト英和辞典』ベネッセコーポレーションより引用

# 現代のオノマトペに見られる日英語の相違
――副詞使用型と動詞・形容詞使用型の文化的差異――

吉　村　耕　治

## 1.　はじめに――日英語の多様な相違と意味の上下関係

　英語と日本語の言語表現上の相違は，非常に多様である。単数と複数の区別が明確な英語⇔単複の区別が不明確な日本語，「する」言語⇔「なる」言語，'Have' 言語の英語⇔'Be' 言語の日本語，人間中心表現を好む英語⇔状況中心表現を好む日本語，客観的・分析型言語⇔主観的・省略型言語，ダイアローグ（対話）言語⇔モノローグ（独白）言語，冠詞を用いる英語⇔冠詞を用いない日本語，'SVO'（動詞が目的語の前に来る）言語⇔'SOV'（動詞が目的語の後に来る）言語，名詞中心構造の表現を好む英語⇔動詞中心構造の表現を好む日本語，線的表現を好む英語⇔点的表現を好む日本語，動詞による時間区分の表現が精密な英語⇔区分が不明確な日本語，肯定表現を好む傾向がある英語⇔否定表現を好む傾向がある日本語，主要部先頭言語⇔主要部末端言語，修飾語句の先行と後置修飾の両方を用いる英語⇔修飾語句を先行させる日本語，語順が確立している英語⇔語順がかなり自由な日本語，代名詞の省略を一般的に許さない英語⇔代名詞を自由に省略できる日本語，ことばを駆使して闘う文化の英語⇔沈黙を美とする文化の日本語，など。このような英語と日本語の相違はすべてが同一レベルにあるのではない。お互いの相違点には意味範囲に関する上下関係があり，根源的な相違が見られる。その根源的相違は視点によって異なるが，言語文化論（社会言語学）の視点からすると，英語は「行為者中心表現」を好み，日本語は「状況中心表現」を好むという相違であることを拙論（2006: 17-26）で指摘した。「行為者中心表現」とは，人間中心と無生物主語の表現を包含した表現の意である。
　この「行為者中心表現」対「状況中心表現」という英語と日本語の根源的な相違は，個人名の使用 vs.（社長・部長・課長など）肩書きの使用による人の呼び方や，「お疲れ様でした」「よろしくお願いします」のような決まり文句（set phrases）の使用頻度差，敬意表現（待遇表現）と敬語の用い方の差など，様々な日々の社会現象や多様な日英語の言語表現で確認すること

ができる。本稿では，感覚表現の一種のオノマトペにも「行為者中心」対「状況中心」という相違が見られることを指摘したい。

オノマトペは「主観的な知覚印象の質（クオリア）」[1)]を伝える表現で，「肉体のリズム」の表現（五感の感性を基盤にしている感性の言語）で，生き生きとした臨場感に富む描写に必要とされる。日本文学の現代短歌ではオノマトペを活かそうとする動きが見られ，作歌の技法として，対象（素材）をよく見つめることによって，擬音語や擬態語を新造しようとする動きも見られる。オノマトペの語彙の豊富さと使用範囲の広さが，日本語の顕著な特性であることも認識されている。人間や動物の実際の声や鳴き声，自然音をまねて言葉とした表現で，聴覚表現の一種でもある擬声語や擬音語は，世界中の多くの言語で広く用いられている。ところが，日本語や韓国語では，オノマトペが幼児期の発話だけではなく，語彙構造の中で確立され，体系化されている。印欧諸語のオノマトペは，語彙としての確立度が低く，周辺的要素としか見なされていない。ものの様子や状態を言語音によって感覚的に表現した擬態語の多さは，韓国語と同様，日本語の特徴の一つである[2)]。

## 2. 日英語オノマトペの使用の差——副詞使用型と動詞・形容詞使用型

オノマトペは，イメージを受け手側に直接伝えることができるため，事実を生き生きと伝える上で大切な表現で，表現力の豊かな語句と判断される場合と，言語発達の初期から現れる表現であり，幼児の日常の発話によく用いられる子供っぽい・幼稚な表現と考えられる場合とがある。そこで，論文や報告書のような科学的・論理的記述が求められる文章では，オノマトペを使用しないように表記するのが，一般的である。なお，オノマトペが比喩の一種と考えられる場合には，「声喩」と呼ばれる。

広義の解釈ではオノマトペには，「しくしく泣く」「うおーんと吠える」のように人間の声や動物の鳴き声を模倣して言語音で表現した擬声語（voice onomatopoeia），「（紙袋が）バリッと破れる」や「（テレビが）ガーガー鳴る」のように自然界に存在する物事の音を模写して造られた擬音語（sound onomatopoeia），実際の音ではなく，痛みの感覚や，生物の動作の様態，事物の状態・様子などを言語音で象徴的に表現した擬態語（mimesis: mimetic words）が含められる。擬態語は，聴覚以外の視覚や触覚の感覚印象を言語音で表現した語であるが，触覚表現の「ひやっと（心地よい）」のような感覚表現だけではなく，「ドキドキする」や「（胸が）キュンとする」のような

感情表現も含まれている。この後者の人間の心理状態を表す語句は，擬態語と区別して擬情語と呼ばれることもある。そして，「声」は「音」の一種であるため，擬声語は擬音語に含められることがある。狭義の解釈では，聴覚表現である擬声語と擬音語のみがオノマトペと判断され，擬態語は含まれない。本稿では，オノマトペを広義の解釈で用いている。

オノマトペの「ばりばり」は薄くて固いものが裂けることを表す擬音語だけではなく，「ばりばりと仕事を片付ける」では擬態語として用いられており，「バリバリ」とカタカナ表記で用いると力強さが付加される。「（工事の音が）がんがん響く」の「がんがん」は擬音語で，「がんがんけいこをつける」では擬態語として用いられている。日本語のオノマトペは，擬音語と擬態語の両方の用法を持つ語句が多く，ひらがな表記とカタカナ表記の区別も見られる。この事実は，擬音語から擬態語への抽象化が進んでいることを表し，日本語の擬態語の多さは，日本語のオノマトペの進化を表している。

日本語では「ポイ捨て防止条例」のように公式文書や，客の呼び込みに用いた鳴り物の音に由来する商店街名「ジャンジャン横丁」（正式名：南陽通商店街，大阪市浪速区恵美須東３丁目）[3]，清らかな湧き水の流れる音を真似た商店街の街路名「トロントロンストリート」（宮崎県児湯郡川南町）[4] のように商店街やその通りの名前にも，オノマトペが使用されている。日本の昔話には，ウサギが火打ち石を打つ音に由来する「カチカチ山」（舞台は山梨県南都留郡河口湖町）がある。発車と停止の合図に鐘を鳴らす「チンチン電車」や，動物の「ガラガラヘビ」，温かい弁当の意の「ほっかほか弁当」や料理名の「お豆腐のモチモチ焼き」「モチモチ焼き餃子」「シャキシャキもやし焼きそば」「バリバリシャキシャキサンド」，NHK で放送された子ども向け人形劇番組名「ひょっこりひょうたん島」などもある[5]。このようにオノマトペの日常的な使用範囲の広さに，日本語の特徴が存在する。

英語にも様々な擬声語や擬音語が存在する。電話のリーン，リンリン，プルルルというような呼び出し音は，英語では "beep, bing bong, breeng, bringg, briiiiiiing, brinng, brnngt, bzz, eep, feep, geep, ling, preinng, prring, ring-a-ling-a-ling, rring, rrrinng, r-rring, rrrring, rrrriinnnnggg, slam. zazzik, zik, zikka, zizzak"[6] などと表現されている。英語の擬音語でも日本語の場合と同様に，呼び出し音の微妙な差は巧みに表現されている。英語のオノマトペでは聞こえる音の長さに応じて，子音や母音が連続して用いられている。この子音連鎖（consonant cluster）という現象は，英語が

子音中心の言語であることを反映している[7]。

　日英語で発音の違いはあるが，用法上，ある程度の共通性が見られるオノマトペがある。安堵のため息を表す"phew"（ほっ），驚きや狼狽を表す"oops, ooops, oo-oops"（オット，オットット），救急車のサイレンの音を表す"rrrrrr"（ウー，ウーウー，ピーポー）[8]，電気が切れる音の"plic-k"（プチ），ガラスが割れる音の"skrash, skrashh, skrassh, skrazh"（ガチャン，ガッチャン），重くにぶい衝突音を表す"thud"（ズシン，ドシン），ドアの閉まる音を表す"slam"（バタン，ピシャリ）などが見られる[9]。

　英語でもオノマトペが一般化し，普通名詞化している例が存在する。野球の「満塁ホームラン」や，ゴルフやテニスの主要な大会で優勝する「グランドスラム」の意の"grand slam"（総なめ，大成功）がある。この英語の語源の意味は，「壮大な」+「カーン」で，「ラテン語+古北欧語」という構造になっている。slam は，古北欧語に由来している。

　英語には赤ん坊の泣き声の「おぎゃあ」に相当する擬声語は見られず，「声をあげて泣く，叫ぶ」の意の"cry"や，「ぎゃあぎゃあ泣く，泣き叫ぶ」の意の"bawl"，「ワーワー泣き叫ぶ」の意の"boohoo"などの動詞によって表現されている。しかし，「ワーン，エーン」に相当する子供の泣き声を表す"waugh, waa, wagh, wah"は存在する。日本語では赤ん坊の泣き声と子供の泣き声が区別されているが，英語では区別されないで，赤ん坊の泣き声は子供の泣き声で表現されている。ここにも，日英語表現の相違が見られる。

　日本語の「ゴクンと飲む」に相当する動詞表現には"gulp"があるが，副詞の「ゴクンと」に相当する英語は見られない。葉 祥明（2000: 24）では「ボク〔赤ん坊〕は，のむ。ゴク，ゴク，ゴク。」は "Sometimes, I drink milk. Gulp, gulp." と訳されている。日本語の「ゴク，ゴク，ゴク」は状態の副詞であるが，英語の "gulp" は「ゴクンと飲む」の意の動詞で，行為を表している。日本語の副詞の「ゴク，ゴク」や「ゴクンと」は，状況を表しており，日本語ではオノマトペの副詞が付くことによって，状況の表現になっている。

　はせ みつこ（作）（2006: 9）には，「ミッチーはごっくんごっくん，／ポチはぺちゃぺちゃと／おいしそうに飲んでいる」が，"With satisfied faces, Michey gulps down his drink and Pochi laps up some water." と訳されている。日本語ではオノマトペが副詞で表現されているが，英語では動詞を含む述語で訳されている。副詞のオノマトペを含む「恋人たちはぺちゃくちゃとおしゃべり」（はせ みつこ，2006: 10）は，"Two lovers are chatting away." と動詞句で,「つがいのすずめもちゅんちゅんと鳴きかわす」(ibid.) は, "A pair of sparrows chirp." と動詞で表現されている。「恋人たちはちゅっとキス」(ibid.) は, "The lovers have a quick kiss." と,「すばやい,さっと済ませる」の意の形容詞 "quick" が用いられている。日本語の「ちゅっと」はキスの状況が軽いものであったことを,英語ではキスの行為がすばやいものであったことを表している。ここにも状況と行為の差が見られる。口語表現には「(人目をはばからない) キス〔をする〕」の意の "smooch" や中期オランダ語に由来する「チュッ,ブチュッ」の意の "smack" もある。このように英語は動詞型が基本であるが,英語は上記の最後の例のように 'Have' 言語になり,名詞中心構造の表現を好む傾向があるため,名詞を修飾する形容詞要素でオノマトペの語句が用いられる場合がある。

その他の用例を,擬声語・擬態語辞典や日常会話表現から引用すると,

1. 花から花へ蝶がひらひらと舞う。(はせ みつこ, 2006: 12)
  (Butterflies flutter from flower to flower.)(「副詞」vs.「動詞」)
2. パンくずをぱらぱらまいたら,はとがくーくー寄ってきた。
  (When Michey scatters some breadcrumbs, cooing pigeons gather.)
  (op. cit, 17)(「副詞」vs.「動詞」,「副詞」vs.「形容詞」)
3. フリスビーがしゅるしゅると飛んできた。また,ひゅーんと飛んでくる。(op. cit, 53)(後者が英語では現在分詞で表現されている。)
  (A Frisbee whizzes through the air. The Frisbee comes whistling by again.)(「副詞」vs.「動詞」,「副詞」vs.「形容詞」)
4. トイレで幽霊が見えたので,ぶるぶる震えた。(「副詞」vs.「動詞」)
  (I trembled with fear when I saw a ghost in the bathroom.)
5. 〔医師との会話表現〕イライラして仕事が手につきません。
  (I'm so irritated that I can't concentrate on my work.)
6. 〔患者との医師の会話表現〕電車の中でドキドキしませんか。
  (Do you feel anxious〔with a pounding heart〕in the train?)

母親の陣痛が始まった時,お腹の中の赤ちゃんを描写した表現では,

7. くるりとさかさまになってみると,下のほうに／くらいトンネルがつづき,とおくにぼんやりと,／あかりが見える。
  (I turn upside down, and look! ／ There's a long, dark tunnel. ／

Way down below, I can see a <u>faint</u> light.) （葉 祥明，2000: 4)
8. きょうは，おうちにかえる日。／うれしいな。<u>ワクワク</u>するよ。
(Today we're going home. ／ I <u>can't wait to see</u> where we're living.)
（葉 祥明，2000: 16）（すべての用例で下線筆者)

　重要な点は，日本語の副詞である例1の「ひらひらと」，例2の「ばらばら」や「くーくー」，例3の「しゅるしゅると」や「ひゅーんと」のみに相当する英語表現は見られないという事実である。英語では「ひらひらと舞う」という意の動詞 *flutter*,「ばらばらまく」の意の動詞 *scatter*,「くーくー言う」の意の現在分詞 *cooing*,「ヒューと鳴る」の意の動詞 *whiz(z)* や「ピューと鳴る，ピューと飛ぶ」の意の現在分詞形 *whistling* によって表現されている。例4の「ぶるぶる」，例5の「イライラして」，例6の「ドキドキ」，例7の「くるりと」，例8の「ワクワクする」という日本語の副詞表現も，英語ではすべて動詞を中心にした表現になっている。さらに，例7の「ぼんやりと」という副詞は，英語では形容詞の *faint* によって表されている。オノマトペは日本語では副詞型，英語では動詞型か形容詞型がプロトタイプである。

## 3. オノマトペの言語翻訳の困難性——オノマトペの持つ表現効果

　副詞のオノマトペを含む「稲妻が<u>ピカリ</u>と光った」は，英語では "<u>A streak of</u> lightning <u>flashed</u> [<u>flapped</u>]." と「稲妻」の形容語句と動詞を用いて表現することができる。「ピカリと光る」は，英語では動詞 *flush* と形容語句 "a streak of" で表現されている。複合名詞の「<u>ピカピカ</u>の一年生」は，英語では "a new first-grade [first-year] pupil" とか "a shiny first grader" と表現することができるが，オノマトペを含む表現と含まない表現とでは表現効果に差が見られる。オノマトペの「ピカピカの」や *shiny* には，視覚に訴える効果があり，光り輝くほど真新しい服や学用品を身につけた一年生のうれしそうな姿を，受け手側に直接的に伝える効果が備わっている。さらに，同じオノマトペでも表現効果に差が見られる。「ピカピカの」は人物を形容するオノマトペの用法だけで，*shiny* よりも意味が限定的であるが，*shiny* には「ピカピカの」という意味の他に，「晴天の」や「光沢のある」「すれて光る」という意味もあるので，「ピカピカの」よりも広い意味を持っている。日本語のオノマトペの特性は，オノマトペ専用の語句の豊かさにある。
　日本語のオノマトペを自然な英語で表現することは，不可能に近い。各言

語には特有のオノマトペが存在するため，オノマトペの翻訳作業には非常な困難を伴う。秋の果物の「みずみずしく<u>シャキシャキ</u>の食感」や「口の中に甘〜い果汁が<u>ジュワ〜っと</u>広がる」のようなオノマトペも，印欧諸言語に翻訳することは非常な困難を伴う。オノマトペを用いると，日常的で打ち解けた表現になる。オノマトペの「シャキシャキ」を表す英語表現には，"fresh and crisp"があるが，この英語は客観的・分析型言語の表現になっている。

英語の卓球を表す擬音語 "ping-pong"（ピンポン）も，略式表現と判断できる。英語の "ping-pong" と同様に，日本語でも「ピンポン」と借用語のオノマトペで表現すると，略式で打ち解けた表現になる。しかし，卓球を意味する "table tennis" のほうは，正式表現と判断することができる。

犬の鳴き声を表すオノマトペは，*bowwow* だけではなく，"rowf, rowff, rrowf" もある。ライオンなどの吠える声は，"roarrrr, roarl, roaral, rrarr, raaarr" など，英語では動詞を語幹にしてオノマトペが造られている[10]。

日本語ではオノマトペの使用が明白であるが，英語の翻訳ではオノマトペの使用の有無の確認が困難なことが多い。「ひらりと馬にまたがる」の英語訳の "jump on the horse; swing up into the saddle" では，動詞 *jump* や句動詞 "swing up" によって，「ひらりと」の意が表現されている。

Andrew C. Chang（1990: v）は，日本語のオノマトペの特徴として，"their vast number, extremely subtle nuances and high context"（その数の膨大さ，ニュアンスが極めて微妙なこと，文脈依存度の高さ）を挙げている。それでは，なぜ日本語ではオノマトペが多用されるのであろうか。その理由について『日英対照：擬声語（オノマトペ）辞典』(1980) では，オノマトペの使用は「日本人の自然現象に対する感覚的繊細さ」(p. v) を表すと考えている。飯島英一（2004: 10-59）は，日本語文化の「素朴さ」を反映していると考える。そして，阿刀田稔子・星野和子（1993: i）は，擬態語は「日本人の感性の所産」であり，「事態を把握する姿勢や，機能に見られる多様な変容などから日本語の発想の本質を端的に示している言語現象であること」が窺われると述べている。確かに，オノマトペには自然現象に対する感覚的繊細さや素朴な表現の一面が反映している。しかし，表現構造上からオノマトペが多用される理由を考えることもできる。つまり，日本語におけるオノマトペの多用は日本語が主観的・省略型言語であること，及び，日本語の状況中心表現を好むという特性に起因していることを，次に示す。

## 4. おわりに——副詞使用型と動詞・形容詞使用型の文化的相違

　ことばの語形や表現型の違いは，内面に潜む意味の違いを反映していることが多い。日英語のオノマトペにも，日英語の言語特性や文化が反映している。オノマトペの多さは，日本語や韓国語のような 'high-context'（文脈依存度の高い）社会の言語に共通している。日本語と英語のオノマトペの相違には，フォーカス（focus）の相違が見られる。つまり，異なる動詞を用いる英語は人（話し手）に主体があるのに対して，副詞を用いる日本語は状況に主体がある。日本語が副詞のオノマトペを多用するということは，日本語が「動詞中心の言語」であり，状況中心表現を好むという特性を反映している。そして，オノマトペの副詞は「まさか，まるで」のような陳述副詞や，「たいへん，少し」のような程度副詞，「いよいよ，すっかり」のような情態副詞ではなく，状態副詞であることからも，日本語の感覚表現の一種のオノマトペは，日本語の状況中心表現を好むという特性を反映している。

　つき立ての餅のように白く柔らかできめの細かい肌を意味する「餅肌」は普通名詞で，視覚・触覚に訴える表現効果があるが，「モチモチの肌」の「モチモチの」は普通名詞からオノマトペに変化している。このように語根を重ねることによって冗語になり，漢字表記からひらがなやカタカナ表記に変化した時に，オノマトペと判断することができる。「ふわふわしたベッド」（a soft bed），「ふさふさした髪」（a bushy hair），「雨がざあざあ降っている」（It's pouring down. / It's raining heavily [hard, cats and dogs].），「お腹がぺこぺこです」（I'm very hungry. / I'm starving.）など，日本語におけるオノマトペの多用は日本語が主観的・省略型言語であることを反映している。それに対し，英語は客観的・分析型言語であることを反映している。

　最後に，なぜ名詞中心構造を好む傾向がある英語ではオノマトペの要素が動詞や形容詞になり，動詞中心構造を好む傾向がある日本語ではオノマトペが副詞になることが多いのかという理由を指摘しておきたい。これは，日英語の両言語で，オノマトペが中心的な言語要素ではないことに起因していると判断できる。英語は名詞中心構造を好むがゆえに，行為者である名詞を受けて表現する動詞・形容詞要素にオノマトペを用い，日本語は動詞中心構造を好むがゆえに，動詞を修飾する副詞要素でオノマトペを用いている。この英語オノマトペの動詞・形容詞型は行為を，日本語オノマトペの副詞型は状況を表している。この点に，英語と日本語のオノマトペの表現上の根本的な相違が見られる。つまり，「行為者中心」対「状況中心」という相違が内在

している。

## 注

1) Cf. 苧阪直行（1999: i-ii），丹野眞智俊（2007: ii）。主要参考文献に挙げた文献も参照。言語表現に作家の個性が求められる短詩型文学の世界ではオノマトペの新造に，その活路が求められている。チーズパンの食感を表す「外はサクサク，中はモチモチ」，「レンジでチンする」，無音状態を表す「シーン」など，オノマトペの表現力は直接的で臨場感が強い。
2) 現代日本語のオノマトペでは漢語としての概念が見られず，漢字表記の表現はオノマトペから除外される傾向がある。韓国語では中国から導入された漢語オノマトペと固有オノマトペとが区別されている（cf. 張 鎮瑛，2007: 141-5）。日本語の名詞「光」はオノマトペの「ピカリ」から派生しており，動詞の「ころがる」は擬音語の「コロコロ」，「ごろつく」は「ごろごろ」，「騒ぐ」は擬音語の「さわさわ」，「ゆらめく」は擬態語の「ゆらゆら」，雷の異称の「ごろつき」は擬音語の「ごろごろ」より派生している。英語にも clatter（カタカタ鳴る），click（カチャと鳴る），crash（ガラガラとくずれる）のように，オノマトペから派生している動詞が存在する。ここにも動詞型と副詞型の違いが見られる。
3) 三味線の音（ジャンジャン），太鼓の音（ドンドン），小太鼓の音（テンテン）という鳴り物の音の代表として，ジャンジャンが用いられている。
4) その町の中心商店街のトロントロンストリートでは「トロントロン軽トラ市」が 2006 年 8 月より毎月第 4 日曜日に開催されている。その町の会館名は，「トロントロンプラザ」と命名されている。
5) その他に，TBS 放送で 1983 年から 9 年間，続いたテレビ番組名「わくわく動物ランド」，2003 年 4 月放送開始の NHK ラジオ第 1 放送の番組名「きょうも元気でわくわくラジオ」，「わくわく授業—私の教え方」，「わくわくキャンペーン」，「わくわく MY TOWN」，「わくわく商店街」などもある。「モチモチシャリシャリ古代れんこん」「シャキシャキもやしのお味噌汁」「ねぎのシャキシャキサラダ」「シャキシャキ大根そうめん」や，外はカリカリ，中はモチモチの「大根のモチモチ焼き」などがある。
6) 市街地を走る路面電車を表す「ちんちん電車」も，"a streetcar [tramcar, trolley car]" では聴覚に訴える表現効果と親近性が表現されていない。
7) Cf. Kevin J. Taylor (ed.) (2007: 58-9, 107)。
8) 自動車のエンジン音を表す擬音語は "rrrrr"（ブルブル）で，r 音 5 つで表される。r 音が 6 つになると救急車の音，r 音が 4 つの "r-rrr" は犬が吠える音を表している。Cf. Kevin J. Taylor (ed.) (2007: 59)。
9) 時計の音は "tick tack"，鐘の音は "ding dong" と表現され，母音のみが変化する。この現象も英語が子音中心の言語であることを反映している。
10) Cf. 藤田　孝・秋保慎一（編）（1984: 620-3）。「英語の動物（鳥・虫）の鳴き声一覧」が動物の名前の頭文字の順に，81 例が収録されている。

## 参考文献

天沼 寧(編). 1974.『擬音語・擬態語辞典』東京堂出版.
浅野鶴子(編). 1978.『擬音語・擬態語辞典』角川書店.
阿刀田稔子・星野和子. 1993.『正しい意味と用法がすぐわかる擬音語・擬態語使い方辞典』開拓社.
Chang, Andrew C. 1990. *A Thesaurus of Japanese Mimesis and Onomatopoeia: Usage by Categories* (『<和英>擬態語・擬音語分類用法事典』) 大修館書店.
張 鎮瑛. 2007.「韓・日両言語における漢語オノマトペ研究――形態・音形を中心として」韓国日本学連合会第5回国際大会 *Proceedings*, 141-5.
藤田 孝・秋保慎一(編). 1984.『和英擬音語・擬態語翻訳辞典』金星堂.
Gebauer, Gunter and Christoph Wulf (1992), Reneau, Don (trans.) (1995) Mimesis: Culture-Art-Society. University of California Press.
はせ みつこ(作)・中畝治子(絵). 2006. *Michey's Word Play Hira Hira Hirari: Onomatopoeia 1・2・3*『ミッチーのことばあそび，ひらひらきらり――擬音語．擬態語 1・2・3』冨山房インターナショナル.
飯島英一. 2004.『日本の猫は副詞で鳴く，イギリスの猫は動詞で鳴く』朱鳥社.
飯塚書店編集部(編). 1999.『短歌の技法――オノマトペ』飯塚書店.
小島孝三郎. 1971.「オノマトペ序説」立命館大学人文学会『立命館文学』318号, 1-19.
小島孝三郎. 1972.『現代文学とオノマトペ』桜楓社.
小島孝三郎. 1992.「宮沢賢治のオノマトペ試論」続橋達雄(編)『宮澤賢治研究資料集成』(第20巻) 日本図書センター, 66-117.
近藤利恵. 2003.「オノマトペ<音韻・形態・韻律>」名古屋経済大学経営学部『開設記念論集』, 479-502.
三戸雄一・筧 寿雄(編集主幹). 1980.『日英対照：擬声語(オノマトペ)辞典』学書房.
日英言語文化研究会(編). 2005.『日英語の比較――発想・背景・文化』三修社.
荻野綱男(編)・千葉洋典(著). 1987.『擬音語・擬態語の使用実態調査とその研究』埼玉大学教養学部言語学報告第4号, 伸工社.
尾野秀一(編著). 1984.『日英擬音・擬態語活用辞典 (*A Practical Guide to Japanese-English Onomatopoeia & Mimesis*)』北星堂書店.
大坪併治. 1988.『擬声語の研究』明治書院.
苧阪直行(編著). 1999.『感性のことばを研究する――擬音語・擬態語に読む心のありか』新曜社.
田守育啓. 1991.『日本語オノマトペの研究』神戸商科大学経済研究所.
田守育啓・Lawrence Schourup. 1999.『オノマトペ――形態と意味』くろしお出版.
田中章夫. 2002.『近代日本語の語彙と語法』東京堂.
丹野眞智俊. 2005.『オノマトペ(擬音語・擬態語)を考える――日本語音韻の心理学的研究』あいり出版.
丹野眞智俊(編著). 2007.『オノマトペ(擬音語・擬態語)をいかす クオリアの言語心理学』あいり出版.
Taylor, Kevin J. (ed.). 2007. *Ka-Boom!: A Dictionary of Comic Book Words, Symbols &*

*Onomatopoeia*. Mora Publications.
鳥飼玖美子．1996．『異文化をこえる英語——日本人はなぜ話せないか』（丸善ライブラリー 194）丸善．
楳垣　実．1961．『日英比較語学入門』大修館書店．
Verlinden, Tom（写真・文）．1995．*Waku Waku Onomatopoeic Photo Book*『わくわく英語フォトブック』情報センター出版局．
山岸勝榮．1995．『日英言語文化論考』こびあん書房．
山口仲美．2004．『中国の蝉は何と鳴く？』日経 BP 社．
吉村耕治（編著）．2004．『英語の感覚と表現——共感覚表現の魅力に迫る』三修社．
吉村耕治．2006．「状況中心の表現と行為者中心の表現——日英語の根本的相違を探る」表現学会『表現研究』84 号，17-26.
吉村耕治．2007．「色彩語を含む共感覚表現に見られる日英語の文化的相違——共感覚現象の意味・日本語オノマトペの状況中心性」関西外国語大学『研究論集』86 号，19-37.
葉　祥明（絵・文）．2000．*Baby's Message*『生まれた赤ちゃんとお話しようよ』サンマーク出版．

〔本稿は，韓国日本学連合会の第 5 回国際学術大会（2007 年 7 月 6 日・7 日，誠信女子大学）で口頭発表した原稿（*Proceedings*, pp. 376-79）を加筆・修正したもので, 拙論（2007: 19-37）の続編である。〕

# 英語のイディオムと日本語の慣用句に使用される身体語彙の計量的比較分析

長 谷 川 修 治

## 1. はじめに

イディオム (idiom) は，慣用句，成句，熟語などと和訳され，それぞれの言語を母語とする人々の思考様式，生活様式，伝統を反映する（亀井他, 1996: 52）と言われる。言語学的に見た場合，イディオムとは，「一言語の内部で『少なくとも二つの構成素から成り，かつ，意味が構成素からの合成によっては得られない表現形式』」を指すと定義され，「語形式」のもの (e.g. *knucklehead* 〈のろま〉, *turncoat* 〈裏切り者〉) と「句形式」のもの (e.g. *build castles in the air* 〈空想にふける〉) に分類される（大塚・中島, 1982: 546)。そして，これら2形式のうちイディオム辞典の見出し表現の多くを占めるのは後者である (cf. Hasegawa, 2006)。

長谷川（2006）は，学習語彙と「句形式」のイディオムとの関係を明らかにするため，『研究社・ロングマン イディオム英和辞典』(1989) の「総索引」に基づき，その見出し語（キーワード）4,681語の形成するイディオムの計量的調査を行った。その結果，英語のイディオムで多用されるキーワードには，1) 日本語の慣用句で多用される要素に対応するものが共通して存在する一方で，2) 英語のイディオムに特徴的な要素も存在することが明らかとなった。特に，イディオムでの使用頻度上位に位置づけられる語彙の中には，「身体に関する語彙」（以下「身体語彙」と呼ぶ）が多数あるのが注目された。

一般に語彙は，日常の言語生活の中で基礎的 (basic) なものと，それ以外の周辺的 (peripheral) なものに分けられ，基礎的な部分には数詞・人体部分名・親族名称などが含まれる（大塚・中島, 1982: 1297)。日常生活に密接な関係を持つ基礎語彙のうち，人体部分名を中心とする身体語彙が英語のイディオムで使用される頻度は，古くは Smith (1948) で比較的詳細な報告があるのみである。近年では，多田（1981）でその多さが指摘されてはいるものの，本格的な計量的調査は行われていない。これに対し，日本語の慣

用句については，この分野の研究が相対的に進んでおり，和田（1969），小池（2002），米川（2005）などで詳細な分析がなされている。

そこで本研究では，「身体語彙」に焦点を当て，英語のイディオムと日本語の慣用句における使用状況を計量的に調査することにより，その比較分析を通じて日英の思考様式の一端を探ることにした。

## 2. 研究の目的

英語のイディオムと日本語の慣用句における身体語彙の使用状況を，新たに独自の計量的調査を実施することにより比較分析する。そして，英語の母語話者と日本語の母語話者との思考様式を，共通性と相違性という観点から，下記の3項目を調査して明らかにする。

1) 英語のイディオムと日本語の慣用句で，共通して多用される身体語彙は何か。
2) 日本語の慣用句と比較し，英語のイディオムで多用される特徴的な身体語彙は何か。
3) 英語のイディオムと比較し，日本語の慣用句で多用される特徴的な身体語彙は何か。

## 3. 研究の方法

### 3.1 調査対象とした英語のイディオム

Fernando (1996: 42) の観察によると，辞典等で扱われるイディオムは，(1)「verb + particle(s) 構造」(e.g. *put up, put up with*) と (2)「semiclause 構造」(e.g. *spill the beans, smell a rat*) が多いようである。事実，イディオムを収録した辞典では，前者を中心としたものを「句動詞 (Phrasal Verb) 辞典」，後者を中心としたものを「イディオム (Idiom) 辞典」と称して分割し，2巻1セットで出版しているものが複数見られる（Hasegawa, 2006: 133）。

本調査では，このような辞典の分類を参考にし，「イディオム」と言った場合に連想されやすい，上記 (2) の構造を中心として辞典に収録された「句形式」のイディオムを調査対象とし，上記 (1) の構造をしたものを除外した。また，一般の辞典の見出し語として扱われることの多い，スペースとスペースで左右を囲まれ間にスペースの無い，*Whitehall*（ホワイトホール《ロンドン中央部の官庁街》），*black-and-white*（白か黒かを割りきった）のような「語形式」のイディオムも同様に除外した。

## 3.2 調査対象とした身体語彙

まず,『研究社・ロングマン イディオム英和辞典』(1989) の「総索引」にある見出し語 4,681 語の中から,目的とする「句形式」のイディオムの構成要素となる「身体に関する語彙」を全て書き出した。次に,英語と日本語の比較をする必要性から,それらの身体語彙を日本語との対応関係を考慮して取捨選択した。例えば,英語の foot (足) も leg (脚) も,日本語では「足・脚」と表記されて区別できなくなってしまうため,このような場合は,イディオムを形成する数が多いほうの foot を英語の「身体語彙」として選定した。最終的に,McArthur (1981) の "The Body; its Functions and Welfare" (pp. 39-79) の項目を参照して,その中に記載されているかどうかを確認した。調査対象となる「身体語彙」69 語は次のとおりである。各英語の右側の ( ) 内には,日本語の慣用句を調査する際に必要な,英語に対応する日本語の身体語彙を示した。

arm (腕) armpit (脇) arse (尻・穴) back (背) backbone (背骨)
beard (顎鬚) belly (御腹) blood (血) body (身・体) bone (骨)
bosom (胸) brain (脳・脳味噌) breast (乳房) breath (息) cheek (頬)
chin (顎) ear (耳) elbow (肘) eye (目) eyeball (目玉)
eyebrow (眉) eyelash (睫毛) eyelid (瞼) eyetooth (糸切り歯)
face (顔・面) finger (指) fingernail (指爪) fingertip (指先) fist (拳)
flesh (肉) foot (足) hair (毛・髪) hand (手) head (頭)
heart (心・心臓) heel (踵) hip (腰) kidney (腎) knee (膝)
knuckle (拳骨) limb (手足) lip (唇) mouth (口) muscle (筋肉)
nail (爪) neck (首) nerve (神経) nose (鼻) palm (掌)
piss (小便) pulse (脈) rib (あばら) shit (糞) shoulder (肩)
skeleton (骸骨) skin (皮・肌) stomach (腹) sweat (汗) tear (涙)
thigh (股) throat (喉) thumb (親指) tit (乳首) toe (爪先)
tongue (舌) tooth (歯) vein (血管) whisker (頬髯) wrist (手首)

## 3.3 英語のイディオムと日本語の慣用句の検索に参照した資料

英語のイディオム
A.『研究社・ロングマン イディオム英和辞典』(研究社,1989)
B.『ジーニアス英和辞典』(第3版,大修館書店,2001,CASIO EX-word)

日本語の慣用句
C.『広辞苑』（第5版，岩波書店，1998，CASIO EX-word）
D.『例解慣用句辞典』（創拓社出版，1992）

　一般に，辞典において「イディオムは，それを構成する『主要な』語のいずれか1つの項目に入れられてしまう」（ジャクソン，2004: 140）と言われるように，例えば，*kick the bucket* は，*kick* か *bucket* のどちらかで検索することになる。しかし，上記辞典Aの「総索引」では *kick* でも *bucket* でも検索できるようになっている。また，どこまでをイディオムとするか辞典によって判断基準が異なる場合がある（長谷川，1999）ことを考慮すると，上記辞典Aの「総索引」ではイディオムを広範に収載しているため，本調査の目的に沿うと考えられる。
　辞典Bと辞典Dは，辞典Aと辞典Cを補完するだけでなく，英語のイディオムと日本語の慣用句の調査結果の信頼性を確認するために用意した。また，英語のイディオムと日本語の慣用句で，それぞれ紙辞書と電子辞書を併用することにより，目的の表現を網羅的に検索するとともに，目視による見過ごしを極力無くすよう努めた。

## 3.4　調査の手順

　具体的な調査は，次の＃1～5の手順で実施した。
　＃1．辞典Aの「総索引」から，調査対象とした「句形式」のイディオムを形成する身体語彙とそのイディオム数を一覧表にまとめる。ただし，辞典Aの「総索引」で見出し語とされている4,681語は，例えば，*hand* については，*hand, hand(s), hands, hand's* という使用例に応じた独立見出し（word-form形式）となっているため，まず，各見出し語の下に記されたイディオムの中から調査対象とする「句形式」のものを目視により数え，次にその全てを合計して ***hand*** という大見出し（lemma形式）の下にまとめ直した。
　＃2．辞典Bの「成句検索」を利用し，入力した身体語彙の使用されるイディオムを網羅的に収集した中から，本調査の対象とするイディオムに合致した表現数を目視で数え，一覧表にまとめる。
　＃3．辞典Cの「慣用句検索」を利用し，＃2と同様のことを日本語の慣用句について行う。
　＃4．辞典Dの「五十音順慣用句索引」を利用し，身体語彙を含む慣用

句を目視により数え，一覧表にまとめる。
　＃5．上記＃1，＃2，＃3，＃4をひとつにまとめた一覧表を作成し，本研究の目的（上記2）に掲げた3項目についての考察を行う。

## 4．結果と考察
### 4.1　英語のイディオムと日本語の慣用句で多用される身体語彙

　上記3の「研究の方法」に記した69語の身体語彙の形成する英語のイディオムと日本語の慣用句の種数を，英語については辞典Aと辞典B，日本語については辞典Cと辞典Dにおいて調査した結果を，各辞典で多かった順に表1に示した。ただし，紙幅の都合で身体語彙69語の上位3分の1にあたる23語までとしたが，辞典Aでは第23位において同数のものが4語あったために合計26語となった。また，表1の最下欄には，調査に使用した辞典ごとに，身体語彙全69語の形成するイディオム・慣用句の種数の合計を記した。

　表1での分析に入る前に，まず，辞典A・B・C・Dが身体語彙全69語の形成するイディオム・慣用句の種数において，互いにどの程度似ているかをピアソンの積率相関係数で計測した。その結果は，A対B：r = 0.98，A対C：r = 0.65，A対D：r = 0.68，B対C：r = 0.63，B対D：r = 0.64，C対D：r = 0.98であった。したがって，辞典AとBにおける英語のイディオムどうし，および辞典CとDにおける日本語の慣用句どうしは，個々の身体語彙に関し，互いに現れ方が非常に似ていると言え，本調査結果の信頼性を裏付けるものとなった。

　辞典AとBは英語のイディオムを代表し，辞典CとDは日本語の慣用句を代表すると仮定して，改めて表1を観察する。先ほどの辞典どうしの相関で見たように，A対C，A対D，B対C，B対Dというとおり，英語と日本語を比較した場合も，互いにかなり相関があることがわかるが，表1では，具体的に，その重なり具合を網掛けの濃さで表した。参照資料とした辞典4冊に共通して上位3分の1になったものが一番濃く，3冊に共通したものが次の濃さ，英語と日本語2冊に共通したものがその次の濃さで，3段階になっている。

　このようにして，辞典4冊に共通でイディオム・慣用句に使用される身体語彙の頻度上位となったもの（一番濃い網掛け）は，第22位まで（上位3分の1を超える部分）で14語（63.6％）あり，かなり多いと言える。表1

表1　英語のイディオムと日本語の慣用句で多用される身体語彙

| No. | A: Longman 身体語彙 | 種数 | B: Genius 身体語彙 | 種数 | C: 広辞苑 身体語彙 | 種数 | D: 例解慣用句辞典 身体語彙 | 種数 |
|---|---|---|---|---|---|---|---|---|
| 1 | hand | 226 | hand | 149 | 目 | 182 | 目 | 112 |
| 2 | head | 221 | head | 131 | 手 | 132 | 手 | 72 |
| 3 | eye | 143 | eye | 88 | 口 | 103 | 口 | 60 |
| 4 | heart | 125 | back | 87 | 身・体 | 93 | 足 | 46 |
| 5 | foot | 100 | heart | 74 | 心・心臓 | 88 | 身・体 | 45 |
| 6 | ear | 98 | face | 66 | 腹 | 68 | 心・心臓 | 45 |
| 7 | back | 94 | foot | 62 | 胸 | 53 | 腹 | 38 |
| 8 | face | 92 | arm | 40 | 耳 | 47 | 胸 | 34 |
| 9 | finger | 60 | tooth | 37 | 足 | 45 | 顔・面 | 34 |
| 10 | mouth | 46 | ear | 34 | 鼻 | 44 | 耳 | 29 |
| 11 | nose | 46 | finger | 33 | 尻・穴 | 38 | 頭 | 24 |
| 12 | blood | 40 | mouth | 30 | 顔・面 | 35 | 尻・穴 | 23 |
| 13 | tooth | 40 | nose | 26 | 頭 | 34 | 血 | 21 |
| 14 | arm | 38 | heel | 25 | 息 | 30 | 鼻 | 19 |
| 15 | hair | 34 | tongue | 24 | 腰 | 30 | 肩 | 17 |
| 16 | heel | 30 | hair | 22 | 骨 | 26 | 息 | 16 |
| 17 | shoulder | 28 | neck | 20 | 首 | 25 | 骨 | 16 |
| 18 | tongue | 28 | skin | 20 | 舌 | 22 | 首 | 15 |
| 19 | neck | 27 | breath | 19 | 血 | 21 | 膝 | 14 |
| 20 | bone | 26 | blood | 17 | 膝 | 19 | 腕 | 12 |
| 21 | throat | 25 | throat | 16 | 腕 | 18 | 腰 | 11 |
| 22 | breath | 22 | arse | 15 | 歯 | 18 | 舌 | 10 |
| 23 | elbow | 19 | thumb | 14 | 皮・肌 | 17 | 涙 | 9 |
| 24 | lip | 19 | ・ | ・ | ・ | ・ | ・ | ・ |
| 25 | palm | 19 | ・ | ・ | ・ | ・ | ・ | ・ |
| 26 | thumb | 19 | ・ | ・ | ・ | ・ | ・ | ・ |
| ・ | ・ | ・ | ・ | ・ | ・ | ・ | ・ | ・ |
| 69 | ・ | ・ | ・ | ・ | ・ | ・ | ・ | ・ |
| 合計 | | 1,915 | | 1,246 | | 1,351 | | 799 |

　■ 4資料に共通　　■ 3資料に共通　　■ 日英の2資料に共通

で具体的にどのような身体語彙が多く使用されるかを見ると，英語では上位3語までが，辞典A・Bともに共通で，多い順に"hand" "head" "eye"である。一方，日本語では辞典C・Dで，やはり上位3語までが共通で，多い順に「目」「手」「口」である。英語と日本語との共通性という点で見れば，"hand"と「手」，"eye"と「目」の対応関係が群を抜いて多い。身体の外部にある運動・感覚器官は慣用句になりやすい（米川，2005: 558）ということが，日英共

通であることが了解できる。

　長谷川（2006）の調査では，英語のイディオムで多用される身体語彙の第1位が "head" であった。ところが，今回の調査では "hand" が第1位となったということは，前回が「word-form 形式」による調査であったのに対し，今回は「lemma 形式」による調査であるためだと考えられる。イディオムの種数の多い辞典 A における "hand" の内訳は，hand（140種），hand(s)（1種），hands（84種），hand's（1種）である。一方，"head" の内訳は head（210種），heads（11種）となり，「word-form 形式」では圧倒的に head が多い。なお，日本語の慣用句で使用される身体語彙の頻度上位は，長谷川（2006）の文献調査とほぼ一致していた。

### 4.2　英語のイディオムで多用される特徴的な身体語彙

　表1で，頻度上位の身体語彙の中には，3段階の網掛けには該当しない語が英語でも日本語でも数語存在する。これらの語に関し，英語と日本語でそれぞれ対応する語と比較した場合，その差の顕著なものを，各言語における特徴的な身体語彙と定義する。

　表1の辞典 A と B で共通して「網掛け」の対象にならなかった英語の身体語彙を，英語のイディオムで多用される特徴的な身体語彙の候補（薄い網掛け部分）として表2に示した。調査対象とした身体語彙69語のうち，イディオムで使用される頻度が辞典 A と B では上位3分の1に入るが，対応する日本語の身体語彙では慣用句での使用頻度が上位3分の1にはならない語である。表2には調査資料とした辞典 A・B・C・D ごとに，英語と日本語で対応関係にある各身体語彙がイディオム・慣用句を形成する種数と順位を示した。

　表2を詳細に観察すると，イディオム・慣用句を形成する種数がいずれも，

表2　英語のイディオムで多用される特徴的な身体語彙の候補

| 対応する身体語彙 | | A: Longman | | B: Genius | | C: 広辞苑 | | D: 例解慣用句辞典 | |
|---|---|---|---|---|---|---|---|---|---|
| 英語 | 日本語 | 順位 | 種数 | 順位 | 種数 | 順位 | 種数 | 順位 | 種数 |
| back | 背 | 7 | 94 | 4 | 87 | 33 | 7 | 40 | 1 |
| finger | 指 | 9 | 60 | 11 | 33 | 30 | 9 | 25 | 7 |
| hair | 毛・髪 | 15 | 34 | 16 | 22 | 25 | 14 | 31 | 4 |
| heel | 踵 | 16 | 30 | 14 | 25 | 41 | 3 | 36 | 2 |
| throat | 喉 | 21 | 25 | 21 | 16 | 35 | 5 | 32 | 3 |
| thumb | 親指 | 23 | 19 | 23 | 14 | 53 | 0 | 48 | 0 |

辞典 A と B では A, 辞典 C と D では C のほうが多いことがわかる。そこで, 「種数」の多いほうの「順位」を基準にして「A − C」を計算し, 英語と日本語の差を比較することにした。結果は, "back":7 − 33 = −26, "finger": 9 − 30 = −21, "hair":15 − 25 = −10, "heel":16 − 41 = −25, "throat": 21 − 35 = −14, "thumb":23 − 53 = −30 となった。調査対象とした身体語彙 69 語の 3 分の 1 にあたる 23 語を「顕著な差」の目安とすると, "back" "heel" "thumb" が日本語と 23 語以上の差となり, 英語のイディオムで多用される特徴的な身体語彙と言える。

多田 (1981: 16) によれば, "back" は *put one's back into* ~（〜に全力を尽くす）と使用されるように,「大切な部分」を意味し, 日本語では「本腰を入れる」と言うように「腰」に該当する。「大切な部分」ということでは, "heel" も「唯一の弱点」を表す *Achilles' heel* という表現があるが, *show a clean pair of heels*（素早く逃げる）に代表されるように, 概して足に関係した英語特有の動作の描写に関連したものが多い。また, "thumb" は *give ~ the thumbs up*（〜に賛成の意を表す）という表現に見られるように, 歴史的背景の異なる英語母語話者の「しぐさ」に起因したものが多い。

### 4.3　日本語の慣用句で多用される特徴的な身体語彙

今度は, 表 1 の辞典 C と D で共通して「網掛け」の対象にならなかった日本語の身体語彙を, 日本語の慣用句で多用される特徴的な身体語彙の候補（薄い網掛け部分）として表 3 に示した。調査対象とした身体語彙 69 語のうち, 慣用句で使用される頻度が辞典 C と D では上位 3 分の 1 に入るが, 対応する英語の身体語彙ではイディオムでの使用頻度が上位 3 分の 1 にはならない語である。表 3 には調査資料とした辞典 A・B・C・D ごとに, 英語と日本語で対応関係にある各身体語彙がイディオム・慣用句を形成する種数

表 3　日本語の慣用句で多用される特徴的な身体語彙の候補

| 対応する身体語彙 | | A: Longman | | B: Genius | | C: 広辞苑 | | D: 例解慣用句辞典 | |
|---|---|---|---|---|---|---|---|---|---|
| 英語 | 日本語 | 順位 | 種数 | 順位 | 種数 | 順位 | 種数 | 順位 | 種数 |
| body | 身・体 | 37 | 8 | 38 | 5 | 4 | 93 | 5 | 45 |
| stomach | 腹 | 37 | 8 | 37 | 6 | 6 | 68 | 7 | 38 |
| bosom | 胸 | 37 | 8 | 42 | 3 | 7 | 53 | 8 | 34 |
| hip | 腰 | 47 | 4 | 47 | 2 | 14 | 30 | 21 | 11 |
| knee | 膝 | 27 | 17 | 24 | 13 | 20 | 19 | 19 | 14 |

と順位を示した。

　表3を詳細に観察すると，上記表2と同じように，イディオム・慣用句を形成する種数がいずれも，辞典AとBではA，辞典CとDではCのほうが多い。そこで，表3においても，「種数」の多いほうの「順位」を基準にして「C－A」を計算し，日本語と英語の差を比較することにした。結果は，「身・体」：4－37＝－33，「腹」：6－37＝－31，「胸」：7－37＝－30，「腰」：14－47＝－33，「膝」：20－27＝－7，となった。この結果から，調査対象とした身体語彙69語の3分の1にあたる23語以上の差のあるのは，「身・体」「腹」「胸」「腰」であることが確認され，日本語の慣用句で多用される特徴的な身体語彙であると言える。

　「腹が立つ」「胸が痛む」などの表現に見られるように「『腹』『胸』は日本人の心情を表す」（米川，2005: 558）。また，「腰が低い」「腰を据える」と言うように，「腰」は日本人の「『世渡りの姿勢』を象徴している」（星野，1976: 164）。「身・体」について言及している文献は見当たらなかったが，『広辞苑』（1998）によれば，「身・体」→「自分自身」→「身分・地位」→「立場」→「生き方」といった意味の拡張が見られることから，「身を起こす」「（相手の）身になる」「身を誤る」などと慣用句で使用されると考えられる。

## 5.　まとめ

　本研究では，日英の思考様式の一端を探るため，英語のイディオムと日本語の慣用句における身体語彙の使用状況を，新たに計量的調査を実施し，共通性と相違性という観点から比較分析した。その結果，下記の3点が明らかとなった。

1) 英語のイディオムと日本語の慣用句で，共通して多用される身体語彙のうち，群を抜いて多いのは，英語の "hand" "eye"，日本語の「手」「目」であり，共に身体の外部にある運動・感覚器官である。
2) 日本語の慣用句と比較し，英語のイディオムで多用される特徴的な身体語彙は，"back" "heel" "thumb" であり，英語母語話者の「大切な部分」「描写」「しぐさ」に関連があると考えられる。
3) 英語のイディオムと比較し，日本語の慣用句で多用される特徴的な身体語彙は，「身・体」「腹」「胸」「腰」であり，日本人の「身分・立場・生き方」「心情」「姿勢」に起因すると考えられる。

厳密な意味では，英語と日本語は必ずしも一対一の対応をするわけではないが，結果からは，日英の思考様式の根底にある共通点と相違点について，その一端を窺うことができたのではないかと考える。さらに踏み込んだ調査のためには，個々の表現についての詳細な分析が必要であるが，今回の調査を足掛りとして今後の課題としたい。

## 参考文献

Fernando, Chitra. 1996. *Idioms and Idiomaticity*. Oxford University Press.
長谷川修治．1999．「イディオムを形成しやすい基本動詞の調査」『英語表現研究』日本英語表現学会 第16号．61-70.
長谷川修治．2006．「英語イディオムに使用されるキーワードの定量・定性分析」日英言語文化研究会 第9回例会 研究発表. [*AJELC Newsletter*. No. 9, November 25, 2006. p. 3]
Hasegawa, Shuji. 2006. "A Quantitative Analysis of the Entries in *Oxford Dictionary of English Idioms* (1993): The Headphrases, Grammatical Patterns, and Constituents' Number." In The JACET Society of English Lexicography, *English Lexicography in Japan*. Taishukan Publishing Company. 132-45.
東信行・諏訪部仁（訳編）．1989．『研究社・ロングマン イディオム英和辞典』 研究社.
星野 命．1976．「身体語彙による表現」鈴木孝夫（編）．『日本語講座第四巻 日本語の語彙と表現』大修館書店．153-81.
井上宗雄（監修）．1992．『例解慣用句辞典』 創拓社出版.
ジャクソン，ハワード（南出康世・石川慎一郎 監訳）．2004．『英語辞書学への招待』 大修館書店.
亀井孝・河野六郎・千野栄一（編著）．1996．『言語学大辞典 第6巻 術語編』三省堂.
小池清治. 2002.「付録1 身体部位和語名詞を中心とした慣用句一覧」. 小池清治・小林賢次・細川英雄・山口佳也．『日本語表現・文型辞典』朝倉書店．402-45.
McArthur, Tom. 1981. *Longman Lexicon of Contemporary English*. Longman.
大塚高信・中島文雄（監修）．1982．『新英語学辞典』研究社.
Smith, L. P. 1948. *Words and Idioms: Studies in English Language*. Constable & Company.
多田幸蔵．1981．『英語イディオム辞典〔身体句編〕』大修館書店.
和田 節．1969．「からだことば考」『思想の科学』No. 94. 別冊1号．82-110.
米川明彦．2005．「慣用句概説」．米川明彦・大谷伊都子（編）．『日本語慣用句辞典』東京堂出版．537-63.

# 第5章 文　学

# 殺し文句
――藤村とフォークナー――

池 内 正 直

## 1. はじめに

　かつて教室で読んでいた英語のテキストのなかで，〈相手の心に強く響く言葉〉という意味で，「殺し文句」と訳してよいような表現に出会った。そこで脱線して，皆で「殺し文句」を日本語で書いてみたことがある。回答のなかには，「君の瞳は海の碧，空の蒼より…」といった具合に，相手の美しさを讃えるものが最も多く，クラスの評価でも3位だった。だが，それを上回って2位になったのは，「太るぞ！」の一言であり，第1位は，「出来ちゃったの」という重い言葉であった。

　こういった，若者らしい稚気やユーモアを帯びたものや，その上をいく洒落た言い回し，あるいは相手を悩殺したり引きつけたりする名言やキャッチコピーの類いは，いくらでも挙げることができるだろう。例えば，「一日一個の○○○は△△を遠ざける」（○○や△△には多様なヴァリエーションがある）や，[1]「彼女の呼吸(いき)は子鹿の目のようにやわらかだ」，「さよならをいうのはわずかのあいだ死ぬことだ」等々，諺の名句やチャンドラーの名章句のなかに。また，「涙で瞳を濡らしたっていいが，雨でお前さんの体を濡らしちゃぁいけねぇ」といった，ＴＶの『笑点』のイキな回答などに。

　しかし，同じ「殺し文句」といっても，上のような甘美なものとか，人に力を与えたり人生を変えたりする表現などとは異なり，辛辣なレッテルを貼り，問答無用で弱点を突き，攻撃的，否定的な力を振るう表現も数多くある（新堀, 12-20）。先の大戦中の「非国民」や「徴兵忌避者」，戦後の「赤」とか「○○党」といったものは，そのごく一例である。1960年代の学生運動家が叫んだ「体制」，「反動」や，今日の「セクハラ（教師／オヤジ）」なども，その好例だろう。いずれも，異なった思想や行動を持つ人物や異質な人間を排除するための，文字通り「殺し文句」である。これらの言葉を投げつけられた者は，たちまちその社会から放逐され，抹殺されるのである。[2]

　ところで，日常を離れた文学作品のなかにも，言語のもつこのような物理

的な，時には殺人的なパワーを映しとっているものを，少なからず見出すことができるであろう。つまり，「殺し文句」が状況やプロットの展開に大きく作用しているような作品が，少なからず存在するものと思われる。それも，政治小説とかプロパガンダ小説の類いのものではなく，純文学作品のなかにも，たった一つの言葉が，普通一般の社会を動かしたり，市井の人を「殺し」たりするような作品があろうと考えられるのである。

ここでは，その端的な例と思われる，島崎藤村の『破戒』(1906) と，アメリカの作家フォークナーの『八月の光』(*Light in August*, 1932) を取り上げ，それぞれの「ある言葉」のもつ力について考察してみたい。その後に，同じフォークナーの短編作品「乾燥の九月」("Dry September," 1931) に焦点を当て，その種の言葉の持つ強烈なネガティヴ・パワーのダイナミズムについて，いっとき検討してみたい。

## 2. 島崎藤村の『破戒』について
### 2.1 『破戒』の読み方 (1) ——人間の苦悩のドラマ

主人公の青年瀬川丑松は，長野県北部の飯田の町で教員をしているが，出生の秘密を隠すために猜疑と恐怖の日々を送っている。彼にとって，世に出て身を立てる秘訣は「素性を隠すより外に無い (上巻, 19)」。それは，父親が彼に向かって繰り返し，「是戒を忘れたら，其時こそ社会から捨てられると思え (上,〔巻〕を省略，以下同様) 19)」と説いたものだった。[3] しかし丑松は，同じ宿命の著作家猪子蓮太郎に対する敬慕の思いから，師に自分の秘密を告白したいという衝動に駆られるようになり，従来からの父親の戒めの呪縛との葛藤に苦しむ。さらに志保という清純な娘への思慕と，己の暗い秘密の相克も相俟って，苦悩はますます深まる。一方勤務先では，彼の説く正論や生徒間の人気を疎ましく思う校長一派が，彼の秘密を嗅ぎつけ追い詰めていくという，もう一つの筋書きが仕組まれている。

彼が隠そうとする自らの素性を表す言葉とは，20世紀の始め頃まで「賤民の身分の一つ (上, 310)」として通っていた「穢多（エタ）」という一語だった。江戸から近代まで，この階層に属する人々は，社会から疎外され悲惨な運命を余儀なくさせられていた。丑松の父は，信州の山奥で牛飼いをしながら，息子の出自を隠そうと辛苦していた。丑松自身も，その身分が「若し自分の学生かお志保の耳に入ったら——(下, 59)」と懊悩する。しかし，同じ宿命の下で執筆を続け，死を賭して活動する師を見た丑松は，父に背く決意をする。

彼は生徒の前で自分の階級の歴史を明かし、「私は穢多です。…調里です。不浄の人間です。…許してください（下, 233-5）」と語り、「跪いて恥の額を板敷の塵埃の中に埋めて居た（下, 237）」のである。

彼はこの一語を告白することによって、「破戒——何という悲しい壮しい思想だろう（下, 214）」という絶望的な行為を断行し、教員というエリート社会から脱落していく。志保への思いも、絶ち切らねばならない。（だが作品の結末では、志保の愛情は以前と変っていない。さらに彼は生徒たちに見送られ町を離れ、同じ階級の裕福な男小日向に従って、米国テキサスに渡り農業に就くというめでたい門出がある）。

『破戒』は、かつて二通りの代表的な読み方がなされていた。一方は、下層民の「道理のないこの非人扱い」や、「悲惨な運命（上, 7）」を強いる社会の不合理に対するプロテストという読み方である。もう一方は、師に向かって自分の秘密を「言おう、…言えぬ（上, 237）」とか、「決心… 今だ… 隠せ… 目に見えぬ力が在って忘れるなと…（上, 283）」と、何重にも逡巡する自意識の苦悩がテーマであるという読み方である（平野, 485）。その後さらに、宿命・血縁からの解放とか、自己変革の決断の物語とかといった解釈もなされてきている（越智, 231; 川端, 110）。いずれの観点から読むにしても、『破戒』は人間の苦悩のドラマを見事に描いた作品である。

## 2.2 『破戒』の読み方 (2) ——女性の成長、そしてオープン・エンディング

ただ、作品の結末に注目すると、別の読み方も可能ではないだろうか。すなわち、作品の幸福な終末の要因の一つである志保の姿に、より大きな比重を置いて読む試みである。貧家に生まれ、寺に貰われてきた薄幸の彼女は、当初は「羞恥を含んだ色（上, 73）」を頬に上らせる内気な娘であった。しかし作品の末尾近くの彼女は、「父親さんや母親さんの血統が奈何で御座いましょうと、それは瀬川さんの知ったことじゃ御座いますまい（下, 251-52）」と説いて、丑松を擁護するほどの女性になっている。この時代の社会の下で、このような危険な言葉を、このように強く口にすることができた人物は、フィクションのなかでもそうザラにはいないだろう。

これに対して、このような姿はそれまでの志保の造型を裏切り、観念的過ぎるといった批評も少なくないようである（越智, 242）。だがむしろ、貧困や継子体験という幼いころの不幸や、住職の邪心に耐えたり、そこから逃亡

したりするといった試練の数々が彼女を変えていったことや，丑松への愛情や彼の苦悩に対する理解が，彼女を成長させたことに，もっと重点を置いて読んでもよいのではないだろうか。そうすることによって，『破戒』という明治期の小説が，志保という娘の「女性としての成長の物語」として読める一面のあることを，指摘しておいてよいだろう。

　また前述のとおり，丑松がアメリカに渡ることも，もう一つの明るい結末である。作品は，主人公が自由の国のさらに広い世界に出て行くことで，あのような暗い宿命を背負った人物の救済の可能性を示唆しているのだろう（かつては，架空の地への移住などリアリティーが欠けると批判されたようだが，100年後の今日の読者には現実感があり，芸術の超時間性を思わせる好例である）。なお，作品がここで終わり，丑松がアメリカに渡ったあとのことや，彼と志保のその後ことは一切書かれていない。だが，それは読者の想像に委ねようとするオープン・エンディングの手法と解し，そこにむしろ現代小説的な魅力の一面を見てよい。このように多様な読み方のできるところが，『破戒』という作品のもつさらなる意味であると言ってよいだろう。

## 2.3　『破戒』，もう一つの読み——言葉の物理的パワー

　『破戒』という作品は，冒頭から「穢多」という一語のもつ強烈な力を見せつけている。入院中の富豪大日向が，「誰が嫉妬で噂するともなく，〈彼〔あれ〕は穢多だ〉ということに（上, 3）」なると，たちまち「患者は総立ち。〈放逐して了え。今直ぐ…〉と腕捲りして院長を脅すという騒動（上, 3）」が起きる。この一語は，事柄の真実性や当事者の実態などとは一切関わりなく，しかも病状の如何に関わらず容赦しない。単に「嫉妬から生じた根拠のない噂」であっても，一度人の口から出たとたん，破壊的な威力を発揮する。大日向は人々の侮辱を受けながら病院を去る（もっとも，彼は後日丑松と米国に旅立つ富豪として再登場する〔もし作者が現代作家だったら，大日向の身分の実態は決定せず，最後まで曖昧なまま放置していたかもしれない〕）。

　瀬川丑松の一家は，そのような人間社会の情況の下で生きねばならなかった。だから，父親は臨終の床で，最後までその一語にこだわり続ける。床の回りの人々に，「日頃俺は彼奴に堅く言聞かせて置いたことがある。何卒丑松が帰って来たら，忘れるな，と一言左様言ってお呉れ（上, 184）」と懇願して。葬式も内密に執り行なうよう言い残す。葬儀が公になり，万が一にもその一語の秘密が息子を滅ぼすようなことが起こらぬようにという，父としての一

途な配慮であった。だが，父親の生涯を賭した尽力にもかかわらず，丑松は自らその一語の犠牲者の道を選び取っていく。とは言え，そこに『破戒』という作品の一層の味わいが添えられることになったのだが。

このように，ある言葉には，人を抹殺するような力がある。そのような力を与えているのは，当の言葉の存在する同時代や，過去に遡る人間と社会のメカニズムである。一人の人間がどうあがいても，その一語の力には抗えない。そのレッテルを貼られた者は，大日向や丑松のように破滅の道をたどる以外はない。このとき読者は，言葉が文字どおりの「殺し文句」として，物理的な力を発揮するのを目の当たりにするのである。『破戒』は，そのような言葉の力を示したことにおいても重要な作品である。[4]

## 3. フォークナーの『八月の光』——ジョー・クリスマスと言葉の必殺パワー

フォークナーの生きた時代のアメリカでは，祖先の一人が一滴でも黒人の血を受け継いでいると，その人物は黒人として扱かわれた。このいわゆる"one-drop rule"は，1954年に「プレッシー対ファーガソン判決」が破棄されるまで続いていた（サリバン，499）。『八月の光』の中心人物の一人，ジョー・クリスマスは肌は白いが，自分に黒人の血が流れているのではないかという疑念に駆られている。

ただ，その事実を明らかにする証拠は一切ない。彼を最初に黒人と呼んだのは，彼の祖父である。自分の娘が，旅回りのサーカスの男の子供を生み落としたことに激怒し，男に黒人の血が流れていたと言いたてる。そして，「黒人の」赤子を孤児院の前に捨てる。次に彼をそう呼んだのは，その施設の栄養士。彼女はインターンとの情事の場面を（意味も分からずに）覗き見たジョーを，黒人と呼んで放逐を企てる。

人々は自分の立場が悪くなると，幼いジョーを「黒んぼ(nigger)」と呼ぶ。そうすることによって，彼を排除したり人間性を全否定したりする。祖父は，娘の不始末の結果を排除するためであり，栄養士は，ジョーの口から秘密が暴露されることを恐れてのことである。いずれも，「黒んぼ」という一語が，彼を容易に「殺す」文句になっている。そして，その言葉は，『破戒』の大日向の場合でもそうであったように，言葉の向けられた対象の実態の如何にかかわらず，強烈なパワーを発動するのである。

その後のジョーは33歳まで放浪の年月を重ねるが，その間も，自分の血

が〈白か黒か〉という問題が，彼のたどる人生の転機となり，罠となる。初めての本当の恋の相手ボビーも，やがて彼を黒人と言って裏切る。その後の彼は，黒人女性と交わる時は白人と称し，白人が相手の時はその逆を言い，その一語の魔力的な悪戯とパワーに身を委ねつつ，人生を歪めていく。仕事仲間のルーカスも，自分が不利な立場に陥ると，ジョーを「黒んぼ」と呼んで彼の信頼の失墜を図る。

　最後に彼が同棲したジョアンナは奴隷制反対論者の白人。だが，ベッドでは彼を「黒人！　黒人！　黒人！（285）」と呼びながら快感に耽る。人種平等を達成したという倒錯した快感も伴って，悦楽は一層昂まっているのだろう。ある夜彼は，向けられた銃に対する防衛のために彼女を殺害すると，[5]
「白人女性を汚した黒人」として追われる羽目に陥る。一方長く「黒んぼびいき」と呼ばれ，町から疎外されていた彼女は，「黒人に犯された哀れな白人女性」としてにわかに聖化され（このメカニズムは後述する），南部の男たちに，騎士道精神と黒人リンチへの情熱を煽るのである。

　『八月の光』のジョー・クリスマスの悲劇の最大の要因は，自分が〈白人か黒人か〉最後まで分からなかったことである。その間，「黒んぼ」という重大な一語が，彼の人生を壊していった。彼はアイデンティティーに不安をもつ現代人を揶揄する人物と読むこともできる（なお『八月の光』は，彼の悲惨な人生に，豊穣なリーナ・グローブや観念過剰な老牧師ハイタワーたちの人生が交錯し絡み合っていく物語である）。

## 4. フォークナーの「乾燥の九月」について
### 4.1 「乾燥の九月」と南部の背景

　この作品は，ミニー・クーパーという白人女性が，黒人男のウィルにレイプされたという噂が町に流れ，血気にはやる元兵士マックレンドンが床屋に集まった男客たちを唆してリンチに向かう物語である。作品は，ミニーの病み，壊れていくありさまと，リンチの後のマックレンドンの，恐怖と虚無と孤独がない交ぜになった姿を晒して終わる。なお，男たちの残忍な行動の根拠になった噂が，実際に真実かどうかいうことは，まったくの「謎」のまま物語は閉じられている。

　「乾燥の九月」の眼目は，一人の女の若く美しかった日々の幸せが，時の流れのなかでこぼれ落ちていく痛切さを物語ることであり，元兵士の乾いた日々と暴力的衝動の空しさを語ることである。しかも，さらにそこに，南部

の田舎町の濃密な空気や舞台が，床屋に居合わせた人物たちの言動に秘かに作用していく様相を，巧みにあしらった物語である。その空気とは，第1に人々の心身を渇かす暑く乾いた空気であり（この年は60日間も雨がない），第2に埃に覆われた大地，樹々，そして月や星などの非情で凄惨な大自然であり，第3に人々の精神的緊張を限界点にまで追詰める人種差別の舞台である。「乾燥の九月」はそれらすべてを織り込んだ「散文で書かれた詩（ヴォルピー，123）」のような作品なのである。

　しかしそれ以上に注目したいのは，作中の人物たちの言動を支配しているものが，上述の大自然の酷薄さとか人種差別の問題といった，外からの分かり易い要因だけではないということである。それら以外に，過去から今日に至るまで，人々の心の奥底に連綿として流れる南部独自の思考や心理，そしてそれを表すいくつかの言葉があることに，一層の注意を払いたいのである。それらは，『破戒』の人物たちを支配していたものと同様に，無視することのできない力をもっている。そこでまず，それらの独特の意味をもった事象と作品の仕立てとの関連を見ていくことにしたい。

## 4.2　必殺の思想——南部女性と黒人男性

　ミニーが黒人に「襲われ，侮辱され，脅された」らしいと言う噂が，作品の語られる当日の町中に流れている。[6] 当時としては例外的なバランス感覚の持ち主の理髪師ホークショーは，ウィルが「善良な黒人」であり，一方また「結婚もせんで歳とった婦人に分かっておらんことは，男は決して…」[7] と言って，噂の真偽に疑念を示す。実際町の誰も，ミニーの身に起こった正確な事実は分っていない。むしろその噂は，客観的状況や常識的観点からすれば，かなり胡散臭く思われるものである。

　だが，「サザン・ベル」と偶像化された「白人女性」が，「黒人男にやられた」という噂は，一旦人の口から発せられると一人歩きを始め，人々を興奮させていくのである。つまり，当時の通念であった「セックスが強く無教養の黒人男」対「教養豊かで洗練され純潔な白人女性」（ワインスタイン，50）という，人種の壁を超えて隠微な感覚を秘めた男女関係に触れてくる。それが，南部の白人男性の心に潜む嫉妬心と騎士道精神を煽ることは，先に『八月の光』のジョアンナの場面で触れたとおりである。

　「乾燥の九月」でも，「粗暴な黒人男」対「か弱き白人女性」の類型思考は，絶対的な威力をもつ。その思いを率先して煽り立てるのは，ブッチと呼ばれ

る床屋の客である。彼は男たちに,「白人の女衆に手を出す黒んぼ野郎を許していいんか」と問う。そこに登場する猛者マックレンドンも,「貴様らぁ何もしねえで座ってやがって,黒んぼの野郎がわしらジェファソンの町の道のど真ん中で,白人レディーをレイプしやがるのを放っておけってぇのか？」とまくし立てる。この男の言葉の暴力は,「実際に〔レイプがあったかどうか〕だと？それがどうしたってぇんだ。てめえらぁ,野郎どもが実際にやるまで放っときゃあがって,あげくにとんずらさせようってぇのか？」と昂じていく。

この枠にはまった言葉,そして〈パターン思考〉は,ホークショーのようにウィルの人間性を信じ噂の真偽をいぶかり,「事実を確かめるべき」という常識や正論など,軽く蹂躙してしまう。たとえば,ブッチはこう反駁する。「おめえらは白人の女衆の言葉より黒んぼ野郎の話を聞いてやろうっつうんじゃねえだろうな」と。またマックレンドンは,「てめえは黒んぼの畜生の話を白人レディーの言葉より大事(でぇ)にしようってえんじゃあるめえな」と。このような「白人女」対「黒人男」を巡る言葉や,無為な白人男を責める言葉は,作品第1節の4ページ余りで,少なくとも9回は繰り返されている。

## 5. 「乾燥の九月」の殺し文句
### 5.1　殺し文句(1)——「黒んぼびいき」

しかしいくら南部とは言え,単に「噂が流れ」,容疑者が黒人というだけでは,リンチなどという過激な集団行動は起こらないだろう。単に「サザン・ベル」が黒人男に犯された衝撃だけでは,町の男たちをリンチに走らせるエネルギーに欠けるであろう。つまり,彼らを行動へと突き動かしたもう一つの要因になる何かがあったのだろう。実際それは,床屋の若い客ブッチが,常識的な正論を吐く者に向かって発した次の一言にほかならない。すなわち,「おめえ〜,くそったれの黒んぼびいき野郎め！」という。

南部の白人にとって,秩序の外にあった黒人の味方をするなどということは,まったく言語同断であった。だから,「黒んぼびいき」ほどインパクトの強い一言はない。それは,20世紀前半の南部の白人共同体のなかでは,人を社会から抹殺するような鋭さをもった「殺し文句」であった（今日でも,この一語は南部社会の「侮蔑語」として生きている。それが,近年のベストセラー『評決のとき』(1989) や,その映画化ヴァージョンのなかでも,実際に使われているのだから)。[8]「乾燥の九月」でも,ブッチはこの言葉を

2度も口にする。マックレンドンも,「貴様ら,白人さまの言葉より黒んぼの言葉を聞いてやるってえんじゃあるめぇな」と言ったあと,この切り札とも言える言葉,「何てこった,このクソったれの黒んぼ好きのー」を,吐き捨てている。

「乾燥の九月」には,この「黒んぼびいき」を始め,南部の宿命であった白人と黒人の「人種の境界を越えることに対する恐怖(キャロザーズ,44)」を表す,「決まり文句」が,そのほかいくつかのヴァリエーションで発しられている。引き続き,そのほかの例を一,二挙げてみよう。それらの言葉のもつパワーが,店の男たちを次第に一つの方向,すなわち集団リンチという究極の行動に唆し,噂の黒人男を,『八月の光』のジョーと同じ運命に陥れていくありさまをうかがってみよう。

## 5.2 殺し文句(2)──「北部野郎(ヤンキー)」,そして言葉の誘う陶酔

〈パターン思考〉を促すクリッシェのもう一つの例は,人を「南部」対「北部」の枠に入れて人間性を決め付ける言葉である。南北戦争の敗北の傷は,今日でも南部に影を落としている。まして戦後7,80年ほどのフォークナーの時代では,「北部野郎」などと吹っ掛けられることは,南部人としての誇りを致命的に傷つけるものであった。南部の敵と見なされることは,「黒んぼびいき」と言われることと同様の屈辱だった。

「乾燥の九月」でも,ブッチがホークショーにこんな風に毒づくシーンがある。「それでもおめえは白人男って言えるんか。おめえは一体ぇどこの土地の男のつもりでいやがるんだ? おめえなんざぁ,生まれて育った北部へとっとと帰ぇりやがれ。南部にゃおめえのような奴なんざぁいらねえ」と言い募る。そう言われた理髪師は,大急ぎで「北部,だと? わたしゃ,正真正銘,生まれも育ちもこの町なんだぜ」と対応する。

だが,時,既に遅しである。「北部に行っちめえ」という言葉で,南部人の仲間思考から外れたよそ者,すなわち敵という烙印を押されたこと自体が決定的なのである。彼の抗弁は,その断定的文句が飛び出したあとでは何の効果もない。その排除の言葉だけが,最終的な意味をもち,余韻を残している。この「殺し文句」は,床屋の待合所で終始おし黙っている,他の何人かの客の心のなかにも重く沈んでいく。

粗暴な言葉の暴力を振るう二人の男たちは,それぞれの言葉に,「それそれ,それがさっきオレの言ってたことだぜ」と呼応し合って,いよいよ興奮して

いく。この類いの言葉はそれを口にする者自身をも酔わせ，激昂させる。同時に店の客たちを煽りあげていく。このあたりの煽動的な言葉のメカニズムは，雄弁〔饒舌〕な政治家や活動家の弁舌を思い出させるだろう。またよく言えば，シェイクスピアの『ジュリアス・シーザー』の，ブルータスとそれに続くアントニーの演説 (3幕2場) を思い出してもよい (もっとも，この場合は，特定の威力のある言葉によって唆していくのではなく，レトリックの積み上げによる煽動と言う方が適切だが)。

### 5.3　殺し文句 (3)——言葉の言い落とし

　二人の男の様ざまの煽動の終わり近くで，もう一人の勇気ある常識人の元兵士が「さあ，さあ，本当のところを確かめたらどうだね。実際にどんなことが起こったのか知ってる者はどっかにいねぇのかね？」と言うシーンがある。しかし，これもこの場面ではもはや焼石に水である。マックレンドンは「本当だの事実だのなんてこたぁ，クソ食らえってぇんだ。…わしについてくる者は皆そこを立てぇ。そうでねえ奴らわぁー」と言って，「視線を巡らし，袖で顔をぬぐう」。やがて，「三人の客が立ちあがる」。

　彼がその最後の言葉で，「そうでねえ奴らわぁー」と言って，言葉を断ち切り，結末を宙吊りにしたところが，さらに重大な効果をもっている。まずその言い方は，聞き手に強烈な余韻を残す。「あとは，てめえがどうなるか，てめえ自身でよ〜く考げえろ」とでも言うように，言い落とした部分を相手の想像力に委ねるのだから。またそれにより，聞き手の思惑をかき乱し，やがて恐怖心を煽りたてていく。聞き手は当然，例の理髪師のように排除される側には立ちたくないと思うだろう (もっとも，この言い落としは，話し手の意図的な手管などではなく，単に激昂による言い澱みなのかもしれない。だがいずれにしても，作者の優れた技法をここにも見ておいてよい)。

　マックレンドンに呼応してブッチが「もしオレらのオフクロや姉キたちが…」と言い澱み，言い落とすと，客の「もう一人が立ちあがる」。「残りの者は居心地悪げに黙って互いの目を見ないようにしている。それから一人一人，立ちあがる」。こうして，とうとう店の客たち全員が，リンチに向かって一直線に突っ走り始めるのである (第2節以降は，ミニーの空疎な日常とその日の崩壊振りを描きながら，リンチに向かう男たちの熱狂と，ホークショウの無力，そして最後のマックレンドンの孤独の描写へと続く)。

## 6. おわりに

　以上の論述から，日本の『破戒』の社会でも米国の『八月の光』の世界でも，一語の力が人の運命を大きく左右するありさまを見ることができた。そのような言葉が，「乾燥の九月」のなかでは，人々を駆り立て集団リンチにまで赴かせる力をもっている様相を詳しくたどることができた。文学における言葉のもつ様ざまな力のうちでも，その「殺し文句」としての側面に，いささか光を当てることができたのではないだろうか。

　（なお，二人の作者および日米文化の「違い」についての考察は，他日を期したい）

## 注

1) 例えば○と△には，「（リンゴばかりでなく）笑い／たまねぎ」と「医者／女性」というように多様な語句が入る。（奥津，藤井他．2007. AJELC-ML. April 30-31.）
2) このような物理的力の点で，侮蔑語としての「差別用語」とはやや異なっている。
3) テキストは，島崎藤村『破戒（上，下巻）』（ポルプ出版，1984）による。
4) 『破戒』の人物たちと同様の一語を投げつけられて深く傷つく小説のなかのもう一人の人物に，司馬遼太郎著『故郷忘じがたく候』の沈寿官がいる。この人物が「悲しかごつもごわした」と言って語る話に，旧制中学の上級生が新入生の彼の教室に入ってきてわめく場面がある。すなわち，「このクラスに朝鮮人が居っとじゃろ。手をあげい（40）」。（文春文庫，1976）
5) 従来ジョーはジョアンナを murder したといわれているが，彼の行為は彼女が古いピストルを突きつけて引き金を引いたことに対する self-defense であり，「殺害」行為に相当しないという John N. Duvall の議論は妥当である。
6) テキストは，下記参考文献に掲げた Vintage 版による。なお，以下の会話はすべて第1節 (169-173) からであり，煩瑣を避けるために，ページ数は示さない。
7) この後の空白部について，読者は様々な言葉を「補完」して作品を一層膨らませ，楽しむことができよう。それに関しては拙稿「アメリカ南部文学とフォークナー――「乾燥の九月」とその南部的色彩」（『明治大学人文科学研究所紀要』，第60冊，2007) pp.1-19。なお，本稿の「乾燥の九月」に関する論述の一部には，この論考と重なる部があることをお断りしておきたい。
8) ジョン・グリシャムの『評決のとき (A Time to Kill)』(1989) にも，ジョエル・シュマッカー監督の映画ヴァージョン（1996）のなかにも，"nigger loving son of bitch (Dell, 85)" という言葉が，（貧しい）白人の口から飛び出している。

## 参考文献

Carothers, J. 1985. *William Faulkner's Short Stories*. UMI. R. P.
Duvall, J. M. 1987. "Murder and the Communities: Ideology In and Around *Light in*

*August" Novel*, Winter.
Faulkner, W. 1987. *Light in August*. Vintage.
───────. 1995. *Collected Stories of William Faulkner,* Vintage.
平野謙. 1969.「島崎藤村〈解説〉」『島崎藤村集(一)』講談社.
川端俊英. 2006.『島崎藤村の人間観』新日本出版社.
越智治雄. 1986.『文学の近代』砂小屋書房.
新堀通也. 1985.『殺し文句の研究――日本の教育風土』理想社.
Sullivan, M. N. 1996. "Persons in Pieces: Race and Aphanisis in *Light in August*." *Mississippi Quarterly*, Vol. XLIX, Summer.
田中克彦. 2001.『差別語からはいる言語学入門』 明石書店.

# 児童文学の翻訳を通してみる日英語の比較

大 須 賀 直 子

## 1. はじめに

　翻訳は，異なる言語と文化の橋渡しをする役割を担う。しかし，翻訳を試みる者なら必ずや簡単には橋がかからないことを実感するだろう。例えば，英語の意味は理解できるのだが，訳すとぎこちない日本語になってしまうことがよく起こる。自然な日本語にしようとすると，原文に何らかの手を加えることになってしまい，翻訳者は原文に忠実であるべきか，多少手を加えても流れのよい日本語にすべきか迷うことになる。また，そもそも原文の理解に苦しむこともある。辞書や資料で丹念に調べても，前後の文脈がしっくりつながるような解釈が見つからず，途方に暮れてしまったりする。翻訳においてこれらの問題が起こるのは，翻訳者の英語力・日本語力不足を別にすれば，日本語・英語の言語的および文化的違いに起因すると言えるだろう。そして，その違いをどう埋めるかについては翻訳者に拠るところが大きいので，同じ原作でも翻訳者によって違った作品かのような印象を与えることがある。

　本稿では，アメリカの代表的な児童文学作品の一つである「小さな家」シリーズ（'Little House series' 日本では「大草原の小さな家」シリーズとして知られている）を主に例として取り上げ，原作と翻訳の比較，および複数の翻訳を比較することによって見えてくる日英語の違いについて考察したい。

## 2. 「小さな家」シリーズについて

　「小さな家」シリーズは，アメリカ人なら誰でも知っている代表的な児童文学作品である。作者のローラ・インガルス・ワイルダーは1867年に西部開拓農民の一家に生まれ，移住を繰り返す生活の中で少女時代を過ごし，結婚後は農家の主婦として暮らしたが，60歳を過ぎてから自らの少女時代の思い出をもとに9冊の本を書いた（9冊目はワイルダーの死後に出版された）。貧しくても家族がお互いを思いやりながら困難に立ち向かう実話に基づいたそのストーリーは，アメリカ発展を支えてきた開拓民の歴史を物語るもので

もあり，たちまちアメリカ人の心を捉え，今日まで読み継がれている。日本では，アメリカで製作されたテレビドラマが 1975 年から NHK で放映されて認知度が高まったが，本の翻訳・出版はそのはるか前に開始されていた。

日本での翻訳は，ワイルダーが書いた順番どおりには進まなかった。最初に翻訳されたのは第 6 巻で，1949 年に石田アヤ訳で出版された。さらに 1955 年には，岩波書店が鈴木哲子の訳で第 6 巻を，1957 年には第 7 巻を出版した。そして 15 年の時を経て，シリーズの第 1 巻から第 5 巻までが，恩地三保子の訳で福音館書店から 1972 年および 1973 年に出版された。続いて岩波書店が鈴木哲子の訳で，1974 年に第 8 巻，1975 年に第 9 巻を出版した。さらに 1980 年代には，講談社が 7 冊（第 6 巻と第 9 巻を除く）をこだまともこ・渡辺南都子による訳で出版し，2000 年には岩波書店が後半 4 冊について，鈴木哲子に代わり谷口由美子による新訳を出した（この他にも，角川書店，草炎社などから翻訳が出版されている）。

筆者が今回「小さな家」シリーズを題材として選んだのは，作品の雰囲気というのは翻訳によってこうも変わってしまうのか，ということを最初に実感したのがこのシリーズだったからである。筆者がこのシリーズに出会ったのは約 30 年前だが，すでに第 1 巻から第 9 巻までの翻訳が出揃っていたので，ワイルダーが書いた順番どおりに第 1 巻から読み進めることができた。主人公のローラをはじめとする登場人物の魅力，強い家族の絆，開拓農民の貧しくても心豊かな暮らしぶり，厳しい自然との闘いなど，そのストーリーは魅力に富んでおり，福音館書店の恩地三保子訳 5 巻を短期間で読了した。そして岩波書店から出ている鈴木哲子訳の第 6 巻を読み始めたのだが，すぐに大きな違和感を覚えた。登場人物の印象，家庭の雰囲気，母親と父親の関係をはじめとして，作品全体の雰囲気が同じ話の続きとは思えないほど変わってしまったように感じたのだ。第 9 巻まで読み通したが，そのあいだ中違和感が消えることはなかった。この経験により筆者は，原作というのは翻訳によってこうも変わってしまうのか，と翻訳の与える影響の大きさをまざまざと思い知らされ，以後翻訳について強い関心を抱くきっかけとなったのである。

## 3. 人称詞の違い
### 3.1 日英語における人称詞の違い
前述のように，翻訳者が変わることによって原作の雰囲気がまるで変わっ

てしまったと感じた要因は何だったのだろうか。筆者の考えでは，一番の原因は人称代名詞の訳し方の違いにあったと思う。そしてその背景には，日英語における人称詞の違いがある。

英語では，原則として自分のことを指す場合はIを使い，相手を指す場合は you を使う。これは，相手が目上であろうと，対等であろうと，目下であろうと変わらない。人称代名詞の種類は非常に限定的である。ところが，日本語では自分を指すことばも相手を指すことばも多く，人によって使う人称代名詞が異なったり，同一人物でも，相手との関係や場面によって細かく使い分けたりする。例えば，妻にたいして「あなた」を使う夫もいれば，「君」と呼ぶ夫もおり，また「おまえ」や「あんた」を使う夫もいる。また，一人の大学生が，友人と話すときは自分のことを「おれ」と言い，先生と話すときは「ぼく」を使い，就職面接では「わたし」と言ったりもする。さらに，日本語では，自分や相手のことを言うときに，人称代名詞ではなく別のことばを使う場合も多い。「お父さん」「お母さん」「お兄ちゃん」「お姉ちゃん」といった親族名称を一人称にも二人称にも使うし，「看護婦さん」「運転手さん」「部長」「課長」など職業や役職を表すことばや，「お客さん」のように立場を表すことば，また「ひろし」「ゆうこ」などの名前を二人称に使う。以上をまとめたのが表1である。

表1　英語と日本語の一人称・二人称（単数）

|  | 英語 | 日本語 |
|---|---|---|
| 一人称 | I | 「わたし」「ぼく」「おれ」「あたし」等の人称代名詞，親族名称（「お父さん」等），職業名（「先生」等），他 |
| 二人称 | you | 「あなた」「きみ」「おまえ」「あんた」等の人称代名詞，親族名称（「お父さん」等），職業名（「看護婦さん」等），役職名（「課長」等），立場を表すことば（「お客さん」等），名前（「ひろし」等），他 |

鈴木孝夫は著書『ことばと文化』(1973) の中で「現代日本語では，ヨーロッパ言語に比べて数が多いとされている一人称，二人称の代名詞は実際には余り用いられず，むしろできるだけこれを避けて何か別のことばで会話を進めていこうとする傾向が明瞭である」と述べている。一人称，二人称を避ける理由については，三輪 (2005) が次のように指摘している。日本語に

おいては，一人称に何を使うかによって，話し手の傲慢・謙遜，あるいは謙譲・自尊などの感情が表明され，また二人称に何を使うかによって，話し相手への敬意，親近感，侮蔑感などの感情が表明される。このように「日本語の一人称二人称には感情的なニュアンスが多く，上下公私強弱性別が色濃く反映される」ことから，会話・対話がスムーズに進行するのに妨げとなり，使いにくくしている。

上記のような日英語における人称詞の違いのため，翻訳者はⅠやyouを訳すときに訳語として何を選択するかを常に迫られることになる。そしてそれは重要な選択だと言えよう。どれを選択するかによって，会話のニュアンスや登場人物の性格，育ち，教養，人間関係などの印象が大きく変わってしまうからである。そしてⅠやyouは通常作品中の使用頻度がきわめて高いため，作品全体の印象に与える影響も非常に大きい。

### 3.2 一人称の人称詞

「小さな家」シリーズにおける一人称代名詞Ⅰの訳し方を見てみよう。シリーズ第1巻から第5巻までの恩地三保子訳では，ローラの父親チャールズは，妻や友人と話すときは「わたし」という一人称を使っている。例えば，妻に向かって「キャロライン，わたしは，どうしてもいかなけりゃならないよ」と話す。また娘と話すときは，自分のことを「とうさん」と呼んでいる。「とうさんがあのヒョウをしとめるまでは，おまえもメアリイも外へでてはいけないぞ」のようにである。

一方，シリーズ第6巻から第9巻までの鈴木哲子訳では，チャールズは妻と話すとも娘と話すときも自分のことを「わし」を使っている。例えば妻に向かって「わしらの娘にそんなことさせるもんか，わしが生きて動いている間はな」という風にである。「わし」は，実際にはあまり耳にしない言葉である（ただし西日本の一部の地域では現在でも使われている）。鈴木はなぜチャールズの一人称として「わし」を選択したのであろうか。これについては，金水（2005）の「わし」についての説明が参考になろう。金水によれば，「わし」は方言，老人語等の役割語に近い。役割語とは，あるカテゴリーの人物を思い浮かべたとき，その人物がいかにもしゃべりそうな言葉である。鈴木の選択した「わし」もこの役割語にあたるのではないだろうか。すなわち，開拓農民であるチャールズがしゃべりそうな言葉として，鈴木は方言としての「わし」を選択したと考えられる。（鈴木訳における役割語に

ついては、さらに 3.4 において言及する。)

　実のところ、「わたし」と「わし」の違いが読者に与える印象の違いは大きい。特に関東出身の筆者にとっては、「わし」は方言というよりむしろ老人語のイメージが強い。だから、恩地訳ではユーモアに富んで頼りがいがあり、折りに触れてはバイオリンを奏でたりもする、いわば理想の父親像であったチャールズが、鈴木訳で突然「わし」という年配者風の言葉を使うのには違和感を持たずにはいられなかったのである。I の訳し方ひとつで、チャールズの印象が大きく変わってしまうのだ。

### 3.3　二人称の人称詞

　二人称代名詞の you とその日本語訳を比較すると、さらに日英語の違いが明確になる。前述のように、日本語では人称代名詞を避ける傾向があるが、それは二人称代名詞において、より顕著である。特に大人は、他人には人称代名詞をほとんど使わないし、また家族間であっても、目上の人にたいして使うことはまずない。子が親にたいして、また弟や妹が兄や姉にたいして「あなた」などの人称代名詞を使うのは異例である。前述の鈴木孝夫は「現在の日本語には、目上の人に対して使える人称代名詞は存在しないと言っても言いすぎではない」と述べている。

　翻訳においては、このような日本語の特性を踏まえて、翻訳者は you を人称代名詞ではなく、何か「別のことば」に置き換える工夫をしなければならない。それは、家族内の会話であれば「お父さん」や「お姉ちゃん」のような親族名称であったり、「メアリ」「ローラ」のような名前であったりするだろう。そして、どのことばに置き換えるかは重要な選択である。例えば、父親にたいして発せられた you を「お父さま」と訳すか、「お父さん」と訳すか、「パパ」と訳すか、「父ちゃん」と訳すかでは、連想される家庭の雰囲気、経済状況、居住地域などがまったく異なってしまうからである。

　「小さな家」シリーズでの you の扱いを見ると、恩地訳では、夫は妻にたいして名前の「キャロライン」か「おまえ」を使い、妻は夫にたいして「チャールズ」か「あなた」を使っている。また、子どもたちは両親のことを「とうさん」「かあさん」と呼んでいる。一方、鈴木訳では、夫は妻に向かって「母ちゃん」「おまえ」を使い、妻は夫に「父ちゃん」「あんた」を使っている。むろん子どもたちは、両親を「父ちゃん」「母ちゃん」と呼んでいる。そして、ここでも読者は、恩地訳と鈴木訳の落差に悩まされる。恩地訳でのローラの

母親キャロラインのイメージは，元教師で躾にとても厳しく，子どもたちの言葉づかいを常に正しているような女性である。そのキャロラインが，鈴木訳では夫を「父ちゃん」や「あんた」と呼び，夫や子どもたちからは「母ちゃん」と呼ばれることに，読者としてはやはり違和感を覚えてしまうのである。

### 3.4 原作および翻訳の背景

　原作を振り返ってみると，父親は Pa，母親は Ma と子どもたちから呼ばれている。ランダムハウス英和辞典で調べると，Pa は「幼児語。父ちゃん」となっており，Ma は「母ちゃん。米国では古い田舎風な語になっている」とある。また，原作者のローラ・インガルス・ワイルダーが作家である娘のローズに原稿を見せたときに，ローズは Pa, Ma を使わないように進言したが，ローラはあくまでも自分が子どもの頃に実際に使っていた Pa, Ma にこだわったという話もある。以上のことを鑑みると，案外鈴木訳の「父ちゃん」「母ちゃん」のほうが原作のニュアンスに近いのかもしれない。しかし，多くの読者はシリーズの順番どおりに恩地訳から先に読むので，かなり美化されたイメージのローラの家族が，鈴木訳で急に泥臭くなったような印象を受けてしまうのである。

　ただし，鈴木自身は訳者のあとがきで次のように述べている。「この開拓者の中には，生えぬきのお百姓さんでない人がたくさんいました。ローラのお母さんもそのひとりです。ですから，「母ちゃん」のはなすことばは，都会の学校の先生のようなことばで，きっすいのお百姓さんことばではないのです。けれども，日本語では感じが違うように思ったので，私は適当に農村らしくしたつもりです。」この記述から，鈴木自身は，原作のニュアンスを正確に伝えるために「父ちゃん」「母ちゃん」や「わし」「あんた」を使ったのではなく，日本の農村のイメージに近づけるために使用したことがわかる。また鈴木が，自身は農村で暮らした経験はない，とあとがきに書いていることから，「適当に」というのは，鈴木の頭の中にある不特定の農村ことばのイメージで訳したことを意味すると思われる。まさに，金水が言うところの役割語である。

　それにしても，アメリカの開拓農民の話を，日本の農村の枠にあてはめようとしたところに，約 50 年前の翻訳という時代の流れを感じずにはいられ

ない。外国の情報が今ほど一般に伝わっていなかった当時では，読者が理解しやすいように，翻訳の際に原作をなるべく日本の事情に近づけるということが行なわれたのではないだろうか。メディア等を通じて外国の情報が豊富に行き渡っている現代では，アメリカ開拓農民に日本の農村ことばを話させるような訳し方はもうされないだろう。現に『のっぽのサラ』（原題 "Sarah, Plain and Tall"）はやはりアメリカの開拓農民の話であるが，1987 年の金原瑞夫訳では，子どもたちは両親にたいして「パパ」「ママ」を使い，継母となる女性にたいしては「サラ」と名前で呼んでいる。大人の登場人物が使う人称代名詞は「わたし」「あなた」である。「小さな家」シリーズについても，前述のとおり，岩波書店の鈴木哲子訳は 2000 年に谷口由美子訳に切り替えられ，新訳で使われているのは，「とうさん」「かあさん」や「わたし」「あなた」である。

## 4. オノマトペ（擬声語・擬音語・擬態語）

　日本語は世界の言語の中でもオノマトペに富んだ言語であることはよく知られているが，オノマトペについて原作と翻訳を比較すると，日英語の違いがよくわかる。英語では動詞やオノマトペでない副詞・形容詞で表わされることが，日本語に訳されると「げらげら」「ザーザー」「もりもり」などのオノマトペ表現になることが非常に多い。

　古典絵本である『おかあさんのたんじょう日』（原題 "Ask Mr. Bear"）の原作と翻訳を読み比べると，この点での日英語の違いがよくわかる。原作では，'skip' 'hop' 'gallop' 'trot' という動詞で表されている動作が，翻訳ではそれぞれ「ぴょんぴょんかける」「ぴょこぴょこかける」「とっとことっとこかける」「ぴょんぴょこぴょんぴょこかける」というように，「オノマトペ＋動詞（かける）」で表されている。ちなみに，この絵本は動物の鳴き声に関するオノマトペの日英語の違いを知る上でも興味深い。

　「小さな家」シリーズを例にとると，原文では，'Jack rabbits hopped beside the path, their bright eyes watching and their long ears twitching as they daintily nibbled their breakfast of tender grass tips.' という箇所が，鈴木訳では「野ウサギが，小道のわきで，キラキラした目でじっと見ながらピョンピョンはねて，草のさきのやわらかい「朝ごはん」をこまかくしゃぶって，長い耳をピクピクさせていた」となっている。約 30 年後のこだま・渡辺訳でも，bright eyes は「キラキラした目」，watch は「じっと見つめる」，

long ears twitching は「長い耳をピクピクさせる」と訳されている。さらに約15年後の谷口訳でも，同箇所の訳として「ぴょんぴょん」「きらきら」「ぴくぴく」が使われている。このように，時を経ても，擬態語・擬声語の扱いについてはあまり変化がない。1センテンスの中で，英語では1つもオノマトペが使われていないのに（hop は語源的にはオノマトペに由来するものかもしれないが，辞書では擬音語には分類されていない），日本語訳では3つないし4つのオノマトペが使われている。日本語が英語に較べていかにオノマトペを多用するかがよくわかる。小島（1984）は，『広辞苑』の収録語彙をもとに調査をおこない，その結果日本語の擬音語・擬態語の分量は英語の5倍になると指摘している。また，田守・スコウラップ（1999）は次のように述べている。「日本語のオノマトペ源は，様態だけが関わっている意味領域，および音と様態の両方が関与している意味領域において，英語よりも豊富であるようである。しかしながら，純粋に音だけを表すオノマトペの場合には，関わっているオノマトペの統語的役割はまったく異なるものの，英語と日本語はオノマトペ源に関してほぼ同等であると思われる。」上述の「小さな家」シリーズからの引用文の4つのオノマトペについては，すべてが擬態語なので頷けるところである。

　英語に較べて，日本語ではなぜこのようにオノマトペが発達して豊富になったのだろうか。苧阪（1999）は「日本語は動詞が分化しておらず漠然とした意味をもつ場合が多く，音節の分化も少なくリズムにも乏しい。このような環境で微妙な感性的な意味の違いをもたせながらリズムを持ち込むという意義をもつ擬音語・擬態語は有用である」と述べている。日本語でオノマトペが発達した理由の説明となろう。また，山口（2005）は「日本人は具体的で感覚的なことを認識しやすい」ことが日本語にオノマトペが多い理由だとしている。確かに，本来音のない様態までも次々に擬音化してしまうのだから，日本語は感覚的言語だと言えるだろう。

## 5．しぐさの表現

　身振りやしぐさには，どの文化にも共通のものもあれば，各文化に固有のものもある。後者については，その文化に実際に触れたことがない場合，文脈から実際にどのようなしぐさなのかをイメージするのは難しいし，そのしぐさがどのような意味をもっているのかを正確に知ることも難しい。辞書を調べてもよくわからないことがある。

例えば，roll one's eyes という表現を児童文学などで時折見かけるのだが，実際にはどんなしぐさで，どんなときに用いるのかが筆者には正確にわからない。辞書で調べると，「目をくりくりさせる」「目をぎょろつかせる」「目をむく」などとなっており，例文の一つとして 'She looked at her husband who rolled his eyes hopelessly.' という文が記載されている。そして，その訳は「夫に目をやると，彼は絶望して目をぎょろつかせていた」とある。しかし，「絶望して目をぎょろつかせている」様子を想像しようとしてもしっくりこないのだ。

村上 & 柴田（2000）も，roll one's eyes の訳について問題にしている。両氏によれば，roll one's eyes は，驚いたとき，呆れたとき，怒ったときなどに用いられる表現であるが，ほとんどの翻訳できまって「目をくりくりさせる」や「目をむく」などと訳されている。しかし呆れている状況で「目をくりくりさせる」と訳すのではおかしいのではないかとの指摘だ。

たしかに，呆れたときなどに肩をすぼめながら目を見開くというしぐさは，欧米人にはよく見かけるが，通常日本人はしない。直訳すると不自然な日本語になってしまうのは，そもそも文化的背景が異なるからであろう。

「小さな家」シリーズで目を引くのは，父親のしぐさの表現として頻繁に使われている twinkle である。例えば，彼が家族の欲しがっている子猫をもらってきた場面で，... his eyes were twinkling. とあるが，鈴木訳は「目は楽しそうにキラキラしていた」，こだま・渡辺訳は「目をきらきらさせた」，谷口訳は「目がきらきら輝いている」となっており，ほぼ共通している。一方，母親が酔っ払いの男の話を聞いて憤慨する場面で，He twinkled at her. とあるが，鈴木訳では「父ちゃんは母ちゃんのほうを見てニコニコしていった」，こだま・渡辺訳では「父さんは，母さんに，ぱちぱちっと目をつぶってみせた」，谷口訳では「とうさんはかあさんにいたずらっぽい目をむけた」とあり，若干ニュアンスが異なる。英和辞典によれば，人間が主語のときは，twinkle には「目を輝かせて笑う」と「ウィンクする」の，大きく分けて2つの意味がある。英英辞典を調べても同様である。上記の文の場合，どちらの訳も間違いではないだろうが，原作者はどちらを頭に描いて twinkle を使ったのか気になるところである。

## 6．ダジャレやことば遊び

英語の小説には，ダジャレやことば遊びがよく登場する。複数の意味をも

つことばや，音のよく似ていることばがよく使われるのだが，日本語に訳すと，意味や音がまったく異なってしまうので，直訳ではシャレにならず翻訳者泣かせである。中には日本語のダジャレに置き換えてしまう翻訳者もいるし，ルビをふって処理する翻訳者もいる。例えば，村上春樹は「笑いの再現も大事だけれども，文脈を壊さないことのほうが大事と判断」して，ルビをふって処理をする，という。

「小さな家」シリーズにもダジャレが登場する。畑のトウモロコシの種を畑りす (gopher) に食べられてしまい，困ってしまった父親のチャールズが既成の歌をもとに作ったダジャレだ。

　"One for a gopher,
　Two for a gopher,
　Three for a gopher,
　Four don't go fur."

gopher と go fur の音の類似を利用したダジャレだが，これが翻訳ではどのように訳されているかを見ると，50 年前の鈴木訳では，次のように日本語のダジャレに置き換えられている。

　一粒はハタリスさん
　二粒もハタリスさん
　三粒もハタリスさん
　四粒じゃ，どうにも　たりすせん。

約 30 年後のこだま・渡辺訳は，次のように頭韻を踏んでいる。

　ひとつぶめは，畑りすに，
　ふたつぶめは，畑りすに，
　三つぶめも，畑りすに，
　四つぶめは，畑すみにまこう。

今から 7 年前の谷口訳では，シャレに関しては無視されている。

　一粒めは地リスさん
　二粒めも地リスさん
　三粒めも地リスさん
　四粒めはもうやらん

ダジャレやことば遊びの処理については，翻訳者の考え方や好みも反映さ

れるだろうが，近年では無理に日本語のダジャレに置き換えない傾向が強くなってきているように思う。

## 7. まとめ，および英語教育への示唆

　英語の原作と日本語の翻訳を比較すると，日英の言語文化の違いが明確に見えてくる。同一の原作について複数の翻訳を比較した場合，それはより顕著である。翻訳者によって作品全体の雰囲気が大きく変わったり，部分的な訳が異なったりするのは，英語から日本語に転換するときに，言語的および文化的ギャップをどう埋めるかが，翻訳者によって異なるからである。ギャップが大きければ大きいほど，翻訳者の裁量に拠るところが大きいので，翻訳の違いの幅も大きくなると言えよう。本稿で取り上げた「小さな家」シリーズの場合，翻訳者によって作品の雰囲気が大きく異なる一番の原因は，人称代名詞の訳し方にあった。そしてその背景には，日英語における人称詞の違いがある。すなわち，英語の一人称，二人称は I と you にほぼ限られており非常に中立的だが，日本語の一人称，二人称は種類が多く，どれを使うかによって話し手の感情，性格，教養，居住地域，相手との関係など，多くのことを表明する。それゆえ翻訳者が I と you の訳語として何を選択するかによって，作品の雰囲気が大きく変わってしまうのである。

　本稿ではさらに，児童文学でよく使われるオノマトペ，しぐさの表現，ことば遊びなどの，言語的または文化的に固有性の高い表現に注目し，本来翻訳の難しいこれらの表現が実際にいかに処理されているかを，実例をもとに検討した。

　以上のような，日英語の違いを明確にするという翻訳の機能を鑑みて，筆者は英語教育に翻訳を活用したいと考えている。その際に，単に原作と翻訳を比較するのみならず，自ら翻訳を試みれば，学生はより切実に「異文化」に直面し，ひいては日本語を別の視点から見ることにもなり，英語・日本語の両方にたいする理解を深めることができるであろう。今後，自らの授業の中で実践し，成果を確かめていくつもりである。

**参考文献**

Flack, M. 1932. *Ask Mr. Bear*. Macmillan Publishing.［光吉夏弥(訳). 1954.『おかあさんのたんじょう日』(『おかあさんだいすき』所収）岩波書店.]
金水敏. 2005.『ヴァーチャル日本語役割語の謎』岩波書店.

小島義郎.　1984.『辞書学入門』三省堂.
MacLachlan, P. 1985. *Sarah, Plain and Tall*. HarperCollins.［金原瑞人（訳）.　1987.『のっぽのサラ』福武書店.］
三輪正.　2005.『一人称二人称と対話』人文書院.
村上春樹・柴田元幸.　2000.『翻訳夜話』（文春新書）文藝春秋.
恩地三保子.　1972.『大草原の小さな家』福音館書店.
苧阪直行.　1999.『感性のことばを研究する――擬音語・擬態語に読む心のありか』新曜社.
鈴木孝夫.　1973.『ことばと文化』（岩波新書）岩波書店.
田守育啓・L・スコウラップ.　1999.『オノマトペ－形態と意味』くろしお出版.
Wilder, L. I. 1935. *Little House on the Prairie*. Harper.［恩地三保子（訳）.　1972.『大草原の小さな家』福音館書店.］
Wilder, L. I. 1940. *The Long Winter*. Harper.［鈴木哲子（訳）.　1955.『長い冬』岩波少年文庫.］
Wilder, L. I. 1941. *Little Town on the Prairie*. Harper.［鈴木哲子（訳）.　1957.『大草原の小さな町』岩波少年文庫.　こだまともこ・渡辺南都子（訳）.　1986.『大草原の小さな町』講談社青い鳥文庫.　谷口由美子（訳）.　2000.『大草原の小さな町』岩波少年文庫.］
山口仲美.　2005.「音をことばにする，ということ」（インタビュー記事）. Retrieved October 12, 2007, from『ニホンゴまざぁ』（弘文堂 HP）http://recre.boxerblog.com/nihongo/2005/05/post_7af9.html

# *The Old Man and the Sea* におけるストイシズム
―― 'must' の用法を中心に――

桑 原 清 美

## 1. はじめに

　アメリカ文学を学ぶ者が入門書として手に取ることが多い *An Outline of American Literature* (High, 1986, Longman) では，アーネスト・ヘミングウェイ (Ernest Hemingway) について次のような解説を載せている。"He will sometimes repeat a key phrase ... to emphasize his theme. The language is rarely emotional.... The aim of this language is to suggest a kind of *stoicism*. This same stoicism is often the theme in Hemingway's stories." (p.147) *The Old Man and the Sea* (1952, Scribner's) においては，この主題を強調するために，法助動詞 must が "key word" として使われている，とすることができるのではないであろうか（must を含む表現 (e.g. "I must ...") をこの "key phrase" だとすることも可能なように思われる）。この作品で義務／必要を表すために使われている must, have to, should, ought to の数は次の通りである。must―57 (must + 否定形式 ―7)，have to―4, should―11 (should + 否定形式―2, should + have + en 構文は出来事時が過去の為含まれていない)，ought to―1。主人公サンチャゴ (Santiago) の本質がストイシズムであるということを示すために，ヘミングウェイが must を効果的に多用していることを論じていきたい。

## 2. stoicism

　この項では，サンチャゴのストイシズムとはどのようなものなのか，また，なぜ彼がストイックに生きようとするのかを見ていきたい。サンチャゴは運の存在を信じている。漁の途中，自分の船でつかの間の休息をとっている，疲れきった様子の鳥に対して，"Take your chance like any man or bird or fish." (p.55) と話しかけている。また，サンチャゴは運がなければ成功することはできないと考えていた。この作品中，マノーリン (Manolin) は再び一緒に漁に行く話を2度しているが，その度に，サンチャゴは自分

には運がないことを挙げ，共に漁に出ることはできないことだとする。また，マノーリンの深い愛情を感じ "If you were my boy I'd take you out and gamble," と述べた際も同様に，不可能な理由として "You are in a lucky boat." (p.13) と述べる。サンチャゴは運とは人間の力で変えることができないものであり，与えられるものであると思っていた。そのような意味ではサンチャゴにとっては運と運命は同じ意味を持っていた。

　この作品では "fortune" という語が一度だけ使われている。仕留めた後，船にまかじきを引き寄せながら，"He is my fortune," (p.95) と考える場面である。まかじきにサンチャゴの考える2つの運命があったのである。その運命の1つは漁師になり，大魚を釣ることであった。漁に出て1日目の夜，"Perhaps I should not have been a fisherman," と述べた後，次のように続けている。"But that was the thing that I was born for." (p.50) また，まかじきを仕留めた後，鮫の襲撃の合間に魚を殺すことが罪なのではないか，という思いにとらわれた時，彼は次のように思考しその思いを打ち消す。"You [Santiago] were born to be a fisherman as the fish was born to be a fish." (p.105) また，マノーリンがサンチャゴに体を暖かくするようにと言葉を掛けた後，"Remember we are in September." と続けると，サンチャゴは次のような応答をしている。"'The month when the great fish come,' .... 'Anyone can be a fisherman in May.'" (p.18) 本当の漁師とは9月に来るような大魚を釣るものだ，と思っているのである。すなわち，自分は漁師になるために生まれ，そして，今までに見た中で最も素晴らしい魚であるまかじきを捕らえることが運命だと，サンチャゴは信じている，とすることができるであろう。

　"He is my fortune," に込められているもう1つのサンチャゴの運命とはストイックに生きることである。漁に出てから2日目，まかじきの姿を見，大きさを認識したサンチャゴは次のように思考している。"'I'll kill him [the marlin] though,' he said. 'In all his greatness and his glory.' Although it is unjust, he thought. But I will show him what a man can do and what a man endures." すなわち，人間がどれほどストイックになりうるのかを見せるためにまかじきを殺す，としているのである。そして，この直後，彼は次のようにさらに自らを奮い立たせている。"'I told the boy [Manolin] I was a strange old man,' he said. 'Now is when I must prove it.'" これまでに幾度となく証明してきたことだが，彼にとっては意味を成さない。それは続けて述べられている彼の次のような信念のためである "Each time was a new time...." (p.66) サンチャゴは現在その力を証明できることが大切だと考えているのである。彼は決して屈しない。魚が一匹も釣れない日が84日続いても諦めず，85日目の漁に希望を託す。克己する不屈さ，これがサンチャゴの本質であるストイシズムである。

　そして，サンチャゴはストイシズムをまかじきを仕留める過程でも貫く。漁に出てから2日目の日暮れ時，背中の痛みとは次のようなものになっていた。"He did not truly feel good because the pain from the cord across his back had almost passed pain and gone into a dullness that he mistrusted." (p.74) しかし，サンチャゴは，これまでによりつらいこともあったと，そして，右手の傷は大したことはない，左手に起きていた引きつりも今は治っている等を挙げ，頑張らなくてはならないのだと自分自身に言い聞かせる。彼は自らの痛みを他人事のように振舞い，自分の苦痛を認めようとしない。人間はそれに耐えられる。また，耐えるべきだと思っている。まかじきが急に暴れ始め，引かれる綱の摩擦で手に酷い傷を負ってしまう。傷を癒すため海水に浸していた右手を出し，眺め，サンチャゴは次の様に述べる。"'It is not bad,' .... 'And pain does not matter to a man.'" (p.84) まかじきを船に近づけている時，サンチャゴの目には黒い斑点が見え，気を失いかけもした。次のような誘惑に襲われもする。"It was a great temptation to rest in the bow and let the fish make one circle by himself without recovering any line." (p.89) しかし，この後も，まかじきが船に近づくとサンチャゴは立ち上がり，綱を手繰り寄せ始める。まかじきに銛を打ち込んだ時には，綱を持っていた彼の両手は擦り切れ，血だらけになっていた。彼はまかじきをしとめる過程で，自らと闘い，打ち克ったのである。まかじきを仕留めた時，サンチャゴは "more strength he had just summoned," (pp.93-4) をもって，銛をまかじきに打ち込んだ。まかじきをしとめる過程のストイシズム，それが自分の運命である，という意味も "He is my fortune," という言葉には含まれているのである。

## 3. should/ought to と must の違い

　次にヘミングウェイがストイシズムを表現するために，should/ought to と must を効果的に使い分けていることを見ていくこととする。Coats (1983) は大規模なコーパスを用いて，法助動詞を分析した。彼女は must の表す重要な意味2つの一方を "Root meaning (Obligation/Necessity)" であ

る[1]とした上で(p.31)、通例、その意味は主観的なものは強く、客観的なものは弱くなる、と説明している。そして、この意味の強弱の傾向は should の "Root meaning" が表す "(weak) obligation" にもあてはまる、とした上で、次のような分析を示している。

> As with MUST, we find the two co-existent but independent elements of meaning, Subjective—Objective and strong—weak. Where the speaker, in subjective examples of Root MUST, demanded action, with subjective SHOULD, he only suggests it. In the case of MUST the speaker expects to be obeyed, but in the case of SHOULD there is no such expectation.
> As its strongest, SHOULD takes on the meaning of moral obligation, or duty(defined in moral or legal terms). At its weakest, it merely offers advice, if subjective, or describes correct procedure, if objective. (pp.58-9)

本論中で例示する以外の Root meaning の should と must の使用箇所は付録として終わりに表で示してある。ここでは、ヘミングウェイがこの違いを認識し、使い分けていたことを明確に表している例を見て行くこととする。

should は次のような箇所で使われている。"I [Santiago] should fish the day well. Just then, watching his lines, he saw one of the projecting green sticks dip sharply." (41) 直後に続くこの釣竿の引きは、彼の2日に及ぶ格闘の相手となるまかじきによるものであり、サンチャゴは大魚が自分の釣竿にかかったことをこの時点では知らない。前項で示したように、サンチャゴは運がなければ大魚を釣ることはできないと思っていた。よってこの箇所は must ではなく、should が相応しい。運がなければできないことを必ずやり遂げる、とすることはできないからである。

次のような箇所でも should が使われている。"When he thought that he knew that he was not being clear-head-ed and he thought he should chew some more of the dolphin. But I can't, he told himself." (p.85) このようにすぐ後に「できない」とする文が続く場合、should ではなく、must が置かれることは、サンチャゴの人間像に照らし合わせると、不適切になるであろう。must で表したことをすぐ不可能だ、とする態度は、ストイックな人間像を弱めることになるからである。

同様に否定する文を伴う should の使用箇所と，その直後に must を含む文が続いている箇所がある。"No one should be alone in their old age, he[Santiago] thought. But it is unavoidable. I must remember to eat the tuna before he spoils in order to keep strong. Remember, no matter how little you want to, that you must eat him in the morning." (p.48) すぐに否定の文が続く箇所には should を用い，どんなにしたくなくても必ずしなくてはならない，と自分に言い聞かす為には must を用いている。

must は次のような箇所でも使われている。"He [the marlin] is a great fish and I [Santiago] must convince him, he thought. I must never let him learn his strength nor what he could do if he made his run." (p.63) まかじきが跳ね上がり，その姿を初めて見たサンチャゴは "He is two feet longer than the skiff," (p.63) とつぶやく。まかじきに引かれた綱は勢いよく出て行っていた。まかじきに慌てふためいた様子はない。サンチャゴは両手で綱を切れそうになるところまで引き続けてから，緩め，出してやるようにしなければならなかった。そうしなければ，綱が全部たぐり出され，ひきちぎられてしまうことを彼は知っていたのだ。この時，サンチャゴは，生まれて初めて見る大魚に，左手は引きつりを起こした状態で，立ち向かわなければならなかった。不安，弱気を押さえつけ，自らを奮い立たせるように must を使い，やり抜くことを課しているのである。

サンチャゴは must を次のような状況でも使っている。"But I must have confidence and I must be worthy of the great DiMaggio who does all things perfectly even with the pain of the bone spur in his heel." (p.68) 2日目の日暮れ近く，サンチャゴは強い疲れを感じていた。意識的に野球のことを考えようとしたが，試合の結果がわからなくなって2日目だ，という考えが浮かんでしまう。上の思考はこの時なされている。ここで，サンチャゴは，自信を持ち，大ディマジオに値するような人間になった方が良い，とただ考えているのではない。弱気がよぎった自身に対して，そうでなくてはならないのだと，要求しているのである。

must の使用例をもう一つ見ていくこととする。"'The fish [the marlin] is my friend too,' he [Santiago] said aloud. 'I have never seen or heard of such a fish. But I must kill him.'" (p.75) 2日目，日が沈み，夜には星という大勢の友達がいると思考した後に述べられている言葉である。彼は，自分の心に生じたまかじきを殺して良いのか，という迷いに対して，その思いを断

ち切るように must を使い,その遂行を自らに命じているのである。

ought to はマノーリンによって使用される "You [Santiago] ought to go to bed now so that you will be fresh in the morning." (p.23), 1箇所のみである。Coats (1983: 70) は ought to と must の違いについて次のように述べている。"Like Root SHOULD, Root OUGHT expresses weak 'Obligation'; it offers advice rather than gives a command (Root MUST)." 敬愛するサンチャゴにこの場面で使う語としては must は強すぎ,ought to が適切,ということになろう。

このように should と ought to の使用を最小限に抑えることによって得られる効果とはどのようなものであろうか。冒頭で示したように must の使用箇所は 57 であるが,マノーリンが使っている 7 回を除いた 50 回はサンチャゴによるものである。(マノーリンの使用頻度も高いと言えよう。[2] マノーリンはサンチャゴの「正当な後継者」(今村 1990: 237) であるとされており,その本質を受け継いでいるため,とすることもできるであろう。) そして,そのサンチャゴの must の使用箇所 50 の中 45 は,I もしくはサンチャゴ自身を指す you が主語となっている。サンチャゴが使っている must の大半は,克己を必要とする気持ち,すなわち,不安や弱気,迷い,楽をしたいという誘惑等がよぎった時,その思いに克つために,また,自らに困難を伴う事柄をさせようとする時,自身を奮い立たせるために,用いられているものである。サンチャゴは,その実現が要求されない should ではなく,must を用い遂行されなくてはならない義務とすることによって,その思い,苦しみに打ち克つことを自らに課しているのである。must の多用は自らと闘い,乗り越えようとする彼のストイシズムの表れとなっているのである。

## 4. must と have to の違い

次に have to に比べ,must を多用している理由を考えていくこととする。must は 57 回に対して,have to は 4 回とその使用回数は大きな隔たりがある。(have to + 否定形式は含んでいない。そのため,must + 否定形式を除くと must—50 に対して,have to—4 となる。)

Coats (1983) は,"Root meaning" における must と have to の違いは,従来の研究においても話しての関与 (involvement) という点において強調されてきたと述べた上で,次のような分析の結果を示している。[3] "My analysis of the data confirms that the two words [must and have to] are distinct in terms of subjectivity: with MUST, the speaker has authority, while with HAVE TO the authority comes from no particular source." (p.55) この違いは次のようにも説明される。must と異なり，have to によって表される義務は話し手から出ているものではない (p.56)。

　ヘミングウェイはこの違いを認識し，効果的に must と have to を使い分けている。この違いを考え The Old Man and the Sea を読む時，ヘミングウェイがサンチャゴに多用させているのが must であるということは，彼のストイックな生き方を強調する効果を生んでいるということに気づく。have to が表す外部から課された義務よりも，must が表す自らが課した義務に耐えて生きていることの方がよりストイックである，とすることができるからである。must についてはすでに見，その義務が，外的要因によるものではなく，話し手によって課されたものであることは確認してきた。ここでは have to の4つの使用箇所を見ていくこととする。have to はすべてまかじきとの格闘の場面でサンチャゴによって使われている。

　1. "If I have to have it [Santiago's left hand], I will open it, cost whatever it costs." (p.60) この発話の時点ではサンチャゴの左手は引きつりを起こしており，開けることができない状態であった。この言葉の前に彼は服にこすり付けるなどによって，左手を開けることを試みているが，開くことは不可能であった。左手を必要とする状況になったら，どんな犠牲を払っても開かせる，この言葉とはそう自分に言い聞かせているのである。

　2. "But soon he[the marlin] has to circle." (p.84) この発話は漁に出て3日目の夜明け前になされている。この時点までに，まかじきは12回以上跳びあがり，サンチャゴは，まかじきに引かれ出て行く綱を切れそうになるまで押さえ，放つ，という動作を繰り返し行っていた。その新たに出て行った綱が水中で起こす摩擦をも，まかじきは引っ張らなくてはならず，このこともまかじきを疲れさせるはずであった。サンチャゴはこの言葉の前に "You[Santiago]'re holding him again but you cannot get line." と述べている。このような状態では，まかじきというのは生理現象としてすぐに "circle" しなくてはならないものであると，自分自身に対して，不安を抑えるように言っているのである。

　3. "You have to last." (p.88) この言葉も自らに述べているものである。この発話の前に "'I have no cramps,' he said. 'He[the marlin]'ll be up soon and I can last.'" という文が置かれ，まかじきとの格闘を続けなくてはなら

ない外的条件が示されている。また，1. ストイシズムの項で示した，まかじきを仕留めることが自分の運命である，というサンチャゴの認識を示している，とすることもできるであろう。

　4. "'Fish [the marlin],' the old man said. 'Fish, you are going to have to die anyway. Do you have to kill me too?'" (p.92) この箇所とは自らも失神しかけながらも，銛を打ち込むために，まかじきを引き寄せながら述べている言葉である。3. と同様にこの have to もサンチャゴの運命に対する認識を示すこととなっている。この発話で，サンチャゴは自分がまかじきを殺すように運命づけられているのと同様に，まかじきもサンチャゴを殺すように定められているのか，と聞いているのである。

　上で見てきたように，have to が表す義務／必要は外的要因によるものであり，must に見られるような話し手の関与はない。そして，このことは，サンチャゴの運命についての認識，すなわち，ストイックに生きる理由をより明確にする効果をも，この作品では持っているのである。

## 5. まとめ

　ヘミングウェイはこの作品について次のように語っている。"I have had to read it now over 200 times and every time it does something to me." (*Time*, 8. Sep. 1952) すなわち，*The Old Man and the Sea* とは，ヘミングウェイにとって言葉の選択に特に自信のある作品である，とすることができるであろう。ヘミングウェイは must, have to, should, ought to を使い分けることが作品の重要な主題を表す手段になることを認識し，効果的に使用している。must の使用箇所に should，ought to，もしくは have to が置かれていたとしたら，読み手が受けるサンチャゴのストイックな人間像に大きな影響を与えていたと言えるのではないであろうか。読者はこれら4つの語によっても，ヘミングウェイがこの作品でストイシズムを描き出そうとしたことを知ることができるのである。

注

　使用テキストは *The Old Man and the Sea* (Scribner Paperback, 1980)。引用の頁はすべてこの版による。
1) Coats は must の持つ意味のもう一方は Epistemic meaning (logical Necessity/ confident Inference) であるとしている (p.31)。また，Root MUST の意味は "a cline extending from strong to weak Obligation (from cases which can be paraphrased

'it is imperative/obligatory' to cases where the paraphrase 'it is important' is more appropriate)" (p.32) を成しているとしている。しかし, "the native speaker's psychological stereotype of Root MUST" とは "...essentially performative and can be paraphrased by 'I order you to play this'." (p.33) であると述べている。ヘミングウェイはこの言葉が与える感覚を効果的に使っているのである。

2) 長編小説 Across the River and Into the Trees( 1950, Scribner's) が, アーネスト・ヘミングウェイの作品の中で, The Old Man and the Sea に出版年が最も近い。主人公リチャード・キャントウェル ( Richard Cantwell ) の Root meaning の must の使用回数を比較のために示すと, 15 である。マノーリンが登場する頁の枚数は 23 である。

3) Coats は must は objective meaning も表しうる為, have to と意味が重なることもありうるとしつつも (p.55), "MUST, however, occurs rarely in its objective sense." (p.55) としている。そして, "HAVE GOT TO and HAVE TO are not true modals," (p.52) と, また, 扱っている他の法助動詞とデータの取り方が異なっていることについても, 次のような断りをしている。"Unfortunately, the Survey of English Usage has no file for either of these forms [HAVE GOT TO and HAVE TO], and I have therefore had to collect examples in a random fashion, as best I could. This material (136 examples in all) is sufficient to allow me to describe the formal and semantic characteristics of HAVE GOT TO and HAVE TO, but for statistical details I shall have to rely on the Lancaster sample."(p.52) Survey of English Usage は話しことばのコーパスであり, Lancaster は書きことばのコーパスである。

**参考文献**

Coats, J. 1983. *The Semantics of the Modal Auxiliaries*. Croom Helm.
High, P. B. 1986. *An Outline of American Literature*. Longman.
今村楯夫. 1990.『ヘミングウェイと猫と女たち』新潮社.
柏野健次. 2002.『英語助動詞の語法』研究社.
Larkin, D. 1976. "Some Notes on English Modals." In J. D. McCawley ed., *Syntax and Semantics* 7: Notes from the Linguistic Underground. Academic Press. 387-98.
村田勇三郎. 1982.『機能英文法』大修館書店.
Quirk, R., S. Greenbaum, G. Leech, and J. Svartvik. 1985. *A Comprehensive Grammar of the English Language*. Longman.
澤田治美. 2006.『モダリティ』開拓社.

***The Old Man and the Sea*** における should の使用箇所：左欄は頁，右欄は should を含む文を示している。発話はすべて Santiago によってなされている。27 頁の文は全知の語り手の視点から書かれており，49 頁と 74 頁の文は Santiago の思考。

| 17 | "Do you think we should buy a terminal of the lottery with an eighty-five?" |
|---|---|
| 20 | "Should we eat?" |
| 22 | "Should we talk about Africa or about baseball?" |
| 27 | It was all he would have all day and he knew that he should take it. |
| 49 | But perhaps he has been hooked many times before and he knows that this is how he should make his fight. |
| 55 | "You shouldn't be that tired after a windless night." |
| 74 | Perhaps I should eat some of it when I clean it. |
| 125 | "It should be sharp and not tempered so it will break." |

***The Old Man and the Sea*** における must の使用箇所：左から頁，must を使用している人物（Santiago の発話，思考によるものは S，Manolin によるものは M の表示とする），must を含む文の欄とする。

| 10 | M | "I am a boy and I must obey him." |
|---|---|---|
| 20 | S | "I must thank him." |
| 20 | S | "I must give him something more than the belly meat then." |
| 21 | M | I must have water here for him, the boy thought. |
| 21 | M | I must get him another shirt and a jacket for the winter and some sort of shoes and another blanket. |
| 21 | S | "In the other league, between Brooklyn and Philadelphia I must take Brooklyn." |
| 26 | M | "It is what a man must do." |
| 27 | M | "Now I must get your sardines and mine and your fresh baits." |
| 45 | S | "I must hold him all I can and give him line when he must have it." |
| 48 | S | You must do nothing stupid. |
| 50 | S | I must surely remember to eat the tuna after it gets light. |
| 54 | S | I must not jerk it ever, he thought. |
| 56 | S | Now I will pay attention to my work and then I must eat the tuna so that I will not have a failure of strength. |
| 57 | S | "Now," he said, when his hand had dried, "I must eat the small tuna." |
| 59 | S | But I must kill him and keep strong to do it. |
| 60 | S | Mine I must improvise to his because of his great size. |
| 64 | S | It must uncramp. |

| 66 | S | "I must save all my strength now." |
|---|---|---|
| 75 | S | Imagine if each day a man must try to kill the moon, he thought. |
| 75 | S | Now, he thought, I must think about the drag. |
| 76 | S | No matter what passes I must gut the dolphin so he does not spoil and eat some of him to be strong. |
| 77 | S | I must cushion the pull of the line with my body and at all times be ready to give line with both hands. |
| 77 | S | "You must devise a way so that you sleep a little if he is quiet and steady." |
| 77 | S | Still I must sleep. |
| 77 | S | It is too dangerous to rig the oars as a drag if you must sleep. |
| 78 | S | He must pull until he dies. |
| 83 | S | He will start circling soon and then I must work on him. |
| 86 | S | I must hold all I can, he thought. |
| 87 | S | Now I must convince him and then I must kill him. |
| 88 | S | I must hold his pain where it is, he thought. |
| 91 | S | But I must get him close, close, close, he thought. I mustn't try for the head. I must get the heart. |
| 92 | S | I must get him alongside this time, he thought. |
| 92 | S | You must keep your head clear. |
| 95 | S | "But I have killed this fish which is my brother and now I must do the slave work." |
| 95 | S | Now I must prepare the nooses and the rope to lash him alongside, he thought. |
| 95 | S | I must prepare everything, then bring him in and lash him well and step the mast and set sail for home. |
| 99 | S | All I must do is keep the head clear. |
| 103 | S | But I must think, he thought. |
| 106 | S | I must not deceive myself too much. |
| 111 | S | I must think of nothing and wait for the next ones. |
| 113 | S | I must let the first one get a good hold and hit him on the point of the nose or straight across the top of the head, he thought. |
| 117 | S | I must not think nonsense, he thought. |
| 124 | M | "Now we must make our plans about the other things." |
| 125 | S | "We must get a good killing lance and always have it on board." |
| 126 | M | "You must get well fast for there is much that I can learn and you can teach me everything." |

# 『ハムレット』における劇作家・役者・観客

横 山 多 津 枝

　演じるということ，また劇を観るということはどういうことであろうか。劇が他の文学形態である小説や詩と大きく異なる点は，上演を目的として書かれていることである。劇の三大要素とは，言うまでもなく，劇作家・役者・観客である。本論ではシェイクスピア劇を通してこの三大要素を分析していこうと考えている。劇作家はシェイクスピア，役者は芝居の登場人物を演ずる人たち，また観客はエリザベス朝の観客や，現代の観客一般を指す。文学という芸術には読むという行為も含まれるので戯曲の読者の立場もあるのだが，この論議は別の場に譲る。シェイクスピア自らが役者の経験があったという事実を鑑みれば，この三者への言及が多く見られるのは当然のことかもしれない。

　悲劇『ハムレット』は，劇の中に劇を観るというメタ・ドラマ的要素の濃い作品である。この作品の中で劇作家・役者・観客の構造が他の作品よりも顕著であることは，それを内包する多くの台詞に起因している。[1] 例えば"play"という劇用語は，この劇では30回以上使用されており，その意味するところは多岐にわたっている。他にも劇用語が頻繁に繰り返し用いられ，時には文脈から必ずしも劇に関してではないことが比喩的に表現されている例もある。この点は本論で後述する。

　劇作家シェイクスピアは，当時の実際の役者を思い描き，観客を多いに意識した台詞を書いていたと言われている。しかし彼の劇は当時の観客の心に響くだけではなく，いつの時代の観客にも時代を超えた様々な方法で感銘を与える普遍性を持っていることは確かである。劇中では観客に多くの劇進行上の情報が与えられ，役者の台詞一つ一つが観客に訴えかけ，情報を手にした観客は劇作家・役者と一体となって劇中人物と同化していく存在となるのである。ハムレットが亡霊から亡き王の死の理由を聞かされ，秘かに復讐を誓う時，観客のみがそのことを知っている。一方ハムレットから情報をもたらされたホレイシオは，劇の進行につれて観客に準ずる立場となりこの劇の面白さを盛り上げることになる。

本論では以上のような視点を踏まえて,『ハムレット』における劇作家・役者・観客のダイナミズムを明らかにしていきたい。方法としては『ハムレット』の台詞の中に言及されている三大要素を指す劇用語を抽出し,これらの間に見られるダイナミズムを分析していくことにする。

## 1. 第一要素：劇作家について

劇作家に当たる語としては,"author" や "writer" などが数回挙げられているのみであり,"playwright" という語は使われていない。難解な語と平易な語をしばしば使い分け,好んで新しい語を取り入れようとするシェイクスピアにしては,少々さびしい点ではある。[2] 劇中では作家の顔は僅かにしか垣間見ることが出来ないと言えるかも知れない。

数少ない例ではあるが,当時の都での劇場事情が言及されるところで,「ペンは剣よりも強し」をもじって,子供劇団の劇作家のことは「ガチョウの羽」(many wearing rapiers are afraid of goose-quills 2.2.341)[3] と表現されたり,「作者(ライターズ)」(348) という語が与えられている。また "author" という語は劇中二度使用されており,作家を意味するのは,次の台詞の時である。[4] ハムレットが都の役者たちに以前に観た良い芝居を例示するところで,それが良かったのは,「作家の気取りが見えるような台詞がなかった」(no matter in the phrase that might indict the author of affection 2.2.438-9)[5] と話すところである。作家に関する言及は後の役者のそれと比べると僅かである。

## 2. 第二要素：役者について

役者は文字通り,"player","actor" という語が使われており,それぞれ動詞や名詞のヴァリエーションがハムレット等の台詞にでてくる。まずは "play" という語とその関連語句からみていく。

芝居や役者の具体的な言及があるのは,都の役者の来城を告げる箇所である。[6] 彼等には "player(s)" という語が与えられ一貫している。クローディアスに呼ばれてエルシノアに来た学友ローゼンクランツ等から,ハムレットは大人の役者が「鷹の雛」(little eyases 2.2.337) にお株を奪われて都を追い出されているという事情を知る。「鷹の雛」とは,当時勢いを増してきた子供劇団を指している。これは劇の成立年代を特定する重要な手がかりとなるが,アーデン版編者ジェンキンズは,1600年終わりにかけてブラックフライヤーズ劇場で公演したチャペル少年団がこの子供劇団にあたると説明して

いる。[7)]
　ローゼンクランツによれば，「鷹の雛」は大人の「並の舞台(コモン・ステージズ)」(340) を蹴散らし，甲高い声を上げて大喝采を受け，大衆芝居を声高に非難し扱き下ろす勢いであるという。声変わりして大人になってから役者になるかもしれないことを考えれば，彼等が自分たちのなれの果ての大人役者(コモン・プレーヤーズ) (343) をけなすことを，ハムレットはいぶかしく感じずにはいられない。
　憂鬱に悩む若者ハムレットであるが芝居のことになると雄弁に語り，少なからず醒めた目で役者を見ている。都の役者たちに御前劇を依頼し，演技指導をするところがある。

> Speak the speech, I pray you, as I pronounced it to you, trippingly on the tongue; but if you mouth it as many of your players do, I had as lief the town-crier spoke my lines. Nor do not saw the air too much with your hand, thus, but use all gently;　　　　　3.2.1-5

台詞は軽快に，大げさに言わないでくれ，「手で空を切る」ようなまねはせず穏やかにやりたまえなど。彼にとっては，声を張り上げる大げさな演技は良い演技とは言えない。さらに，ふんぞり返ってうなるような声をだしている役者を，彼は神様の見習い(ジャーニーマン)が創り損ねた人間に喩える。そこからシェイクスピアの活躍していた当時，大方の役者の演技は，大げさな身振りや台詞回しを盛り込んだものであったろうと推測される。ハムレットはこのような役者に嫌悪感を抱いていたのだ。"player" の語は，都の役者のみならず，彼が展開する演劇論の役者一般を指す。「役者というのは秘密を守れないものなんだ」(The players cannot keep counsel: 3.2.137) は劇中劇の黙劇の直後に挟まれるハムレットの言葉である。自分の演出した劇中劇の意図が漏れてしまうのではないか危惧している様子が窺える。
　これらの劇用語と密接に関わる派生語の "play" や "act" はどうであろうか。"play(s)" は劇中 34 回使用されており，劇を「演じる」という意味や「劇中劇」を指すものがほとんどである。しかし他に劇という文脈なしに使われている場合もある。「楽器を演奏する(プレイ)」というコンテクストでこの語が使われているのは，王クローディアスが劇中劇に激怒した後，その腰巾着のローゼンクランツ等が劇の主催者であるハムレットを偵察に来る場面においてである。彼等に対してハムレットは「この笛を吹けるか」( Will you play upon this pipe? 3.2.341-2) と挑む。これはその場にいた宮廷楽士の持ってい

たリコーダーからの連想で，彼等が自分を思うままに操ろうとしたことに反感を持つ台詞である。"play"という語はまた，第5幕で「フェンシングの試合をする」という意にシフトしていく。劇にまつわる語を巧みに導入し随所に配し，観客に劇であることを喚起しているのである。

さて"player"と並んで役者を意味する"actor"は，ポローニアスとの関連において出てくるのみである。都の役者の来城を告げる時の台詞，「世界一の名優がやってきました，悲劇よし，喜劇よし，歴史劇よし」(2.2.391-2)とポローニアスは道化役者よろしく観客の笑いを誘う。ここでの役者がなぜ"actors"であり"players"でないのかは，復讐劇に必然的に巻き込まれることになるポローニアスの立場と劇中での"act"という語にかけられた語の重みとを物語っているのではなかろうか。

"act"はラテン語の語源を持ち，「演技すること」，「幕」などを意味する劇用語である。しかし同時にその枠には入らない使われ方もある。それはこの語自体に行為者の意志の力が内在されているからではなかろうか。特に印象的な箇所としては，あるが，それはハムレットがルネッサンス的人間観を謳歌し，人間は「その行為においてなんて天使のようなんだ」(What piece of work is a man ... in action how like an angel 2.2.303-6)という所である。また彼の独白の中で，復讐の動機がありながらも行動に移せないことを嘆く台詞にもこの語が使用されている (... lose the name of action. 3.1.88)。復讐の誓いを亡霊と交わし，亡霊の言葉の真偽を迷いながら復讐を引き伸ばしていく彼の中では，"act"あるいは"action"は復讐の行為と同義になるのである。

彼の演劇論の頂点はまさに次の台詞に投影している。

> Suit the action to the word, the word to the action, with this special observance, that you o'erstep not the modesty of nature. 3.2.17-9

彼が繰り返し言うように，演技を言葉に，言葉を演技に合わせるということは，「自然の節度を超えず」，さらには「自然に向かって鏡をかかげる」(to hold as 'twere the mirror up to nature 21-2)ようにするということであり，これが芝居という名の鏡で真実の姿を映すことである。しかし鏡はすべての真実を映すものであろうか。[8] 右と左が逆になるということは，実際とは異なった映像を提供することにもなりかねない。また，それが真実であっても現実味に欠けることになるかもしれない。ここでも"action"の意は，「演技」のみならず，より含蓄の深い枠組みに入ることは疑いの余地もない。

演劇論はハムレット自身への内省の引き金となる。彼は役者の熱意に，復讐を誓いながらも行動できない自分の姿を重ね合わせていく。役者は絵空事に全身全霊を打ち込み，想像の世界へ容易に入り込み，蒼ざめた顔をして涙を流す。そして「すべては無」であることを承知し，芝居という虚構をあたかも現実であるかのように演じる。

> Is it not monstrous that his player here,
> But in a fiction, in a dream of passion,
> Could force his soul so to his own conceit
> That from her working all his visage wann'd,
> Tears in his eyes, distraction in his aspect,
> A broken voice, and his whole function suiting
> With forms to his conceit? And all for nothing!　　　2.2.545-551

ハムレットは，役者に自分と同じ情熱の動機があり，きっかけがあったらどうなるか，父王を殺され，復讐の動機が十分にありながら実際の行動に容易に移せない自分を嘆く。[9]

## 3. 第三要素：観客について

劇中，観客を意味する語は，"audience"と"spectator"などがある。"audience"はラテン語の"audire"を語源とする「聞く」，"spectator"は同じくラテン語の"spectare"を語源とする「観る」の意である。このニュアンスの異なる両語は劇中に巧みに使い分けられている。"audience"は必ずしも観客の意のみに使われているわけではない。例えば，劇中劇の後にハムレットが母親ガートルードの部屋に呼ばれるが，その時に壁掛けの後ろにポローニアスが「聞き役(オウディエンス)」(3.3.31)になるために潜むことになる。また第5幕，フェンシングに臨むハムレットはそこで「聴衆(オウディエンス)」(5.2.236)の前でレアーティーズに許しを請う場面がある。さらにフォーティンブラスの台詞中の「聴衆(オウディエンス)」(392)には，ホレイシオの口を通して最後の場の惨状の顛末を「聞く」という動作が強調されている。

"spectator"が唯一言及されるのは，先ほどの「演技を言葉に合わせる」という演劇論の中で，道化が「ばかな観客(スペクテーターズ)」(3.2.39)の笑いを誘うために自分から笑い出す役者がいるという台詞の中である。ここでは観客は否定的な視点で捉えられ，低俗な役者の演技を喜ぶイメージが彷彿される。Gurrは，

まさにこの劇の書かれた頃を境として、シェイクスピアが「聞く」という概念から、劇などを「観る」対象としての"spectator"の用語使用へ移行していくことを指摘している。[10]

他に観客を示す、「平戸間の観客」(the groundlings 3.2.11) という語句がある。ハムレットの言葉を借りれば、訳の分からない黙劇に反応する低俗な観客という意味で、騒がしい舞台を好む観客を揶揄した語である。青山誠子氏は、シェイクスピアの活躍していた1590年から1610年頃、観客の嗜好は、どたばた劇から洗練された劇を好むように変わりつつあったことを指摘している。[11]このような過渡期にあたりハムレットは大衆から一線を画した立場をとり、大衆が珍味の「キャビア」(2.2.433) が分からないのと同じように、芝居の良さも何も分からない観客の話をし、芝居は大衆に受けるより目利きの通が一人分かればいいのではないかという極論へと発展していく。ハムレットの理想とする観客観というのは、必ずしも一般的なものではなく、彼の演劇論を共有できることができる観客のみを観客として認めていたのであろう。

一般に劇の要素としての観客はもっと幅の広いものである。観客は、最初から最後まで固唾をのみながら見守り、あくまで客観的な立場で芝居を観る存在である。観客は、亡霊がハムレットに地獄の苦しみを話し復讐を誓わせることを知っている。ハムレットが、その真偽に悩み、劇中劇を主催すること、ねずみ取りによって真実を探るために友人のホレイシオに声をかけることも知っている。加えてハムレットは知るよしもないが、兄嫁を娶りながらも義理の息子ハムレットの陰に怯えて、秘かに兄弟殺しの罪を悔いて祈ろうとしているクローディアスの心の内も知っている。こうして観客は復讐劇を眺め、主要登場人物が次々と死を迎える時、悲劇に感銘する。しかし、死ぬ間際のハムレットは惨劇のすべての説明を朋友ホレイシオに託し、ホレイシオはここでハムレットと心を共有する存在となる。[12]それ故、ホレイシオは感情の高まりを抑え、淡々とエルシノア城に繰り広げられた悲劇をすべて語るのである。ホレイシオは唯一生き残った役者として託された台詞を伝え（スピーク・デリバー）、他国からの部外者として登場するフォーティンブラスはあくまで"audience"として、また観客自身も"audience"に組み込まれて、ホレイシオに耳を傾けることになる。

換言すれば、ホレイシオは観客と同様の知を持って劇を終焉へと導いていく。最後の場面でフォーティンブラスが「ハムレットを武人にふさわしく壇

上に上げろ」(Bear Hamlet like a soldier to the stage 5.2.401) と命ずる。復讐を遂げたにもかかわらず一命を落とすことになった王子を，武人らしく壇上に上げその死を悼む場面で，観客は突然芝居という現実を見せられる気がする。[13] この壇上 "stage" は，実は舞台とも読みとれる。復讐劇を演じて果てたハムレットを再度舞台に上げることにより，王子として復讐の命に翻弄されてきたハムレットと，客観的な醒めた目をして演劇論を披露してきたハムレットの姿が二重写しになる。

　舞台について一言付け加えたい。"stage" の語は，最初はこの論の始めに指摘した子供劇団が揶揄する大衆の舞台を意味する時以外に，あまり使われていない。これだけ他の劇用語が何度も使用されているにもかかわらず，舞台そのものに対することが表現されていないことには伏線があったようだ。それは最後のフォーティンブラスの台詞のインパクトを高めるためであったのであろう。

## 4. 三要素が集約される劇中劇について

　ハムレットが演劇指導する劇『ゴンザーゴー殺し』が上演されることになった時，彼は秘かに，罪あるものが芝居を観て場面の真実に打たれ悪事を告白することを願い，芝居で王の本心を捉えてみせると独白する。

> The play's the thing
> Wherein I'll catch the conscience of the King.　　　2.2.600-1

　この劇中劇はハムレットが劇作家あるいはディレクター，役者，観客の三者の立場を披露する場となる。彼の思い描く演劇観を心得た役者が，創作の台詞と思われるものを挟み込み上演するが，オフィーリアの言葉を借りればコーラスのように合いの手を入れ，彼は劇中劇進行にコーラスとして参加して一役買うことになる。[14] 彼の思惑通り，劇を見たクローディアスの反応を学友のホレイシオと共に観察し，クローディアスがハムレット王を殺害したことを確信する。

　それまで抑制した自然な演技を力説していたが，果たしてこの劇中劇がそれを反映しているかは疑問が残る。劇中劇役者の台詞まわしはかなり古典的な様相を呈しており，劇作上も新奇をてらうものではない。ただし大衆に受けなくてもごく僅かの通に受ければ良いと言っていたように，この場合はクローディアスにメッセージが届いたわけであるから，それでよしとすべきか

も知れない。

　芝居の比喩表現が頻繁にハムレットの口を通して述べられるのは，自身が劇を演じ劇作するからである。無事に英国から帰還した彼は，友人のローゼンクランツとギルデンスターンが，ハムレット殺害を依頼したクローディアスから英国王宛の手紙を所持していたことを暴き，「芝居の筋書きも思いつかない内から，幕を開けるはめになった」(I could make a prologue to my brains, / They had begun the play 5.2.30-1) と漏らす。ハムレットは劇中劇のみならず，終始作家としてのスタンスを持っている感がある。

　ここまで『ハムレット』の随所に見られる劇用語を手がかりに劇作家・役者・観客の三大要素を分析してきた。劇作家を示す語は，"writer"，"author"，"goose-quills" だけであり，劇作家の顔は積極的に劇の表にでてこない。役者に関しては "player" や "actor" が使用されており，それらはハムレットの演劇論に直結する。また関連語である "act" の語に内在するものは，劇の復讐のテーマと重なってくる。観客は，"audience"，"spectator" の語で表され，どたばた劇に興じるという否定的な視点から捉えられている例がある。しかし観客に関しては，もう少し幅広い視点から見る必要がある。

　ハムレットは芝居の現状を揶揄しながらも，理想的な舞台づくりを披露し，演劇観は自身参加型の劇中劇演出という形で実現される。彼の理想と実際に演じられる劇中劇とはかなりの開きがあるように思われるが，劇の三要素である，劇作家・役者・観客を凝縮し完結させるべく仕組まれた新しい劇であることは確かである。

　入れ子のように劇の中にもう一つ劇をはめ込み，二重に構成された劇を見ることによって，観客の視点が拡大していくように感ずることがある。この劇構造がハムレットによって提示されることにより，観客は距離をおいて観ることができるようになる。劇中劇と『ハムレット』劇の二重の劇に登場し演ずるハムレットを，しっかりとこの劇構造の枠組みで把握せねば，本当の意味でこの劇を解釈して観ることはできないのではないか。ホレイシオが伝達の役を担うようになるところで，観客は劇作家によって，役者と観客の存在を気付かされることになる。

　ハムレットが執拗に声を張り上げた大げさな身振り手振りの役者の演技を非難する理由は何であろうか。シェイクスピアは結局その非難が劇作家である自分に返ってくることを承知の上で，敢えて役者の口を借りて，新たな

る視野の存在つまりこの三大要素のダイナミズムを喚起する目的があったのではあるまいか。

## 注

1) Kierman はこの劇には多くの「劇場の隠喩や劇の解説」があるがこれは，この劇のリアリティーとフィクション性を高めていくものであると説明している。Kierman 1996 pp.122, 125.
2) シェイクスピアが難解な語と平易な語を使い分けている好例として，『マクベス』が挙げられる。マクベスは，ダンカン王を殺した後の自分の血まみれの手が，「大海原をも真紅に染める」(The multitudinous seas incarnadine  *Macbeth*  2.2.61)，また「緑の海を赤に変えるのだ」(Making the green one red 62 ) とも嘆く。前者の "multitudinous" はラテン語の "multitude" ( 多いこと ) をルーツとした語で，格調高い最初の文は教養のある観客に訴えかけるが，後者は平戸間の大衆に呼びかけている。引用は下記の版による。
W. Shakespeare 1955 *Macbeth* ed. by Kenneth Muir. Methuen.
3) 本論の『ハムレット』からの引用は次の版による。
W. Shakespeare 1982 *Hamlet* ed. by H. Jenkins. Methuen.
4) もう一方の "author" は作家ではなく，"he or she who first causes or creates anything" (Schmidt, *Shakespeare Lexicon* 参照 ) を意味する。
5) "affection" は "affectation" を意味する。( アーデン版は "affection")
6) 旅回りの役者はエリザベス朝，ジャコビアン朝の時代に見られ，ロンドンを根拠地にしていた役者だけではなく，地方都市の役者もいた。この辺の事情は次の本が詳しい。Keenan 2002 pp.1-2.
7) W. Shakespeare 1982 *Hamlet* ed. by H. Jenkins, p.255.
また，他説もある。W. Shakespeare 2001 *Hamlet* ed. by Y. Takahashi and S. Kawai 大修館 Introduction の p.25 参照。
8) 鏡の解釈はいろいろな説がある。例えば，Kenney はこの鏡を，「見る人が見たいものを見せるもの」と定義している。Kenney 2003 p.122
9) Allman 1980 p.230.
10) Gurr 1987 pp.84-5.
11) 青山誠子 1991 p.76.
12) 岡本靖正氏は，最後にフォーティンブラスに顛末を説明する時のホレイショの役割を次のように説明する。「それは完全には観客だけが見とどけた一部始終の的確な要約であり，その観客の〈知〉の最小限必要な『ことの真相』は，劇中で「それを伝えることのできる」唯一の人物ホレイショを通じて，彼もその一員である共同体の他の成員たちに確認される用意がここでなされ，そのこと自体が最終的に観客によって確かめられている」としている。岡本靖正 2005 p.12.
13) 玉泉八州男氏によれば，ハムレットの最期を受けたフォーティンブラスやホレイショの台詞がそっけないのは，この劇をハムレットの悲劇として焦点を合わせていた「映

像を次第に遠景化し，政治的，社会的背景の中で愚かな惨劇として捉え直すため」であると述べている。玉泉八州男 2004 pp.327-8.
14) ハムレットの劇の途中でのコメントは，宮廷での観劇ではよくあることであった。しかし，彼のコメントは，特権階級の観衆というより，"bureaucratic functionary" であると Westfall は解釈する。Westfall 1989 p.61.

**参考文献**

Allman, E. J. 1980. *Player-King and Adversary: Two Faces of Play in Shakespeare.* Louisiana State UP.
Andrews, M. C. 1989. *The Action of Our Death: the Performance: Death in English Renaissance Drama.* Accociated UP.
青山誠子．1991.『シェイクスピアの民衆世界』研究社．
Barker, W. L. 1995. "'The Heart of my Mystery': Emblematic Revelation in the *Hamlet* Play Scene." *Upstart Crow.* 15, 75-98.
Berry, R. 1993. *Shakespeare in Performance: Casting and Metamorphoses.* St. Martin's Press.
Coursen, H. R. 1992. *Shakespearean Performance as Interpretation.* Newark UP.
Crowl, S. 1992. *Shakespeare Observed: Studies in Performance on Stage and Screen.* Ohio UP.
Gurr, A. 1987. *Playgoing in Shakespeareís London.* Cambridge UP.
Howard, J. E. 1984. *Shakespeare's Art of Orchestration: Stage Technique and Audience Response.* University of Illinois Press.
Keenan, S. 2002. *Travelling Players in Shakespeare's England.* Palgrave Macmillan.
Kenney, A. F. 2003. *Shakespeare by Stages: An Historical Introduction.* Blackwell.
Kiernan, P. 1996. *Shakespeare's Theory of Drama.* Cambridge UP.
Nojima, H. 1995. "The Mirror of Hamlet." In Y. Ueno ed., *Hamlet and Japan.* Ams Press.
岡本靖正．2005.『シェイクスピアの読者と観客』鳳書房．
Skura, M. A. 1993. *Shakespeare: the Actor and the Purpose of Playing.* University of Chicago Press.
Styan, J. L. 1977. *The Shakespeare Revolution: Criticism and Performance in the Twentieth Century.* Cambridge UP.
玉泉八州男．2004.『シェイクスピアとイギリスの民衆演劇の成立』研究社．
Westfall, S. R. 1989. "'The Actors are Come Hither': Literary Analogues of Itinerant Player Troupe Procedures." *Theatre Survey.* 30, 59-68.
Westlund, J. 1978. "Ambivalence in The Player's Speech in *Hamlet.*" *Studies in English Literature 1500-1900.* 18, 245-56.

# 翻訳における文化的要因と動的等価性
## ── D. H. ロレンスの「二羽の青い鳥」をめぐって ──

石 川 慎 一 郎

## 1. はじめに

　Jakobson（1959）の定義に従えば，翻訳には，1 言語内翻訳，言語間翻訳，記号体系間翻訳の 3 種がある (p.233)。本稿では，このうち最も一般的な言語間翻訳をとりあげ，文化的負荷の高い原文と訳文の間で動的等価性 (dynamic equivalence) がいかに確保しうるかを考察してゆく。

　翻訳とは，言語 A から言語 B へ，起点言語から目標言語への置換作業である。ここで問題になるのは，起点言語にどの程度即した翻訳を行うべきか，いわゆる直訳と意訳，加えてそれらの「中間訳」（中村，2001, p.33）からなる連続体においてどの位置を基本にするかということである。

　かつて野上（1938）は「無色的翻訳論」を主張した。これは，日本語での自然さを問題にするのではなく，原文の字義通り一字一句の置き換えこそが最良の翻訳であるとする考え方である（別宮，1979, pp.31-2）。これはあまりに極端な主張だとしても，直訳の重要性を強調する実践家は多く，藤岡（2000）は意訳や「穿ち訳」を批判しつつ，良い翻訳とは「対訳に耐えられる翻訳」であるとする (p.101)。中村（2001）は，原文の意味を尊重する点で「意訳こそ『直』訳」であるとしつつも (pp.152-3)，原文に対して「不即不離」の立場こそが「翻訳の理想」としている (p.88)。一方，そもそも「翻訳者は反逆者である」(Traduttore, Traditore) として，直訳の不可能性を指摘する立場も古くから存在する。

　翻訳論の研究の系譜の中で，直訳か意訳かという二項対立に明確な示唆を与えたのは Nida & Taber（1969）であった。言語学者であると同時に聖書学者でもあった両者は，翻訳の「新概念」を唱え，従来の原語や形式を絶対視する翻訳ではなく，読者の理解と反応を重んじた翻訳の重要性を主張した。起点言語の知識を持たない読者であっても「誤解の余地がほとんどない」自然な訳が翻訳の理想とされる (p.1)。このように読者の視点を中心に翻訳の在り方を問い直す視点は，ほぼ同時期に Wolfgang Iser が提唱した文学解釈

における受容美学の視点と通底するものである。

Nida & Taber (1969) はまた，翻訳では起点言語を神格化せず「形式を変更してもメッセージの内容を保持する」ことが重要であると説いた (p.5)。翻訳とは言語 A から言語 B への直線的置換ではなく，解析 (analysis) によって言語 A からメッセージ (X) を抽出し，それを対象言語のメッセージ (Y) に転移 (transfer) したあと，再構成 (reconstructuring) して言語 B に仕上げる複合的営みとされる (pp.33-4)。

彼等が繰り返し強調するように，翻訳者が追及すべきは，形式的一致 (formal correspondence) や翻案 (paraphrase) ではなく，形式を再構成して原文の意味を生かす動的等価性である (p.173)。しかし，文化的負荷の高い原文を翻訳する場合，動的等価性の達成は容易な作業ではない。以下では，動的等価性をめぐる翻訳実践の問題を具体的に検証してゆく。

## 2. 検討するテクスト

本稿で検討するテクストは，英国の作家 D. H. ロレンス (D. H. Lawrence) が 1927 年に発表した短編「二羽の青い鳥」(Two Blue Birds) である。ロレンスといえば，肉体や性愛の価値を賛美する重厚な長編小説が有名であるが，本短編は流行作家（ジー）と奔放な妻（ジー夫人），加えて作家を崇拝する女性秘書（レクソール嬢）が織りなす奇妙な三角関係を文学スケッチ風に描写したもので，「筋らしい筋の展開」はない（鉄村，2005, p.439）。モデルはロレンスの知人である Compton MacKenzie 夫妻とされる (Mehl & Jansohn, 1995, p. xxxvi)。

ジーと妻は互いに愛情を抱いてはいるものの，長く別居中で，妻は若い男との情事を繰り返している。夫はそうした妻を受け入れつつ，自宅で執筆に精を出す。作家を支えるのは彼を崇拝し，長時間の口述筆記や家事の一切を献身的に引き受ける女秘書の一家である。だが，不自然なまでの秘書の献身は夫の才能と健康を害していると妻は感じている。久しぶりに帰宅した妻が見たものは，秘書の足もとで二羽のシジュウカラが喧嘩をする光景であった。3 人はお茶を一緒に飲むことになるが，席上，妻は最近の夫の作品が秘書の代筆なのではないかと詰り，秘書と口論になる。そして，もはや自分の居場所がないと感じた妻は，「幸せの青い鳥が二羽も足元で飛びまわって互いの羽毛をむしり合うことを期待する男なんていないでしょう」と言い残して再び家を出てゆく。以上が全体のあらましである。ともすれば重くなりがちな

テーマであるが，三者の関係は作品の方々に顔を出す語り手の「戯画化の一ひねり」によって「風習喜劇風に」仕立てられている（鉄村，p.439）。

本短編はこれまでに何度か邦訳されており，主だったところでは，木下常太郎訳（角川文庫『処女とジプシー他三篇』1952），名原廣三郎訳（三笠書房『二羽の青い鳥』1955），水嶋正路訳（太陽社『ローレンス短篇集』1978），上田和夫訳（新潮社『新編ロレンス短編集』2000），拙訳（大阪教育図書『ロレンス短編集第4巻』2005）などがある。既存訳の間に内容解釈上の違いはほとんど見られないが，動的等価性を追求する方法論において若干の差異も観察される。ここでは，主として木下訳 [a]（現代漢字及び仮名遣いに修正して引用），上田訳 [b]，拙訳 [c] を取り上げ，具体的に分析する。なお，[a] の翻訳時期を考慮し，原文からの引用は最新のケンブリッジ版（1995）ではなく，ペンギン版の *The Woman Who Rode Away and Other Stories*（1950；初版 1928）によることとする。

## 3. 文芸作品の翻訳における文化的要因

産業翻訳や技術翻訳であれば，動的等価性の確保は比較的容易であるが，こうした翻訳の対極に文芸翻訳がある。文芸作品の翻訳が困難とされる理由は2つある。1つは詩のように形式に依存する部分が大きいことで (Bassnett-McGuire, 1980, pp.76-7)，いま1つは文化的要因が重要な役割を果たしていることである。本節では後者に注目し，「二羽の青い鳥」の中から，起点言語文化が言語的・宗教的・社会的に翻訳を困難にしている3つの箇所を取り上げて検討してゆく。

### 3.1 言語文化的要因

言語は文化を伝える媒体であると同時に，それ自身が文化でもある。たとえば，kick the bucket というイディオムが「死ぬ」という意味を持つのは，16世紀以降の英国において，絞首刑となった罪人がバケツの上に立たされ，バケツを蹴ることで処刑が実行されたという文化的背景に基づく。イディオムには kick the bucket のように特殊性が高く，意味が固定しているものもあれば，通常のコロケーションとの差が不明なものもある。翻訳においてより大きな問題になるのは後者である。前者であればイディオム辞書などの助けを借りて意味を訳出し，必要に応じて脚注で背景知識を付加すればよいが，後者の場合は，当該表現が起点言語の母語話者に与える心理的・情意的イメ

ージを推測的に判断し，目標言語においてそれを再構築する必要が出てくる。

　本短編では，妻は放蕩を繰り返し，夫に借金のツケを回す悪妻として描かれている。ジーを崇拝する秘書から見れば，妻に反感を覚えそうなものであるが，「ジーの妻である」がゆえに，秘書一家はたまに帰宅した妻を大仰な歓待で迎える。妻の複雑な気持ちは語り手によって代弁される。

[1]　'His' wife! His halo was like a bucket over her head. (p.14)
[1a]　ああ，「御主人」の奥様！彼の後光はバケツのように妻の頭にかかっていた。(p.157)
[1b]　「先生」の妻だって！彼の後光なんか彼女の頭にかぶせたバケツのようなものだった。(p.434)
[1c]　そう，「彼」の妻なのだ！だが，彼の後光など彼女にとっては頭上のバケツのように邪魔なものだった。(p.336)

　ここで問題になるのは a bucket over one's head の部分である。[a]と[b]および水嶋訳は直訳風に処理しているが，実際のところ，そのまま訳しても意味内容は不明である。Nida & Taber (1969) も強調するように，言語間のメッセージの転移において「何をおいても保持されるべき」ものは内容に他ならない (p.105)。一般読者の立場で言うと，重要なことは夫の後光が頭上のバケツのようであったことではなく，頭上のバケツのようにいったいどうであったのかということである。この部分を日本語で伝えることが動的等価性を積極的に保証することになる。

　a bucket over one's head というのはバケツが頭上にある状態を指すが，具体的にイメージされる状態にはかなりの幅がある。インフォーマント・チェックや資料調査をふまえて考察すると，含意される状況は3種類に大別できる。1つ目は頭から水をかぶる場合のように，さかさまにしたバケツを両手で頭上に持ち上げた状態，2つ目は小ぶりのバケツを帽子のように頭にかぶせた状態，3つ目はバケツの中にすっぽり頭を入れた状態である。3種類の状況からは，それぞれ異なる意味がくみ取れる。

　1つ目だとすると，水を頭から浴びたように「夫の後光が全身にふりそそいでいる」という意味になる。この場合，バケツのメタファ自体に正負の情意的イメージは付随していない。2つ目だとすると，snowman のバケツにも似て「滑稽・無様・邪魔」といった負の含意がくみ取れる。3つ目だとすると，バケツをすっぽりかぶせられた人物は前が見えず，自力で歩くことも

できなくなることから，「周囲が見えない」「自由に行動できない」などとなり，やはり負の含意がにじむこととなる。

　以上の並立的な意味論的可能性に対し，[a] はいずれかを選ぶことなく原文をそのまま直訳している。[b] も基本は直訳であるが，副詞を補って「彼の後光<u>なんか</u>」（傍線筆者）とすることで，バケツが好ましくない象徴であることを間接的に示唆している。同様の解釈の方向は [c] でより明示化され，「邪魔なものだった」という意味が補填されている。

　こうした場合に意味の補填を行うべきかどうかはさまざまな見解がある。英和翻訳の場合，達意の翻訳が多かった明治期に比べ，外国語が読める読者が増えてきた現代では「翻訳者は語訳に臆病になり，馬鹿丁寧に原文を尊重するあまり，読みず [sic] らい日本語訳が流布するようになった」とされるが（藤岡，2000, p.12），動的等価性を積極的に確保するためには，ある程度思いきった原文の補填も必要になる。一方で，訳者は「テクスト内で注釈的な付加や拡張をどんなものでも自由に行ってよいわけでは」なく，訳者がテクスト内で明示してよいのは「問題となりうるパッセージの直接的文脈に言語的に内包されているものだけ」であることも忘れてはならない（Nida and Taber, 1969, p.111）。

　翻って [c] の判断の妥当性はどうだったであろうか。本作の妻は，夫に従属せずに自由に生活を謳歌する自立した人物である。内心では疎まれているのに，有名作家の妻であるというだけで秘書一家から「ケニルワース滞在中のエリザベス女王さながら」の歓待を受ける彼女が，自分を縛り，自分の独立を脅かす夫の後光に辟易していたことは十分に想像できる。ゆえに，総体的な作品解釈として考えれば [c] の判断は間違いではない。

　だが，同時に問題になるのは，[c] の解釈が「パッセージの直接的文脈に言語的に内包されている」唯一の意味であるか否かという点である。この点を検証すべく，前後を含めて当該テクストを改めて吟味したが，他の解釈の可能性をすべて否定し，当該の解釈のみを選び取ることを支持する明確な言語的証拠は確認できなかった。この点について [c] の判断には勇み足の部分があったと言わねばならない。

　Nada and Taber（1969）によれば，メッセージの転移において文脈的補足を行うべきなのは，(1) 読者が誤解しうる，(2) 読者にとって意味をなさない，(3) 高負荷な訳文で読者が理解しにくい，という3通りの場合であるとされる（p.110）。しかし，こうした要件がすべて整ったとしても常に

意味調整を行うべきとはならない。動的等価性の追求は方法論において柔軟であるべきだが，本項で見たように，言語文化的要因の干渉によって起点言語における本来の意味や効果の推定が一意に定まらない場合は，[a]のようにあえて原文の曖昧性をそのまま残すという判断もまたありうる。読者の積極的な解釈行為を引き出す曖昧性や両義性は，受容美学の観点からみれば，一概に否定されるべきものではないからである。

### 3.2 宗教文化的要因

しばしば指摘されるように，英米文学には，明示的であれ暗示的であれ，キリスト教文化の影響が随所に見受けられる。キリスト教のように起源言語と目標言語における位置づけが異なる場合，宗教文化的要因もまた翻訳における等価性達成の障害となりうる。

ここでは作家夫妻の会話の一部を検討する。ジーの妻は南国で浪費と情事にふけっている。夫はそれを「寛容そのもの」の態度で受け入れつつ，二人の間で交わされる会話にはいくぶんの棘も感じられる。

[2] "...I can't turn into a pillar of salt in five minutes, just because you and I can't live together! It takes years for a woman like me to turn into a pillar of salt...." / "...By all means put them in pickle, make pickled cucumbers of them, before you crystallize out...." (p.11)

[2a] 「…貴方と私が同棲できないからと言って，私にはすぐ塩の柱みたいなひからびた女になんかなれないわ。私みたいな女にとっては塩の柱みたいな女になるには数年かかるわ…」／「…死んで結晶してしまわぬうちに，君はどうしても漬物汁の塩になって，胡瓜の漬物でも作るべきだね…」(p.153)

[2b] 「…あなたといっしょに暮らせないからといって，すぐさま塩の柱になんかなれっこないわ！わたしみたいな女を塩の柱にするには，何年もかかってよ…」／「…ぜひともその男どもを漬け汁に突っ込んで，君が結晶化するまえに，やつらを胡瓜のピクルスにしてもらいたいね…」(p.430)

[2c] 「…一緒に住めないからって，五分で塩の柱になんてなれないわ。わたしのような女が塩の柱になるには何年もかかるのよ…」／「…き

みが結晶になる前に，その男どものほうを塩漬にして，胡瓜の漬物にしてしまうといい…」(p.332)

ここで問題になるのは a pillar of salt という表現である。これは旧約聖書の逸話をふまえている。ロト（アブラハムの甥）の家族は，神の怒りで破壊されようとするソドムの町から天使に導かれて逃れ出るが，妻だけが約束に反してソドムを懐かしんで後ろを振り返ってしまう。このため，妻は懲罰を受けて塩の柱にされたという(欽定版 Genesis, 19:23-6)。しかしながら，背景情報がわかったとしても，実際のところ，唐突な「塩の柱」という表現で妻が何を言おうとしていたのかははっきりせず，翻訳においてはなんらかの文脈的補充を検討すべき箇所と考えられる。

3つの翻訳を比較すると，[b] と [c] が意味補充を行わずに直訳に徹している一方，[a] は塩を女性らしさの枯渇と解している。ちなみに水嶋訳は「いっしょに暮らせないからそれが悪いといって」(p.2) となっており，懲罰的な意味合いが示唆されている。だが，原文における「塩の柱」の象徴は多義的なもので，聖書の背景をふまえれば，その解釈には (1) 宗教的浄化, (2) 過去への未練, (3) 神の命への違反と懲戒, (4) 悲嘆など, いくつかの可能性がある。これらの意味の幅に応じて「塩の柱にはなれない」という箇所も, (1') 貞節ではいられない, (2') 夫への未練に縛られてはいられない, (3') 罰など受けてはいられない, (4') 悲しんでいられない, などの解釈が可能である。

軽重はあるにせよ，ゲシュタルト的・マクロ的な作品解釈の視点で言えば, 実は (1') から (4') はすべてありうる読みである。前項でも触れたように, このように対等に並立する解釈の中から1つの解釈を選び取ることの妥当性は, それが当該テクストの文脈内で言語的に内包されているか否かで決まる。この点からテクストを再考してみよう。引用箇所の直後部分で, 妻は「恐ろしく頭がきれて謎めいている」夫に言われた言葉の意味を反芻しつつ, And herself, was she the brine and the vale of tears?（わたし自身が漬け汁の塩水で, 涙の谷間っていうことなのかしら）と自問自答している (p.11)。夫の発話と妻の理解との間に乖離が存在する可能性はあるものの, この一文は「塩の柱」を悲しみの象徴と取る言語的根拠となりうる。また, 作品の中間部には Why had she such an extraordinary hang-over about him?（なぜ彼女はこんなにも常ならずだらだらと彼に思いを残してしまうのか）(p.16)

という一文があり，夫への未練が明示的に語られている．これらを根拠として積極的な意味補充を行うとすると，(2') と (4') をベースにした「未練の涙を涸らして塩の柱になんかなれないわ」などの訳のほうがより妥当であったかもしれない．ただし，この場合，訳者の補填する情報量は原著者の与える元の情報量を大きく上回ることとなり，既存訳はそれを避ける判断を下したものと思われる．

夫人のセリフが聖書を踏まえたものであるとはいえ，もちろん，ロトの妻とジーの妻では未練の対象が食い違っている．前者は清浄な生活を目指しつつ放蕩への未練を残し，後者は放蕩を謳歌しつつ夫との地味な暮らしへの未練を残している．こうした矛盾する食い違いは「戯画化の一ひねり」として作品に風刺の軽みを加え，それはやがて「幸福の青い鳥が喧嘩する」という矛盾のクライマックスへとつながってゆく．

さて，この部分を受けて夫は妻に言葉を返すが，翻訳で問題になるのは pickle である．これはピクルス用の漬け汁のことで，酢の場合と塩の場合がある．[b] は単に「ピクルス」とするだけだが，[a] と [c] はあえて「塩」の語を加えることで，妻のセリフから夫のセリフへの連続性を強調している．この箇所は，妻の言葉尻を捕まえて，夫が作家ならではの機転と風刺を利かせた意趣返しを行う場面であることから，[a] と [c] の意味的補充は動的等価性の獲得の上で有効に機能していると言ってよい．

起点言語と目標言語間で乖離が大きい宗教文化的要因は翻訳上の障害となりうるものだが，起点言語文化における宗教的シンボリズムの多様性を踏まえたうえで，それらを当該テクスト内の言語的証拠と照合してゆけば，多義的に思える原メッセージの意味を特定し，脱符号化することは不可能ではない．その上で適切な文脈的補充を行うならば，読者に意味をなさなかったり，読者に誤解を与えたりする部分を，翻訳において積極的に解消してゆくことが可能となる．

### 3.3 社会文化的要因

宗教と同じく，英日文化間の乖離が大きいものとして社会階層の問題がある．とくに会話文の翻訳を行う場合，微妙な言語的差異によって，読者が受ける登場人物の社会的位置づけに関する印象が大きく変化してしまうことがある．Nida & Taber (1969) も言うように，「特定の語が特定の社会的階層に連想づけられる」ことがあり，特に英国においては上流階級の言語 (U)

と非上流階級の言語（non-U）との差が顕著である（p.92）。

ここでは，ジー夫人が秘書に浴びせた痛烈なセリフを検討したい。3人そろったお茶の席で，秘書はうっかりジー氏の新刊の構想をもらしかけてしまう。自分の知らない新刊の内容を秘書が知っていることに不快感を覚えた妻は，その内容を詳らかにするよう秘書に迫るが，秘書は口を開かない。そこで妻は決定的な一言を口にする。それは，秘書の提供する「快適さ」の中で堕落していく夫を救うための「根本的な」ショック療法であった。

[3] I expect you write a good deal of Mr Gee's books for him, really. He gives you the hint, and you fill it all in. Isn't that how you do it? (p.23)

[3a] あんたはリー氏著の書物の大部分を実際に書いているんですわ。主人があんたにヒントを与えるとあんたがそれに肉をつけているんだわ。それに違いないでしょう（p.171）

[3b] あなたは実際に，ミスター・ジーの本の大部分を代わりに書いているはずです。主人があなたにヒントをあたえる，するとあなたがそれにすべて肉付けする。そんなふうにやっているんじゃなくて？（p.453）

[3c] 実のところ，ジー氏の著作の大部分は，あなたが彼の代わりに書いているんじゃないかと思っているぐらいなのよ。彼にヒントをもらってあとはあなたがみんな補う，そんなふうにしているんじゃなくて？（p.349）

社会文化的要因が翻訳に及ぼす影響について，ここでは2点を考察したい。1点目はジー夫人の発話中の代名詞 you の扱いについてである。翻訳論では，代名詞をできる限り訳さないことが推奨されるが（別宮，1979, p.66-71），日本語の代名詞はヴァリアントが多く，話者の社会的地位や登場人物間の関係を間接的に示す有効な指標としても機能しうる。

注目すべきは［a］が you を「あんた」と訳していることである。名原訳（p.31）も同じであることから，翻訳当時において語のニュアンスが異なっていた可能性はあるが，現代の読者からすると，こうした訳語は夫人の社会的地位を実際以上に低いものとして誤解させる危険性がある。*common* little secretary (p.13), 'of the people' (p.14), rather common, 'of the people' (p.17) といった原作中の一連の表現に明らかなように，本短編では秘書の一家が平

民階級であることが繰り返し強調されており、上流階級の有閑婦人と平民階級出身の秘書という階層的な食い違いが作品全体の基底構造の一つとなっている。ゆえに、夫人がいかに奔放な暮らしぶりであったとしても、少なくとも彼女の言葉については、上流階級（U 階層）の女性が話す語彙に相応しいものになっている必要がある。この点において、you を「あなた」とした [b] や [c] のほうが、起点言語における意味と効果をより自然に日本語に転移させていると言えるであろう。

2 点目は、[a] および [b] が使う「肉をつける」「肉付けする」などの訳語についてである。原文の fill it all in は、ジーが示唆した物語のあらすじを受けて細部を秘書が「埋める」ことを意味するものであるから、意味解釈としてはもちろん何の問題もない。しかし、起点言語文化における階級という社会文化的要因に注意を払うならば、こうした訳語の選択には若干の問題があるように思える。

というのも、本作が書かれた 1920 年代は、次第に開放的になっていたとはいえ、上流階級文化にはヴィクトリア朝（1837-1901）的規範が残存していた。ロレンス自身も 1910 年の時点で女友達のヴィクトリア朝中期風の恋愛観を嘆く文章を残している（度会、1997, pp.3-4）。ヴィクトリア朝は「性を抑圧するピューリタニズム」文化であり（前掲書, p.3）、お上品主義（respectability）のもと、肉体や性を連想させる語彙の使用に対して強いタブーが存在していた。実際に、現代ではまったく中立的な leg という語が卑猥とされたり、肉体を連想させる sweat をより中立的な perspiration に置き換えたりしたことが記録されている。日本の読者がこうした背景を知悉しているとは言えないが、あえて「肉付け」と訳す合理的必然性がない以上、上流階級に属するジー夫人のセリフとしては、[c] の「補う」や水嶋訳の「ふくらませる」(p. 15) のほうがより慎重で妥当な判断と言える。

現代の多くの日本人読者にとって、原作に通底する社会階層というテーマはなじみの薄いものであるが、それゆえ翻訳においてはいっそう慎重な対応が求められる。言語文化のギャップによって欠落した情報を補填するだけでなく、読者に誤解を与えうる要素をあらかじめ取り除いておくこともまた、翻訳における動的等価性確保のための手段の一つである。

## 4. おわりに

以上、3 種類のパッセージを取り上げ、言語文化的要因・宗教文化的要因・

社会文化的要因が，翻訳における動的等価性の達成のストラテジーにどのような影響を及ぼすかを概観してきた。1点目の言語文化的要因に関しては，イディオムに準ずるような連語表現において言語間のギャップが出やすく，直訳ではその意味が十分に伝わらないこと，一方で，可能な解釈の中から唯一の解釈を選び取るためにはそれを支持するはっきりとした言語的根拠が必要であることを指摘した。2点目の宗教文化的要因に関しては，英米文学における聖書からの引用やイメージの借入が時に読者の理解の障害になりうること，また，複数の意味解釈をテクストの直接的文脈と照合することで，より妥当性の高い解釈を選び取ることが可能であることを指摘した。3点目の社会文化的要因に関しては，宗教と同様，社会階層が翻訳において特に留意すべき問題であり，会話文における代名詞の訳出が話者階層を示唆するマーカーになりうること，および，原作の時代背景を十分に考慮した翻訳を行う必要があることを指摘した。

　直訳か意訳か，形式か内容かという二項対立は，翻訳に常に付きまとう問題である。平子（1999）は，これを起点言語を優先する「忠実な訳」と，目標言語を優先する「読みやすい訳」と呼び換えた上で，「どちらを取るかは，原典のテクスト・タイプに対するテクスト美学的配慮と，読み手（受信者）の能力に対する受容美学的配慮の，いずれを優先させるか」の問題だと指摘している（pp.151-2）。もとより両者は排他的なものではない。翻訳がなすべきことは，両者の境界線の上で，真に必要とされる動的等価性を目標言語の中で実現してゆくことである。文化的要因を含む文芸作品の翻訳は通常以上に困難な作業となりうるが，今後は，実践の蓄積をふまえた形で，翻訳の方法論を体系化・理論化してゆくことが望まれる。

**参考文献**

Bassnett-McGuire, S. 1980. *Translation Studies*. Methuen & Co Ltd.
別宮貞徳. 1979. 『翻訳読本：初心者のための八章』講談社.
藤岡啓介. 2000. 『翻訳は文化である』丸善.
平子義雄. 1999. 『翻訳の原理：異文化をどう訳すか』大修館書店.
Jakobson, R. 1959. "On linguistic Aspects of Translation." In R. Brower ed. *On Translation*. Harvard University Press. 232-9.
Mehl, D., and C. Jansohn. 1995. "Introduction." In D. Mehl and C. Jansohn eds. *The Woman Who Rode Away and Other Stories*. xxi-liii. Cambridge University Press.
中村保男. 2001. 『創造する翻訳：ことばの限界に挑む』研究社出版.
中野道雄. 1994. 『翻訳を考える：日本語の世界・英語の世界』三省堂.

Nida, E., and C. R. Taber. 1969. *The Theory and Practice of Translation*. The United Bible Societies.
野上豊一郎. 1938. 『翻訳論：翻訳の理論と実際』岩波書店.
鉄村春生. 2005. 「作品解説」西村孝次・鉄村春生・上村哲彦・戸田仁（監訳）『ロレンス短編集第 4 巻』大阪教育図書. 387-450.
度会好一. 1997. 『ヴィクトリア朝の性と結婚：性をめぐる 26 の神話』中央公論新社.
柳父章. 1976. 『翻訳とはなにか：日本語と翻訳文化』法政大学出版局.

# 第6章　言語教育と文化

# 英語教育におけるネイティヴ志向は有益か

矢 野 安 剛

## 1. はじめに

　通常外国語学習の目的はその言語のネイティヴ・スピーカーとのコミュニケーションであり，学習者はその言語文化圏の発想，信条，価値観，物の見方，ひいてはイデオロギーを一緒に学ぶ。だから，私たちは英語を英米文化とともに学んできた。

　だが，世界中で使われるようになった現在，英語は英米文化だけでなく，ヨーロッパ文化，アジア文化，アフリカ文化の表現手段にもなった。必然的にインド英語やナイジェリア英語などの種（variety）への分岐が進む。一方，世界規模で人，物，金，情報，サーヴィスが動き，共通語としての英語は国際的な政治，ビジネス，教育の言語であり，最新の科学技術へのアクセスの手段である。世界規模での人の移動，流入に伴う多民族化，多文化化，多言語化によってわれわれの社会そのものが多様化してきている。英語はそういう多文化の理解と表現の手段となった。私たちが自分を，日本社会を，日本文化を発信する手段でもある。

　今や約3.5億のネイティヴ・スピーカーに対し，第二言語とする者約4億，外国語とする者約7.5億，合わせて11.5億（Crystal 2003: 61）に達している。ネイティヴ・スピーカーの3倍を超え，その数は今も増え続けている。しかも，世界における英語でのコミュニケーションの80％がノンネイティヴ・スピーカー同士である（Carter 2003: 97）。国際的なコミュニケーション手段としての英語は，国際的理解度を高めるための標準化が進み，欧州連合（EU: European Union）内では汎ヨーロッパ英語に向けて地域内での語彙，語義の共通化などが進んでいる。アジア地域やアフリカ地域でも同様の動きが進んでいる。

## 2. 広域地域の英語標準化

　ヨーロッパやアジアのような広域地域内でのコミュニケーションはその必要性，使用頻度，密度において広域地域間コミュニケーションを大きく上回

っている。たとえば，EU では多様な言語・文化はヨーロッパの文化的遺産であるという考えが背後にあり，加盟 27 国の母語・母文化を大事にしながら，多様な文化へのアクセスおよび表現手段として「母語＋2外国語」の外国語教育が施されている。にもかかわらず，実際には政治，ビジネス，通信，メディアなど仕事や社交で英語の使用が日常化し，英語がますます強くなっている（Marco Modiano 2007 談）。ネイティヴ・スピーカーは EU 市民の 16％に過ぎないが，ほぼ半数が英語が使える（矢野 2006: 154）。

　アジアでも，東南アジア諸国連合（ASEAN）の公用語は英語である。会議や通信に使われる英語はインドネシア，マレーシア，フィリピン，シンガポール，タイと加盟国それぞれに言語的，文化的特徴を持つ英語でありながら，接触を通して域内での共通理解を広げ，深めている。英語のアジア化である。シンガポールにある「地域言語センター」（RELC: Regional Language Centre）ではアジア人の英語教育の専門家が ASEAN 加盟国の英語教師および教師志望者に訓練を施しているが，これも英語のアジア化であり，同時に「アジア英語」という広域地域標準英語（RSE: Regional Standard English）を促進している。筆者は世界の英語は今後は下図のようないくつかの RSE に収斂していくだろうと予測した（Yano 2001: 126）。すなわち，ネイティヴ・スピーカーの標準英語に加えて，ヨーロッパ，アジア，ラテンアメリカ，アフリカ，アジアの RSE である。

**English as an International Language**

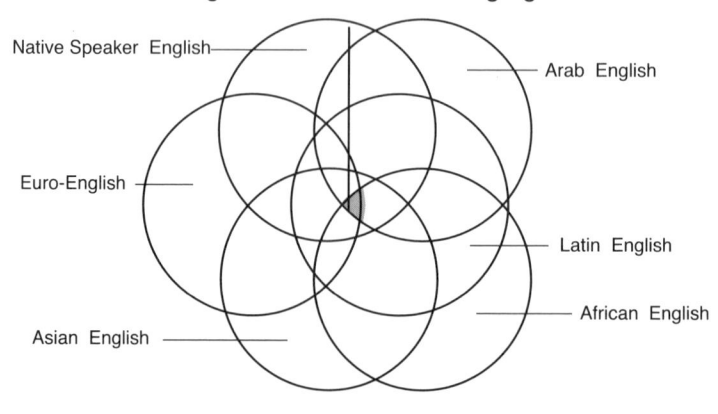

Native Speaker English
Arab English
Euro-English
Latin English
African English
Asian English

Regional Standard English
(Yano 2001: 126)

そのような RSE が，他地域とのコミュニケーションを通してじょじょに地域の枠を超えた国際的なものへと相互理解の度合を深め，範囲を広げていくと思われる。だが，それは国際標準英語とか言う単一の基準をもつものではなく，それぞれの地方性を持ちながら高い国際的理解度を持つ英語種の集合である。それは教育を受けたアメリカ人の英語であり，教育を受けたマレーシア人の英語であり，教育を受けた日本人の英語である。理解を妨げない程度の発音の訛りはあるが，文法性，容認性，多様なスタイル，豊富な語彙，書き言葉の表現力，異文化間コミュニケーション・ストラテジーを共有する。個人の選択としてこれに上積みされるのが，世界についての知識に加え地方および職業上の語彙である。イギリス英語の potato chips がアメリカ英語では French fries であり，sheep がオーストラリア英語では jumbuck であり，マレーシア英語では cousin に性別がついて cousin brother である。また医学用語の endoscopic surgery (内視鏡外科)，magnetic resonance imaging (磁気共鳴断層撮影) であり，航空用語の turbulent flow (乱流)，buffeting (激しい振動) などである。私たちはこれらを相手，話題，場所などの状況に応じて使い分ける。

## 3. 英語の使用域の変化

　Kachru (1992: 356) は英語の使用域を「内円」(the Inner Circle),「外円」(the Outer Circle),「拡大円」(the Expanding Circle) の3つの同心円に分けた。アメリカなどのネイティヴ・スピーカー，インドなどの第二言語話者，日本などの外国語話者の使用域である。「内円」のネイティヴ・スピーカーは英語の使用基準を供給し，「外円」の第二言語話者は独自の使用基準を発展させ，「拡大円」の外国語話者はネイティヴ・スピーカーの供給する基準に依存している。
　しかし，英語使用の変化がこの3つの円の区分の妥当性を見直す状況を提供している。まず，「内円」のネイティヴ・スピーカーであるが，伝統的には幼児期を英語圏社会で過ごし，自然に英語と英語圏文化を身につけ，今も英語を使っていると定義されている。だが，日本人が絶対視するほど等しく英語の文法的正誤や容認性を正しく判断できるわけではない。また，ネイティヴ・スピーカーであるだけでは，豊かな語彙，書き言葉の表現力，様々なスタイル，異文化間コミュニケーションのストラテジーなどを身につけているわけでもない。教育を受けていないネイティヴ・スピーカーより教育を受

けたノンネイティヴ・スピーカーの方がより優れた英語を駆使できる例は枚挙にいとまがない。昔，Paikeday は native speaker という用語の代わりに competent speaker か proficient speaker を使うよう提案した (1985: 5, 48)。賛成である。同書は諸分野の学者に質問状を送り，紙上討論を行った記録で，まとまりはないが興味深い。もし World Englishes の提唱者である Braji B. Kachru とそのグループが論戦に加わっていたらさらに興味深いものになっていたであろう。

　第二に，ネイティヴ・スピーカーと地理的「内円」を結びつけることの妥当性が問題になる。グローバル化の今日，交通機関の発達で人は自由に，大量に，頻繁に世界中を移動する。外国で仕事をするアメリカ人やイギリス人が急増し，その子どもたちは外国という異文化のなかで育ち，英語圏文化にさほどの愛着も忠誠心も持たない。さらに Crystal はドイツ人石油技師とマレーシア人がアラブ首長国連邦で出会い，結婚した例をあげている (2003: 6)。その子どもは両親の「外国語としての英語」を母語として育ち，ドイツ，マレーシア，アラブの文化の表現手段として使う。このように多文化の具現者としてのネイティヴ・スピーカーが急増している。

　第三に，内円の内に変化が起こっている。アメリカでメキシコと国境を接する州では急速なヒスパニック化が進んでいる。2004 年のアメリカの総人口に占めるスペイン語母語話者は 16％に過ぎないが，カリフォルニア州では 34.7％，テキサス州では 34.6％にのぼっている。さらに，ロサンジェルスなどの都市では 5 歳以上の人口で家庭内使用言語が英語 40％に対し，スペイン語 43.5％と逆転している (U.S. Census Bureau, 2005)。ヒスパニック系住民の出生率の高さから，これらの州でのヒスパニック系住民がいずれ過半数に達し，ラテン文化やスペイン語の影響が強くなることは容易に予測できる。南アジアからの移民が多いロンドンでも，You're happy, in it? They are coming, in it? のように，付加疑問に不変付加 in it? しか使わない若者が増えている (Jennifer Jenkins 2003 談)。付加を isn't it? に統一した南アジア英語の影響だと私は観察している。

　第四に，アジアやアフリカの「外円」地域では英語を母語として育った知識層が多い。「機能的ネイティヴ・スピーカー」と呼ばれる人々 (Kachru 2005: 12, 25) で，その英語の文法性，使用の適切性，言語的生成性においてネイティヴ・スピーカーである。また，顕著な例はシンガポールである。小学校 1 年から全科目英語で授業が行われはじめて久しい。子どもたちはす

でに学校で，町で，家庭で英語を使い始めている。「内円」と「外円」の境界が曖昧になってきている。

第五に，「拡大円」の外国語話者が新しい，多文化の理解と表現の手段として英語を使いはじめている。EU 内の英語，ASEAN 内のインドネシア，タイ，ヴェトナムなどに「外円」化の傾向が見られる。いずれネイティヴ・スピーカー，第二言語話者，外国語話者の区別も，内円，外円，拡大円の区別もはっきりしなくなるのではないだろうか。筆者はネイティヴ・ノンネイティヴの別なく「教育のあるどの種の使用者にも理解可能な教育ある人の英語」(any varieties of English ... comprehensible to the educated speakers of any other varieties) を国際英語の理想だと定義している (Yano 2001: 129)。

## 4. 英語力の基本技能化

現在，その是非はともかく世界規模で英語が小学校のカリキュラムに導入されていて，いずれ英語はどのノンネイティヴ・スピーカーに取っても特別な技能ではなく，基本技能になるとの見方がある (Graddol 2006: 122)。もし，各国の英語教育が効果をあげ，世界の誰もが母語と同様，英語を基本技能とする時代が来れば，いずれ，「内円」，「外円」，「拡大円」のどこで英語を身につけたかという地理的要因は影が薄くなる。代わって，どのくらい英語の運用力があるかという個人的，教育的要因が重要になってくるだろう。

そうなると，不完全で不十分な英語を話すノンネイティヴ・スピーカーがネイティヴ・スピーカーに英語の文法的正しさ，使用の適切さなどの基準 (norm) の設定，維持，判断，教育の提供を求めるという従来の図式は変わらざるを得ない。様々な地域性を帯びているが高い国際的理解度をもった英語の多様な種が国際語として使われ，その話者が経済的力をもつようになれば，ネイティヴ・スピーカーもそれに合わせなければならない。同時に問われるのは職業人としての専門知識とその分野の仕事に必要な専門英語の運用力 (ESP: English for Specific Purposes) であろう。たとえば，医学関係の国際会議で議論に参加できるのは医学知識と英語の医学用語を駆使できる者であり，彼／彼女がブラジル，中国，エジプトと，どこで教育や訓練を受けたかは問題にならない。逆にネイティヴ・スピーカーでも医学の知識がなければ議論に参加できない。現在の3つの円の概念から個人の運用力への移行の過渡的状態を図にしてみた (Yano 2006: 43)。

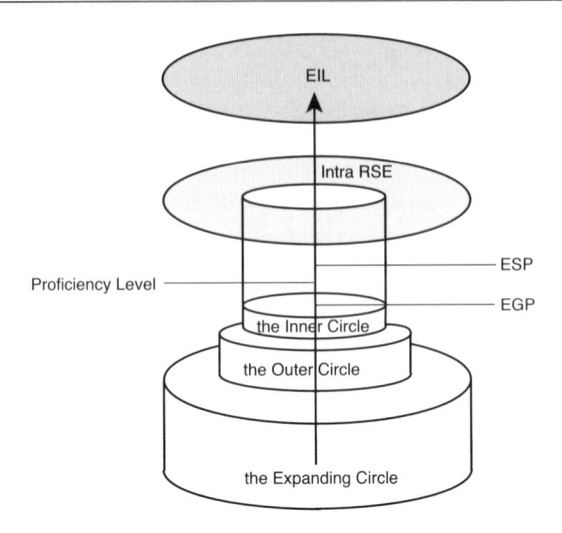

Figure 5. Future model of English use after Yano (2006: 43)

　この図は，Kachru の二次元的平面モデルを三次元的円柱モデルにし，個人の英語運用力の伸びを中心の矢印で示した。将来はその矢印のみに収斂するだろうが，目下のところ,「拡大円」にいる外国語話者はゼロから出発し,「内円」の大人のネイティヴ・スピーカーのレベルへ向けて運用力を伸ばしていく。「外円」の第二言語話者は運用力の差が「内円」に近いか人によってはゼロである。「一般英語」（EGP: English for General Purposes）をこころもち「内円」より高くしているのは同文化内のネイティヴ・スピーカー同士のコミュニケーション能力に異文化間コミュニケーション能力を加味したからである。それに加えて種々の専門に枝分かれするのが専門知識とともに学ぶ「専門英語」(ESP: English for Specific Purposes）である。その上に「広域地域内標準英語」(IntraRSE）を置いた。上述のように，一般の人と専門家がともに地域内でコミュニケーション活動に従事する比率が地域間コミュニケーションより数倍高いからである。そして一番上に「国際語としての英語」(EIL: English as an International Language）を置いた。専門家としての仕事および社交の両方で異文化間コミュニケーションに使う英語である（厳密には広域地域内での活動も複数の国が含まれているので「国際的」ではある）。

## 5. 「脱亜入欧」の後遺症

　このように英語の使用状況が変化しつつある時代に合わせて，文部科学省は学習指導要領に「これからの国際社会に生きる日本人として，世界の人々と協調し，国際交流などを積極的に行っていけるよう」に外国語（英語）を教えるよう指示した（文部省 1999: 3）。だが，英語教育の現場では，どのような英語が国際コミュニケーションに使われ，したがって教えるモデルとなるのかについては明確な認識がないまま，アメリカ英語かイギリス英語を教えるという状況は変わっていない。教材の話題や登場人物はたしかに世界に広がり，脱英米化しつつあると言えようが，規範的モデルの必要性もあってか，その登場人物は一様にアメリカ標準英語を使い，録音・録画した副教材もそれを補強している。

　数年前，ボランティアを活用した英語活動の記事が朝日新聞に出ていたが，その結びは「英語活動の指導員の多くは日本人。本物の英語に触れる機会を減らさないためにALTの小学校派遣を続ける」となっていた（2003年10月12日）。じゃあ，明石康や緒方貞子の英語は「にせもの」なのか，メルケル首相やワンガリ・マータイの英語は「にせもの」なのか。国際英語の観点から見れば，ネイティヴ英語は数ある英語の種の1つに過ぎない。この根強いネイティヴ英語志向が，英米人の立場からアジアやアフリカのノンネイティヴ英語を見て，変な種だとの蔑視の感情を植えつけている。彼らは将来私たちが英語を使って交流する頻度がもっとも高い人々だというのに。

　日本人は native-like proficiency を目指し，膨大な時間と金とエネルギーを英語学習に注いできた。これほどまでに努力してなお見合った効果が上がっていない。動機づけ，集中性，方法，教材，教師の質などいろいろ原因はあるだろう。だが，筆者は「完璧主義，自意識過剰，英米人コンプレックス」（矢野 1992: 26-30）の三悪が原因だと見ている。文法や語彙を完全にマスターしてから英語を使おうとする「完璧主義」，相手は話の内容を聞いているのに，自分の発音や，前置詞の使い方，文法が異常に気になる「自意識過剰」の二つは慣れればじょじょに改善できよう。問題は三つ目の「英米人コンプレックス」であり，これは根が深い。

　欧米先進国視察から戻った福沢諭吉が日刊紙「時事新報」社説に「脱亜論」を掲載した（1885年3月16日）のは120年ほど前のことである。中国，朝鮮のように西洋列強に食い物にされないために，西洋文明を取り入れ，近

代化をはかろうという主旨である。当時,芽生えた西洋文明,西洋人への憧憬と劣等意識は,第二次世界大戦後,世界第二の経済大国になった今も変わっていない。たとえば,アニメの登場人物が,日本人なのに,ブロンドで青い目の白人のように描かれている。アジア人としての意識調査に,「むしろ欧米人だったらよかった」と記した大学生がいた。ファッション業界だけでなく,あらゆる広告に白人モデルが登場する。さらに,クリスチャンでもなく,聖書を読んだことも,教会に入ったこともない日本人カップルが結婚式パッケージ・ツアーを利用し,アメリカやヨーロッパの教会で結婚式を挙げる例が毎年300例ほどあるという。彼らは牧師や神父の "I now pronounce you husband and wife." の意味も分からないという。鈴木(2001: 56)はこのような欧米人に対する憧憬と劣等意識は外国に征服されたり侵略されたりしたことがないことに起因する「蜃気楼効果」と呼んでいるが,いまだに日本人の意識に根強く残っている。英語のネイティヴ・スピーカーの教師に憧れながら面と向かうと萎縮してしまうし,仕事の交渉でも,相手が白人だとつい自己主張が鈍ってしまうとよく耳にする。

　もちろん,英米語・英米文化研究の専門家を目指す人は当然英米語中心の学習をしなければならない。だが,日本人として国際社会で英語を使おうという英語学習者は「国際語としての英語」,すなわち,国際的コミュニケーターとして誰に対しても対等な立場で使う英語の習得へと変更しなければならない。

## 6. 英語のできるバイリンガル

　筆者が理想とする英語の話者とは,「英語が話せるバイリンガルあるいはマルティリンガル」(English-knowing bi- or multi-lingual) である。国際化がこれだけ進んだ今日,一つの言語・文化だけの知識・言語運用力だけでは国際的に活躍するには不足である。理想的には複数の言語・文化に通じ,さまざまな文化的背景の人々とコミュニケーションの取れる人である。他言語,他文化に通じることで異文化への理解や共感が深まり,異なった考えや行動に寛容になり,人類共生という理想へ一歩近づくことになる。

　先日上智大学で開かれた「第5回新渡戸稲造記念シンポジウム」(2007年8月2-3日)で,アムステルダムの学会で会って以来15年振りにエスペランティストのポーランド女性に再会した。日本人技師と結ばれ,ドイツで生活している方だが,家庭でのコミュニケーションはエスペラントである。子

どもが生まれ，人工語エスペラントを母語として育っていると聞いた。彼らにとってエスペラントはポーランド，日本，ドイツの文化の表現手段である。前述したように，英語も多文化へのアクセスおよび表現手段としての機能を果たしている。グローバル化の今日，ハッジ（Haji），ジハード（Jihad）や柔道，鮨など，概念や実物とともにどんどん英語に持ち込まれ，定着していく。今後その役割はいよいよ増えていくに違いない。

　EUとともに多言語主義を実践しているのがオーストラリアである。英語のみの「英国主義（白豪主義）」を廃し，人口不足を補うために大量に受け入れた移民の多様な文化を取り入れ，小１からの「英語＋外国語」政策を取っている (Lo Bianco 2003: 20-3)。数年前，メルボルンでの学会に招かれたとき，英語教育関係者にイタリア人，ギリシャ人，タイ人，ヴェトナム人ら外国人が多数居るのに驚いた。彼らはオーストラリア生まれのなになに系オーストラリア人ではなく，外国から移住してきた移民一世なのである。まさに多文化用英語教育であり，未来のあり方ではないか。

## 7. モデルとしての国際英語

　英語教育関係者の間で，教えるモデルはネイティヴ・スピーカーの正しい英語でなければならないという考えが根強いのは日本だけではない。英語教育における脱英米化と国際化は前途多難である。だが，上述の通り，単に英語のネイティヴ・スピーカーであるということは優れた文章構成力，豊かな語彙，多様なスタイル，異文化間コミュニケーション能力を保証するものではない。逆に，ヨーロッパ，アジア，アフリカの第二言語話者，外国語話者で，高等教育を受けた人の英語は高等教育を受けたネイティヴ・スピーカーの英語運用力と同じである。これは政治やビジネスや科学技術の分野でも同様である。

　私たちが習得の目標として目指すべき「国際語としての英語」（EIL）は「ネイティヴ・スピーカーか否かを問わず，またアメリカ英語かシンガポール英語かナイジェリア英語かなどの英語の種を問わず，高い国際的理解度をもった，教育を受けた人の英語」（Yano 2001: 126, 129）である。それは上層語（acrolect）を主体とした英語で，Jennifer Jenkins 教授には，ますます頻繁になっている基層語レベルでの英語の国際的使用を無視していると批判された（Jenkins 2003: 18）が，教えるモデルとしての国際英語はその汎用性ゆえにやはり上層語であることが望ましい。その英語の基礎となるのは，文

法的に正しく，使用状況に適切で，平易であり，難解な用語やある特定の文化特有の慣用表現やメタファーを避け，高い国際理解度を備えていることが望ましい。その基礎のうえに，状況や専門による語彙とストラテジーを積み重ねていくことになる。

## 8. 基盤文化の表現手段としての国際語としての英語

　国際的に使われる EIL は学び易く，使い易いために一般性，規則性，他言語との共通性を持つ。一般性は不必要に難解な専門用語を避け，平易で理解しやすい表現を使うことである。規則性は長い間に慣用化している不規則性を正し，学びやすさ，使いやすさを高めることである。綴りは発音を表すという原則から言えば Worcester を「ウスター」と読むのなど最悪の例である。「スルー」と読むなら through のつづりもいずれ thru に変えるべきであろう。ハイウェーの標識にはすでに THRU TRAFFIC というつづりである。ギリシャ・ラテン語系の名詞の複数接辞も corpora から corpuses へ，syllabi から syllabuses へ，symposia から symposiums へとじょじょに変わってきている。共通性は当該言語に特殊なものは使用を控えていくということである。英語の th- 音は英語固有で他言語にあまり見られない。いずれ t, d, s, z 音などへの置き換えも認められよう。付加疑問の付加も，フランス語の *n'est-ce pas*，ドイツ語の *nicht wahr*，スペイン語の *no* にならって，いずれ，isn't it? などに統一されよう。すでに，アジアやアフリカの英語では標準的用法になっている。

　また，さまざまな文化の表現手段である EIL は受容性の高い言語でなければならない。Shakespeare や Lewis Carroll のように新しい表現を作っても Dennis the Menace が "Isn't it time for a ten o'clock *cookie* break, Mom?" と言ってもネイティヴ・スピーカーだから認められ，同じ "She don't go" がネイティヴ・スピーカーが使えばサブスタンダードだと認められ，ノンネイティヴ・スピーカーが言えば間違いと言われる。こういうネイティヴ至上主義は捨てて，ノンネイティヴ・スピーカーが意味的ギャップを埋めて "Let's *prepone* our meeting to Friday" と言ったり，cousin brother と言っても認める寛容さが欲しい。英語の nice の意味が 'stupid' から 'pleasant' に変わったように，言葉は時の流れとともに変化する。また lift が elevator に変わったように場所によっても変わる。英語も世界の各地に普及し，他言語，多文化の影響を受け，変容していくが，人類文化共通の基

盤に当たる核（core）になる部分，つまり，表現の平易さ，一般性，規則性，共通性は残っていくだろう。たとえば，[l] が [r] に，[f] が [h] に聞き手に受け取られない限り，その発音の逸脱度を許容するとか，学会の口頭・誌上発表でできるだけ syllabi の代わりに syllabuses を使って規則性を高めるとかして，英語の核から教え，学んでいくことが望ましい。

牧野（2003: 1-2）は人間文化の普遍性，生物文化との共通性を説いているが，日本文化固有と考えられている「甘え」も汎人間的な文化がベースにあって，それが特定の様式化された形を取っているに過ぎないと述べている。子どもが母親に心理的，物理的によりかかるのは動物，特に哺乳動物に一般的に見られる現象であり，「下の者が上の者に持つ共感の相対的な距離」と普遍的概念で定義できると言う。

多文化の表現手段としての EIL は種々の文化との接触を通して様々な表現を取り込んでいく。たとえば，挨拶には「親しみをこめた相手への関心を示す」という普遍的意味があるが，それが汎人間的な文化ベースであり，日本語の「お早う」や「お出かけ？どちらまで」，中国語の「もう食事は済みましたか」，ヘブライ語の "Shalom" やアラビア語の "Assalamalaikum" などは表層に表れた個々の文化差と言える。EIL はそれらを取り込んでその多様性を広げていく。

## 9. おわりに

以上，英語は国際語となり，もはや英米文化のみの表現手段ではないこと，英米英語から国際英語に目標を変えれば英米人コンプレックスを解消できること，日本人が信仰するネイティヴ・スピーカーも英米文化の具現者から多文化の表現者へ変わりつつあること，英語が基本技能になる可能性があること，私たちが理想とすべきは「英語も話せるバイリンガル」であること，学習目標はネイティヴ，ノンネイティヴや種を問わない，教育ある人の上層語英語であること，国際英語は汎人類語になりつつあること，などを述べてきた。以上の主張に対して，大方のご批判を乞う次第である。

**参考文献**

Carter, R. A. 2003. "Orders of Reality: CONCODE, Communication, and Culture." In B. Seidlhofer, ed., *Controversies in Applied Linguistics*. Oxford University Press. 90-104.

Crystal, D. 2003. *English as a Global Language*, 2nd ed. Cambridge University Press.

Graddol, D. 2006. *English Next.* The British Council.
Jenkins, J. 2003. *World Englishes: A resource book for students.* Routledge.
Kachru, B. B. (ed.) 1992. *The Other Tongue: English across Cultures,* 2nd ed., University of Illinois Press.
Kachru, B. B. 2005. *Asian Englishes beyond the Canon.* Hong Kong University Press.
Lo Bianco, J. 2003. A site for debate, negotiation and contest of national identity: language policy in Australia. In *Guide for the development of language education policies in Europe: from linguistic diversity to plurilingual education.* Council of Europe, 1-35.
牧野成一. 2003.「文化能力基準作成は可能か」『日本語教育』第118号, 1-16.
文部省. 1999.『高等学校学習指導要領解説』
Paikeday, T. M. 1985. *The Native Speaker is Dead!* Paikeday Publishing.
鈴木孝夫. 2001.『英語はいらない!?』PHP研究所.
U.S. Census Bureau. 2005. "Annual Estimates of the Population by Sex, Race and Hispanic or Latino Origin for the United States: April 1, 2000 to July 1, 2004."
矢野安剛. 1992.『やり直しの英語上達法』NHK出版.
Yano, Y. 2001. World Englishes in 2000 and beyond. *World Englishes,* 20-2, 119-31.
Yano, Y. 2006 'The Effect of NNS-NNS Interaction in University- Level ELT in Japan.' In M. Nakano and CCDL Research Center (eds.) *CCDL Cross Cultural Distance Learning. Teachers' Manual.* Vol. 1: 39-46.
矢野安剛. 2006.「Euro-English：ヨーロッパにおける共通語としての英語」池田雅之・矢野安剛編著『ヨーロッパ世界のことばと文化』成文堂, 145-60.

# EIALの一例としての「日本英語」
―― その目指すべき方向を求めて ――

森 住 衛

## 1. はじめに ―― なぜ Englishes か

「国際補助語の1つとしての英語」(English as an International Auxiliary Language 以下，EIAL) の普及を容認する立場は，Randolph Quirk と Braj Kachru の2つの立場に大別される。前者は国際的に通用する「標準英語」という単数のとらえ方で，後者は世界で使われている「様々な英語」という複数のとらえ方である。小論では，後者の視点に立って，EIAL の一例としての「日本英語」が目指すべき方向を考えてみたい。

本論に入る前に，筆者がなぜ後者の Kachru の視点に立つかについて若干触れておきたい。そうすることにより，EIAL を Englishes と複数でとらえる筆者の立場の微妙な「ねじれ」を示すことができて，これが本論の議論の支えになると思われるからである。EIAL のありようの議論の根底には，国際化を「統一性」でとらえるか，「多様性」でとらえるかという二者択一の議論がある。この2つは国際化の方向としてあり得る選択なので，二者択一といっても，どちらにより多く重きを置くかという，いわば，程度問題になる。Quirk は統一化を推進する立場で，このために EIAL にも1つの規範 (standard) が必要であるという。このことは，1980年代に Englishes が台頭してきた当初[1]の彼の著作にもあらわれている。たとえば，Quirk and Widdowson (1987: 6-7) では「モラルや服装や趣味においては，規範をもつことは人間の不可避的な志向で，これがないと疎外感を覚え，方向を失ってしまう」と述べている。ところが，多様化のもとに非英語母語話者の規範がいろいろあってもよいという主張もある。代表的な例が Kachru の立場で，上述の著作に掲載されている彼の論文の中で「もはや英語母語話者には規範制定の絶対的権限はない。社会言語学的な事実を踏まえた新しい観点や規範が必要である」と述べている (Quirk and Widdowson 1987: 29-30)。

この Kachru の EIAL の考え方は筆者にとって「次善の策」である。Quirk も Kachru も英語が世界の中心的な役割を担っていくべきであると

いう点で,「英語推進派」である。これは, Quirk が英語母語話者であること, Kachru がインドという複雑な言語事情の国と関係していることを考慮すると, あり得る１つの帰結であろう。この立場があることを認めながらも, 筆者の根底にあるのは, 英語一極集中に拍車をかけることに反対の立場である。英語に限らず, 世界が１つの言語に集約されると, 世界の価値観が一元的に向かう恐れがあるからである。しかし, 周知のように, 現在は英語が突出して強力な国際補助語になっている。この現実は無視できない。そこで, EIAL が多く使われるにしても, その様相は１つのモデルを追うのでなく, 多くのモデルを容認する多様性が必要であるということになる。なお, 些細なことかもしれないが, 筆者が小論で「国際語」(International Language) という断定的な言い方ではなく,「国際補助語」(International Auxiliary Language) という一歩引いた言い方を用いているのも, 英語をことさらに強大化したくないためである。このことからもわかるように, EIAL のありようの議論は, 最終的には, 今後の国際化や世界の言語のありように対する判断や信念の問題になる。森住 (2007) の最後に「この (EIAL の) 議論は, 最終的には私たちの英語観や言語観の検証にもなるといえよう」[2] と述べたのはこの所以である。

## 2. 音・語彙・表現からみた「日本英語」の方向性

　Englishes の多様性を志向する際に, 言語材料のどの部分が, どの程度まで変化するかという議論は必須である。総じていえば, 文字はあまり変化しない。語彙や表現は文化を反映するので, 変化の度合いが大きい。しかし, 限りなく多様化していくと, 最終的には Idiolect (個人言語) になり, 共通の理解が失われる。小論の主たる目的は, この多様化の程度を EIAL の１つとしての日本英語の例でみることにある。

　英語に限らず, 言語材料の諸相は, 大別すると, 文字・音・語彙・文法・表現・談話の６つになる。このうち音・語彙・表現の３つの面で日本英語の特徴がより多く出やすい。他の３つのうち文字は, 現在のアルファベット 26 文字以外の文字を加えたりすると, 規範の大元が乱れるので, 得策ではないであろう。また, 文法も, 将来的には３人称単数現在形の -es などの脱落が起こり得るかもしれないが, 当面の間は, 現代英語として一般に使われている文型などの統語的な規則や単複や時制などの規則を踏襲することでよい。談話構造も, 英語と日本語では結論を最初に出すか, 最後に出すかなど

の違いがあるとされているが，それほど明確な差異は出ていない。しかし，音・語彙・表現の3つは土着性が強く，文化をより多く背負っているので，必然的に多様化の度合いが大きい。以下にこの一端をみてみたい。

### 2.1 音の扱い

音は，日本英語だけでなく，それぞれの EIAL の種類に応じて，最も変化しやすい部分である。いかなる言語でも母語として会得された音素の「訛り」は一生消えないといわれるほど土着性が強いからである。Kachru の Expanding Circle 内の英語はいうまでもなく，Outer Circle や Inner Circle の中でも「変種」が起きている。周知のように，アメリカ英語 (AE) とイギリス英語 (BE) は発音が部分的に異なる。たとえば，aunt, ask の [æ] (AE) と [ɑː] (BE) の違い，coat, home の [ou] (AE) と [əu] (BE) の違いなどである。当然ながら，オーストラリア英語，ニュージーランド英語，カナダ英語も部分的に特色が出ている。これが，Outer Circle や Expanding Circle になると，その多様性は，それぞれの民族や国民が使う英語の種類だけあるということになる。さらに，これは国別というよりは地域別とした方がよいかもしれないが，同じアメリカ英語でも発音は1つだけではない。たとえば，often [ɔ́fən]・[ɔ́ftən]，suggestion [sədʒéstʃən]・[səgdʒéstʃən]，privacy [práivəsi]・[prívisi] などの例である。この種のものは，当然ながら，いずれも可ということになる。

EIAL としての日本英語の発音に対する留意点は，口をできるだけ「おおげさに」開けて，「エネルギーを使って」発生すること，日本語にない音は代替音を使うということになるだろう。前者については，日本人は一般的に発声にエネルギーを使わないと言われている。いわゆるぼそぼそと口ごもるような話し方をしがちである。相手に聞こえるように，しっかりと声に出して伝えるということは，必ずしも EIAL に限ったことでなく，母語の言語生活にも必要なことである。後者の例としては，たとえば，[θ] や [ð] は [t] や [d]，[f] の音は [p] などである。[θ] や [ð] が代替音で済むというのは，*Newsweek* (March 7, 2005 'Who Owns English?') でも，英国の音声学者の J. Jenkins の発言を引用している。国際線の航空機のパイロットが無線交信で使う [θ] の音は [t] に移行しているという。

> Linguist Jennifer Jenkins, an expert in world Englishes at King's

College London, asks why some Asians, who have trouble pronouncing the "th" sound, should spend hours trying to say "thing" instead of "sing" or "ting." International pilots, she points out, already pronounce the word "three" as "tree" in radio dispatches, since "tree" is more widely comprehensible.

　音声の領域には個々の音素の発音そのものの分野とかぶせ音素がある。ストレス，リズム，イントネーションである。EIAL の一例としての日本英語では，ストレスだけは英語母語話者の英語に近づけた方とよいと思われる。その理由は，日本語の音節言語的 (syllable-timed) なストレスの置き方では，国際的に通じる度合いが落ちるのと，ストレスを置いて発音するのは日本人にとってもさほど困難なことではないからである。たとえば，[ビューチフル]というように音節をはっきりさせて平板に発音していたら通じにくいが，[ビューチフル]とストレスをつけると通じやすくなり，この程度の苦労であれば，一般の日本人にとってさほどむずかしいことではない。イントネーションについては，疑問文は上昇調，平叙文は下降調というのは万国共通で，多様な Englishes になっても大差ない。したがって，気にしないでよい。

### 2.2　語彙の扱い

　EIAL における語彙の問題は大別して3つになる。1つは，英語の多様性によって，それぞれの英語が使われる文化（生活様式）を反映する，その英語独特の語彙である。日本英語では，sushi, judo, noh, zen などである。これは，翻訳をされずにそのまま英語にもなっていて，*Webster the Third* には 200 語あまりが収録されている。比較的日本の伝統文化を担うものが多いが，最近の例では，政治関係や気象関係の用語の dango (談合)，nemawashi (根回し) や tsunami (津波) などがある。この種の単語を日本英語として使うときには，必要に応じて，sushi or a rice ball with a slice of raw fish on it などの「注釈」をつけることになる。

　もう1つは，nighter, gasoline stand, guard man, name value など一般に和製英語と言われているものである。この種の語彙は，まずカタカナ語の造語があり，それに英語の綴りが当てはめられたものが多い。この中には，英語の母語話者はいうまでもなく，多くの外国の人たちにも意味不明な

ものがある。また，英語にはあるのだが，異なった意味になるものもある。たとえば，hostess（ホステス），manner（マナー）などである。*CIDE* (*The Cambridge International Dictionary of English*, CUP, 1995) ではいろいろな国や地域で使われているこの種の英語を取り上げているが，日本人が使う和製英語としては，約150語が取り上げられている。これらの語彙は，原則としては，相手が日本英語を心得ている外国人以外には使わない方がよい。これが野放図に出回ると，収拾がつかなくなる。なお，「原則として」としたのは，このような語彙の中には，日本以外の国や地域でも通用する語彙がでてくる可能性があるからである。1980年代の話であるが，筆者が関係した中学用の検定済教科書 *New Crown English Series* の本文に「漫画映画」を 'comic movies' とした。すると，ある ALT にこのような英語はない，'comedies' か 'funny movies' にすべきだと言われた。しかし，日本の「漫画映画」は必ずしも 'comedies' や 'funny movies' だけではない。そこで 'comic movies' をそのまま使用した。これは20年以上も前の話であるが，現在であれば，そのまま manga を使って，'manga movie' とするところである。いずれにしても，日本英語には，英語を母語としている人たちが使っていない意味や機能が出てくる。上述の *CIDE* はこれらのいわば non-native English に「市民権」を与え始めたと考えてよいであろう。

最後は，これが圧倒的に多数を占めるのであるが，上記のような特殊な語彙を除いた一般の語彙の扱いである。ほとんどの語彙はそれぞれの母語と英語との意味のずれに注意すればよい。たとえば，日本語と英語の間でも，'teacher' と「先生」との間には，その対象・機能・連想などの点で，意味範疇のずれがある。日本語の「先生」をそのまま英語の 'teacher' にあてはめないということになる。これについては，森住 (2004b) で多少とも詳しく取り上げているので，小論では割愛する。

## 2.3　表現の扱い

構文や文法・語法の点からみて問題のない文や発話であっても，文化的・伝統的な価値観からみて，英語らしくない，あるいは，英語ではない，と考えられる場合がある。国際補助語としての英語の多様性を認める場合の一番の問題点は，これらの表現の是非論にある。日本人が苦手する発音の問題や3人称単数現在形や単複の呼応の一致など文法上の問題は，所詮は形式上の「約束事」なので，これに従うときの面倒や難しさはあるが，精神の根本に

関わる苦痛は少ないといえる。ところが, 真善美の価値観や考え方の表出になると, そうはいかない。その内容は自分の生き方やアイデンティティーに関わってくるからである。

　価値観や考え方はいろいろな文や発話に出てくるが, ここでは, 日本人の謙遜の気持ち, あえていうと,「控え目の美徳」があらわれた表現を例にとってみよう。たとえば, 日本語の「粗茶ですが, どうぞ」「おいしくないかもしれませんが, お召し上がり下さい」[3) という表現である。相手の気持ちをおもんばかって一歩引いた言い方である。この種の表現は, 一般の英語圏の人にとっては不可解な表現ということになる。直塚 (1980) によると, これをほぼ直訳した This isn't very delicious, but please help yourself. を英語圏の人たちが聞いた場合, その反応は, This doesn't make any sense. から The person who says this way is insincere. に至るまで, 多くの場合, 否定的である。そこで, 日本人はこのような表現は使わない方がよい, ということになる。なぜならこれは英語らしい言い方ではないからである。英語を使う人たちは, 他人に物を勧める場合にこのようにへりくだらない。むしろ, This is very delicious. I hope you'll like it. などという。日本人もこう言いたければ言っても構わないのだが, 自分たちが伝統的に持ってきた価値観や美意識が元になった発話や文は英語では表せないとなると, いかにもバランスを欠く。それは, 極言すれば, 生き方を否定されることにも通じている。「世界共通語」としての英語であれば, メッセージを入れる「器」は「無国籍」であるべきである。EIAL はどのようなメッセージでも許容する器でなければならない (森住 1995, pp.13-5)。

　この「粗茶ですが, …」の類の問題も多々あるが, さらに別の面で, 日本人がしばしば使う表現で, 英語ではあまり出てこない表現がある。たとえば, How old are you? や Are you married or single? などである。Morioka (1981) では, これらは「会話には不適切で, 言ってはならない表現」で, 'Conversation Stoppers' と命名している。この表現が出てくると, 欧米人は会話が止まってしまうというのである。この 2 つの他にも Do you have children? などと聞いたり, How are you? ― Fine thanks. のやりとりのあとで, You've gained weight, haven't you? と言ったりするも 'Conversation Stoppers' になるという。さらに, Are you Christian? や Do you believe in God? もこの類になる。

　どの文化にもある種の質問の TPO はあるので, このような表現の危うさ

は解らないでもない。しかし，これを EIAL の会話では禁句とするのはあまりにも一方の論理や価値観を強要していないだろうか。たとえば，You've gained weight, haven't you? にしても，アフリカ西部のモーリタニアをはじめ，男女とも太っている方が好まれる国や地域がある。このような文化では，You've gained weight, haven't you? というのは相手への讃辞である。体格は細身がよいとか，年齢を聞くのはよくないというのは西洋の基準かもしれない。日本人が年齢を聞くのは長幼の別を尊ぶ社会にあって仕事などを共にする際に必要な情報収集ともいえる。このように，表現のある種のものは，その言語を使う人たちの価値観や生き方を表しているのである。

## 3. おわりに――3つの確認ないし補足

最後に3点に言及して小論を閉じたい。3点とは，日本英語の立脚点，今後の英語の変容，教材としての EIAL で，いずれもこれまでの議論の確認ないし補足である。

第1点として，森住 (2004a) でも言及しているのであるが，大橋克洋氏の言を借りて[4]，日本英語に対する立脚点の確認および補足をする。氏によれば，国民の大多数が英語を不自由なく駆使できるようになるには，英語を外規範主義 (Exonormative) でなく，内規範主義 (Endonormative) でとらえなくてはならない。内規範主義とは，英語を自分たちの地域に合うように変えてしまうことである。一般大衆が使う Indian English や Singlish などのようにしてしまうことである。この説明のために，大橋氏は，林悟堂の「日本人が英語を喋るようになるためには，日本人が日本人らしくなくなるか，英語が英語らしくなくなるか，どちらかの条件が必要だ」という趣旨の発言を引用した。これは極論であるが，言い得て妙である。日本人が日本人らしくなくなるというのは，上述の「控え目の美徳」でも述べたとおり，あってはならない。そうすると，後者の英語が英語らしくなくなる，という方向になるのである。したがって，英語が日常的に使われるような状況下では，Outer Circle や Expanding Circle の人たちが使う英語は，必然的に英語を母語とする人たちの英語とは異なったものになるのである。なお，Singlish の Acrolect に代表されるような「エリート」が使う英語論は，別な次元なので小論では割愛する。

第2点は，今後の Englishes の変容の広がりと速度である。*Newsweek* (2005/3/7) の特集 'Who Owns English?' や *The Japan Times* (2006/12/9) に

転載された The Observer の 'Globish' の記事などにもみられるように，英語の変容は加速している。小論では，文法は現段階では変容はさせないでよいという議論をしてきたが，この文法ですら変わろうとしている。上述の Newsweek (p.42) では，そのうち，英語教師は生徒や学生が 'a book who ～' や 'a person which ～' と言っても直さなくなるだろうとさえ予想している。The Observer の記事では，国際的な活躍で著名なフランス人のことばとして，'The language non-Anglophones spoke together was not English, but something vaguely like it.' として，これを Globish と名付けている。英語が最終的にどの程度まで変わるかというのは，私たちの予想を超えるかもしれない。McConnell (2000) では，変容が過ぎると，英語そのものが its global status を失うこともあると示唆している[5]。

　第3点は，Englishes が台頭してきているこの事態を英語学習者に知らせる意義と方法である。意義は，EIAL がどのように使われているかという事実を知らせることにある。これにより，学窓を離れて世界に飛び立ったときにいろいろな英語に出会っても驚かないですむ。何よりも，いろいろな英語を軽蔑しないようになる。さらに，自分たちの日本英語でもよいのだという自信をもって臨める。異言語学習は，自己を広げるという「正」の面と自己が陵辱されやすいという「負」の面を持ち合わせている[6]。EIAL の Englishes の考え方を導入することにより，後者に陥らないですむ。これまでややもすると，日本英語を使っているという理由で，多くの英語学習者が，自分の英語を恥じてきた。そして，これを英語教育が助長してきたきらいもある。これからは，逆に自信をもたせてあげたい。

　次に方法であるが，正攻法は EIAL について授業で使う教材で扱うことである。特に，中学や高校の検定済教科書本体の題材の中でこれが取り上げられているとよい。言語に関する話題，それも自分たちが学習している英語そのもののあり方に関するものになるので，英語教育の題材としては最も好ましいものの1つになる。この題材が中・高の検定済教科書でどの程度取り上げられてきたかについては森住 (2007) でその一端を示した[7]。判明したのは，EIAL の多様性の理念については取り上げられてきたが，EIAL の実例は皆無に近いということである。この部分は，一部の大学の授業[8]で若干ながら取り上げられているだけで，未開発の状態である。特に，音声でいろいろな英語があると知らせる必要がある。研究書をはじめ Englishes に関する出版物はこの15年ほどに多々みられるようになった。次なる課題は，CD や

MDが日本の教育現場で試聴できるような音声教材を広く普及させることである。[9]

## 注

1) Englishesの概念が出てきたのは，1960年代と言われているが，これが普及するようになったのは，1980年代前半からである。この時期にJ. Pride (1981) *New Englishes*，J.Platt et. al (1982) *The New Englishes*，L. Todd (1984) *Modern Englishes*などが刊行された。
2) 森住 2007, p.45
3) cf. 対談：森住衛/マーク・ピーターセン「コミュニケーションと文法・表現」『英語展望』No.92, pp.9-18, ELEC, 対談：山岸勝榮/森住衛・司会村田年「日英言語文化研究を語る」日英言語文化研究会第1回研究大会，2006年6月10日，山岸勝榮 1998, pp.45-6。
4) JACET九州・沖縄支部大会シンポジウム「英語教育改革の理想と現実」木下正義・今泉柔剛・大橋克洋・平野利治・森住衛，2003年10月11日
5) Perhaps English will lose its global status. Perhaps there will be so many varieties that speakers of English will no longer understand each other. Perhaps another language will replace English. Only time will tell (McConnell 2000, pp. 65-6).
6) 「学習指導要領：外国語」（文部省1947）の＜目標＞欄には「英語を学ぶということは，できるだけ多くの英語の単語を暗記することではなくて，われわれの心を，生まれてこのかた英語を話す人々の心と同じように働かせること」とある。
7) 森住他 2007 *Exceed Writing*（検定済教科書高校用）p.88, 三省堂
8) cf. 第45回JACET全国大会＜わたしの授業＞の日野信行氏の「リーディング」の授業（JACET授業学研究委員会編 2007『高等教育における英語授業の研究──授業実践事例を中心に』松柏社）及び塩澤正氏の第46回JACET全国大会のシンポジウム「日本人にとってのWorld Englishes」の基調提案「World Englishesの考え方を授業に」。前者では，シンガポールのCNA, 香港のATVを視聴したり，インドのTimes of IndiaやカタールのAl Jazeeraなどを教材として使ったりしている。後者では，「国際英語論の立場から，日本の教育現場で英語を教えるときの考え方，態度，教材の扱いなどを具体的に提示」している。EIALを扱う理由として，「実現不可能な目標と劣等感からの解放」にも言及している。
9) Englishesの音声教材については，古くはTrudgill, P. and Hannah, J. (1985)があり，最近日本で刊行されたものとしては中谷(2004)などがある。

## 参考文献

Crystal, David. 1997. *English as a Global English*. CUP.
河原俊昭他．2002．『世界の言語政策──多言語社会と日本』くろしお出版．
Kachru, Braj 1992. "World Englishes: Approaches, Issues, and Resources" *Language Teaching*. 25, 1-14.
MaKay, Lee. 2002. *Teaching English as an International Language*, OUP.

McConnell, Joan. 2000. *Language and Culture in the 21st Century*, Seibido.
Morioka, Kathleene. 1981.『比較文化の英会話』研究社出版.
森住　衞. 1995.「＜世界共通語＞としての英語をどうとらえるか」『英語教育』Vol.44, No.4. 大修館書店. 13-5.
────── 2004a.「文科省＜戦略構想(行動計画)＞の意義と問題点」『桜美林シナジー』第2号. 桜美林大学大学院国際学研究科. 35-49.
────── 2004b.『単語の文化的意味── friend は友だちか』三省堂.
────── 2007.「中・高の教科書における＜国際英語＞」『英語教育』Vol.56, No.5, 大修館書店.
直塚玲子. 1980.『欧米人が沈黙するとき』大修館書店.
中谷美佐. 2004.『ナマった英語のリスニング』ジャパンタイムズ.
岡戸浩子. 2002.『グローカル時代の言語教育政策──「多様化」の試みとこれからの日本』くろしお出版.
Quirk, R. and Widdowson, H. G. 1987. English in the World. CUP.
Trudgill, P. and Hannah, J. 1985. *International English*. Edward Arnold (Publishers) Ltd.
山岸勝榮. 1998.『英語になりにくい日本語をこう訳す』研究社.

# スコットランド・ゲール語法成立の背景
―― スコットランド政府の言語政策研究 ――

中 尾 正 史

## 1. はじめに

　欧州連合（EU）や欧州評議会 (Council of Europe) が加盟諸国の地域少数言語の話者の言語権を保護すること，そして少数言語を文化遺産として後世に残すことを政策としてかかげていることはよく知られている。地域少数言語の問題だけでなく，外国語教育政策の充実を考えていることもまた同様によく知られている。ヨーロッパ全体において多言語主義という考えが浸透している現在，ヨーロッパ全体が多言語主義的な言語政策と言語教育政策を考えなければならない状況である。英語がこれまで発展を遂げた国であり，また英語と関連の深いさまざまな言語文化が世界に影響を及ぼした国でもあるイギリスも多言語主義の流れにさからうことなく，他国と同様の態度で言語政策や言語教育政策を採りつつある。

　1999年にスコットランド，ウェールズ，北アイルランドに議会が設置され，イギリス全体の議会から多くの分野での立法権が委譲されたことにより，イギリスにおける少数言語の問題は議会設置以前よりも現実味をおびることとなった。

　イギリスはケルト系民族や旧植民地出身者の子孫が混住しているということもあり，もともと多言語社会である。英語以外の言語を家庭内や地域コミュニティの中で日常的に話すイギリス人が存在する。ケルト語系の言語では，スコットランドでスコットランド・ゲール語 (Scottish Gaelic，以下ゲール語と表記する)，ウェールズではウェールズ語 (Welsh)，北アイルランドではアイルランド・ゲール語 (Irish Gaelic) の話者が存在する。イングランドでもコーンウォール語 (Cornish) を復興させようという活動もある。英語と同様に古英語を起源とする言語では，スコットランドにはスコッツ語 (Scots)[1]，北アイルランドにはアルスター・スコッツ語 (Ulster Scots) がある。さらに，旧植民地出身者などの子孫が家庭内及び地域で話している言語はコミュニティ言語 (community languages) という名称で扱われてい

る。

　スコットランドに限定して考えてみると，スコットランドが多言語社会であることを示す証拠のひとつとして，スコットランド議会の公式サイトの多言語対応を挙げることができる。2007年9月現在，主要な記事に関しては，英語の他に，ゲール語，スコッツ語，ウルドゥー語，ベンガル語，パンジャブ語，中国語，アラビア語，フランス語，カタロニア語，イタリア語，スペイン語，ドイツ語，ロシア語，中国語で読むことができる。[2]

　ゲール語とスコッツ語はスコットランド固有の地域少数言語として，スコットランド人のアイデンティティとも深く関係しているものである。とくにゲール語はスコットランド高地地方や島嶼地方の文化遺産とも関わるものである。ヨーロッパの多言語主義は，地域少数言語であるゲール語とスコッツ語の振興政策のための有利な状況をもたらしたと言える。欧州評議会が地域少数言語保護を目的として作成した「ヨーロッパ地域少数言語憲章」(European Charter for Regional or Minority Languages) に，イギリス政府は2001年3月2日に署名，2001年3月27日に批准した。その後2001年7月1日に発効した。ゲール語とスコッツ語はスコットランド固有の言語と公式に認められた。[3]

　ゲール語話者数は，1991年の国勢調査では人口の1.4パーセントの65,978人であり，2001年の国勢調査では人口の1.2パーセントの58,652人であった。[4]　本稿において，ごく少数の話者しか存在しないにもかかわらず，ゲール語の将来がスコットランド全体で話題にされたこと，そして，2005年にスコットランド議会本会議で満場一致で「スコットランド・ゲール語法」が通過したことをスコットランド政府 (Scotland Executive) の言語政策研究の成果ととらえる。スコットランド政府がどのようにゲール語政策を考え，ゲール語法成立のために貢献できたかを考察する。

## 2. スコットランド議会とゲール語

　「1998年スコットランド分権法」(Scotland Act 1998) により，1999年5月に第1回のスコットランド議会議員選挙が行われ，1999年7月1日に議会が開会された。この議会設置はスコットランドの言語政策を考えるうえで極めて重要なできごとである。スコットランドの言語に関しての公式に議論をする場が設置され，ゲール語に関しても公式の議論がなされることになったからである。事実，議会開会当初からゲール語の保護や教育に関しての議

論が続けられることとなった。[5]

　2003年5月に行われたスコットランド議会議員選挙の直後，議席数第1位のスコットランド労働党（Scottish Labour Party）と第3位のスコットランド自由民主党（Scottish Liberal Democrats）が連立与党となり，ゲール語に公的地位を与えることや，ゲール語普及を担当する機関に対しての公式な見解が定まった。スコットランド労働党党首のジャック・マコーネル（Jack McConnell）と自由民主党党首のジム・ワレス（Jim Wallace）の署名で公表された政府連立与党の政策方針である *Partnership Agreement: A Partnership for a Better Scotland* はゲール語法成立に向けての方向性を的確に示したものである。ゲール語法に関しては下記の記述がある。

> We will legislate to provide secure status for Gaelic through a Gailic Bill. We will introduce a national language strategy to guide the development and ethnic community languages, …. We will give local authorities and other public bodies a responsibility to draw up a languages plan which reflects the communities they serve.[6]

　この方針は実行に移され，2003年10月10日に，政府より「スコットランド言語法草案」(a draft Gaelic Language Bill) が公表された。オーバンで開催された第100回ナショナル・モッド開会式における開会挨拶のスピーチの中で，スコットランド首席大臣のジャック・マコーネルは，政府としてゲール語法案を議会に提出する用意があることを語り，その草案に関してのアンケートに答えること広くスコットランド全体に呼びかけた。

　2004年9月27日に，ゲール語関係も担当する教育及び青少年担当大臣 (Minister for Education and Young People) であるピーター・ピーコック (Peter Peacock) が提案者となり，政府提出法案 (Executive Bill) として「スコットランド・ゲール語法案」(Gaelic Language [Scotland] Bill) が提出された。委員会レベルでの議論を経て，2005年4月21日のスコットランド議会本会議において，最後の議論がなされ，その結果，採決のための投票をすることなく，満場一致で通過した。その後，6月1日に女王の裁可 (Royal Assent) を得て，「2005年スコットランド・ゲール語法」(Gaelic Language [Scotland] Act 2005，以下「ゲール語法」と略す）が成立した。この法の成立により，スコットランドにおいてゲール語は，英語と並び，公用語の地位を公的に認められ，ゲール語の将来のための諸政策がスコットラ

ンド全体で公的に直接的,間接的に支援されることになった。スコットランドにおける言語政策として画期的なできごととして注目された。ゲール語と教育の関係に関して言えば,ゲール語教育 (Gaelic education) とゲール語を教育用語とする教育 (Gaelic medium education) は,1980年代から西部島嶼地方などゲール語話者の割合の高い地域などで実施されてきたが,ゲール語法が成立したことにより,公的にスコットランド全体のプロジェクトとして扱われることとなった。

ゲール語法は前文と,5つの部門を構成する13の章,及び2つのスケジュールから成り立っている。ここに前文を示す。

An Act of the Scottish Parliament to establish a body having functions exercisable with a view to securing the status of the Gaelic language as an official language of Scotland commanding equal respect to the English language, including the functions of preparing a national Gaelic language plan, of requiring certain public authorities to prepare and publish Gaelic language plans in connection with the exercise of their functions and to maintain and implement such plans, and of issuing guidance in relation to Gaelic education.[7]

スコットランドにおいて,公用語としてのゲール語の地位を保証することを目的し,そのための機関である「ボー・ナ・ガーリック」(Bòrd na Gàidhlig) に公的な役割を委嘱することが規定されたことはスコットランドの言語教育政策として重要である。スコットランドにおいて,英語と同等の敬意が払われるために,ボー・ナ・ガーリックに,スコットランド全体のゲール語振興政策としての「ナショナル・ゲール語プラン」を準備させることや,公的諸機関がゲール語プランを準備するにあたり,指導力を発揮させるというものである。

ゲール語法の構成を記す。ゲール語振興のための機関であるボー・ナ・ガーリック Bòrd na Gàidhligに関して,第1章 Constitution and functions of Bòrd na Gàidhlig が含まれている。スコットランド全体のゲール語計画である National Gaelic language plan には,第2章 National Gaelic language plan が含まれる。地域や諸団体のゲール語計画である Gaelic language plans には,第3章 Gaelic language plans,第4章 Review of, and appeal against, notices,第5章 Approval of plans,第6章 Monitoring of implementation，第7章 Review of plans，第8章 Guidance, assistance, etc. by the Bòrd の全6章が含まれる。ゲール語教育 *Gaelic education* には，第9章 Guidance on Gaelic education が含まれる。総則 General には，第10章 Interpretation，第11章 Regulations and orders，第12章 Consequential amendments，第13章 Short title and commencement の全4章が含まれる。スケジュール1として，Bòrd na Gàidhlig，スケジュール2として Consequential amendments が含まれる。

　言語政策研究の立場からこのゲール語法を見てみると，このゲール語法は，「計画によるアプローチ」という考えが明確に示されている言語法であると言える。言語政策の中の具体的な言語計画として，公用語に認定するなど当該言語に公的な地位を保障する言語地位計画 (status planning) と，言語習得計画 (acquisition planning) という計画が重視されていることがわかる。ヨーロッパ諸国の地域少数言語に関しての言語政策が，欧州連合や欧州評議会の諸政策にも関わらず，実際には少数言語話者の言語権の保護や追認程度に留まっていることが多いが，スコットランドではゲール語の将来のことを最も重視して考え，ゲール語復興のための計画という基本的方針が極めて明確に打ち出されていることが特徴と言える。

## 3. スコットランド政府のゲール語政策研究

　議会諸委員会や本会議での議論や，議会以外でのゲール語関係諸団体の熱心な取り組みがゲール語法成立に重要な役割を果たしたことはよく知られているが，スコットランド議会開会からゲール語法成立まで間になされたスコットランド政府 (Scottish Executive) の取り組みがゲール語法成立に貢献したことを検証したい。

　スコットランド政府の行ったゲール語政策研究は大きく2つに分けられる。政府直属の諮問委員会にゲール語政策を研究させ，報告書を提出させる一方で，政府が運営資金を提供して，スコットランド全体の言語教育を研究させている機関である「スコットランド CILT」(Scottish Centre for Information Language Teaching, 略称は Scottish CILT) にゲール語に関しても，言語教育学者の立場での言語政策および言語教育政策研究を委嘱し，研究報告を公表させたことと言える。スコットランド CILT 所長のスターリング大学教授リチャード・ジョンストン (Richard Johnstone) を中心としてゲール語政策，およびゲール語を教育用語とする教育 (Gaelic-medium education) に関してのすぐれた研究がなされ，ゲール語法成立に先立つ議論の中で政府側見解の理論的裏づけとなった。その結果，政府の主導によるゲール語法が成立し，ゲール語振興のための機関である「ボー・ナ・ガーリック」の公的位置づけと再構成に成功し，ゲール語の復興のための計画である「ナショナル・ゲール語プラン」(The National Plan for Gaelic, 2007-2012) につながっていったと考えられる。

## 4. スコットランド政府の諮問委員会の研究成果

スコットランド議会開設の年，1999年12月にスコットランド政府はゲール語に関してのタスクフォース（特別委員会）を組織した。委員長はジョン・マクファーソン (JohnA. Macpherson) が務めた。活動目的は以下のものである。

"examine the arrangements and structures for the public support of the Gaelic organisations in Scotland, to advise Scottish Ministers on future arrangements, taking account of the Scottish Executive's policy of support for Gaelic as set out in the Programme for Government, and to report by 30th April 2000."[8]

委員会はゲール語に関係のある諸団体から提出された文書を綿密に読みこなし，分析をして，2000年に報告書として Revitalising Gaelic: A National Asset を公表した。委員長の名前をとり「マクファーソン・レポート」(The Macpherson Report) とも呼ばれる。研究の結論として，ゲール語は新しいスコットランドにとって礎となる重要なものであり，ゲール語が危機に瀕していることを強調している。ゲール語は社会経済の安定にもかかわり，言語的文化的アイデンティティに関係する重要なものであると述べ，政府が十分な支援をしなければ21世紀半ばまで生き残ることが困難であると述べている。

委員会からの勧告として，ゲール語の公的地位を確立すること，政府はゲール語振興のために資金提供を継続すること，政府と議会のためにゲール語振興のための機関を設置すること，ゲール語振興のための目標を設定し，そのための戦略を構築することなどを挙げている。具体的な分野として，(1) ゲール語教育と学習，(2) 芸術，文化，遺産，(3) 経済発達と社会発達，(4) ゲール語話者の多い地域での言語計画と言語発達の4分野が挙げられた。

2000年12月にはもうひとつの諮問委員会が設置された。政府のエンタープライズ・生涯学習・ゲール語担当大臣，アラスダー・モリソン（Alasdair Morrison）の委嘱により設置された委員会であり，アバディーン大学とエディンバラ大学の教授職を兼ねていたケルト学者でスコットランド学者であるドナルド・ミーク（Donald Meek）が委員長を務めた。ゲール語の振興に関係する諸団体を統括している「コム・ナ・ガーリック」（Comunn na Gàidhlig）も協力をした。マクファーソンの委員会が実現可能なプランを引き出すところまでいかなかった反省に立ち，この委員会はゲール語発展のための具体的なストラテジーを作ることを要請された。報告書は2002年5月22日に政府に提出された。正式名称は A Fresh Start for Gaelic であり，委員長の名前をとり，「ミーク・レポート」(The Meek Report) とも呼ばれる。この報告書の中で，ゲール語に関する措置はすぐに取られるべきであり，さもなければゲール語が消滅するのを見ることになると警告している。ゲール語で教育を受けているこどもたちの数がわずか2000人しかいないという状況はゲール語の将来のために危機的なものであるとの認識である。この報告書においても，ゲール語に法的地位を与える法律がすぐに立法化されるべきであり，こどもたちをゲール語で教育したいと考える親たちに法的根拠のある権利を付与するべきであるとしている。

## 5. スコットランド政府とスコットランドCILT

スコットランド政府，具体的にはスコットランド政府教育局から外国語教育政策や外国語教育の実態調査などを請け負っていたスコットランドCILTがゲール語政策やゲール語教育という分野にも深く関わったことは自然なことでもあり，また，政府にとって有益なことであった。前述したジョン・マクファーソンやドナルド・ミークとは異なり，リチャード・ジョンストンを中心とする言語政策や言語教育政策の専門家がゲール語政策やゲール語教育に関してのきわめて高度な研究を展開したと言える。

ゲール語で教育を受けたこどもたちの教育成果についてのスコットランドCILTの研究は特筆に価するものである。1980年代から西部諸島を中心としてゲール語を教育用語とする教育が始められたが，リチャード・ジョンストンを中心とした研究グループは，1996年から1998年にわたり，ゲール語で教育を受けた初等学校の生徒の学力を多方面にわたりデータを取り，分析した。その結果は，スコットランド政府教育局の代理として，スコッ

トランド CILT から，*The Attainments of Pupils Receiving Gaelic-medium Primary Education in Scotland* として公表された。委員長の名をとり，「ジョンストン・レポート」(The Johnstone Report) とも呼ばれる。その内容は，ゲール語で教育を受けたこどもたちは，ゲール語を習得したというだけにとどまらず，英語で教育を受けたこどもたちと比べて，理科，数学，英語の学力においてまったく劣ることのないという調査結果が発表された。この調査研究はスコットランドにおけるゲール語での教育の成功を示すものとして知られている。

2003年10月10日に，政府より「スコットランド言語法草案」(a draft Gaelic Language Bill) が公表され，この草案に関してのアンケートに答えることを広くスコットランド全体に呼びかけた。このアンケートの集計と分析のために Gaelic Bill Consultation Analysis というプロジェクトが始められた。スコットランド政府教育局とボー・ナ・ガーリックから費用7800ポンドが出され，リチャード・ジョンストンが中心となり，2004年5月から7月まで，アンケートの集計と分析がなされた。報告書の主な結論は次の4点に集約された。まず，ゲール語を現在の危機的状況から抜け出させるためにもゲール語に公的地位を認めることは必要である。次に，ゲール語法という考えは広く歓迎されているが，法律に草案以上の力を与えなければならない。第3に，ナショナル・ゲール語プランを実行するためにはボー・ナ・ガーリックにもより以上の権限を与えるべきである。第4に，ゲール語法はゲール語での教育を強化するべきである。この4つの意見は2005年に成立したゲール語法の中心となった。

## 8. おわりに

スコットランド議会が設置されたことでゲール語が公式の場で話題になり，その結果，ゲール語法が成立したということは事実である。スコットランドの言語政策を扱う場合，議会が設置されたことだけを過大に評価するべきではなく，ヨーロッパ全体の多言語主義の中のイギリス，そしてスコットランドという視点が重要である。また，わずか1パーセント強の話者しかいないゲール語がスコットランドのアイデンティティを示す重要な要素であることはスコットランドの文化的遺産や，イングランド対スコットランドの歴史的関係を考えてみれば容易に理解できるものである。ゲール語が衰退してもっとも困るのは，ゲール語関係諸団体に対し補助金を交付し，ゲール語に

関してのゲール語を教育用語としている教育を後援してきたスコットランド政府であるという見方も可能であろう。

## 注

1) Scots language の訳語は「スコッツ語」と「スコットランド語」のふたつがある。スコットランド研究の学術団体である日本カレドニア学会では「スコッツ語」を採用している。
2) スコットランド議会公式サイトに拠る。
   http://www.scottish.parliament.uk/home.htm
3) 中尾 (2002) に拠る。
4) General Register Office for Scotland, 2005. に拠る。
5) 中尾 (2001), 中尾 (2002) に拠る。
6) McConnell, J. and Wallace. J., 2003: 43.
7) Scottish Executive Gaelic Language (Scotland) Act 2005.
8) Scottish Executive Revitalising Gaelic: A National Asset (the Macpherson Report), 2000.

## 参考文献

Acting Group on Languages. 2000. *Citizens of Multilingual World*. Scottish Executive Education Department.

Bòrd na Gàidhlig. 2006. *The National Plan for Gaelic 2007-2012*.
   http://www.bord-na-gaidlig.org.uk/National-Plan/National%20Plan%20for%20Gaelic.pdf (2007年8月19日取得)

General Register Office for Scotland. 2005. *Census 2001- Gaelic Report*.

Johnstone, R.M., Harlen, W., MacNeil, M., Stradling, R. and Thorpe, G. 1999. *The Attainment of Pupils Receiving Gaelic-medium Primary Education in Scotland*. Scottish CILT on behalf of Scottish Executive Education Department.

Johnstone, R. M., Macdonald, B., MacNeil, C.A., and Kerr, A. 2005. *Draft Gaelic Language Bill Consultation Analysis*.
   http://www.scotland.gov.uk/Resource/Doc/978/0002693.pdf (2007年8月19日取得)

Johnstone, R.M., Doughty, H. and McKinstry, R. 2004. *Evaluation of Gaelic Language at Primary School (GLPS)*, University of Stirling: Scottish CILT.

木村正俊・中尾正史（編）. 2006. 『スコットランド文化事典』原書房.

Lo Bianco, J. 2001. *Language and Literacy Planning in Scotland*. Scottish CILT: University of Stirling.

McConnell, J. & Wallace. J. 2003. *Partnership Agreement – Joint Statement by the Leaders of the Scottish Labour Party and the Scottish Liberal Democrats*. Scottish Executive.

中尾正史. 2001.「スコットランドにおける言語政策とゲール語復興」『桐朋学園大学短期大学部紀要』第19号. 1-22.

中尾正史. 2002.「少数民族言語は生き残れるか——多言語国家イギリスの言語政策と言語教育」『世界の言語政策——多言語社会と日本』くろしお出版. 189-216.
Scottish CILT. 2005. *Scottish CILT Plan—April 2005 to March 2008*. Scottish CILT: University of Stirling.
Scottish Executive. 2000. *Revitalising Gaelic: A National Asset* (the Macpherson Report).
Scottish Executive. 2002. *A Fresh Start for Gaelic* (the Meek Report).
Scottish Executive. 2005. *Gaelic Language (Scotland) Act 2005*. http://www.opsi.gov.uk/legislation/scotland/acts2005/20050007.htm（2007年8月19日取得）

# *God Made the Country, and Man Made the Town* の示唆
## ――「生得的」と「経験的」と――

菅 野 憲 司

## 1. はじめに

　本稿では，まず，2—3節で，God made the country, and man made the town の初出を特定し，これがことわざであることを(再)確認する。次に，4節で，このことわざ後半で，人工が「経験的」であることと，5節で，このことわざ前半で，人工以外が人間自体を含めて「生得的」であることを，God made the country *and man*, and man made the town をも登場させて説明する。そして，6節で，直立二足歩行と母語の聞き話しの習得に臨界期が存在することを人工や人体生命維持現象と比較検討しつつ議論して，最後の(14)と7節が本稿の結論である。

## 2. ことわざの *God Made the Country, and Man Made the Town*

　主題目における God made the country, and man made the town は，ことわざという項目が詳しい英語の辞書や学習書等には載せられている。

　奥津(2000)も，God made the country, and man made the town をことわざとして，(1)と(2)との2回にわたって，詳しく扱って説明を加えている。

(1) 第1部　日英のことわざ――特質と背景で，ことわざと国民性に関し，1)日英共通のことわざ・2)内容が同じだが題材（比喩）や表現形式が異なるもの・3)日英異質のもの・4)国民性の実証としてのことわざ・5)ことわざの交流と模倣に分類して，God made the country, and man made the town は，3)日英異質のものに含められ，和訳と意味が「神は田園を作り，人間は都市を作った。」（自然は人工より美しい）と載せられている。

(2) 第3部　英語のことわざ220――現代英米人の常識で，英語のことわざを，Ａ 日本にもほぼ同じことわざがあるもの37個・Ｂ 日本に

も類似のことわざがあるもの 102 個・C 日本には類似のことわざがないもの 81 個に分類し,God made the country, and man made the town は,C[1] の 36 番目で,載せられている和訳と意味は (1) と同じである。

(1) と (2) をまとめると,God made the country, and man made the town は,日本文化とは異質の欧米文化を背景にして,日本には類似のことわざが存在しないということになる。

## 3. *God made the country, and man made the town* の初出

ことわざの初出を特定することが,容易なことではない,更にほとんど不可能と言っても過言ではない。しかし,God made the country, and man made the town は,幸いにも,その初出が特定可能である。

God made the country, and man made the town は,英国の詩人である William Cowper (1731-1800) による (3) に引用した部分の最初の行そのものが,その初出である。

(3)　　　God made the country, and man made the town. [2]
　　　　What wonder then that health and virtue, gifts
　　　　That can alone make sweet the bitter draught
　　　　That life holds out to all, should most abound
　　　　And least be threaten'd in the fields and groves?
　　　　　　　　　　　　　　(*The Task*: from Book I: The Sofa, 749-53)

尚,*The Task* は 1783 年に起稿され,出版されたのは,1785 年 7 月である。

William Cowper の *The Task* は,部分的にあるいは全面的に,日本語に訳されており,当該の 749 行が (4) や (5) のように日本語訳されている。

(4) 田園は神これを造り給ひ,都市(まち)は人これを造れり。
    (「仕事」第一巻「ソーファ」の 749 行,植田 (1938・1980 : 90))
(5) 田園は神の作,町は人の作。
    (『課題』第一巻「ソファ」の 749 行,林 (1992 : 49))

(4) は,旧仮名遣いにも現れているように,文語調の日本語訳であり,これに対して,(5) は,(4) よりは口語調の日本語訳である,ただし,(1) の日本

語訳よりは (4) と共通点が多い。また，林 (1992: 416) でも触れられているように，*The Task* という作品名そのものについて，植田 (1938・1980) の「仕事」の方が原語に忠実であるけれども，林 (1992) の『課題』の方が *The Task* の起稿が知人の提案からという経緯のためにより的確であろう。

Sambrook (1994: 81) は，God made the country, and man made the town である *The Task* の 749 行の注として，(6) を載せている。

(6) An unconscious echo of 'The Fire-Side: A Pastoral Soliloquy' by Isaac Hawkins Browne: 'That the town is Man's world, but that this is of God'.

時期が前後するものの，Gantillon(1973) で既に，Cowper が影響を受けたとして (7) が指摘されている。

(7) The town is Man's world, but this (his country life) is of God.

(7) によって，this が Man's world 等ではなく his country life を指示していることが理解可能になる。

植田 (1938・1980: 90) が God made the country, and man made the town をいみじくもひどく格言風と評している。Cowper がほぼ同時代の先輩詩人の影響を受けつつも，この行は，*The Task* という Cowper の最高傑作である詩に登場し，格言風ということも手助けとなり，奥津 (2000: 8) に述べられている 3 要素（簡潔で軽妙な表現・人口に膾炙していること・普遍的真理や教訓などを含む内容）を満たし，ことわざとしても成立していることが再確認できる。

## 4. *Man Made the Town* は「経験的」
### 4.1 オリジナル

Man made the town「人間は都市を作った」という後半部は，都市は人工ということでまとめることができ，人間の作である人工のもの全般が該当するものと考えることができる。

都市がほぼ人工の全体で，場合によっては都市間や更に大きな範囲に及ぶ人工も考えられ，科学技術の進歩によってますます広がりを見せており，逆に都市を構成する都市よりも小規模なものにも人工はありやはり科学技術の進歩によってますます小さな単位の人工も登場している。人間に関係したも

のでも，人工のものは枚挙に暇がない。

人工であることに(再)確認が必要と思われるのは，菅野 (2002, 2006) でも力説しているように，文字と人工(言)語の音声である。文字は，自然言語にせよ人工(言)語にせよ，韓国朝鮮語のハングルが創製者名が文書に残っているのが異例にしても，文字のオリジナル創製という行為が不可欠である，この行為がなくては当該言語は無文字言語であり，文字が残っている死語もそれの文字のオリジナルが残されていなければ文字の解読が必要になる。人工（言)語の音声も，エスペラントならルドヴィコ・ラザロ・ザメンホフが創製して，そのオリジナルが定められている点で，文字同様である。

以上，人工には，オリジナルが作られなければならないことを見てきた。

### 4.2 コピー

人工に義務的なオリジナルは，選択的にコピーが可能である。唯一の機会であれば，コピーがなくてオリジナルが1回ということになるのに対して，複数の機会であれば，初回のオリジナルに加えて2回目またはそれ以降コピーをすることで人工が繰り返される。

オリジナルのコピー全般は，狭義の学習ということでまとめることができる。オリジナルが存在して，その創製者または習得者(のマニュアル)によってオリジナルの指導を受ける機会を得て，オリジナルを意識的に学習し習得しなければならない。まず，オリジナルが存在することでは，学習対象(例えば，文字なりIT機器）が存在していなくては，その対象の学習は始まらない。次に，オリジナルの指導を受ける機会では，狭義で識字，広義でリテラシー，という社会問題の根底で，この機会が享受されることは学習更には習得の前提である。そして，意識的に学習し習得するでは，対象と機会が満たされても，意識的に狭義の学習をしなければ，戦前不幸にして小学校の教室後ろで授業中ずっと子守りをして読み書きやそろばん等が身につかなかった場合のような悲劇になってしまう。

以上，人工におけるコピーは，オリジナルの狭義の学習ということになり，オリジナルの存在・指導を受ける機会・意識的に学習の3点が満たされなければならない。

### 4.3 「経験的」，臨界期なし

人工にオリジナルが必ず存在し，狭義の学習でコピー可能ということから，

Man Made the Town「人間は都市を作った」は,「生得的」ではなくて,「経験的」ということになる。人工が「経験的」でない場合があるとすれば，人工，かつあるいはまたは,「経験的」が普通とは異なる使い方をされているのではなかろうか。

ここで，人工が「経験的」であることに関して注意すべき点は，(8) にまとめることができる。

(8) 人工が「経験的」で，その習得に臨界期が存在しない。

学習の代名詞のような手習い[3]は,「三十の」,「四十の」,「五十の」や「七十の」等で修飾され，習得に臨界期が存在するのとは程遠い。オリジナル（手習いならお手本等）が人工には存在する訳で, (9) のように説明される。

(9) 人工ならオリジナルが存在し，指導を受ける機会も意識的に学習も満たされれば，習得可能である。

人工に義務であるオリジナルは,「経験的」であるコピーに，習得には狭義の学習を要求する反面，狭義の学習によって習得に臨界期という時期的制限を課すことはないのである。

## 5. *God Made the Country* は「生得的」
### 5.1 人工以外

God made the country「神は田園を作った」という前半部は，田園はほぼ自然に対応し，田園即ち自然が人間を超える存在である神の作であると考えることができる。

神とは何か，この問いは宗教学者等々に詳しい考察は委ねざるを得ないにしても，人間が万能でない限り人間を超える存在が存在してしかるべきであり，この人間を超える存在を神即ち God であるという言い方をすることにする。

人間の作が人工であり，人工が Man Made the Town「人間は都市を作った」に当てはまり，人間の作以外即ち人工以外が God Made the Country「神は田園を作った」に当てはまることになる。奥津 (2000:8, 254) に挙げられている (10) のことわざが極端にしても，人工以外が確たる存在であることは否定の余地がない。

(10) There is nothing new under the sun.「日の下に新しきものなし。」(どんな目新しいものでも，実際にかつてあったものの生まれ変わりにすぎない。)

比較的わかり易い人工に対して，比較的わかり難い人工以外即ち神の作をより明確化する余地もまた否定できない。

## 5.2　人間自体が人工ではない

都市が人間の作即ち人工であるとして，人間自体は人間の作即ち人工なのであろうか？肯定的応答ができないと言うべきであろう。人間が人間自体というオリジナルを創製できないからである。

主題目のことわざは，(11) と見なすことが，可能であると言うことができよう。[4]

(11) God made the country ***and man***, and man made the town.
「神は田園と人間を作り，人間は都市を作った。」

God Made the Country「神は田園を作った」において，都市とは異なり田園が人間の作ではなくそれ故に神の作と見なされていると同様に，人間自体も都市とは異なり田園と同様に人間の作ではなく神の作と見なすことが可能であって，(11) は，意外そうな印象に反して当然の論理的帰結である。

## 5.3　「生得的」，身体の生命

人間を超える存在即ち神の作であると人間自体をみなすと，人間自体に人力を超えたものが備わっており，人力を超えたものは，「経験的」ではなく，「生得的」であると考えることができる。人間自体である人間の身体は，「生得的」にその生命を保っており，(12) がその最たる例示であろう。

(12) 人体生命維持現象：<u>非意識的</u>に自律神経が司り，内臓筋である心筋・平滑筋・横紋筋という不随意筋が，生まれながらにして，死ぬまで，不随意運動を継続する。

<u>意識的</u>にという狭義の学習とは正反対に，人体生命維持の現象は，<u>非意識的</u>に寿命の間中ずっと継続され，心臓の鼓動を統制できないような不随意筋による不随意運動なのである。

人体生命の維持は，継続の有無が生と死を分けることに繋がり，「生得的」に誕生の瞬間から死去まで非意識的に行われており，身につけるのに臨界期という時期的制限の余地がない。

## 6. 臨界期存在の「生得的」現象
### 6.1 直立二足歩行と母語の聞き話し

直立二足歩行と母語の聞き話しに関して，(13) に決定的な要点をまとめることができる。

(13) a. 教わった記憶がない。
 b. 教えた記憶がない。
 c. 努力した記憶がない。
 d. 習得の過程を再現できない。
 e. 人種民族間や言語間に難易度の差があると聞いたことがない。

関連する器官に障害がない限り，a. について，教わらなくても直立二足歩行と母語の聞き話しは習得されるし，b. について，習得のために教える必要もなく，c. について，習得に努力は前提とされず，d. について，a-c の記憶のなさからか養護学校担当教員や非母語教育者の溜息に繋がるのか両習得とも過程を再現できず，そして，e. について，直立二足歩行が人種民族間に差異があるとも母語としての聞き話しに言語間に難易度の差があるとも耳にしたことがない。

関連する器官が正常なら，生まれつき人体生命維持現象が正常なように，直立二足歩行と母語の聞き話しの両方とも正常に習得される。直立二足歩行と母語の聞き話しの習得は，人体生命維持現象と同様に，(13) の5点が示す通り，非意識的に行われる「生得的」現象である。

### 6.2 臨界期の存在

「野生児」は，Linne (1758) が，野生人をホモ・サピエンス・フェルス homo sapience *ferus* として生物分類体系の中に位置づけて，その特徴を＜四足＞・＜唖＞（・＜多毛＞）と特徴づけており，直立二足歩行と母語の聞き話しに習得の臨界期が存在する証拠を提供してくれている。[5]

直立二足歩行が習得される以前から，動物と野生生活を送ってしまった「野生児」は，直立二足歩行を習得せず，音声言語自体の習得がなく母語の

聞き話しも習得しないという不幸に遭遇することになる。また，直立二足歩行が可能になって後，原野や森に迷い込んだり遺棄されたりした結果，人間との接触なしに自力で野生生活を送った「野生児」は，直立二足歩行の方だけ正常に習得し，音声言語の習得がなく母語の聞き話しの方のみ習得しないという不幸を味わうこととなる。

「野生児」の2事例から，直立二足歩行と母語の聞き話しの習得には臨界期が存在して，その臨界期が過ぎ去ってしまうと，前者の事例では両方が，後者の事例では母語の聞き話しの一方が，習得を果たせなかったことが確認される。[6]

## 6.3 臨界期存在の理由

これまでに，Man Made the Town「人間は都市を作った」が該当する人工という「経験的」は (9) でまとめられ，God Made the Country *and Man*「神は田園と人間を作った」が該当する人間の身体という「生得的」では (12) でまとめられた。

(9) 人工ならオリジナルが存在し，指導を受ける機会も意識的に学習も満たされれば，習得可能である。

(12) 人体生命維持現象：非意識的に自律神経が司り，内臓筋である心筋・平滑筋・横紋筋という不随意筋が，生まれながらにして，死ぬまで，不随意運動を継続する。

習得に臨界期が存在する直立二足歩行と母語の聞き話しは，(9) の意識的に学習という狭義の学習とは接点をほとんど持たない，前者が直立二足歩行も母語の聞き話しも人工でなくて非意識的に行われ，後者が人工だから (13) の e. を除く4点は肯定否定が逆になるからである。意識的に学習可能なら，学習の時期に制約を受けることが有り得ないのである。

次に，直立二足歩行と母語の聞き話しは，人体生命維持現象と，非意識的にという接点があり，どちらも God Made the Country *and Man*「神は田園と人間を作った」が該当する人間の身体という「生得的」であるものの，後者は誕生から死亡までの不断の身体活動で臨界期のような習得の区分が有り得ず，これに対して，前者は，後者人体生命維持現象との比較では，習得に猶予があり，各々の制限付の猶予期間という余裕期間こそが，習得の臨界期と考えるのは合理的である。

以上，本稿の議論は，(14) にまとめることができる。

(14) a. 人体生命維持現象： <u>非意識的</u>にして，「生得的」で，習得の臨界期というような猶予も余裕もなし
b. 直立二足歩行・母語の聞き話し： <u>非意識的</u>にして，「生得的」で，習得の臨界期という制限付の猶予期間という余裕期間あり
c. 文字・人工 (言) 語音声等々の人工： <u>意識的に</u>学習により，「経験的」で，習得の臨界期という時期制限なし

## 7. 結 論

God made the country, and man made the town を初出まで遡って，God made the country ***and man***, and man made the town をも検討し，(14) という本稿の結論に至った。人間が作ったものは「経験的」であり，人間が作ったのではない神が作ったものは「経験的」ではなく，神が作った人間に関するものこそが「生得的」なのである。

## 注

1) ことわざではないものの，日本画家橘天敬 (1906-84) は，「芸は神なり 術は人なり」 'Gei' is God; 'Jutsu' is Human という言葉を残して，安村 (2004) では，「わたしは，芸術の文字を"芸"と"術"に解体して考えてみると，芸とは神，すなわち大自然そのものではないか。また術とは"すべ"，すなわち人間の技である。術が神を相手に同化すれば，宗教的なあの澄んだ魂の再現となって結晶する」と述べられている。尚，ご令嬢安村文氏によれば，このお言葉は橘天敬画伯のオリジナルだそうである。
2) この 749 行は，stanza (もしくは，stanza に相当するもの) の第 1 行で，行頭があけられている。尚，God made the country, and man made the town は，*The Task* 第一巻における最後の stanza (もしくは，stanza に相当するもの) の第 1 行で，有名な 1 行になる可能性が充分にあったと考えることができよう。
3) 手習い始めの方に関しては，菅野 (2007) が，日本では習い始めが伝統的に数え 6 歳で (6 月 6 日に) 行われていることを扱い，「ものごころついた時分」等も指摘している。
4) 追加された ***and man*** には，都市に動物なり植物なりが含まれないと考えれば，その含まれないものを補い得る可能性を残していることは，言うまでもない。ここでは，議論の都合上，man 人間に絞ることにする。
5) **6.2** は，菅野 (2006, 2007) に引き続いて，中野 (1985) に負うところ大である。尚，千葉大学教育学部の片岡幸雄先生には，直立二足歩行に対する障害等にご教示頂き，同吉岡伸彦先生には，「野生児」と直立二足歩行の関係をご指摘頂き，記して感謝する。
6) ここの「野生児」2 例からは，直立二足歩行の習得臨界期の方が母語の聞き話しの習得臨界期よりも，より早期であると考えられるが，今後の研究報告が待たれよう。

## 参考文献

Gantillon, P. J. F. 1973. "Lupus est homo homini." *Notes and Queries*. 4th S. XI, 371.
林瑛二(訳). 1992.『ウィリアム・クーパー詩集：「課題」と短編詩』慶応義塾大学法学研究会.
菅野憲司. 2002.「自然獲得」『千葉大学ユーラシア言語文化論集』第5号, 52-8.
菅野憲司. 2006. 'If God Made the Country and Man Made the Town, then Who Made the Sound though Man Made the Letter/Character?: Proposing and Considering "Natural Acquisition".' 日英言語文化研究会第2回年次大会研究発表配布資料.
菅野憲司. 2007.「習い事始め数え6歳6月6日——『生得的』生命から『経験的』精神への橋渡し」日英言語文化研究会第13回例会研究発表配布資料.
Linne, C. v. 1758. *Systema naturae*. Holmie.
中野善達. 1985.「野生児」『平凡社大百科事典』第14巻. 1133-4.
奥津文夫. 2000.『日英ことわざの比較文化』大修館書店.
Sambrook, J. (ed.). 1994. *The task and selected other poems*. Longman.
植田虎雄. 1938・1980.『クーパー』研究社英米文學評傳叢書29.
安村文.(編集). 2004.「天敬の藝術"芸は神なり 術は人なり"」http://www.t-tenkei.com/

# A Gift of the Cognitive Science of Language to Secondary EFL Teachers
## —Toward Liberal Arts Orientation—[1]

Eiichi Iwasaki

## 1. Introduction

This paper is an elaborated version of my short presentation to the Second Annual Convention of the Association for Japanese and English Language and Culture in June 2006. While there has been the pursuit of a potential relationship between behaviorism-based psychology and language teaching, in contrast, the relationship between linguistics and language education has, in general, been scarcely emphasized. The central claim of this paper is that the concept of language as a biological endowment, which has been advocated in the rationalist tradition represented by Noam Chomsky, can lay a solid foundation in the philosophy and principles of language education.

## 2. The Potential Indirect Impact of the Insight of Linguistics
### 2.1 Reexamination of the Managua Lecture

Among the most frequently misconceived interpretations of Noam Chomsky's comments on the relevance of linguistics to language education are the implications of the Managua Lecture (Chomsky, 1988: 179-82). However, whilst Chomsky cautions language teachers with great consideration, his comments still leave the bright possibility that linguistics is indeed of benefit to language teaching practitioners.

Chomsky (1969: 341) is one of Chomsky's remarks on teacher's attitudes toward the sciences. Whereas he admits the need for teachers "to pay some attention to the achievements of these disciplines," he also tells teachers "to preserve a healthy skepticism about the possibility of direct application to their immediate problems," in order to indicate that the foremost significance in educational practice is to "provide the requisite challenge, stimulation, and freedom" (Chomsky, 1969: 341), and only of lesser importance is the pursuit of the direct application of something seemingly novel and fashionable to their expertise.

## 2.2 Possible Relation of Linguistics with Language Teachers
### 2.2.1 Education Fostering Students' Curiosity

Following (1) is an excerpt from my email exchanges with Noam Chomsky.[2] Here Chomsky still maintains the possibility of linguistics having a potentially positive influence on language education.

(1)
- **EI:** As a practitioner of English teaching, I would like to know what is implicitly conveyed in your writing and speech. I wonder if you could possibly be kind enough to tell me a bit about whether you might have some optimistic views on the insight that language teaching practitioners can positively gain but should not be given by linguists.
- **NC:** It is up to practitioners to determine what they can learn from the sciences. A swimming teacher will probably learn something from basic physiology, but will have to draw from it what is useful. In the history of the sciences, even physics did not have very much to tell engineers until quite recently — biology started to become really useful to physicians only very recently, and in limited ways. It's really up to you to determine.
- **EI:** I think this is relevant to the educational policy and principle because the insight of linguistics affects what teachers think to be the purpose of education. If a high level of proficiency of the target language were the aim, would it be possible that it can be a part of liberal arts education or general secondary education supposed to foster students' mind?
- **NC:** That's a question of educational and social policy, to which linguists cannot contribute very much, as linguists. The usual

situation when relations are sought between science and human affairs.

**EI:** Rather than just the proficiency, I suppose that the insight into human language and humanity through the process of language acquisition in and outside school would be far more significant in cherishing students' curiosity into human existence.

**NC:** I agree, but that is, again, a question of the goals and purposes of education. If it is to pass tests, as in George Bush's version now being imposed even more rigidly in the US, then letting curiosity and inquiry flourish are not goals. Others have quite different views — you and I, for example.

From this exchange it can be seen that Chomsky leaves the possibility of the prospect that linguistics may be of benefit to language teaching practitioners. Furthermore, Chomsky and I agreed on the goals and purposes of education; that is, language education which places more emphasis on the development of students' curiosity and inquiry through the process of language learning in and outside of classroom teaching is more valuable than the improvement of foreign language proficiency.

### 2.2.2 Practitioners' Initiative Rather than Relying on Experts.

As is already implied in (1), Chomsky lets teachers commit themselves to deciding what they can learn from linguistics as a science. This idea is more specifically shed light upon in Chomsky (1966: 350-1). He carefully cautions that the reliance on experts by teachers should not go too far, so as to emphasize that it is teachers themselves who must determine what they can learn from linguistics while considering all the complicated factors in classroom.

### 2.2.3 The Merits of Studying How Language Works

Chomsky (1969: 342) warns that "those marked by rigidity and intellectual and emotional vacuity" and learning "divorced from any meaningful context" would be the worst condition for education. Yet

Chomsky still leaves the possibility of some fruitful outcome. Chomsky (1969: 344) claims that even in the worst condition, for example, repetitive pattern practices, "a creative teacher can even use paradigms successfully" by demonstrating "the quite fascinating principles that determine the structure and organization of these regularities, something that might be quite intriguing to many children...." This view is parallel in its implication to his comment (1981: 373) that "there are many aspects of language that it is important for people to understand" and that "children should gain some understanding of how their language works, and here linguistics can be of some help, if adapted with intelligence and care". Furthermore, his view of language education is elaborated in his comment on the Bible (1969: 342), that is, "Yet a child who is captivated by the excitement of studying something real and alive, of great cultural and historical significance, may put forth a compensating effort that will lead to a high level of achievement, even with respect to language learning, which may, in this case, be a by-product of a cultural experience of independent value."

His firm conviction is further elaborated with his comment (1969: 345) on the very point of language learning in liberal arts: he first cautions with the comment, "even if the language is forgotten in later life, it need not be assumed that study of it was necessarily a waste of time and effort," and then asserts a very fundamental suggestion that "experiences and understanding that are an inseparable part of meaningful language instruction will endure, ...." This passage, along with other sections in Chomsky (1969), is worth reading and rereading.

## 2.3 Creative Impulse and Further Exploration

It is also worth noting that Chomsky's educational policy and conviction lie in developing the creative impulse of students, an idea that is well represented in Chomsky (1987: 59-60). His firm belief is that "what students discover for themselves, when their natural curiosity and creative impulses are aroused, will not only be remembered, but will be the basis for further exploration and inquiry, and perhaps significant intellectual contributions." This sparkling comment is to be kept in minds of teachers struggling in the classroom.

With regard to English teaching in Japan, I know that there has been mounting criticism of the grammar-translation method. Indeed, this method should be improved according to the demand of students, with some technology, for example, presentation software or audio facilities. However, even in this supposedly ineffective teaching style, the very best teacher will awaken the students' love of and reverence for learning, similar to the ideal in philology. Whether in literature or socio-cultural topics or other, in some way or another, the very best teacher will stimulate students by showing beautiful language structures and clues to meta-language awareness. For further illustrations, see 3.1.

## 3  A gift of Native Speakers' Linguistic Knowledge
### 3.1  Native Speaker's Knowledge of a Language[3]

Since theoretical linguistics attempts to describe, as well as to explain, the linguistic knowledge of a language, the revealed knowledge of the target language will be beneficial if adopted with care. A similar idea can be seen in Otsu (2006: 35) with excellent specific comments.

In dealing with English, it should be noted that perspective, transitivity, action chains and the visual sketch of linguistic knowledge can be the insight for English teachers. In addition, set phrases, idioms representing embodiment, or phrases which express something metaphorical by using daily items or actions, e.g., *go ahead, be absorbed in, put an emphasis on, on the up, fire up, through and through* seem to be more often seen in English than in Japanese, for which further empirical research is awaited. Abel (2003: 347) claims that "Some idioms are not conceptually motivated at all, e.g., *kick the bucket*."[4] However, explicit instruction by teachers can contribute to students' awareness of metaphorical extension in language, which is related to meta-language awareness and reasoning. This can also be apposite to examples of normal verbs which have more metaphorical extension in English than in Japanese, and these include (2)-(3).

(2a)  He was <u>occupied</u> with finishing the paper.

(2b) The city was occupied by the army.
(3a) That controversial issue will be covered in that paper.
(3b) That table is covered with a cloth.

The corresponding Japanese words to "occupied" in (2a) and (2b) are different but in English one word solely can be used metaphorically and the same is true in (3a) and (3b).

## 3.2 Linguistics on Realism
### 3.2.1 Goals in the Context of Language Education
The aim of this section is to elucidate why generative linguistics and cognitive linguistics may be potentially useful in the context of language education and what characteristics are shared by the two predominant schools of thought in linguistics.

### 3.2.2 Linguistics by Any Other Name
The underlying rationale shared by the two areas is that they explicitly regard language as being psychologically and physiologically real, which makes them particularly distinct from other schools. Despite this shared premise, simple-minded dichotomies have attempted to sharpen the distinction between the two. In contrast, meticulous care has been taken among serious researchers on topics such as innateness and modularity: for example, Tsuji (2003: 10-12) sketches a superb depiction of delicate issues on those relevant topics while carefully avoiding a naïve dichotomy. Regarding the evaluation of individual researchers from a seemingly rival camp, Chomsky very fairly commented in his reply to my inquiry, "I am sure that some of the practitioners of cognitive linguistics must be doing serious and interesting work, ...."[5] My suggestion here is that more researchers in the two schools should actively communicate with each other. Both will in the future be regarded as the same school within cognitive sciences whose feature is illuminated by the following Chomsky's response, as in (4)[6], to my email inquiry.

(4) Saussure was not concerned with language as a biological system. That is, he was not concerned with the human capacities that allow people to acquire and use a language. Rather, he was interested in some of the products of their behavior: certain texts. That is why he was never able to study language beyond its most superficial aspects. Saussure does not even have the notion "sentence" ("phrase") — which for him, hovered uneasily somewhere between langue and parole. He did very important work, but in a very narrow framework, divorced from the study of human nature and capacity. Jespersen, at about the same time, was a much deeper thinker, in my opinion.

In fact, Saussure also tacitly presupposed some notion similar to "universal grammar," though he never made it explicit. In fact, it is impossible to study anything without tacitly presupposing something of the sort. Otherwise there is no reason to arrange data one way rather than another way, at least if one is trying to be serious.

This comment is crucial in representing a legitimate reason for the emphasis on the concept of I-language and also, it seems, is related to the stance that regards language as a biological endowment in (1), particularly in nurturing students' curiosity about human existence.

Sticking to buzzwords without understanding Chomsky's true implications should be avoided. Chomsky (2004: 94) cautions that "the easiest way to be a scholar is to learn a lot of facts and to investigate connections, instead of trying to understand what people are talking about, what they are driving at, which often they do not express clearly and do not have the terms or concepts to express...." My speculation is that the terms or concepts that he has designed are such tentative tools to express his central ideas that sticking to buzzwords is far less significant than pondering his true implications.

### 3.2.3 What is 'real' on the assumption of I-language

When the notion of language as a biological endowment is postulated, it means that it is real, dependent on theory. As Hawking (1988: 44) says, what is real is dependent on theory. There has been an argument as to whether there is an organ of language faculty. The true implication of Chomsky is, however, firstly that it is a metaphorical assumption which is real by being dependent on theory and secondly that it is as psychologically and physiologically real as "the circulatory system or immune system" (Chomsky, 2000: 54), rather than having a 'location' like the kidney.

My own idea on realism is that we human beings as species are inevitably so confined by a certain type of thinking or by mental, cognitive limitations, that we are based on experiential/embodied realism whenever making any kind of theory, an idea which seems to be compatible with empirical research or serious endeavour.

### 4. Summary

This paper claimed that the view of language as a human universal endowment, an idea which dates back to the rationalist tradition and is in linguistics represented by Noam Chomsky, can lay a solid foundation in considering the goals and purposes of English language education in secondary school education. This paper confirmed the significance of the rationalist tradition with regard to nurturing students' curiosity and inquiry in liberal-arts oriented English language education.

#### Notes

1) I am grateful to anonymous reviewers for useful comments. I very much appreciate Professor Noam Chomsky's permission to cite his comments and his encouraging comments so far. Thanks also go to Professor Sumio Sakomura (Keio University), Professor Isao Hashimoto (Shinshu University), Mrs. Kathryn Watabe (MPhil candidate in SLT, Massey University, New Zealand), Mrs. Machiko Sekimoto (Musashi Junior and Senior High School), Ms. Satoka Nagano (Keio Senior High School), and Mr. Shigeaki Ohkama (NPO E-pros) for their comments. All remaining errors are my own.

2) My email to Noam Chomsky was sent on 11 November 2005 and his response was

received on 13 November 2005. His consent of the citation was received on 4 April 2007. The abbreviation of NC indicates Noam Chomsky while EI, Eiichi Iwasaki.
3) The notion of "a particular natural language" is almost impossible to define without regarding it as a prototype.
4) On the other hand, Abel (2003: 347) claims that "As far as idiom processing is concerned, it is assumed that at least for some idioms conceptual metaphors in the sense of Lakoff and Johnson (1980) are activated, ...."
5) My email was sent on 6 May 2007 and Chomsky's response was received on the same day. His consent of the citation was on 24 June 2007.
6) The same as described in the above 5).

**References**
Abel, Beate. 2003. "English Idioms in the First Language and Second Language Lexicon: a Dual Representation Approach." 329-58 in *Second Language Research*. 19, 4.
Chomsky, Noam. 1966. "Language Theory and Language Teaching." 348-56 in Chomsky, Noam and Otero, Carlos 2003. *Chomsky on Democracy and Education*. RoutledgeFalmer.
Chomsky, Noam. 1969. "Some Observations on the Teaching of Language." 341-47 in Chomsky, Noam and Otero, Carlos (2003) *Chomsky on Democracy and Education*. RoutledgeFalmer.
Chomsky, Noam 1981. "Language Theory and Language Use." 368-73 in Chomsky, Noam and Otero, Carlos 2003. *Chomsky on Democracy and Education*. RoutledgeFalmer.
Chomsky, Noam. 1987. *Language in a Psychological Setting*. Sophia linguistica XX Sophia University.
Chomsky, Noam. 1988. *Language and Problems of Knowledge*. MIT Press.
Chomsky, Noam 2000. *The Architecture of Language*. Oxford University Press.
Chomsky, Noam and Fukui, Naoki and Huybregts, Riny and Riemsdijk, Henk van and Zushi, Mihoko. 2004. *The Generative Enterprise Revisited*. Mouton de Gruyter.
Hawking, Stephen. 1992. "My Position" Originally Given as a Talk at Caius College. 41-7 in Hawking, Stephen 1993. *Black Holes and Baby Universe and Other Essays*. Bantam books.
Lakoff, George and Johnson, Mark. 1980. *Metaphors We Live by*. University of Chicago Press [in Abel (2003)].
大津由紀雄. 2006. 「原理なき英語教育からの脱却をめざして 大学編」『英語青年』第152巻第1号. 研究社. 33-5.
辻幸夫. 2003. 「認知言語学の輪郭」辻幸夫編 『認知言語学への招待』大修館書店. 3-16.

# 第7章　英語教育と文化

# 日本人英語学習者のライティング能力
## ──英作文と日本語作文との関係──

馬 場 千 秋

## 1. 研究の動機

　日本人大学生英語学習者の学力低下が叫ばれるようになってきているが，筆者が毎年授業を担当する学習者も例外ではない。このような学習者に対し，ライティング指導を行った場合，「何をどのように書いたらいいのかわからない」というコメントが多く返ってくる。その大きな理由として挙げられるのは，中学校，高等学校で英語でのライティングをした経験に乏しい学習者が大半を占めていることである。さらに，英語のみならず，日本語での作文経験にも乏しい。日本語でのレポートを見ると，日本語での書き言葉と話し言葉の違いを知らない学習者も多いことに気付かされる。E-mail の普及とともに，学習者たちの多くは，話し言葉を書くというコミュニケーションを頻繁に行っている。その影響もあり，日本語によるレポートにも e-mail で会話しているかのように，話し言葉や絵文字を使用し，内容も簡素である。
　このような状況に鑑み，大学生の書く英語による作文と日本語による作文の質的，量的な違いを調査するために，本研究に着手することにした。

## 2. 先行研究

　L2 ライティング能力を説明する要素に関する研究には，Santos (1988)，Astika (1993) のように，語彙を挙げているものや，T-unit を挙げている Larsen-Freeman (1978)，L2 リーディング能力を挙げる Carrel and Connor (1991) がある。また，Cumming (1989) では，L2 言語能力そのものが L2 ライティング能力と関係が深いという結果がでている。では，日本人英語学習者を被験者とした場合はどうであろうか。Hirose and Sasaki (1994) では，日本人大学生英語学習者 19 名に CELT(Comprehensive English Language Test for Learners of English)，日本語と英語による作文，学習者の過去の作文経験を問うアンケート，ライティングのストラテジーを見るために，作文を書く前後，書いている間や行き詰ったときの行

動に関するアンケート，L2 メタ知識を見るために，英語で解説文を書く際の留意点に関する知識を問うテストを行った。その結果，L2 メタ知識のみが L2 ライティング能力を説明する要因とはならなかった。その後，Hirose and Sasaki (1994) の追試が被験者を 70 名にして実施された（Sasaki and Hirose, 1996)。その結果，L1 ライティング能力，L2 言語能力，ライティングのストラテジーのみならず，L2 メタ知識も L2 ライティング能力に影響を及ぼしていることが明らかとなった。また，熟達した書き手は未熟な書き手と比べると，作文を書く場合，L1，L2 いずれの場合も文章構成にかなり注意を払い，より流暢に作文を書き，L2 で英作文を書くことに自信を持っていることが明らかとなった。同時に，高校時代に定期的に 1 パラグラフ以上の作文を書いた経験があることがわかった。

　上記の研究と同様に，Kamimura (1996), Ito (2004) でも，L2 言語能力と L1 ライティング能力が L2 ライティング能力に関係があるという結果が出ている。さらに，Uenishi (2006) では，英作文と和文英訳とを挙げ，クローズテスト，モチベーション，語彙，文法と比較したが，英作文は，クローズテストとモチベーション，和文英訳は，クローズテスト，モチベーション，語彙，文法と関係があることが明らかとなった。

　一方，英語を不得意とする学習者を対象に，L2 言語能力とライティング能力の比較をした馬場 (2005) では，L2 言語能力とライティング能力は，関連性はあるが，高くはないという結果である。また，Hirose (2005) では，CELT（満点 300 点）のスコアが 200 以上の学習者 6 名 (M=240.3, SD=14.3, Range=216-260) を上位群，150 以下の学習者 5 名 (M=127.8, SD=11.8, Range=110-142) を下位群とし，学習者の L1 ライティングと L2 ライティングの量（文字数と語数の比較，センテンス数，パラグラフ数の比較）と質（使用したストラテジー数，ポーズ数）を検証した。さらにポーズをとったときに考えていたことなどについても考察をしている。上位群，下位群ともに，量，質については，統計的有意差は見られなかった。上位群は，使用するストラテジーも L1 と L2 で変化はあまり見られなかった。下位群については，次のような特徴が見られた。ポーズの時間帯は,「次に何を書くのかを考える」,「読み返す」,「誤りを修正する」といった活動のために用いており，L1, L2 ともに時間をかけている。また，L1 でライティングをする場合，アイディアがなくなるまで書き続ける。L2 でライティングをする場合には，学習者は書くスペースをできるだけ埋めなくてはならな

いという気持ちに駆られる。さらに，L1，L2ともにライティングをする場合，学習者は文の正確さにこだわっている。また，語彙力不足から生じることであるが，L2でライティングをする際，日本語を英語に直訳していることが多いことも立証されている。

先行研究では，L1とL2のライティング能力に関係があるという結果が出ている。しかし，近年，少子化で比較的大学に入りやすくなったことや，ゆとり教育の影響で，学習者の学力低下が顕著である。また，e-mailも発達し，学習者が話し言葉と書き言葉を区別せずにコミュニケーションを図っている。このような状況から，学習者のL1とL2のライティング能力にも変化が現れているのではないかと考える。Hirose (2005)の被験者のように，ライティングの最中にポーズがあった場合も，考えているのではなく，完全に思考停止状態となり，短い文章しか書けない学習者も多い。また，先行研究の被験者の専攻は，英語である場合が多いが，非英語専攻で，中学校レベルの英語も十分に理解できていない学習者が対象の場合，英語での作文はほとんど書けなくても，日本語での作文は何とか書ける，など，先行研究とは異なる結果が出る可能性がある。そこで，近年の大学生の状況を踏まえ，本研究に取り組むことにした。

## 3. 研究の目的

本研究の目的は下記の2点を明らかにすることである。
(1) 英語を不得意とする大学生が書いた英語による作文と日本語による作文では，量的な違いは見られるのか。
(2) 英語を不得意とする大学生が書いた英語による作文と日本語による作文では，評価は変わるのであろうか。

## 4. 研究方法

### 4.1 被験者

埼玉県内の私立T大学　1年生から4年生　　40名
（被験者の所属は国際関係学部国際関係学科，国際報道学科，人間社会学部社会文化学科，福祉心理学科のいずれかである。）

### 4.2 研究の手順

(1) 被験者に次のテーマで英語の作文を書かせる。

If given the opportunity to be born again, some people would choose to be born of the opposite sex. If you had the opportunity, which would you choose, to be of the same or the opposite sex?

(2) 2か月ほど経過後，英語での作文と同一のテーマ（「生まれ変わるとしたら，男性がいいか，女性がいいか。」）で日本語の作文を書かせる。
(3) 英語作文，日本語作文ともに，2名の採点者により採点を行う。英語による作文は，ライティング指導を10年以上経験している中高教員と大学教員，日本語による作文は日本語教育を実践し，作文の指導経験がある大学教員ならびに中高の国語教員が行う。2名の採点者が採点した値の平均値の相関係数を算出する。作文の評価については，全体的な評価を採用した。英語作文の評価は，TOEFLのWriting Sectionの採点基準を参考に，日本人の英作文に見られる誤りを考慮し，筆者が作成した次の規準にて行った。

英語：

| | |
|---|---|
| 4 | 主張と考えられる文，および支持文が書かれている。完璧ではないが，文章の展開もある。<br>使用語彙は限られているが，適切に使われていて，スペリングミスもほとんどない。<br>文法上の誤りもほとんどない。平易な文であるが，伝えたい内容を的確に表しており，読み手も理解できる。 |
| 3 | 主張と考えられる文が書かれていて，その文を支持する文も1文から3文程度見られるが，その後の展開がない。<br>使用語彙が限られてはいるものの，正しく使えており，スペリングの誤りが時々見られる程度である。<br>文法上の誤りが所々見られるが，local errorか日本語の翻訳なので，伝えようとしている内容を理解することができる。 |
| 2 | 主張と考えられる文が書かれているが，その文を支持する文がなく，その後の展開がない。<br>使用語彙が限られていて，日本語の翻訳と考えられる誤りが見られる。品詞やスペリングの誤りが見られる。<br>文法上の誤りが大半を占めるが，誤りの多くはlocal errorか，あるいは日本語の翻訳の影響によるものなので，言いたいことは何となくわかる。 |

| 1 | 文が羅列されているが，話の展開がない。使用語彙が乏しく，品詞やスペリングの誤りが見られる。文法的に正しい文が全くない。あるいは1文から2文程度正しい文が含まれている。そのため，言いたいことがほとんど伝わってこない。 |
|---|---|
| 0 | 何も書けていない，あるいは単語が数語羅列されているのみで，意味をなさない。あるいは，トピック（テーマ）を書き写したのみである。 |

　日本語の採点基準についても，英語で用いた採点基準に準じたが，近年，学習者の書く文章に話し言葉と書き言葉が入り混じっていることを考慮し，話し言葉に関する視点を入れ，次のように筆者が作成した。

日本語：

| 4 | 主張と考えられる文，および支持文が書かれている。完璧ではないが，文章の展開もある。使用語彙は適切に使われていて，漢字の誤りもほとんどない。文法上の誤りもほとんどない。平易な文であるが，伝えたい内容を的確に表しており，読み手も理解できる。 |
|---|---|
| 3 | 主張と考えられる文が書かれていて，その文を支持する文も1文から3文程度見られるが，その後の展開がない。使用語彙が限られてはいるものの，正しく使えており，漢字の誤りがあるとしても，時々見られる程度である。文法上の誤りが所々見られるが，話し言葉によるものなので，伝えようとしている内容を理解することができる。 |
| 2 | 主張と考えられる文が書かれているが，その文を支持する文がなく，その後の展開がない。使用語彙が限られている。漢字の誤りが見られる。文法上の誤りがかなり見られる，あるいは話し言葉の羅列である。しかし，言いたいことは何となくわかる。 |
| 1 | 文が羅列されているが，話の展開がない。使用語彙が乏しく，漢字の誤りが見られる。文法的に正しい文が全くない。あるいは1文から2文程度正しい文が含まれている。そのため，言いたいことがほとんど伝わってこない。 |

| 0 | 何も書けていない，あるいは単語が数語羅列されているのみで，意味をなさない。あるいは，トピック（テーマ）を書き写したのみである。 |

(4) 英語による作文の語数ならびに日本語による作文の字数，英語による作文と日本語による作文のセンテンス数，パラグラフ数をそれぞれ出し，相関係数を算出する。なお，パラグラフについては，1行ごとに改行するのではなく，話題が変わるところで改行することを指導している。本研究では，後者で書かれているデータを使用しているため，改行されたところで1パラグラフと数えている。

## 5. 研究結果
### 5.1 英語による作文と日本語による作文の量

英語による作文と日本語による作文の量については，(1) 英語の語数と日本語の字数，(2) 英語と日本語それぞれのセンテンス数，(3) 英語と日本語それぞれのパラグラフ数を比較した。結果は次の通りである。

(1) 英語の語数と日本語の字数

英語の語数と日本語の字数の関係を検討するために相関係数を求めた。結果は表1の通りである。

表1　英語の語数と日本語の字数の相関

|  | 英語　語数 | 日本語　字数 |
|---|---|---|
| 英　語　語数 | 1.00 |  |
| 日本語　字数 | .481** | 1.00 |

相関係数は1％水準で有意（両側）である。

英語の語数と日本語の字数の関係は，統計的には高いものではないが，多少はあると考えられる。

(2) 英語と日本語それぞれのセンテンス数

英語と日本語のセンテンス数の関係を見るために，相関係数を求めた。結果は表2の通りである。

表2 英語・日本語のセンテンス数の相関

|  | 英語センテンス数 | 日本語センテンス数 |
|---|---|---|
| 英語センテンス数 | 1.00 |  |
| 日本語センテンス数 | .350* | 1.00 |

相関係数は5％水準で有意（両側）である。

英語，日本語それぞれのセンテンス数の関係は，相関係数を見る限り，ほとんどないと考えられる。

(3) 英語と日本語それぞれのパラグラフ数

英語と日本語のパラグラフ数の関係を見るために，相関係数を求めた。結果は表3の通りである。

表3 英語・日本語のパラグラフ数の相関

|  | 英語パラグラフ数 | 日本語パラグラフ数 |
|---|---|---|
| 英語パラグラフ数 | 1.00 |  |
| 日本語パラグラフ数 | .397* | 1.00 |

相関係数は5％水準で有意（両側）である。

英語，日本語それぞれのパラグラフ数の関係は，相関関係を見ると，ほとんどないと言える。

## 5.2 英語の作文への評価と日本語の作文への評価

英語の作文，日本語の作文ともに，2名の採点者による採点の平均値により比較した。表4に結果を提示する。なお，英語の作文の採点者2名の採点者間信頼性は $r=.701^{**}$ であり，日本語の作文の採点者2名の採点者間信頼性は $r=.413^{**}$ である。英語の作文については，2名の採点者ともライティング研究をしていて，ライティングの採点を行う頻度が高いので，採点者間信頼性も高い。一方，日本語の作文については，大学の日本語教員と中高の国語教員であるため，教える対象が外国人と日本人で違いがあることや，採点のトレーニングをしていないことが要因となり，信頼性があまり高くない。採点の内容については，考察で述べる。

表4 英語作文と日本語作文の評価の相関

|  | 英語作文　評価 | 日本語作文　評価 |
|---|---|---|
| 英語作文　評価 | 1.00 |  |
| 日本語作文　評価 | .515** | 1.00 |

相関係数は1%水準で有意（両側）である。

英語作文と日本語作文の評価については，強くはないが，関係があると言える。

## 6. 考　察
### 6.1　英語による作文と日本語による作文の量的分析

　英語による作文と日本語による作文については，英語の語数と日本語の字数，それぞれのセンテンス数，パラグラフ数により比較を行った。英語の語数と日本語の字数を見た場合，全体的に，英語による作文は語数も比較的少なく，平均が66語であり，100語を超える学習者は40名中7名のみであった。一方，40語未満の学習者は13名であった。また，日本語による作文では，平均が381.85字であり，200字以下は2名のみで，13名が200字から300字であった。500字以上書いている学習者が7名であった。それぞれの学習者の日本語による作文の字数を見てみると，英語で100語以上書いている学習者のうち1名のみが日本語では400字以下であるが，その他の6名は400字以上書いている。一方，日本語による作文で500字以上書いている学習者で英語による作文を100語以上書いているのは3名に過ぎない。なお，英語の語数が40語未満で日本語も300字以下という学習者は8名であった。従って，ごく一部の学習者は英語による作文も日本語による作文もある程度の分量を書くことができると言える。また，英語による作文の量が少ない学習者の多くは日本語の作文の分量も少ないと言える。これは，書く内容に乏しく，すぐに思考停止状態に陥る学習者の典型例と言える。

　センテンス数とパラグラフ数についても比較を試みたが，ほとんど一致することはなかった。英語によるセンテンス数平均は6.925文，日本語のセンテンス数は10.05文，英語のパラグラフ数は1.4，日本語のパラグラフ数は2.075であった。センテンス数，パラグラフ数ともに，英語による作文よりも日本語による作文の方が全体的に多く，個々の学習者の値を見ても，かなりばらつきが見られる。

上記の結果からもわかるように，全体的に見ると，英語による作文の分量と日本語による作文の分量は必ずしも一致しないということが明らかである。

## 6.2　英語による作文と日本語による作文の質的分析
　英語による作文と日本語による作文を質的に分析するにあたり，2名の評価者による評価の平均値を比較対象としたが，英語と日本語の評価は，中の相関であった。ここでは，個々の学習者に関しての特徴を考察する。

　英語による作文の評価平均が2.5以上の学習者が3名存在した。この3名については，量的分析においても英語が100語以上，日本語が400字以上であるので，量的，質的にもいい作文を書く傾向にある。従って，英語の作文能力と日本語の作文能力が比例していると言える。

　一方，英語作文の評価が低い学習者に目を向けてみると，英語作文の評価平均が0の学習者が1名，1の学習者が13名存在した。日本語作文については，最低の評価が1.5であり，3名存在した。英語作文が0か1，日本語作文が1.5という学習者はそのうち2名であるが，残りの1名も英語作文が1.5であるため，双方の作文の評価が低いと言える。日本語作文の評価が1.5であった学習者の書いた作文の分量に目を向けてみると，3名とも英語作文は40語以下である一方で，日本語作文の字数はそれぞれ146字，159字，408字であった。日本語作文の場合，分量よりも内容や表現の良し悪しが評価に反映されている。200字以下である2名の日本語作文は，内容が完結せず，途中で終わっており，トピックセンテンスの後に書かれている理由も中途半端なものである。日本語作文が408字の学習者の文章に目を向けると，話し言葉が羅列されている。例えば，ひらがなでの表記も「〜という」ではなく，「〜とゆう」となっており，書き言葉として評価をする場合，マイナスの要因が含まれている。

　英語の作文の評価については，分量，内容がかなり比例するので，評価をしやすいが，日本語の場合は，分量が多く，内容も全くないわけではないにしても，ですます調かである調か，書き言葉か話し言葉かといった要因が評価に影響を及ぼしていると考えられる。書き言葉と話し言葉が入り混じり，誤ったかな使い，体言止めなどが羅列されている場合，評価者がどの程度容認するかによって，評価が厳しくなったり，甘くなったりすることがある。

## 7. 教育への示唆と今後の課題

本研究では，非英語専攻で比較的英語を不得意とする学習者による英語作文と日本語作文の比較を試みた。英語作文が書けない学習者のすべてが日本語作文を書けないわけではないという筆者の予想通りの結果となった。今後，この研究を踏まえて，次のようなことを授業で取り入れることもできる。

指導を行う前に，日本語作文と英語作文を書かせ，その評価と分量を参考にしながら，それ以後の英語の作文指導でのフィードバックの内容を決める。もし，日本語も英語もあまり文を書けないようであれば，英語の作文指導において，何をどのように書くのか，ということを意識しながら指導をする必要がある。

日本語作文を書くことにあまり躊躇せず，比較的分量を書いている学習者が多い場合，英語の作文の指導については，正確さよりも流暢さを意識した指導，つまり，文法上のエラーを恐れずにひたすら分量を書かせる指導をする。そうすれば，英語の作文を書く分量が増えてくるはずである。日本人学習者の場合，特に正確さを意識しているので，エラーを恐れるあまり，分量を増やすことができないので，このような指導は不可欠である。

また，英語指導以前の問題として，日本語の話し言葉と書き言葉の区別もある。こちらについては，大学生に対するスタディスキルズの指導を取り入れることも急務であり，言語を教える教員として，英語教員が担当することも可能ではないかと考える。

今後の課題としては，作文指導を受けてきていない学習者たちに対して，どのようなインプットをし，どのように書かせるべきかが挙げられる。また，今回，試作として，評価基準を作成したが，日本人の英作文向けにはどのような評価をすべきか，再検討することが挙げられる。

**参考文献**

Astika, G. G. 1993. "Analytical Assessments of Foreign Students' Writing." *RELC Journal*, 24, 1: 61-72.

馬場千秋. 2005.「ライティング能力に影響する要素は何か：日本人大学生英語学習者のライティング能力・外部テスト・文章構成能力」『外国語教育研究』8. 外国語教育学会. 5-18.

_____. 2006.「日本人大学生英語学習者のライティング能力と語彙力・文法力との関係」関東甲信越英語教育学会第30回東京研究大会研究発表資料.

Carrell, P. and Connor, U. 1991. "Reading and Writing Descriptive and Persuasive

Texts." *The Modern Language Journal*. 75, 3: 314-24.
Cumming, A. 1989. "Writing Expertise and Second Language Proficiency." *Language Learning*. 39, 1: 81-141.
Ferris. D. & Hedgcock, J. S. 2005. *Teaching ESL Composition*. Second Edition. Lawrence Erlbaum Associates.
Gaies, S. J. 1980. "T-unit Analysis in Second Language Research: Applications, Problems and Limitations." *TESOL Quarterly*, 14, 53-60.
Hirose, K. 2005. *Product and Process in the L1 and L2 Writing of Japanese Students of English*. Keisuisha.
Hirose, K. and Sasaki, M. 1994. "Explanatory Variables for Japanese Students' Expository Writing in English: An Exploratory Study." *Journal of Second Language Writing*, 3, 203-29.
Ido, T. 2002. "Evaluating Japanese Learners' composition: ESL Composition Profile or TOEFL Scoring Guide?" *LEO* 31: 61-91.
Ishikawa, S. 1995. "Objective Measurement of Low-Proficiency EFL Narrative Writing." *Journal of Second Language Writing*, 4, 51-69.
Ito, F. 2004. "The Interrelationship among First Language Writing Skills, Second Language Writing Skills, and Second Language Proficiency of EFL University Students." *JACET Bulletin,* 39: 43-58.
Kamimura, T. 1996. "Composing in Japanese as a First Language and English as a Foreign Language: A Study of Narrative Writing." *RELC Journal*. 27, 1: 47-69.
金谷　憲（編）．2003.『英語教育評価論』河源社．
小室俊明（編）．2001.『英語ライティング論』河源社．
工藤洋路．2006.「日本人高校生の英語ライティング能力の発達段階記述への基礎調査」2006年8月6日　第32回全国英語教育学会高知研究大会研究発表資料．
工藤洋路・根岸雅史.2002.「自由作文の採点方法による採点者間信頼性について」*Annual Review of English Language Education in Japan*. 13. 91-100.
Larsen-Freeman, D. 1978. "An ESL Index of Development." *TESOL Quarterly*, 12, 4: 439-48.
Nakanishi, C. 2005. "A Study of Improving Japanese College Students' EFL Writing." Unpublished Doctorial Dissertation. Tokyo Institute of Technology.
Sasaki, M. and Hirose, K. 1996. "Explanatory Variables for EFL Students' Expository Writing." *Language Learning*, 46, 137-74.
Santos, T. 1988. "Professors' Reactions to the Academic Writing of Nonnative-Speaking Students." *TESOL Quarterly*, 22, 1: 69-90.
Uenishi, K. 2006. "A Study of Factors Contributing to English Writing Ability: With a Focus on Two Types of Writing Task." *Annual Review of English Language Education in Japan*. 17. The Japan Society of English Language Education. 71-80.
Weigle, S. C. 2002. *Assessing Writing*. CUP.

# 英語受容語彙知識の階層性

相 澤 一 美

## 1. 研究の背景と問題点

　語彙学習の重要性に関心が向けられるようになるにつれ，国内でも試作版の語彙テストが提案されてきた（Aizawa, 1998; 望月，2003; Aizawa and Iso, 2004など）。教師は，学習者がどれくらいの語彙を知っているかを語彙テストによって客観的に推定し，その結果をフィードバックすることによって，学習者の語彙学習の動機付けに役立てることができる。

　しかし，これらのテストは目標語と日本語の語義を選択肢で与えて，該当する語義を選択させるだけで，学習者の語彙能力の限られた一面しか測定していないという批判もあった。例えば，Nation (2001) による語彙知識の記述では，語彙知識は「語の形」，「意味」，「使用」の3つに大きく分けられ，さらにそれぞれの知識が下位区分されている。この語彙知識の定義によると，語彙知識には多様な面があり，「単語の代表的な意味を知っている」ことは，その単語を知っていることの要因の1つに過ぎないのである。単語の知識をこのレベルのみで測定し，その結果から学習者の語彙力を断定することには限界がある。

　そこで本研究では，語彙知識の測定方法によって学習者の語彙テストの得点がどう異なるのか，またその結果から受容的語彙知識に階層関係が存在するかどうかを調査することにした。

## 2. 先行研究の概観

　語彙知識の広さを測定するテストとして Nation (1990) の Vocabulary Levels Test (VLT) や Meara (1992) の EFL Vocabulary Test (Yes/No Test) が開発された。これらのテストにより，学習者がどれくらいの語彙数を知っているか，すなわち語彙サイズを測定することが可能になった。

　一方，語彙知識の深さを測定するテストとしては，Paribakht and Wesche (1993) の Vocabulary Knowledge Scale や Read (1993) の Word Association Test がよく知られている。これらのテストでは，語彙をどのく

らい知っているかよりも，特定の単語をどれだけ深く知っているかを測定することができる。以上の先行研究から，語彙知識には広さの次元と深さの次元の両方が存在すると見なされてきた。例えば，初級レベルの学習者は語彙知識の広さが，上級レベルの学習者には語彙知識の深さが重要な役割を果たすと示唆されてきた (Meara, 1996)。

Laufer and Goldstein (2004) は，語彙知識の最も重要な側面は「語形と意味の結びつき」にあると主張し，結びつく力には受容再認 (passive recognition)，産出再認 (active recognition)，受容再生 (passive recall)，産出再生 (active recall) の 4 段階があると仮定し，調査を行った。その結果，語彙頻度のレベルにかかわらず，受容再認，産出再認，受容再生，産出再生の順に得点が高くなった。この結果から Laufer らは，語彙知識には 4 つのレベルが存在すると主張している。しかし，再生課題は再認課題よりも難しく，発表語彙数は受容語彙数よりも少ない，などのことがらは教師の直感と一致しており，予想された通りの結果である。むしろ，文脈や選択肢などの有無が語彙テストの得点にどの程度影響するか，またその結果から受容語彙にどのような階層が存在すると推定されるか，などの問題解決の方が，語彙指導の上で重要と思われる。

本研究は，受容語彙知識に限定して，文脈や選択肢の有無によって複数の課題を準備し，その得点がどのように異なるか，また得点からどのような階層関係が存在すると推定されるかを調査することにした。

## 3. 実　　験
### 3.1　目　　的
本研究は，以下の 2 つの研究課題を解決することを目的とする。
(1) 選択肢と文脈の有無が語彙テストの得点にどのような影響を及ぼすか。
(2) 受容的語彙知識の階層関係が存在するか。

### 3.2　被験者
被験者は，首都圏の理工系大学 1，2，3 年次に在籍する 119 名。研究デザインは，選択肢 (MC) の有無と文脈 (Context) の有無で 2 × 2 の被験者内計画である。

### 3.3 目標語

目標語は,Coxhead (2000) の作成した Academic Word List (AWL) の Level 1(高頻度)から 30 語,Level 7, 8, 10(低頻度)から 30 語の計 60 語を選択した(資料参照)。選択の基準を 2 つ設けた。1 つは,カタカナ英語として日常の日本語で使われていない語を目標語として選択することである。カタカナ英語は頻度 3000 語までの高頻度語に多く,日本人英語学習者がその単語を音韻化できれば意味が推測できる場合が多い。2 つ目の基準は,品詞を名詞と動詞に限定することである。名詞と動詞の中から,高頻度からも低頻度からも同じ数の語を選択した。

### 3.4 課 題

表1の通り4種類の課題形式で,文脈と選択肢の有無を変数として,目標語の意味を答えさせる課題を作成した。どの課題も目標語の 60 語を使用し,各1点で 60 点満点となる。「文脈」は,目標語が例文に組み込まれているかどうかを表している。「選択肢」は多肢選択形式の課題形式か,翻訳課題かの別を示している。「L&G (2004)」は,Laufer and Goldstein (2004) におけるレベルの別を示してある。彼女らの研究では,受容語彙レベルは,目標語の意味を再認させるか再生させるかであるが,本研究ではさらに文脈の有無を変数として加えてある。

表1 課題の分類と項目数

| 課題の種類 | 項目数 | 文脈 | 選択肢 | L&G (2004) |
|---|---|---|---|---|
| 翻訳課題 | 60 | − | − | 受容再生 |
| 文脈付き翻訳課題 | 60 | + | − | 受容再生 |
| 多肢選択課題 | 60 | − | + | 受容再認 |
| 文脈及び多肢選択課題 | 60 | + | + | 受容再認 |

(1) 翻訳課題

目標語 60 語をランダムに並べ替えて,単語の意味を日本語に翻訳させる課題。採点の基準は,辞書にその語義が掲載されていれば正解とした(図1参照)。

| No | 目標語 | 意　味 |
|---|---|---|
| 1 | source | 源 |
| 2 | compliment | 不平 |
| 3 | attitude | 態度 |
| 4 | period |  |
| 5 | role |  |

図1　翻訳課題の例

(2)　文脈付き翻訳課題

　目標語60語を，場面設定や前後関係を明確にした例文で示して，意味を翻訳させる課題。さらに問題項目をランダムに並び替えた。例文で使用する語は，2000語レベルまでの高頻度の語をできるだけ使用した。採点基準は，翻訳課題と同一である（図2参照）。

| No | 例　文 | 意味 |
|---|---|---|
| 1 | This machine can <u>simulate</u> conditions in space. |  |
| 2 | People showered <u>compliment</u>s on the singer after the concert. |  |
| 3 | He <u>inferred</u> this from the data he had got. |  |
| 4 | He looked straight at me, then pressed the <u>trigger</u>. |  |
| 5 | The forests have been badly <u>affect</u>ed by acid rain. |  |

図2　文脈付き翻訳課題の例

(3)　多肢選択課題

　文脈付き翻訳課題で作成した例文を使って5名の学生にパイロット調査を行い，誤答として多かった訳の中から3つを錯乱肢とし，正答と合わせて4選択肢とした。さらに，その目標語をランダムに並び替えて，問題を作成した。問題例は図3の文脈付き多肢選択課題の例文がない形式と同じであるが，問題項目の出題順序と選択肢の提示順序がランダム化されている。

(4)　文脈付き多肢選択課題

　例文は文脈付き翻訳課題で使用した例文，選択肢は多肢選択課題で作成した選択肢をそのまま採用し，例文と選択肢を組み合わせた。さらに目標語の

出題順をランダムに並べ替えた。

| No | 問題文 | (a) | (b) | (c) | (d) |
|---|---|---|---|---|---|
| 1 | Two policemen were <u>implicated</u> in the drug scandal. | 関与する | 捜査する | 告訴する | 拘束する |
| 2 | The team carried out a <u>series</u> of experiments. | 一続き | 多量 | 厳選 | 成功 |
| 3 | Oil is an important <u>commodity</u> for the Arabic countries. | 外貨 | 商品 | 産業 | 貿易 |
| 4 | The risks are not fully <u>appreciated</u> by many people. | 認識する | 避ける | 賭ける | 逃げる |
| 5 | Social problems <u>underlie</u> much of the crime in large cities. | 横たわる | 潜る | 偽証する | 根底にある |

図3　文脈付き多肢選択課題の例

### 3.5 手　順

全被験者に，課題を以下の手順で隔週ごとに与えた。

(1)　Vocabulary Levels Test (VLT)

まず，Schmitt et al. (2001) の Vocabulary Levels Test の Version B のうち，2000語，3000語，Academic Word List の3レベルを実施した。引き続き，翻訳課題，文脈付き翻訳課題，多肢選択課題，文脈付き多肢選択課題の順に実施した。

形式は異なっているものの，同じ単語を目標語として4回の課題を与えるので，学習者の目標語に対する繰り返し効果をどうしても排除できない。しかし，問題項目の出題順序をランダム化して，さらに隔週に与えることによって，学習効果は最小限になるように工夫した。さらに，実施する課題の順番を，翻訳課題，選択課題の順とし，手がかりとなる文脈付きの2回の課題の間隔を4週間とすることによって，例文に対する学習効果もできるだけ低く抑えるように工夫した。

### 3.6 結　果

実施した課題別の平均点と標準偏差は，表2に示してある。最も得点が高かったのは，文脈付き多肢選択課題で36.28点，続いて多肢選択課題が34.57点で続いた。最も低いのは翻訳課題であり，13.65点にとどまった。

4つの課題の得点を，文脈と選択肢の2水準による被験者内計画の分散分析を行った結果，選択肢の主効果 (F(1,118)=2059.4, p<.01) 及び文脈の主効果 (F(1,118)=45.46, p<.01) のみが1％水準で有意であった。この結果から，選択肢の有無，文脈の有無の順に得点が高くなることが証明された。

表2　課題別平均点と標準偏差　　　　　　　　　　　　　　　　(N=119)

| 課題名 | 文脈付き多肢選択 | 多肢選択 | 文脈付き翻訳 | 翻訳 |
|---|---|---|---|---|
| 平均　(/60) | 36.28 | 34.57 | 16.29 | 13.65 |
| 標準偏差 | 9.19 | 8.21 | 10.70 | 10.29 |

しかし，多肢選択課題は無作為で解答しても1/4の正解が期待できるので，「選択肢あり」が「選択肢なし」よりも，実際に得点が高いと言い切れるかどうか，という疑問も生じた。そこで，最も伝統的な当て推量の修正公式（靜 2001）を用いて多肢選択課題の得点を換算した（得点＝正答数－1/3×誤答数）。靜 (2001) によれば，この修正式は，受験者の行動として非現実的なモデルを想定しているが，多肢選択課題の得点を最も厳しく解釈している。

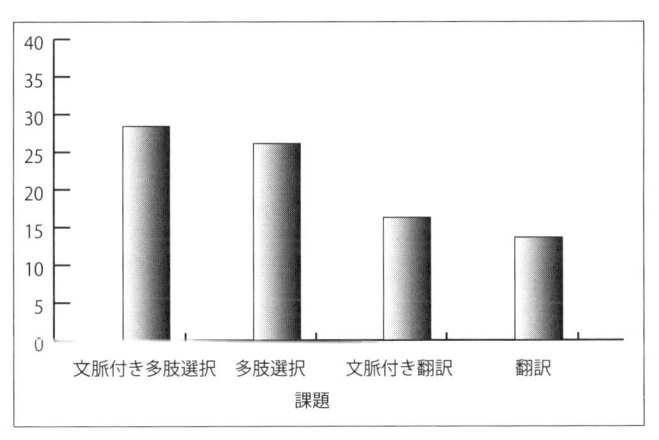

図5　修正公式による課題別平均点　　　　　　　　（満点 60）

図5は，当て推量の修正公式に基づく課題別の平均を示している。選択肢の有無による課題の得点の差がかなり圧縮された。平均値は，文脈付き多肢選択課題で 28.43，多肢選択課題で 26.14，文脈付き翻訳課題で 16.29，翻訳課題で 13.65 となった。

文脈と選択肢の2水準による被験者内計画の分散分析の結果，選択肢の主効果 ($F(1,118)=682.57, p<.01$) 及び文脈の主効果 ($F(1,118)=41.70, p<.01$) のみが1%水準で有意であった。この結果から，選択肢の得点調整を行っても，選択肢の有無，文脈の有無の順に得点が高くなることが証明された。

　この結果から，研究課題(1)の選択肢と文脈の有無が語彙テストの得点に及ぼす影響は，4つの課題で有意差が証明された。具体的には，同じ目標語をテストしても，「選択肢＋文脈」，「選択肢」，「文脈」，「手がかりなし」の順に得点が高くなることが明らかになった。

　さらに各課題の得点がどのような順番になっているかを，被験者個人ごとに調査した。表3は，被験者の課題別の得点順位がどのようになっているかをまとめてある。図5に示した課題の平均得点順と一致した被験者は，119人中79名で66.5%に及んだ。その他の順位の入れ替わりでは，文脈付き多肢選択課題が，文脈なしの多肢選択課題よりも得点が低いケースが26人(21.8%)となったが，その他に際だった得点順位の入れ替わりはなかった。

　同様の分析を，被験者の語彙力によってどう異なるかを分析した。VLTの3レベル（合計90点）のうち，半分（45点）以上得点したグループとそれ未満のグループに分けて比較した結果が表4である。VLTで45点以上の被験者が69名に達した。そのうち，平均得点順と課題の得点順が一致した被験者が56名（81.2%）に及んだ。一方で，45点未満の被験者では，得点順が一致した人数は46.0%となり，半数に及ばなかった。

表3　被験者ごとの課題別得点順位

|  | 完全一致 | 翻訳＞<br>文脈付き翻訳 | 多肢選択＞文脈付き多肢選択 | 両方の入れ替わり |
|---|---|---|---|---|
| 人数　(/119) | 79 | 8 | 26 | 6 |
| 割合　(%) | 66.5 | 6.7 | 21.8 | 5.0 |

表4　VLTの得点による課題別得点順位

|  | 上位（45点以上） | 下位（45点未満） |
|---|---|---|
| 人数　(/119) | 69 | 50 |
| 順番通り | 56 | 23 |
| 割合　(%) | 81.2 | 46.0 |

以上を集約すると，学習者の課題別の得点は，全体の平均得点順とほぼ一致し，特に語彙力の高い学習者の方が一致する可能性が高いことが明らかになった。

その結果，特に語彙力の比較的高い学習者では，課題ごとの得点順位に決まったパターンが存在していると解釈できる。そこで，研究課題 (2) の受容的語彙知識の階層関係の有無については，「単語を見ただけで意味を思い出せるレベル」，「文脈を与えられると意味を思い出せるレベル」，「選択肢を与えられると思い出せるレベル」，「選択肢と文脈を与えられると思い出せるレベル」の安定した順位が存在していることが示唆された。

## 4. 考　察

従来，語彙サイズを推定するために，単語を与えて翻訳させる課題や，選択肢として語義を与えて選択させる形式など，テストデザインがいろいろと工夫されてきた。本調査の結果では，被験者の推定語彙サイズは選択肢を与えられると高くなり，文脈の中で示されるとその効果がやや高くなった。一方，最も学習者に要求度が高いのは，単独で単語を示して翻訳させる課題である。本調査における正答数では，同じ単語をテストしても，選択肢及び文脈付き課題で 28.43 点，翻訳課題で 13.65 点と，平均には約 2 倍の開きがあった。この差は学習者の語彙サイズを推定する場合，大きな違いをもたらすことになる。

この結果に関して，教師が留意すべきことが 2 つある。1 つは，語彙サイズの推定では，どのようなタスクデザインで測定したのかということを明らかにすることが重要だということである。この点が明示されないと，推定語彙サイズの数字の大きさだけが一人歩きする危険性がある。

もう 1 つは，従来開発されてきた選択式の語彙テストは，学習者の語彙の受容的知識を寛大に推定しており，特に翻訳課題での推定とは大きな差が生じることである。例えば小菅 (2003) は，多肢選択式テストである「望月テスト」を使用した場合，自己申告のアンケート方式による推定よりも，語彙サイズが 1 割程度大きめに出ると報告しているが，この結果は測定している語彙知識のレベルが異なっていることが原因になっていると解釈できる。

最も興味深い点は，受容的語彙知識のレベルをいくつかの階層に分けることが可能と示唆された点である。つまり，翻訳課題の場合は，その単語を再認し，意味を想起して，再生することが求められる。しかし，例文の中で示

したり，単語の意味を選択肢で示すと，学習者は再認の後の想起の手がかりを与えられ，意味を思い出したり選んだりできる可能性が高くなる。文脈と選択肢の両方の手がかりを与えられると，さらに想起に結びつく可能性が高くなると考えられる。

しかしながら，文脈の手がかりが課題解決に有効に機能しないケースもあった。特に選択肢の課題では，「文脈なし」の方が「文脈あり」よりも得点が高い事例があった。その理由は2通り考えられる。1つは，被験者が手がかりとなる例文を正確に理解できなかった可能性である。意味を想起できない単語を例文から推測しようとせずに，被験者の記憶や勘に頼って解答したと思われる。もう1つは，与えられた例文から誤って推測したか，例文で使用された別の語から誤って連想した可能性がある。問題解決のために与えた手がかりが，学習者には手がかりとして機能しない事例は，授業でもよく見られる現象である。

## 5. 研究の限界と今後の展望

本研究の限界として最も大きいのは，同じ目標語を使って5回の課題を与えたことである。2週間の間隔を置いて課題を与えたり，出題順序や選択肢の順番を入れ替えたりして，少しでも繰り返し効果や学習効果を抑制しようとしたが，完全には排除できていない可能性がある。また，文脈の中で目標語を示すようにするため例文を準備したが，学習者には手がかりとして機能しない例文があったかもしれない。今後，これらの研究の限界を解決するため，デザインを工夫する必要がある。

今後の展望として，語彙の受容的語彙知識の階層関係を一層明らかにして，語彙知識のモデルをさらに精緻化することが求められる。

### 資料　目標語

高頻度語　attitude, community, environment, individual, method, period, revolution, role, series, source, achieve, affect, aid, appreciate, assume, deny, concentrate, conflict, convince, involve, issue, maintain, obtain, occur, predict, purchase, publish, require, seek, survive

低頻度語　analogy, commodity, bahalf, bulk, compliment, ethic, practitioner, duration, orient, regime, append, deduce, depress, deviate, fluctuate, immigrate, implicate, incline, innovate, legislate, maximize, negate, refine, underlie, utilize, commence, convene, simulate, unify, infer

## 参考文献

Aizawa, K. 1998. "Developing a Vocabulary Size Test for Japanese EFL Learners" *Annual Review of English Language Education in Japan*. 9. 75-85.

Aizawa, K. and Iso, T. 2004. "TDU VLT online." Available on: http://jacetvoc.kl.dendai.ac.jp/~aizawa/

Coxhead, A. 2000. "A New Academic Word List." *TESOL Quarterly*. 34, 213-38.

小菅敦子．2003．「語彙サイズテストからみた語彙の習得」太田洋・金谷憲・小菅敦子・日臺滋之（編著）『英語力はどのようにのびてゆくか』大修館書店．81-115.

Laufer, B. and Goldstein, Z. 2004. "Testing Vocabulary Knowledge: Size, Strength, and Computer Adaptiveness." *Language Learning*. 54. 339-436.

Meara, P. 1996. "The Dimensions of Lexical Competence." In G. Brown, K. Malmkjaer and J. Williams (Eds.). *Performance and Competence in Second Language Acquisition*. 35-53. Oxford University Press.

Meara, P. 1992. EFL Vocabulary Tests. *Centre for Applied Language Studies*, University of Wales, Swansea.

望月正道．2003．「英語の語彙をどう評価するか」望月正道・相澤一美・投野由紀夫『英語語彙の指導マニュアル』大修館書店．181-209.

Nation, I.S.P. 2001. *Learning Vocabulary in Another Language*. Cambridge University Press.

Nation, I.S.P. 1990. *Teaching and Learning Vocabulary*. Heinle & Heinle.

Paribakht, T. & Wesche, M. 1993. "The relationship between Reading Comprehension and Second Language Development in a Comprehension-based ESL Program." *TESOL Canada Journal*. 11, 9-29.

Read, J. 1993. "The development of a new measure of L2 vocabulary knowledge" *Language Testing*. 10, 355-71.

静 哲人．2001．「多肢選択法を再考する」門田修平・野呂忠司（編著）『英語リーディングの認知メカニズム』くろしお出版．273-84.

Schmitt, N., Schmitt, D. and Clapham, C. 2001. "Developing and Exploring the Behaviour of Two New Versions of the Vocabulary Levels Test." *Language Testing*. 18, 55-88.

# 文脈の種類と語彙学習
## ——例文と文章それぞれの語彙学習の比較——

葉田野 不二美

## 1. はじめに

　効果的な第二言語の語彙学習方法を求めて，国内外でこれまで多くの研究がなされてきた。投野他(1997)はこれまでの語彙学習方法に関する研究を概観し整理している。どのような学習方法がどのような語彙知識に効果的であるかについては，語彙の意味認識について取り上げているものが多い。語彙の意味認識は，記憶の研究として認知心理学分野でも多く研究されてきた。プライミング効果[1]に関する研究がその代表的な例である。

　学校の教室では学年が上がるにつれて語彙そのものの学習に取り組む機会は減少し，生徒個々人の学習に任せられるようになる。多くの場合，生徒は単語集で受容語彙力の向上を図る。この単語集による語彙学習は，一般にどのくらい語彙の意味定着に効果があるのか。単語集の学習を生徒に促すため，また学習の確認のために教師は時折語彙テストを実施するが，その結果どのくらい語彙の意味が生徒の頭に残るのであろうか。

　単語集の形態は，語彙の前後の文脈が様々である。例えば例文がついた語彙を学習するタイプや，短い文章があってその文章に出現する語彙を学習するタイプもある。後者のタイプは，語彙学習のみならず文章読解力をつけさせたい，またできるだけ多くの英文にふれさせたいという教師の願いがあって生徒の手に渡っていると思われるが，語彙学習の観点から見るとこの2種類の単語集のタイプは語彙の意味定着率は果たして同一なのであろうか。もし異なるならば，それらの単語集を学習した結果どのように語彙の習得率が異なり，またそれぞれの単語集にはどのような利点があるのか。これらの疑問に対する明確な答えが得られるならば，それぞれのタイプの単語集の利点を生かした語彙指導が実現できるはずである。

　本論文では，第二言語語彙習得研究分野の先行研究をふまえ，特に文脈を利用する語彙学習に着目し，文脈の種類によって語彙学習の成果は異なるのか，またどのように異なるのかを調査分析した結果を報告する。本調査では

語彙の意味の保持率を語彙学習の効果と捉え，2種類の文脈学習間で語彙学習の結果を比較する。このような研究の積み重ねは，語彙の学習や指導への教育的示唆を得る上で意義がある。

## 2. 先行研究

　英語語彙習得研究分野において，本テーマと関連する複数の研究を取り上げる。沢田他 (1960) は中学1年生から高校2年生までのそれぞれの学年について既習の語彙を単独で学習するグループと文中で学習するグループ間で語彙の理解度を比較した。その結果，語彙の理解度は文中で示された方がよく，特に論理的思考が発達する中3以降になると統計的に有意に理解が増大すると報告している。また今井 (1996) は，中学生について未知語を文章から推測して確認するグループと，意味が提示されるグループ間で覚えている語彙数を比較した。その結果，生徒は単純に未知語の意味を与えられるよりも推測して学習した方が，直後（1日後）の記憶率も2週間後の記憶率も高かったと報告している。さらに Brown and Perry (1991) は，キーワード法という記憶のストラテジーに加えて語彙を含む例文を2文学習すると語彙の定着がさらに促進され，その結果はより深い認知水準での意味処理が語彙の定着を促進したからであると考察している。一方，Mondria (2003) は文脈から未知語の意味を推測してもリスト学習をしても語彙の保持に有意な差はないと報告している。しかしこの結果は，推測では暗記に費やした時間がリスト学習のそれよりも短かったからであろうと考察している。

　これらの先行研究のほかにも，沢田他 (1960) のように語彙単独学習と比較して文脈の有効性を示す報告は多い (Anezaki, 1990; Prince, 1996; Ishizuka, 2005)。また，今井 (1996) や Brown and Perry (1991) らの報告から，認知的により負荷がかかる学習をするほど語彙が記憶に残りやすい傾向があることがわかる。しかし，文脈の種類別に語彙学習がどのように異なるかという観点からの研究はまだほとんど見られない。例えば単語集を大きく2つの種類に分類すると，例文タイプのものと文章タイプのものがあるが，この2種類の文脈学習の後にそれぞれ同じ時間を語彙学習にあてた場合，語彙の意味保持率は異なるのだろうか。

　プライミング効果や心的辞書に関する先行研究をふまえると，文章に出現する語彙を学習することは概念間のネットワークの構築を促し，例文学習と比べるとより効果的に語彙の意味が保持されるのではないかと推測される。

また，より深い処理水準の学習やより負荷がかかる学習が語彙の学習をより効果的にするという先行研究をふまえると，文章を読んだ上で語彙を学習する方が，例文とその単純な語彙を学習するよりもより多くの語彙を記憶することができるであろうと思われる。しかし，本当に文章で関連する語彙を学習した方が，例文学習よりも語彙の意味が記憶されやすいのだろうか。

## 3. 研究の目的

学習する文脈の種類によって語彙学習が異なるかについて語彙の意味保持率の観点から調べることが本研究の目的である。

- 研究課題1：文章を読んだ上でその文章に出現する語彙を学習する方が，例文を学習するよりも学習直後により多くの語彙の意味が保持されているか。また，学習者の英語力によってその結果は異なるか。
- 研究課題2：文章を読んだ上でその文章に出現する語彙を学習する方が，例文を学習するよりもその後の語彙の意味保持率は高いか。また，学習者の英語力によってその結果は異なるか。
- 研究課題3：学習内容の再生において，文章学習をする生徒の方が例文学習をする生徒よりも再生する語数は多いか。また，学習者の英語力によってその結果は異なるか。

研究課題3が立証されれば，文章学習は概念のネットワークを構築する上で有効に働いたために，例文学習よりも語彙の意味をより多く保持することができたことが示唆される。

## 4. 研究の方法
### 4.1 被験者

全国で中位レベルの英語力の私立女子高校2年生，計105人が調査対象者である。彼女たちは習熟度別に上位・下位クラス[2]に分類されており，上位2クラスは43人，下位4クラスは62人という内訳になっている[3]。本調査では英語力が等質な上位2クラスをそれぞれ文章学習群，例文学習群に分けた。また，英語力が等質な下位の4クラスは文章学習群2クラス，例文学習群2クラスに分けて調査した。なお，調査実施者は全クラスそれぞれ同一人物であった。

## 4.2 研究で使われた資料

次に本調査で使用した資料についてまとめると,以下の通りである。なお,それぞれの具体例については資料を参照されたい (p.338)。

・調査に使われた資料
(A) 調査対象語が未知語であるかを確認するテスト
(B) 調査対象語を含む文章
(C) 調査対象語を含む例文
(D) 学習内容を再生するテスト
(E) 学習直後に実施する語彙テスト
(F) 学習から1週間後に実施する語彙テスト

調査対象語は学習する文章に出現する語彙である (表1)。上位群と下位群の英語力のレベル間には有意な差があった。そのため,学習する文章の難易度を考慮する必要があった。学習する文章は単語集からそのまま抜粋したため,調査対象語は上位群と下位群で異なる結果となった。なお,文章の難易度については表2の通りである。

表1 調査対象語

| 上位学習者 | rarely, occupy, feed, avoid, consume, approach, scare, view, space, position, moment, protect |
|---|---|
| 下位学習者 | define, frequently, consult, translate, tend, context, variety, degree, guess, accurate, require, remember |

表2 文章の難易度

|  | 語彙数 | 文章数 | 文内語彙数 | Flesch-Kincaid Grade Level [4] |
|---|---|---|---|---|
| 上位学習者 | 79 | 4 | 19.7 | 12.0 |
| 下位学習者 | 86 | 7 | 10.5 | 5.7 |

次に,これらの語彙は荻野 (2002) の例文タイプの単語集で検索され,資料 (C) が作られた。多数の単語集の中からこれを選択した理由は,文章に出現する語彙をすべて収録していたことと,被験者が普段使用していない単語集であったからである。文章学習群と例文学習群が学習する総語数がほぼ同じになるように,資料 (C) の例文数が調整された。

### 4.3 調査の手順と分析の方法

表3は調査の手順を表したものである。文章学習群では，英文のすぐ隣に訳文をつけ，十分に内容理解できる時間をとった上で，語彙を学習するための時間をとった。調査対象語の学習語彙数（12語）と学習時間（5分間）については，両群等しく設定した。なお，5分間の語彙学習の方法については生徒各自の覚えやすい方法に任せ，特に指定しなかった。

分析の方法は次の通りである。まず，資料(A)について解答がみられた語彙を分析から除いた。分析から排除した語彙は，上位群では *space, position, moment, protect* の4語であり，下位群では *remember* 1語であった。次に，文章学習群と例文学習群について資料(E)と資料(F)の語彙テストの平均値をそれぞれ調べ，2つの学習群間に有意な差が見られるか調べた（t検定）。また，資料(D)の英語の総語数を2つの学習群で比較した。

表3 調査の手順

|  | クラスA<br>文章学習群 | クラスB<br>例文学習群 |
| --- | --- | --- |
| 第1日目 | 1) 資料(A)の記入，回収<br>2) 資料(B)の配布<br>　①全体で音読<br>　②各自黙読<br>　③語彙テストの予告と各自語彙の学習（5分間）<br>　④資料(B)の回収<br>3) 資料(D)の実施，回収<br>4) 資料(E)の実施，回収 | 1) 資料(A)の記入，回収<br>2) 資料(C)の配布<br>　①全体で音読<br>　②各自黙読<br>　③語彙テストの予告と各自語彙の学習（5分間）<br>　④資料(C)の回収<br>3) 資料(D)の実施，回収<br>4) 資料(E)の実施，回収 |
| 第2日目 | ＜第1日目から一週間後＞<br>資料(F)の実施，回収 | ＜第1日目から一週間後＞<br>資料(F)の実施，回収 |

## 5. 分析の結果
### 5.1 研究課題1

テスト結果の記述統計は表4，表5の通りである。上位群については文章群と例文群のデータが等分散ではなかったため，ノンパラメトリック検定で中央値の差の検定を行った。その結果，両群の間に有意な差があった。分析の結果は，予想に反して例文群の方が文章群よりも直後のテストにおいて約3語多く意味を保持していた。文章群は8語中平均5語，例文群はほとんど

の生徒が8語すべての意味を保持していた。

一方，下位群については両群の平均値の間に有意な差は見られず（$t(60)$=-1.18, $n.s.$)．両群ともに11語中4～5語の意味を保持していた。よって，上位群では例文学習の方が文章学習よりも学習直後の語彙の意味保持について効果的であることがわかった。また，下位群については文脈の種類を問わず語彙の意味保持率は約36～45％であることがわかった。

表4　上位群のテスト(E)の結果

| グループ | 被験者数 | 平均値 | 標準偏差 |
| --- | --- | --- | --- |
| 文章群 | 22 | 5.09 | 2.09 |
| 例文群 | 21 | 7.90 | 0.30 |

表5　下位群のテスト(E)の結果

| グループ | 被験者数 | 平均値 | 標準偏差 |
| --- | --- | --- | --- |
| 文章群 | 30 | 4.4 | 3.04 |
| 例文群 | 32 | 5.28 | 2.83 |

### 5.2　研究課題2

表6，表7は学習から一週間後に予告なしに語彙テストをした結果の記述統計である。上位群では，一週間の間に文章学習群では約2語，例文学習群では約3語の語彙の意味を忘れた。また下位群では，一週間の間に文章学習群では約3語，例文学習群では約4語の語彙の意味を忘れた。

表6　上位群のテスト(F)の結果

| グループ | 被験者数 | 平均値 | 標準偏差 |
| --- | --- | --- | --- |
| 文章群 | 22 | 3.09 | 2.35 |
| 例文群 | 21 | 5.05 | 1.77 |

表7　下位群のテスト(F)の結果

| グループ | 被験者数 | 平均値 | 標準偏差 |
| --- | --- | --- | --- |
| 文章群 | 30 | 1.47 | 1.50 |
| 例文群 | 32 | 1.09 | 1.28 |

上位群においては両群の間に統計的に有意な差があることがわかった（$t$

(41)= -3.07, $p$ <.001)。一方，下位群については両群の間に有意な差は見られなかった（$t$ (60)= 1.05, $n.s.$)。このことから，上位群は学習から一週間後の語彙の意味保持についても直後テスト結果と同様，例文学習群の方が文章学習群よりも語彙の意味を保持する傾向があることが分かった。また，下位群は文章・例文学習群で語彙学習はほとんど変わらないことがわかった。

### 5.3　研究課題 3

再生テストにおける英語の総語数を示したのが図1である。

分析の結果，上位群，下位群ともに例文学習群の方が再生する英語の語数が多かった。このことから，文章学習群の方が例文学習群よりも概念の構築が起こりやすいために英語の記述量が多いだろう，という当初の予想を支持する結果は得られなかった。概念の構築がうまく形成されたならば語彙の意味保持は高くなるかに関する検証は，今後の研究をまたねばならないことになる。

本調査では文章学習に10分程度時間をとり，その後語彙を学習する時間を5分とっている。にもかかわらず，生徒はなぜ例文学習よりも語彙の再生量が少なかったのだろうか。テスト (D) は英語で再生するように指示されたが，開始から3分後に「英語による再生が難しい場合は日本語を使ってもよいが，できるだけ英語で記述するように」と口頭で指示が出された。テスト (D) の実際の記述を観察すると，文章群では日本語による記述が多く見られ，日本語と英語の総語数を比較すると文章群は例文群より多かった。し

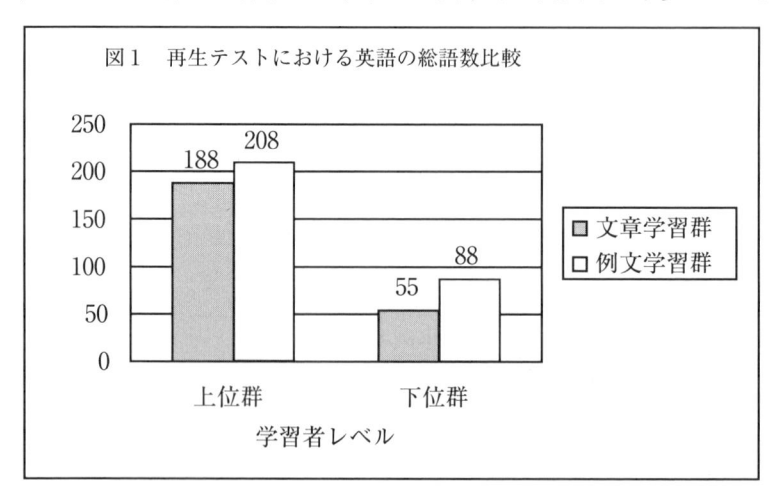

図1　再生テストにおける英語の総語数比較

かし英語の総語数に限ると、文章群は例文群よりも少なかった。この結果から、文章による概念の構築は英語で行われなかったことが予想される。よって、英語による概念構築を促すには、意図的な指導が必要である。

## 6. 結果の考察とまとめ

以上、異なる2種類の文脈学習と語彙学習について、語彙の意味保持率を比較した研究結果を記述した。次に、その結果について考察する。

(1) なぜ直後のテストで上位群では文脈学習よりも例文学習の方が効果的であったのか。またなぜ下位群については両群に差が見られなかったのか。

上位学習者は文章を読んだときにその内容理解に注意が向き、語彙そのものの意味を記憶するための容量が減ったのではないかと考えられる。処理と保持のトレードオフの関係が起きた結果、文章学習群は語彙の意味記憶が促進されず、結果的に例文学習群の方が語彙の意味を保持した結果になったものと推測される。また、例文学習群は例文にふれた段階で、学習の目的が下線部の語彙学習であることに注意が向き、その目的のために学習時間すべてを語彙学習に費やすことができたのかもしれない。

一方、下位学習者は文章学習においても例文学習においても、語彙の前後の文脈に注意があまり向かわず、語彙を文脈から切り離して学習したようである。このことは資料(D)の分析から推測される（図2参照）。図2を見ると、下位群の生徒は例文学習においても文脈学習においても、前後の語彙と関連付けて語彙を記憶していないことが分かる。一方、上位学習者は例文学習においても下位学習者と比べて文による記述が多く見られることが分かる。

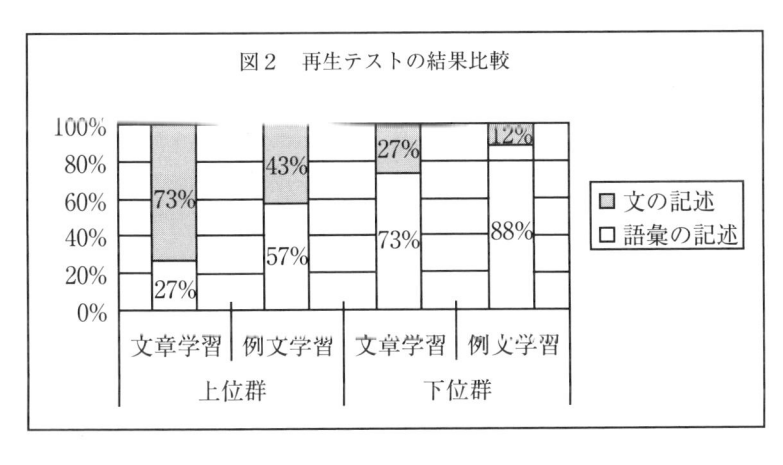

図2　再生テストの結果比較

|  | 上位群 文章学習 | 上位群 例文学習 | 下位群 文章学習 | 下位群 例文学習 |
|---|---|---|---|---|
| 文の記述 | 73% | 43% | 27% | 12% |
| 語彙の記述 | 27% | 57% | 73% | 88% |

(2) なぜ上位学習者は例文を通して学習した語彙が一週間経っても平均5語残ったのか。

研究の当初，例文学習では語彙の意味は一時的には保持されても，時間が経つとすぐに忘れられるだろうと予想された。にもかかわらず，例文学習群は文章学習群と比べて1週間の間に忘却された語彙数は変わらなかった。その理由として考えられることは，上位学習者は語彙の意味記憶に例文の文脈をヒントとして利用したのではないかということである。このことは，例文学習において上位群は下位群よりも文レベルで再生している学習者が多いことからいえる（図2）。

研究の結果から，以下の点が教育的示唆として挙げられよう。

1 語彙の意味保持を目的とする場合は，文章理解（処理）と語彙学習（保持）は独立させた方が効率的である。また，語彙の意味保持については，例文学習が効果的である。

2 例文で語彙の意味を覚える学習の際は，前後の文脈と関連付けて覚えるとよい。特に下位学習者には，前後の文脈と関連付けて覚える指導が必要である。

3 文脈学習において，学習者自身が英語で語彙（概念）を関連付けることは難しい可能性がある。関連する語彙をまとめて指導したい場合は意図的な指導が必要である。

また，本研究の今後の課題として以下の点が挙げられよう。第一に，意味保持しやすい語彙，しにくい語彙に関する研究がある。本研究の結果，一週間保持された語彙は *rarely, consume, approach, define, frequently* であった。上位，下位群ともに学習時間の最初に出現した語彙が記憶に残る傾向がみられた。また *approach* はカタカナ語彙であった。このように，学習順序，カタカナ語彙，教材の出現頻度と語彙の意味保持の関係に関する研究は，今後の課題である。第二に，英語の語彙（概念）の関連付けと語彙の意味保持の関係に関する研究がある。その有意な関係を示唆する研究があるが，それが有意な条件は今後確認される必要があるだろう。

注

1) プライミング効果とは，ある語の認知が何らかの操作で容易になることであるが，意味関連のある語を提示すると新語の認識が容易になることが知られている。プライミ

ングが起こる場合は先に提示された語彙とその後に提示された語彙が心的辞書の中で密接な関係にある。そのため後に提示された語彙が認識されやすいと考えられている。なお，心的辞書とは，語彙が取り出しやすいように特定のカテゴリーに従って語彙が頭の中で整理されている状態のことを言う。

2) 上位クラスは特別進学クラスであり，全国での偏差値は57程度，下位クラスは文系・理系の普通クラスで偏差値53程度である。
3) 欠席者は分析対象外とし，被験者数には含まれていない。
4) Flesch-Kincaid Grade Levelとは文章の読みやすさ（リーダビリティ）を計算によって予測する指標である。リーダビリティの公式は30以上あり，どれを選択するかは研究者によって異なるが，測定しやすさと指標の妥当性から本研究ではこの指標を選択した。なお，この指標の公式は以下の通りである。Flesch-Kincaid Grade Level = $0.39*ws + 11.8*sw - 15.59$（$ws$ = 1文における平均語彙数，$sw$ = 1語における平均音節数）

## 参考文献

Anezaki, T. 1990. "The Effect of Learning Methods on Foreign Language Vocabulary Learning: Japanese Junior High School Students." Unpublished M. Ed. dissertation. Jyoetsu Kyouiku University.

Brown, T. S. and Perry, F. L. 1991. "A Comparison of Three Learning Strategies for ESL Vocabulary Acquisition." *TESOL Quarterly*. 25. 655-70.

今井光一．1996.「推測力を使った語彙指導——中学校における効果的な語彙指導の方法研究」1996年度語研FORUM. 93-5.

Ishizuka, H. 2005. "The Effect of Learning Method on Efficiency of Lexical Memory Retrieval." *Annual Review of English Language Education in Japan*. 16. 111-20.

風早寛．2004.『速読英単語①必修編』Z会出版．54-5, 326-7.

道又爾，北崎充晃，大久保街亜，今井久登，山川恵子，黒沢　学，2003.『認知心理学——知のアーキテクチャを探る』有斐閣．

Mondria, J. 2003. "The Effect of Inferring, Verifying, and Memorizing on the Retention of L2 Word Meanings: An Experimental Comparison of the 'Meaning-Inferred Method' and the 'Meaning-Given Method.'" *Studies in Second Language Acquisition*. 25. 473-99.

太田信夫，多鹿秀継（編著）．2001.『記憶研究の最前線』北大路書房．

荻野治雄監修．2002.『データベース4500完成語彙・熟語』桐原書店．

Prince, P. 1995. "Second Language Vocabulary Learning. The Role of Context Versus Translations as a Function of Proficiency." *The Modern Language Journal*. 80(4). 478-93.

沢田慶輔，肥田野直，神保信一，羽鳥博愛．1960.「英単語の教育心理学的研究」『教育心理学研究』8(2). 74-81.

投野由紀夫（編）．1997.『英語語彙習得論——ボキャブラリー学習を科学する』河源社．

### 資料

<資料A>

前後関係を見て下線部の語彙の意味を書きなさい。

1. When you read a text in a foreign language, you <u>frequently</u> come ....

<資料B>

以下の文章を読みなさい。右ページにある訳文を確認しながら読みなさい。

If you <u>tend</u> to use the dictionary frequently, <u>remember</u> that all...

あなたが辞書を頻繁にひく<u>傾向があるなら</u>，<u>覚えておきなさい</u>…

読み終わりましたか？　では，話のなかに出てきた下線部分の語彙の意味をもう一度確認しましょう。　～tend　～の傾向がある…

<資料C>

以下の例文を読み，下線部分の語彙の意味を覚えましょう。

1. Could you please <u>define</u> the concept in simple language?

（その概念を簡単な言葉で<u>定義して</u>いただけますか。）

<資料D>

今読んだ内容について覚えていることすべてを，<u>英語で書きなさい</u>。語彙でも数語でも文でもよいです。どんなに小さなことでもかまいません。

<資料E，資料F>

下線部の語彙の意味を書きなさい。

4. Dictionaries which <u>translate</u> from English into Japanese are ....

# 日本人英語学習者のための電子辞書使用
## ——読解活動に着目して——

大崎　さつき・中山　夏恵

## 1. はじめに

英文読解において，未知語に出会った場合には，その語彙の意味をできる限り推測するトップダウン方式を使うように指導されることが多くなっている。しかし，多くの日本人学習者の英語語彙力は，母語が英語と同じインド＝ヨーロッパ語族に属する学習者に比べ，圧倒的に少ないと思われる。このことから，日本人学習者の語彙力では，推測しながら読み進めていくのは難しいと考える。そこで重要になってくることのひとつに，辞書使用が挙げられる。

しかし，読解における辞書使用が，読解の妨げとなる可能性を指摘する研究報告がある (Nesi and Meara, 1991; Aizawa et al., 1999)。これは，辞書を引くことに集中しすぎて，読解が度々中断され，内容を深く理解できないと推測されるからである。それでは，どうすれば読解を妨げずに辞書を引けるか。解決策のひとつとして考えられるのは，従来の印刷辞書に比べ，検索速度の速い電子辞書を読解に活用することである。本稿では，辞書と読解に関する先行研究を紹介した後，一例として，日本人大学生がどの程度英文中の語彙を知っているか，彼らの英語力と語彙力について調査することで，辞書の必要性を議論する。次に，電子辞書使用と読解の関係を調査した先行研究を紹介することで，電子辞書が日本人大学生の読解に果たす役割を議論する。

## 2. 先行研究の概観
### 2.1 辞書スキルと読解

読解の際に辞書を効果的に使用するには，ある程度のスキルが必要である。このスキルであるが，習熟度レベルの低い学習者に比べ，習熟度レベルの高い学習者は，日常的な学習を通じて，辞書スキルを体得しているようである。具体的には，習熟度レベルの高い学習者は，トップダウン方式を活用して，未知語の意味を推測し，その推測の確認のために，辞書を使用することが報

告されている (Hulstijn, 1993)。Nation (2001) は，辞書を検索する際に必要なスキルを4段階に分類し説明している。これらのスキルは，検索前に必要なスキル，検索中に必要なスキル，検索後に必要なスキルと3つに分類することができるだろう（表1）。この表からも分かるように Nation (*ibid.*) は，「検索前スキル」として，語彙を推測した上で検索を行うことを推奨している。つまり，Hulstijn (1993) の報告している習熟度の高い学習者に見受けられた検索前行動は辞書検索において効果的なプロセスであることがわかる。このことから，特に習熟度レベルの低い学習者が読解の際に，効果的に辞書を使用できるようになるには，検索前行動を教え，習得させることが不可欠であろう。

表1　辞書スキル (Adapted from Nation, 2001)

| 検索前スキル | 検索中スキル | 検索後スキル |
|---|---|---|
| 1. 文脈から語彙の情報を得る<br>（品詞・原形・意味の推測・検索に値する語彙かどうかを判断） | 2. 見出し語を探す<br>（アルファベット順の知識・辞書記号の知識） | 4. 選択した語義を文脈に当てはめて，その語義が正しいかどうかを判断する |
| | 3. 正しい意味を探す<br>（文脈をヒントに正しい語義を選択・用例検索） | |

## 2.2　辞書使用と読解

　印刷辞書の使用が読解を促進するかについては統一した見解が得られていない。例えば，Knight (1994) では，習熟度の高い学習者が被験者の場合，印刷辞書を使用した被験者は辞書を使用しなかった被験者よりも読解テストの得点が高かったと報告している。また，Atkins and Varantola (1998) でも，Knight (1994) と同様の比較実験を行った結果，被験者の習熟度レベルは違うものの，辞書使用が読解を促進した。一方，これらの結果とは異なり，Nesi and Meara (1991) は，同様の比較実験の結果，辞書を使用したグループと使用しなかったグループの読解テストの得点間に有意差がなかったことを報告している。これらの結果から，辞書使用が必ずしも読解を促進するわけではなく，逆に読解の妨げになることがあると推測できる。では，なぜ辞書使用が読解を妨げるのだろう。次に，辞書を使用しながら読解を進める場

合に，私たちの脳では，どのようなことが行われているのか，ワーキングメモリの観点から説明したいと思う。

### 2.3　ワーキングメモリと読解

Carpenter and Just (1989) は，彼らの提唱したワーキングメモリのモデルで，読解過程においては，ある情報を一時的に活性化した状態で保持しながら，情報の処理活動も同時に行う必要があると想定している。しかしながら，その処理を行う認知資源には容量制限がある。そのため，処理機能と保持機能への各分配量を決定するために両者間でトレードオフが行われると仮定している。では，辞書を使用した場合に，ワーキングメモリ内の処理資源の配分はどのようになっているのだろう。

辞書を使用しながら読解を進める場合，未知語に出会ったときに，それまでに読んだ文章の内容を保持した状態で，辞書でその未知語を検索すると考えられる。その際のワーキングメモリ内での処理資源の配分は，検索する(統語・意味分析などを含む活動) 処理に多く費やされ，その反面，保持に費やせる容量が少なくなる。つまり，それまでに理解した内容を保持するための容量が少なく，辞書で検索した意味とそれまでの内容を統合していく作業が困難になり，読解に支障をきたすことになると考えられる。このことが，前述の辞書使用が読解を妨げるという研究結果の要因のひとつになっているのではないだろうか。

さらに，未知語の割合が増えることで，辞書の検索回数が増え，その結果，ワーキングメモリ内の検索にかかる処理資源の配分がますます大きくなる可能性が考えられる。それでは，日本人学習者の語彙力では，どのくらい読解に困難をきたすのか。第3節では，一例として，大学1年生に焦点を絞り，彼らのテキスト中の未知語の割合を調査することで，辞書の必要性を議論する。

### 3.　日本人大学生の英語語彙力

それでは，実際に日本人大学生は，英文中の語彙をどの程度知っているのだろう。参考までに，平均的な大学1年生の語彙力を明らかにし，その語彙力では，高校3年生卒業程度の習熟度を目安に作成されている英検2級の読解問題の内，どの程度の語彙を理解できるかについて調査を行ってみることとした。

財団法人国際ビジネスコミュニケーション協会[1] (2006) によると，大学1年生の TOEIC 全国平均は 401 点である。そこで，本調査では TOEIC 全国平均とほぼ同様の平均点（402.30 点）を持つ関東地方にある大学の1年生 36 名を対象にまず語彙力を測定した。その測定方法としては，Schmitt, Schmitt and Clapham (2001) による Vocabulary Levels Test[2]（以降 VLT）の 2000 語，3000 語，Academic Word Level（以降，AWL）の3レベル（30問×3レベル＝90点満点）を用いた。調査の結果，彼らの語彙レベルは 2000 語レベルで平均 21.92 点，3000 語レベルで 15.85 点，AWL で 16.60 点であった（表2）。また，レベル毎の正答率はそれぞれ，73.08%，52.82%，55.33% であった。本稿では，各誤答率を未知語の割合として換算する。つまり，各レベルの未知語の割合は 100% から各レベルの正答率を差し引いたものとする（表2）。ここで得られた VLT と TOEIC のスコアの相関係数は 0.448 で，結果，本被験者の VLT と TOEIC のスコア間には中程度の相関があることが明らかになった。

表2 平均的大学1年生の VLT の得点及びレベル毎の正答率と誤答率

|  | 2000 語 | 3000 語 | AWL |
| --- | --- | --- | --- |
| VLT の得点 ( 各レベル 30 点満点 ) | 21.92 | 15.85 | 16.60 |
| レベルごとの正答率 (%) | 73.08 | 52.82 | 55.33 |
| レベルごとの未知語の割合 (%) | 26.92 | 47.18 | 44.67 |

続いて，同じ被験者（大学1年生）にとって英検2級の読解問題には，どの程度の未知語が存在するかを分析した。ここで，英検2級に焦点を絞った理由としては，英検2級の合格者のレベルが「高校卒業程度」の英語力を有することが目安になっていることから，本来英検2級の英語力を保有していることが望まれる大学1年生にとって，英検2級の読解問題に実際にはどの程度未知語があるかを明らかにするためである。

その手順としては，まず，2006 年度版の英検2級の過去問題集[3]から5回分のテストの読解問題（大問3と4）を読み取り，英検2級問題のミニコーパスを作成した。その際，問題番号及び記号はすべて読み取り対象から外した。続いて，英検ミニコーパスの語彙レベルの構成を Frequency Level Checker[4] を用いて調査した。結果，ワードファミリー換算で 2000 語レベルが 670 語，3000 語レベルが 241 語，AWL レベルが 149 語，その3つの

レベルに当てはまらない語彙 (outside list words) が 300 語, 計 1360 語であることがわかった。これらの語彙数に, 表 2 にて算出した VLT の各レベルにおける未知語の割合を掛け合わせることで, 本調査の被験者にとっての未知語の総数を算出した。この際, outside list words は, 固有名詞, 複合語, または脚注のある語で占められていたことから, 未知語の総数の算出対象からは外すこととした。未知語の算出方法は以下の通りである (図 1)。

```
2000 語レベル：語数 (670 語) ×同レベルの未知語の割合 (0.2692)= 174.20
3000 語レベル：語数 (241 語) ×同レベルの未知語の割合 (0.4718)= 113.27
AWL      ：語数 (149 語) ×同レベルの未知語の割合 (0.4467)=  65.56
合計：未知語総数                                353.03 語
```

図 1　平均的大学 1 年生にとっての未知語の総数 (英検問題集)

続いて算出された結果を総語数で割ることで, 英検 2 級問題に含まれる未知語の割合を算出した。その算出方法は以下の通りである (図 2)。

```
未知語の割合：
     未知語総数 (353.03 語) ÷総語数 (1360 語) × 100=25.96%
```

図 2　平均的大学 1 年生にとっての未知語の割合 (英検問題集)

結果, 平均的な大学 1 年生にとって英検 2 級の読解問題における未知語の総数は 353.03 語 (ワードファミリー), つまり約 25.96% の未知語が存在する可能性があるという結果となった。言い換えると, 文章を読み進めていく上で, 5 語に 1.298 語の割合で未知語に遭遇する可能性が指摘できる。

多くの研究者 (Coady, et al., 1993; Laufer, 1992) は, 学習者が, 文脈内で未知語の意味を推論するためには, テキストの 95〜98% をカバーする語彙力が必要だと指摘している。つまり, 未知語の割合が 2〜5% の間であれば, 未知語の推論ができるということであろう。言い換えると, 未知語に遭遇する可能性が 20 語から 50 語に 1 語である場合においては, 推測に成功する可能性があるということになる。

図 3 は, テキストにおける未知語の割合が変わるとどれだけ未知語が増えるかを図示したモデルである。2%, 5% では黒く塗りつぶされた四角 (未知語) がほとんどないのに対し, 未知語が 25.96% になると各列に未知語があることがわかる。図 3 からも, 平均的な大学 1 年生にとって, 英検 2 級

の読解問題を解く際，文脈から未知語の意味を推論できる可能性は極めて低いといえるだろう。これだけの未知語に遭遇する可能性の中で，効果的に読解を進めるためには，遭遇する未知語の割合を減らした上で，読解を促進する必要があり，そのためには辞書の利用が不可欠であると指摘できるだろう。

| 未知語の割合が2% | 未知語の割合が5% | 未知語の割合が25.96% |

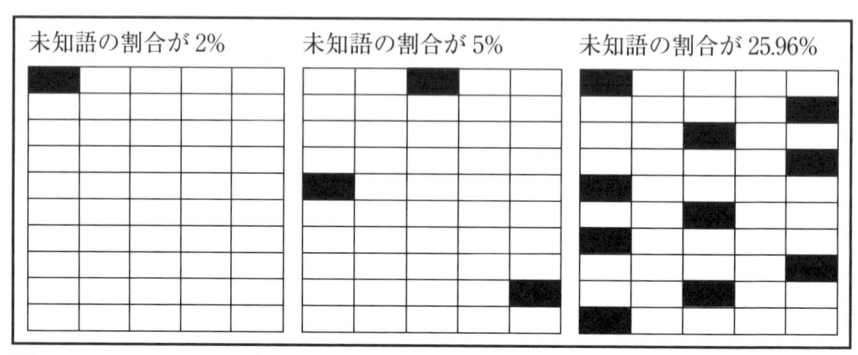

図3　テキストにおける未知語の割合のモデル

## 4. 読解と電子辞書

第4節では，電子辞書と読解について調査した先行研究結果から，電子辞書が印刷辞書に比べて，読解を促進できる可能性を示唆し，又，その結果をワーキングメモリの観点から考察したいと思う。

電子辞書の普及に伴い，電子・印刷辞書の比較実験が増加している (Koyama & Takeuchi, 2003; 2004)。電子辞書と読解について調査した実践研究に Osaki *et.al* (2003), 磯・大崎 (2003), Nakayama & Osaki (2006) などがある。これらの研究は，習熟度レベルの同じ被験者を対象としており，すべて制限時間内で，難易度の統制されたテキストを，電子辞書，あるいは印刷辞書を用いて読む，という条件下で実施されている。表3はこれらの研究結果とテキストの未知語の割合をまとめたものである。

表3　電子辞書と読解に関する先行研究

|  | 読解テスト | 未知語の割合 |
|---|---|---|
| 磯・大崎 (2003) | 有意差なし | 1% |
| Nakayama & Osaki (2006) | 電子辞書 > 印刷辞書 | 3% |
|  | 電子辞書 > 印刷辞書 | 6% |
|  | 電子辞書 > 印刷辞書 | 9% |
| Osaki et al. (2003) | 電子辞書 > 印刷辞書 | 9% |

これらの結果から，未知語の割合が3%未満である場合は，どちらの辞書を使用しても結果には影響がないが，テキストの未知語の割合が3%以上である場合には，印刷辞書の使用と比べ，電子辞書を使用したほうが読解を促進するということがわかる。
　それでは，なぜ電子辞書を使用した場合に印刷辞書使用に比べ優位な結果が導かれたのであろう。図4は，使用する辞書に応じたワーキングメモリ内の処理と保持の配分を図式化したものである。読解を進める際には，テキストの内容を保持した状態で，新たに入ってくる情報を処理することが要求される。辞書を使用しながら読解を進める上ではその処理に加え，未知語に遭遇したとき，辞書を検索し，すでにある情報を照合しながら最も文脈に合う意味を探すことが必要になる。つまり，ワーキングメモリ内における資源は，検索活動に多く配分されることになる。しかし，電子辞書を使用した場合，電子辞書の検索の速さや容易性が，検索活動にかかるワーキングメモリ内の処理の負担を軽減することから，従来の辞書と比べ，読解を妨げないことが示唆できる。このことが，先行研究の結果を導いた可能性が指摘できるだろう。

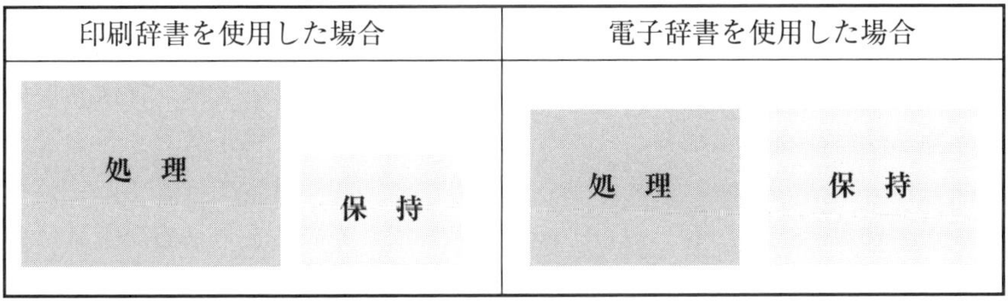

| 印刷辞書を使用した場合 | 電子辞書を使用した場合 |
|---|---|
| 処　理　　　　保　持 | 処　理　　　　保　持 |

図4　処理と保持のトレードオフ

　それでは，未知語の割合が高い場合なぜ電子辞書の優位性が導かれるのであろう。辞書を使用して未知語の割合が高いテキストを読む場合，未知語の割合が低いテキストを読む場合と比べ，辞書を検索する回数が増える。この増大した検索活動（処理）が，未知語の割合が低いテキストを読む場合と比べ，内容把握（保持）に対して，より多くの干渉を与えることが想像できる。この干渉は，前述の通り，電子辞書を使用することで，印刷辞書を使用する場合と比べ，軽減されることが考えられる。

## 5. まとめ

　本稿では，日本人にとっての辞書使用を読解活動に焦点を絞って議論してきた。一般に辞書使用が読解を妨げるといわれているが，日本人学習者の語彙力を鑑みると推測のみで読解を進めるのが難しいという現状がある。第3節にて，日本人大学生の語彙力を調査した。その結果，平均的大学1年生が英検2級レベルの英文を読む際に，5語に約1語の割合で未知語に遭遇する可能性を示唆した。このように，遭遇する未知語の割合が高い場合，通常の辞書を用いながら読解を進めるには，ワーキングメモリ内で処理にかかる配分がかなり大きくなる。このまま読み進めても，検索する語彙が多すぎることから内容の保持も難しくなることが推察される。少しでも，干渉を減らし内容把握を進めるためにも，日本人英語学習者には，電子辞書の使用が役立つのではないかと考える。大崎・中山 (2004) が，電子辞書の「検索の速さ」が活かせる条件のひとつとして，読解するテキストの未知語の割合を挙げている。このことを鑑みると，習熟度レベルが低い学習者の方が，習熟度レベルの高い学習者と比べると，相対的に未知語に出会う割合が上がる。このことから，特に習熟度レベルの低い学習者にとって，電子辞書は有用なツールとして推奨できるのではないだろうか。

　しかし，電子辞書の使用が印刷辞書の使用に比べ，検索活動にかかる負担を軽減するとはいえ，遭遇する未知語を片端から引いていては，文脈の保持が干渉を受けることには変わりがない。実際，大学生に電子辞書を与え読解をさせると，その検索の容易性からか，出会う未知語は全て検索するという態度が目に付く。しかも，彼らの検索行動を細かく見ると，検索語彙数は多いものの，実はたくさんある語義の内の第一語義しか確認していないため，必ずしも正確な読解に結びついているわけではないという状況も散見する。事実，Koyama & Takeuchi (2007) は，電子辞書を使用することで，印刷辞書と比べ，検索頻度は高くなるが，その検索頻度の高さが必ずしも読解を深めているわけではないと報告している。トップダウン方式と辞書検索は相反する概念ではない。習熟度の高い学習者は，トップダウン方式の確認として辞書を使用するという事例も確認されている (Hulstijn, 1993)。より効果的に辞書を使用した上で読解を進めるためにも，Nation (2001) の提案している検索前行動としての推測，そして，確認としての辞書検索という，辞書スキルのトレーニングが重要になってくるのではないか（表1参照）。

## 注

1) 財団法人国際ビジネスコミュニケーション協会 (http://www.toeic.or.jp/toeic/pdf/data/DAA2006.pdf)
2) Schmitt, N., Schmitt, D. and Clapham, C. 2001. "Developing and Exploring the Behavior of Two New Versions of the Vocabulary Levels Test." *Language Testing.*
3) 田村喜宏解説. 2006. 『英検2級過去問題集 2006年度版』. 学研.
4) テキスト中の語彙の頻度レベルを自動的に分類する無料オンラインソフト. (http://language.tiu.ac.jp/flc/)

## 参考文献

Aizawa, K., T. Komaba., T. Masubuchi. & Y. Tomita. 1999. "How Using Dictionaries Affects Reading Comprehension and Vocabulary Learning." *The Bulletin of the Kanto-Koshin-Etsu English Language Education Society,* 13. 129-42.

Atkins, B.T.S. and K. Varantola. 1998. "Language Learners Using Dictionaries: The Final Report on the EURALEX/AILA Research Project on Dictionary Use." In Atkins, S. (ed.), *Using Dictionaries: Studies of Dictionry Use by Language Learners and Translators.* Lexicographica Series Major 106. Max Niemeyer Verlag.

Carpenter, P.A. and M.A. Just. 1989. "The Role of Working Memory in Language Comprehension." In D. Klahr and K. Ktovsky (eds.), *Complex Information Processing.* Lawrence Erlbaum Associates.

Coady, J., *et al.* 1993. "High Frequency Vocabulary and Reading Proficiency in EFL Readers." In T. Huckin, *et al.*, (eds.), *Second Language Reading and Vocabulary Learning,* Ablex. 217-28.

Hulstijn, J. H. 1993. "When Do Foreign Language Readers Look Up the Meaning of Unfamiliar Words? The Influence of Task and Learner Variables." *Modern Language Journal.* 77. 139-47.

磯達夫・大崎さつき. 2003.「電子辞書と印刷辞書にみる英文読解・語彙検索・保持の差異」『第29回（統一体第3回）全国英語教育学会南東北研究大会発表要綱』545-8.

門田修平・野呂忠司. 2001.『英語リーディングの認知メカニズム』くろしお出版.

Knight, S. 1994. "Dictionary Use While Reading: The Effects on Comprehension and Vocabulary Acquisition for Students of Different Verbal Abilities." *The Modern Language Journal,* 80: 327-39.

Koyama, T. and O. Takeuchi. 2003. "Printed Dictionaries vs. Electronic Dictionaries: A Pilot Study on How Japanese EFL Learners Differ in Using Dictionaries." *Language Education & Technology,* 40, 61-80.

Koyama, T. and O. Takeuchi. 2004. "Comparing Electronic and Printed Dictionaries: How the Difference Affected EFL Learning 'jointly worked'". *JACET Bulletin,* 38, 33-46.

Koyama, T. and O. Takeuchi. 2007. "Does Look-up Frequency Help Reading Comprehension of EFL Learners? Two Emprical Studies of Electronic

Dictionaries." *CALICO Journal*, 25(1), 110-25.
Laufer, B. 1992. "How Much Lexsis is Necessary for Reading Comprehension?" In P. J. L. Arnaud and H. Bejoing. (eds.), *Vocabulary and Applied Linguistics*. Macmillan. 129-32.
Nakayama, N. and S. Osaki. 2006. "How the Rate of Unknown Words Affects Word Search and Reading Comprehension: Handheld Electronic Dictionaries vs. Paper Dictionaries." In the JACET Society of English Lexicography (ed.), *English Lexicography in Japan*. Taishukan. 298-310.
Nation, I.S.P. 2001. *Learning Vocabulary in Another Language*. CUP.
Nesi, H. and P. Meara. 1991. "How Using Dictionaries Affects Performance in Multiple Choice EFL Tests." *Reading in a Foreign Language*, 8:631-43.
大崎さつき・中山夏恵. 2004.「電子辞書 vs. 印刷辞書：有用性と実用性の違いについての考察」『東京電機大学総合文化研究』第2号. 77-83.
Osaki, S., N. Ochiai., T. Iso. and K. Aizawa. 2003. "Electronic Dictionary vs. Paper Dictionary: Accessing the Appropriate Meaning, Reading Comprehension and Retention." *Proceedings of the 3rd ASIALEX Biennial International Conference*. 205-12.

# EFL 教材に見るジェンダーと対立表現
## ——紙ベース教材と CALL 教材の比較——

河 内 山 有 佐

## 1. はじめに

　本研究では EFL 教材における会話ストラテジーとジェンダーの関係を対立表現の使用に焦点を当てて考察し，従来の会話分析によって得られている男女差に関する知見が実際に日本で使用されている EFL 教材に反映されているか否かを検討する。学校教育において教科書は学習者にとって最大の情報源であり，そこから得られる情報は，学習者の価値観や社会観，人間観などの形成に重要な役割を占める（高原 2003）。学習者はターゲット言語でネイティブスピーカーと効果的に会話を進めるために，談話分析によって解明が進んでいる表現の適切な使用法を教科書を通して学習する必要がある。そのため，本研究では，EFL 教材中の登場人物の対話におけるストラテジーをジェンダーの観点から比較分析することを試みる。

　男女の会話スタイルの違いを検討した研究としては，1990 年にアメリカで出版された Tannen の *You Just Don't Understand* を挙げることができる。この著書の中ではアメリカの男女の会話スタイルの違いが明らかにされており，一般的に女性は相手との親密な人間関係 intimacy を求め，男性は独立 independence を求めて会話をすると論じられている。例えば悩みを打ちあける場合，女性はその行為によって親密な関係を助長しようとするが，男性は解決策を提供しようとするという傾向が挙げられている。この他にも 1995 年に Holmes が著書 *Women, Men and Politeness* の中で男女による politeness strategy の違いを明らかにしている。会話をする際，女性は男性より頻繁に標準語を使い，より丁寧な言語表現を使用して聞き手の face を脅かすような言動を回避する傾向があると分析している。対立の発話における男女差に関しても欧米で研究が進んでおり，Pilkington (1992) はイギリスの男女の会話を分析し，反対の意見を言う際に男性は断定的な表現を使い，女性は直接的な言い方を避け曖昧にぼかすと報告している。アメリカの男女間の会話における対立表現に関しても Kyratzis and Guo (1996) らによって

同様の報告がなされている。

　教材におけるジェンダーの研究に関しては，70年代にアメリカで教科書における男女差の分析が盛んになり，男女の出現頻度，職業，男女を描写する形容詞などが研究され，いずれも潜在的に女性差別がみられるとの研究結果が報告されている。1972年にはForesman, Scott & CO. 社が *Guidelines for improving the image of women in textbooks* を作成し，教育図書出版における男女平等の原則を強く主張したが，その後の教科書でもあまり大きな改善はなされていないと言われている (Carrol 1991)。

　日本の英語教材におけるジェンダーを分析した先行研究の研究対象は，アメリカの場合と同様，登場人物である男女の取り扱い頻度や，題材，役割，男女を描写する形容詞などが中心となっている。Takahara (1997) は1994年に採択された英語Ⅰの教科書10点を研究対象とし，その登場人物の数の比較では，男性が女性を大幅に上回っていることを明らかにした。男女を描写する形容詞の使われ方にも大きな違いがあると分析し，外見を描写する形容詞として，女性の場合 pretty, beautiful, lovely, cute, charming といったものが多用されているのに対し，男性の場合は big, tall, small, skinny などが多用されていると報告している。

　以上の先行研究はいずれも男女がどのように取り扱われているか，形容詞でどう描写されているかということを中心に議論されており，語用論レベルの研究はほとんど行われていない（高原2003）。しかし，英語学習者のコミュニケーション能力の育成が唱えられている現在，英語教材における談話レベルでの言語使用を検討することは必須である。このような課題をふまえ本研究では，紙ベースのEFL教材とCALL英語教材における会話ストラテジーとジェンダーの関係を探る。

## 2.　研究方法

　紙ベースの英語教科書は *Talk, Talk: American-Style* (TT), *Everybody's Talking* (ET), *Alltalk*1 (AT), *ITalk: Everyday Topics for Communication* (ITA), *I Travel: A Ticket to Communication* (ITR) という初級の上から中級レベルの学習者向けの教科書を研究対象とする。CALL教材は，アルク社の「初級・中級コース：リスニング力強化コース」と「スタンダードコース：リスニング力強化コース」，内田洋行社の「すぐに使える日常会話」と「スタディ・アブロード」を研究対象とする。これらの教材はいずれも大学生の

初級,中級レベルの学習者向けの教材で,基礎的コミュニケーション運用の為の文法知識があるという前提のもとに作成されている。

分析にあたり対立の発話行為は,Kyratzis and Guo (1996) による対立表現の定義に基づき,断り,拒否,非難,とがめなどを含む相手の意見や議題に対する相違を示すあらゆる発言と定義される。これらの発話行為はStubbe(1991) による対立意見の区分に基づき,直接的な対立の発話 (direct disagreement),間接的な対立の発話 (mitigated disagreement) に分類される (以下 DD,MD と省略)。DD は発話を和らげるような修飾表現などは一切除いた明確で断定的な対立表現で,その特徴として,命令法を含む発話,否定法を含む発話,屈辱的言動を含む発話が挙げられる。MD は曖昧な対立表現で,その特徴は大きく7つに分類され,疑問文を含むもの,ぼかし語句を含むもの,同意の発話を含むもの,理由説明を含むもの,謝罪を含むもの,謝意を含むもの,対立の発話自体を抑える行為といったものが挙げられる。上記の特徴をもとに,教材中の全ての対立の発話を DD と MD とに分類した。

## 3. 紙ベース EFL 教材
### 3.1 結　果

教科書によって対立の発話の出現頻度は様々であり,一度しか認められなかった教科書もある (図表3.1)。

図表3.1 **Mitigated and Direct Disagreements in EFL Textbooks**

| Textbook | TT No. | ET No. | AT1 No. | ITA No. | ITR No. | Total No. |
|---|---|---|---|---|---|---|
| Disagreement | 15 | 27 | 1 | 17 | 2 | 62 |
| Mitigated disagreement | 15 | 27 | 1 | 17 | 2 | 62 |
| Direct disagreement | 0 | 0 | 0 | 0 | 0 | 0 |

欧米では対立表現は,相互理解や問題解決のための重要なストラテジーであると考えられている。子供の対立表現の研究も多くなされており,対立の過程で男女が異なるストラテジーを用いることも証明されている (Goodwin and Goodwin 1987; Tannen 1998)。このような欧米文化を Tannen は著書 *The argument culture: Stopping America's war of words* のなかで, argument culture と名づけている。

図表 3.2 **Mitigated Disagreements and Gender in EFL Textbooks**

| Textbook | TT No. | ET No | AT1 No. | ITA No. | ITR No. | Total No. |
|---|---|---|---|---|---|---|
| F_F | 6 | 8 | 0 | 0 | 0 | 14 |
| F_M | 2 | 9 | 0 | 9 | 0 | 20 |
| M_F | 2 | 5 | 0 | 8 | 1 | 16 |
| M_M | 1 | 5 | 0 | 0 | 1 | 7 |
| Unidentified | 4 | 0 | 1 | 0 | 0 | 5 |

学生の語用論の学習ということを考慮すると, これらの教科書では対立の発話の扱いが足りないと考えられる。

対立の発話の使用頻度における男女差では, トータルで女性登場人物に34回の対立の発話がみられ, 男性の場合は23回見られた (図表3.2)。実際の男女の会話における先行研究では男性は女性より頻繁に対立の発話を用いた為 (Kyratzis and Guo 1996), EFL教材のデータ分析結果は従来の研究結果と合致しないことが判明した。

図表 3.3 **Proportions of Mitigated Disagreement Strategies and Gender in EFL Textbooks**

| MDストラテジー | F→F No. | F→M No. | M→F No. | M→M No. | Unidentified No. | Total No. |
|---|---|---|---|---|---|---|
| 疑問文を含むMD | 5 | 3 | 6 | 1 | 1 | 16 |
| ぼかし語句 | 2 | 7 | 4 | 3 | 1 | 17 |
| 同意の発話 | 4 | 3 | 1 | 1 | 0 | 9 |
| 理由説明 | 9 | 14 | 7 | 3 | 2 | 35 |
| 謝罪 | 0 | 0 | 2 | 0 | 0 | 2 |
| 謝意 | 1 | 2 | 0 | 1 | 0 | 4 |
| 対立の発話抑える | 0 | 0 | 0 | 0 | 0 | 0 |
| 合計 | 21 | 29 | 20 | 9 | 4 | 83 |

次に MD を 7 つのストラテジーに当てはめ，その使用頻度に男女差があるかどうか調べた（図表 3.3）。ストラテジーの多様性に男女差は見られなかった。その使用頻度に関しては，謝意，同意を含む MD が女性登場人物の対話により多く現れたという唯一の違いはあったが，理由説明を含む MD，疑問文を含む MD，ぼかし語句を含む MD は男女の発話に共通して頻繁に現れ，謝罪を含む MD の出現頻度は男女の対話に共通して少なかった。このため，ストラテジーの使用頻度に著しい男女差は見られなかったと考えられる。この研究の結果，紙ベースの EFL 教材の登場人物による対立表現に見られる男女差は先行研究の結果 (Pilkington 1992; Holmes 1995) を反映していないことが明らかになった。

## 4. CALL 英語教材
### 4.1 結　果

図表 4.1　CALL 教材に見られる対立の発話の種類と頻度

| 教科書 | 対立の発話<br>頻度（N） | MD<br>頻度（N） | DD<br>頻度（N） |
|---|---|---|---|
| 「初級・中級コース」 | 12 | 12 | 0 |
| 「スタンダードコース」 | 12 | 12 | 0 |
| 「すぐに使える日常会話」 | 5 | 5 | 0 |
| 「スタディ・アブロード」 | 12 | 11 | 1 |
| 合計 | 41 | 40 | 1 |

次に CALL 教材における対立の発話数を調べ，MD と DD に区分した（図表 4.1）。対立の発話の出現頻度として「初級・中級コース」，「スタンダード

図表 4.2　CALL 教材に見られる対立の発話の頻度とジェンダー

| 教科書 | F → F | F → M | M → F | M → M |
|---|---|---|---|---|
| 「初級・中級コース」 | 0 | 5 | 6 | 1 |
| 「スタンダードコース」 | 0 | 5 | 7 | 0 |
| 「すぐに使える日常会話」 | 0 | 2 | 3 | 0 |
| 「スタディ・アブロード」 | 0 | 6 | 5 | 1 |
| 合計 | 0 | 18 | 21 | 2 |

コース」,「スタディ・アブロード」にはそれぞれ12回,「すぐに使える日常会話」には5回, 合計41回, 対立の発話が見られた。これは全体のユニット数を考慮すると, 割合としてかなり少ないと考えられる。対立の発話の種類は, 合計41回のうちMDが40回でDDが1回という結果となり, MDの頻度が圧倒的であることが明らかになった。

登場人物のジェンダーによる対立の発話の使用頻度を調べると, 本データは男女間の会話が中心となっており, 男性同士, 女性同士の会話はほとんど存在しなかった。その為, 対立の発話も男性から女性, 女性から男性という構造が大多数を占めることになった (図表4.2)。対立の発言の頻度を男女間で比較すると, 女性が18回, 男性が23回となった。男性登場人物による対立の発話の頻度が女性をやや上回っていることから, その比率は実際の男女の会話における先行研究の結果と合致していると考えられる。

次にMDを7つのMDのストラテジーにあてはめていき, その使用頻度に男女差があるかどうか検討する(図表4.3)。データ中の対立の発話に関して, 1回の発話で2つ以上の対立ストラテジーが使われることが多かった為, ストラテジーの総数は対立の発話の総数を大幅に上回ることになった。

図表4.3 CALL教材に見られるMDストラテジーとジェンダー

| MDストラテジー | F → F 頻度 (N) | F → M 頻度 (N) | M → F 頻度 (N) | M → M 頻度 (N) | 合計 頻度 (N) |
|---|---|---|---|---|---|
| 疑問文を含むMD | 0 | 11 | 6 | 0 | 17 |
| ぼかし語句 | 0 | 7 | 16 | 0 | 23 |
| 同意の発話 | 0 | 4 | 2 | 0 | 6 |
| 理由説明 | 0 | 11 | 17 | 1 | 29 |
| 謝罪 | 0 | 0 | 2 | 0 | 2 |
| 謝意 | 0 | 1 | 1 | 0 | 2 |
| 対立の発話抑える | 0 | 0 | 0 | 0 | 0 |
| 合計 | 0 | 34 | 44 | 1 | 79 |

7つのMDストラテジーにあてはめるとカテゴリー間でその出現回数に著しい差があることが明らかになった。理由説明を含むMDが最も頻繁に使用されていたストラテジーで29回現れ, 次にぼかし語句を含むMD, 疑問文を含むMD, 同意の発話を含むMDのストラテジーという順で現れた。謝罪を含むMDと謝意を含むMDは極端に少なく, それぞれ2回のみ認め

られた。対立の発話を抑える行為は本データには一切認められなかった。男女差に関しては，女性登場人物の対立の MD ストラテジーは計 34 回であったのに対し，男性の場合は計 45 回となり，その頻度は女性を大きく上回っていることが明らかになった。欧米の先行研究では，女性は男性より多様なストラテジーを用いて反対意見の効果を軽減する傾向があると度々示されている（Holmes 1995; Kyratzis and Guo 1996）。このことから CALL 教材中の対立ストラテジーの使用における男女差は，先行研究の結果と一致しないことが明らかになった。

### 4.2　考　察
次に，CALL 英語教材中の登場人物による対立の発話の具体例を見て，その発話の使用頻度に男女差があるかどうか検討する。本データで唯一出現した DD は，3つの DD ストラテジーのうち，否定的な表現を用いたものであった。

### 4.2.1　対立の発話否定法を含む対立の発話
例）　John: Could I go back to Tokyo by train tomorrow?　（男性）
　　　Doctor: That's out of the question.（男性）

この対話は医者と患者である男性同士の対話となっており，医者は out of という否定にあたる表現を用いて患者 John の願いを明確に否定している。
次に MD ストラテジーの具体例をそれぞれ項目ごとに検討する。理由説明を含む対立の発話は最も頻繁に見られた MD ストラテジーとなり，女性登場人物の発話には 11 回，男性登場人物の発話には 18 回見られた。

### 4.2.2　理由説明を含む対立の発話
例）　A: Are you coming to the office party after work?　　（男性）
　　　B: Nope. I plan to go home at exactly five, just like every day.（女性）

これは会社の同僚同士の会話で，女性が男性からのパーティへの誘いを断っている場面である。この女性の発話では，Nope という否定の後に理由説明が使われている。Dunn (1996) による理由づけの区分によると，ここで使用されている理由づけは自身の利益，目的のための理由づけと定義されて

いるものである。

　理由，説明を含む MD と並んで多く女性の発話に認められたストラテジーは疑問文を含む MD であり，女性登場人物により 11 回使用されているが，男性登場人物による使用回数はその半数の 6 回であった。

### 4.2.3　疑問文を含む対立の発話

例)　A:　Come on, Sandy. You're exaggerating. She has a strong will, but I don't think she's bossy. And as for criticizing people, well, usually it's constructive criticism. I think she'll be an excellent project chief.（男性）
　　　B:　When did you become such a big supporter of Maria's?（女性）

　ここでは互いにプロジェクトチーフに関する異なる意見を主張している。このように疑問文によって反対意見の語調を弱める方法はネイティブスピーカーの対話表現に頻繁に見られるポライトネス・ストラテジーであると報告されている（Tannen 1996）。

　男性による MD ストラテジーで 2 番目に多く見られたものはぼかし語句を含む MD ストラテジーである。ぼかし語句は英語では hedge という言葉で表されるもので，*maybe, I think, I guess* といった語句や付加疑問文などがあり，断定的な意見を述べる際にワンクッション置く役割をする。ぼかし語句を含む MD は，男性の発話に 16 回，女性の発話には 7 回見られ，著しい男女差が認められた。

### 4.2.4　ぼかし語句を含む対立の発話

例)　A:　The contract proposal you gave me mentions that you want to start production at the end of February. We'd like to begin receiving shipments by mid-January, if possible.（女性）
　　　B:　I'm afraid that's impossible, but I'll ask the plant manager if we can move up the initial shipment date by one or two weeks.（男性）

　これはビジネス会話で，会社の上司と部下が取引の時間調整をしている場面である。女性の上司の要望を男性の部下が断っている場面で，*I'm afraid* というぼかし語句が使われている。ネイティブスピーカーの会話では女性は

ぼかし語句を多用し，男性はまれにしか使わないという結果が多く報告されている（Poynton 1989）。

次に見られた MD ストラテジーは同意の発話を含む MD で，女性登場人物の発話に 4 回，男性の場合は 2 回見られた。

### 4.2.5　同意の発話を含む対立の発話

例）　A: That's quite all right. Would you like to get together on another day?（男性）
　　　B: Yes, but I'm afraid I have to leave tomorrow on a two-week business trip.（女性）

これもビジネス会話で，異なる会社の男女が仕事上のアポイントメントの日程を調整しているという場面である。男性の提案を断る際に，女性は Yes と言って先ず同意し，次に but 以下の文で断っている。このようなストラテジーは，"yes, but strategy" (Kotthoff 1993) と呼ばれていて，この場合 yes で示される賛成は同意とはみなされず，but 以下の文に示される対立意見を表明するための前置きとして考えられる。

次に，謝意を含む MD は男女の発話にそれぞれ 1 回のみ見られた。

### 4.2.6　謝意を含む対立の発話

例）　A: This weekend. Why don't you join us?（女性）
　　　B: I'm sorry, but I can't. Thanks anyway.（男性）

これは男性が女性からピクニックに誘われ断っている場面である。断りの発言の後に Thanks anyway という謝意を表す表現が用いられている。

謝罪を含む対立の発話は，男性登場人物の MD には 2 度見られたが，女性登場人物の発話には全く見られなかった。

### 4.2.7　謝罪を含む対立の発話

例）　A: I'm fine, thank you. Um . . . Mr. Costas, I was wondering if it would be possible for us to get together for lunch tomorrow to discuss the matter I mentioned to you yesterday.（女性）
　　　B: Sure — oh, wait. I'm terribly sorry, but I have to go to our company's factory tomorrow.（男性）

これはビジネス会話からの抜粋で，異なる会社の男女が仕事上の打ち合わせをする為に日程を調整している場面である。女性の提案を男性が I'm terribly sorry という謝罪を使って断っている。ここでは，謝罪が but 以下の理由説明とともに使われていて，複数のストラテジーが効果的に作用していることが分かる。

　以上の分析結果をまとめると，CALL 教材では英語話者の特徴である対立の発話があまり頻繁に扱われていないことが明らかになった。対立の発話の頻度における男女差に関しては，男性登場人物は女性登場人物に比べて対立の発話を多用しており，実際の会話における先行研究と一致していることが明らかになった。MD ストラテジーの使用頻度における男女差では，男性登場人物の発話には女性登場人物と比べて多くのストラテジーが見られた為，女性が男性と比べて広範囲の MD ストラテジーを使用するという先行研究と合致していないことが判明した。各ストラテジーの使用頻度における男女差を探ると，疑問文を含む MD，ぼかし語句を含む MD，理由説明を含む MD において著しい男女差が認められた。なかでも，ぼかし語句の使用頻度に関しては女性が男性より多用するという先行研究の結果を反映しておらず，女性の発話により多くのぼかし語句が見られた。

## 5.　結　論

　談話分析で得られた会話ストラテジーの応用という点において紙ベース EFL 教材と CALL 教材を比較すると，後者において改善点が見られた。しかし依然として実際の男女の会話スタイルの応用がなされていない部分も多く認められた。言い換えれば，談話分析の成果がまだ完全に活かされていないと考えられる。今後，談話分析により解明されている知識を英語教材に応用し，英語表現の適切な使用法や効果を教授可能にすることが重要な課題となるだろう。第二言語習得の観点からこの知識を中学校，高等学校，さらにこれから注目される小学校の教材に活かせば低年齢時に学習者の異文化コミュニケーション能力を高めることができ，より効果的であろうと考えられる。

　本研究結果の解釈の一般化に関する注意点としては，テキスト中の会話場面が比較的多様であり，会話を成立させている男女の関係も様々なものが混在しているという点である。会話スタイルの選択と話し手の性別の関係は複雑であって，実際，男女とも時と場合によって会話スタイルを使い分けているという研究結果も報告されている（メイナード 2001；河内山 2005）。言語使

用者の年齢，職業などの社会背景や言葉が使用されている場面設定を限定した場合でも本研究で得られたような結果が見出せるかどうか現在データ分析を進めている。

さらに本分析では前提とする実際の会話を先行研究に頼ったが，分析結果は前提とする言語資料によって変ることがあり，正確な言語資料の収集と記述は不可欠である (Judd 1993)。したがって，今後の研究では実際に収集したデータを基に会話スタイルと話し手，聞き手の性別との関係を考察していく必要があると考える。

**参考文献**

Brown, P. & Levinson, S. C. 1987. *Politeness: Some Universals in Language Usage.* Cambridge University Press.

Dunn, J. 1996. "Arguing with Siblings, Friends, and Mothers: Developments in Relationships and Understandings." In D. I. Slobin, J. Gerhardt, A. Kyratzis, & J. Guo eds., *Social Interaction, Social Context, and Language: Essays in Honor of Susan Ervin-Tripp.* Lawrence Earlbaum Associates. 191-204.

Goodwin, M. H. & Goodwin, C. 1987. "Children's Arguing." In S. U. Philips, S. Steele, & C. Tanz eds., *Language, Gender and Sex in Comparative Perspective.* Cambridge University Press. 200-48.

Holmes, J. 1995. *Women, Men and Politeness.* Longman.

Judd, E. L. 1983. "The Problem of Applying Sociolinguistic Finding to TESOL: The Case of Male/Female Language." In N. Wolfson & E. L. Judd eds., *Sociolinguistics and Language Acquisition: Series on Issues in Second Language Research.* Lawrence Earlbaum Associates. 234-41.

河内山有佐．2005.「対立場面における日英語の相違——日本人大学生の男女の場合」日英言語文化研究会編『日英語の比較——発想，背景，文化』三修社. 15-22.

Kotthoff, H. 1993. "Disagreement and Concession in Disputes: On the Context Sensitivity of Preference Structures." *Language in society,* 22. 193-216.

Kyratzis, A. & Guo, J. 1996. "'Separate Worlds for Girls and Boys'? Views from U. S. and Chinese Mixed-sex Friendship Groups." In D. I. Slobin, J. Gerhardt, A. Kyratzis, & J. Guo eds., *Social Interaction, Social Context, and Language: Essays in Honor of Susan Ervin-Tripp.* Lawrence Earlbaum Associates. 555-77.

メイナード，泉子・K．2001.『談話分析の可能性——理論，方法，日本語の表現性』くろしお出版．

Pilkington, J. 1992. "'Don't Try to Make Out that I'm Nice!' The Different Strategies Women and Men Use When Gossiping." *Wellington Working Papers in Linguistics,* 5. 37-60.

Poynton, C. 1989. *Language and Gender: Making the Difference.* Oxford University Press.

Stubbe, M. 1991. *Talking at Cross-purposes: The Effect of Gender on New Zealand Primary Schoolchildren's Interaction Strategies in Pair Discussions*. Victoria University.
高原綾子. 2003.「言語とジェンダー」山内進編『言語教育学入門』大修館. 110-29.
Tannen, D. 1990. *You Just Don't Understand: Women and Men in Conversation*. Ballentine.
Tannen, D. 1996. *Gender and Discourse*. Oxford University Press.
Tannen, D. 1998. *The Argument Culture: Stopping America's War of Words*. Ballentine.

# 中学校英語教育における
# ことわざ導入の意義と効用

濱　崎　敦　弘

## 1.　はじめに

　平成元年3月に公示され，平成10年12月に告示された文部科学省の中学校学習指導要領及び新学習指導要領第9節外国語の第1目標によると，「外国語を通じて，言語や文化に対する理解を深め，積極的にコミュニケーションを図ろうとする態度の育成を図り，…以下，略。」とあり，我が国における中学校英語教育の目標の一つに外国の言語や文化に対する生徒の興味や関心を喚起し，国際理解の基礎を培うことがうたわれており，英語での実践的コミュニケーション能力を育成するために中学校英語教育における文化的側面の指導の重要性が一貫して強調されている。

　本研究では，上記の目標を達成するための一つの試みとして標題のテーマを選び，筆者が東京都内の8つの公立中学校で20数年間にわたり教育現場で実践してきた英語のことわざの指導実践例を示し，我が国の中学校英語教育におけることわざ導入の教育的意義と効用について考究する。初めに，「ことわざ導入の教育的意義と効用」について種々の点から考察し，次に，ことわざを導入した具体的な指導の実践例を資料で例示しながら，ことわざの教育的意義と効用，評価，指導上の課題について考察する。

## 2.　ことわざ導入の教育的意義と効用
### 2.1.　比較文化的側面から

　例えば，次の2つの日英のことわざを比較してみよう。

　　God [Heaven] helps those who help themselves.
　　天は自ら助くる者を助く。

　上の例の英語のことわざでは，self-help「自助」を強調しており，「人の助けを借りずに自ら努力する」ということを示している。奥津 (2005)[1] の説明にあるように，このような発想は，本来の日本人にはなく，下記の日本語

は上記の英語のことわざの翻訳である。元来，農耕民族として共同生活をしてきた日本人の場合には，「もちつもたれつ」が社会生活の基本であり，日本語の場合，「世は相持ち」「世は相身互い」「世は情け」ということわざがあり，上記の2つの日英のことわざには，それぞれの国民性が見られて興味深い。さらに，別の例を示そう。

The exception proves the rule. 例外が規則を証明する。
God made the country, and man made the town.
神が田園を作り，人間は都市を作った。（自然は人工より美しい）

論理的な思考法や，神と人との関係を背景にした上記2つの例のごときことわざは，欧米文化を背景にしており，これらに相当する日本語のことわざはない。

このように，ことわざの学習により生徒は外国人の物の考え方，感じ方，発想法，国民性を自然に会得し，外国文化をより深く理解できるようになり，ひいては，このことが国際理解の基礎を培う一助ともなりうるのである。

## 2.2. 文法教材としての効用

*Seeing is believing.* 　　　　　動名詞の例。
Rome *was not built in a day.* 　受動態の否定文の例。
Health is *better than wealth.* 　比較級の例。

以上の3つの例でも分かるように，英語のことわざを学習することにより，英文の構造や言葉の使い方を自然に学ぶ事が出来て有益である。

## 2.3. 人格形成の一助として

英語教育もまた人間教育である，と言われる。筆者もこの立場に立って，年間で指導することわざを精選し，ことわざの導入，指導を20数年間にわたり，東京都内の8つの公立中学校で実践してきた。

一口にことわざと言っても，その内容は正に諸事万般にわたっているので，これを年度当初に精選して，授業の初めの5分～10分間を使って，週3時間のうち1～2回の割合で指導してきた。もっとも，本時の学習指導内容が多い場合には，時間の都合で割愛することもあるのは言うまでもない。

中学生ではあるが，2，3年生ともなると精神的に成長しているせいか，多少難しい単語があっても教師の適切な指導によって英語のことわざをよく理解し，非常に興味を示し，このことが英語学習の意欲にも大いに繋がった。

実際のことわざの導入にあたっては，指導することわざを事前に分類，精選して人間や世事の諸相を的確に説明する一助となるような指導上の工夫をしてきた。以下に，分類，精選のほんの数例を示した。なお，このことわざ指導は，授業の初めの5分～10分という短時間で，しかも，中学生を対象にしていることから，あまり難し過ぎるものは除外し，覚えやすく，理解しやすいものを，教師が自らの人生経験をも織り交ぜながら分かりやすく指導するように配慮した。

【分類例】
1. 日常生活（家庭，仕事，遊び，衣食住，病気，健康など）
    例．・There's no place like home.
       ・All work and no play makes Jack a dull boy.
2. 人間関係（家族，親子，友人など）
    例．・Spare the rod and spoil the child.
       ・A friend in need is a friend indeed.
3. 人間の感情（喜び，悲しみ，怒り，恐れ，悩み，好き嫌い，恥，満足，不満など）
    例．・A cure for all sorrows is conversation.
       ・No gains without pains.
       ・There is no accounting for tastes.
4. 人生（真実，事実，経験，習慣，希望，忍耐，運，不運，恋愛，結婚，旅など）
    例．・Life has many ups and downs.
       ・Truth will out.
       ・Knowledge is power.
       ・Love is blind.
       ・Patience is a virtue.
5. 時と自然（時，自然，天候，季節，動植物など）
    例．・Time flies.
       ・Nature goes her own way.

           ・A cat has nine lives.
   6.  Shakespeare などの文学作品からの引用
       例．・Brevity is the soul of wit. (*Hamlet II.* ii.90)
           ・To err is human, to forgive divine.
             （英国の詩人 Alexander Pope  *An Essay on Criticism* より）
           ・If Winter comes, can Spring be far behind ?
             （英国の叙情詩人 P.B.Shelley の *Ode to the West Wind* の最後の１行）

　このような様々な綿密な指導上の配慮をして，英語のことわざを授業の中で指導することにより，英語のことわざを生徒一人ひとりの人格形成の一助として役立てることが可能であることが判明した。

## 3．英語のことわざを導入した授業の実践例と評価
### 3.1．英語のことわざ導入の指導の実践例 [2]

              TEAM TEACHING (Especially in Teaching
              English Proverbs before the Usual Lessons)
                       TEACHING PLAN
                                 By Atsuhiro HAMASAKI
                                 Miss Julie GITTINS

  I.  DATE: July 6th, 1989.
 II.  CLASS: The 2nd Grades (D Class)Boys:19, Girls 18, Kohnan Junior High School.
III.  PERIOD: The 3rd Period.
 IV.  TEACHING AIDS: OHP etc.
  V.  AIMS OF THIS PLAN:
      ① To have pupils motivate about learning English by teaching English Proverbs.
      ② To have the pupils realize the cultural difference and let them know about the foreign culture.
 VI.  Teaching Procedure:
      *Note: JET: Japanese English Teacher (Mr.Hamasaki)

NEA: Native English Assistant (Miss Gittins)
[1] Introduction (or Greeting):
　　JET:　　Hello, class. (Hello, everyone).
　　Pupils:　Hello, Mr. Hamasaki.
　　JET:　　How are you?
　　Pupils:　I'm fine, thank you. And you?
　　JET:　　I'm fine, too, thank you. Today here with me is Miss Julie Gittins.
　　　　　　As you know she comes from Wales, Great Britain. She came to Japan last November. She likes playing tennis and practicing Karate and studying Japanese. Well, Julie, how are you today?
　　NEA:　　I'm fine, thank you. How about you?
　　JET:　　Fine, thank you. Now class. As usual I'm going to give you an English Proverb.
　　　　　　Today's proverb is as follows. Look here.

(OHP)

---

[Today's Proverb]

　　　　　Nothing venture, nothing have.
〔意味〕何の冒険もしないなら，何も得られない。
　　　　「虎穴に入らずんば虎児を得ず」

注) 上のことわざは，次の形でもよく使われます。
　　　　　Nothing ventured, nothing gained.
[1] 頭韻 (Alliteration): [n] 音 (sound)
[2] 脚韻 (End-rhyme): [d] 音 (sound)

---

[2] Presentation of the New Material (Today's Proverb)
　　JET.　　Now class. This is Today's proverb. First I'd like Julie to read it aloud twice. So, please listen to her very carefully.

|      | (Explaining in Japanese) さて，こちらを見て下さい。今日のことわざです。最初に，ジュリー先生に２度読んでもらいますから，よく聞いて下さい。 |
|---|---|
|      | OK. Julie. Please read it aloud twice. |
| NEA: | (Looking at OHP) Nothing venture, nothing have. Nothing venture, nothing have. |
| JET: | Thank you, Julie. |
|      | (Explaining about today's proverb in Japanese.) さて，今，ジュリー先生に読んでもらいましたが，意味は下に書いてある通り，「虎穴に入らずんば虎児を得ず」という内容に相当します。なお，このことわざは，下に書いてある形でも表現されます。読んでいただきますので，もう１度聞いて下さい。Could you read it aloud once more ? |
| NEA: | (Looking at OHP) Nothing ventured, nothing gained. Nothing ventured, nothing gained. |
| JET: | O.K. Thank you very much. |

[3] Explanation and Reading:

| JET: | それでは，このことわざについて説明します。この Nothing venture, nothing have. を完全な英文にすると，If you venture nothing, you'll have nothing. となり，意味は下に書いてある通りです。なお，このことわざは，今言ったように，Nothing ventured, nothing gained. とも言います。Now Julie, May I ask you a question ? Which is more popular in England, "Nothing venture, nothing have." or "Nothing ventured, nothing gained ?" |
|---|---|
| NEA: | In my country, Great Britain, "Nothing ventured, nothing gained." is more popular. |
| JET: | Thank you, Julie. 英国では，下に書いてある Nothing ventured, nothing gained. の方がよく使われるそうです。このように，国によっても，同じことわざでも使い方が違うという事ですね。|

さて，今日のことわざについて説明します。Nothing, nothing と冒頭に同じ音が繰り返されて何とも語呂（リズム）がいいですね。これを頭韻(Alliteration) と言い，さらに最後の音をそろえる場合を脚韻(End-rhyme) と言います。これらの技法は，古くから英語の詩歌，更には日本語の詩歌にも使われ，詩歌やことわざに調子の良いリズムを与え，口ずさみやすく，また暗唱しやすいように工夫されたものなのです。

さて，英文と日本文を比べてみて下さい。ほぼ同じ内容のことを表すのにも，英語と日本語とでは，その表現法に違いのあることがよく分かりますね。日本語の場合は，「虎の住むほら穴に入って行かなければ虎の子をつかまえることは出来ないのですよ。つまり，身の安全ばかり考えていたのでは目的を達成することは出来ないのですよ。」という風に虎を題材にむしろ，絵画的に，芸術的に表現されていて，英語のことわざに比べると，味(趣き)が感じられますね。一方，英語の方は，もっとストレートに内容を伝えていて表現が実に簡潔です。このように，英語のことわざを学習すると，英語そのものの勉強にもなると同時に，英語と日本語の表現の仕方の違いをも学べるし，さらに，これを暗唱することによって，私達の記憶に残り，私達が生きていく上での，さまざまな人生の知恵をも身につけることが出来るのです。そして，同時に，外国人の物の考え方や感じ方なども学べ，外国文化をより良く理解するのにも役立つというわけです。そういう色々な意味で，英語のことわざを学ぶことはとても大切です。今後もほとんど毎時間，授業の初めに紹介しますから，気に入ったことわざ，心に残ったことわざは，ぜひ暗唱して永く心にとどめ，生きていく上での糧として下さいね。それでは，内容が分かったところで，Julie 先生のあとについて声を出して2回読んでみて下さい。

|  |  |
|---|---|
|  | Now Julie, could you read it aloud twice ? |
| NEA: | Now class. Please repeat after me twice. Nothing venture, nothing have. |
| Pupils: | Nothing venture, nothing have. |
| NEA: | Once more. Nothing venture, nothing have. |
| Pupils: | Nothing venture, nothing have. |
| NEA: | Good. Nothing ventured, nothing gained. |
| Pupils: | Nothing ventured, nothing gained. |
| NEA: | Once more. Nothing ventured, nothing gained. |
| Pupils: | Nothing ventured, nothing gained. |
| NEA: | Very good. |
| JET: | Thank you very much. 大変良くできました。それでは，今度は，もう1つ見て下さい。<br>(Showing the pupils another TP)<br>(Explaining about a short skit (dialogue) using the today's proverb in Japanese.) |

(OHP)

---

Son: 'I want to borrow the car for the weekend, but I don't think Dad will let me have it.'
「週末に車を借りたいんだが，パパ貸してくれないんじゃないかな。」

His sister: 'Go and ask him. Nothing venture, nothing have.'
「頼んでみたら。『虎穴に入らずんば虎児を得ず』っていうでしょう。」

---

|  |  |
|---|---|
| JET: | 今度は，今日学習していることわざが，実際の日常会話の場面でどのように使われているか，その1例を示しましょう。Julie先生と会話をしてみますから，よく聞いて，その雰囲気をつかんで下さい。<br>Now Julie, this time, could you take the part of His sister ? I'll take the part of Son.<br>Let's start.<br>(Repeating the same dialogue twice) |

Thank you, Julie.

[4] Consolidation:
　　JET:　このように英語のことわざは，日常の生きた会話の場面でもよく使われ，会話をスムーズにすすめ，お互いのコミュニケーションを豊かな味のあるものにするためにも役立っているのです。
　　　　OK. Now, class. Let's begin today's English lessons.

## 3.2. 評価

　英語のことわざを授業の中で指導したあと，各学期の中間考査及び期末考査のテスト問題の1題として出題することにより，ことわざ指導の評価をしてきた。テスト問題は，生徒の負担にならないように極めて容易な以下のような形式で実施した。100点満点中の5点分である。ことわざを指導するだけでなく，実際に評価することにより，生徒一人ひとりのことわざへの興味や関心は高まり，更に，教師は，生徒のことわざ学習の定着度を知ることが出来，有益である。以下は，中野区の中学校で実施した定期考査の中のことわざの問題の具体例である。

VIII. 次の英語のことわざ (proverb) は，どんな意味ですか。それぞれ最も近い意味を表すものをア〜キから選び，記号で答えなさい。

(1) Time flies.　　　　　　　　　　　ア）まさかの時の友が真の友
(2) No news is good news.　　　　　　イ）光陰矢の如し
(3) So many men, so many minds.　　 ウ）習うより慣れよ
(4) A friend in need is a friend indeed.　エ）便りのないのは良い知らせ
(5) Time is money.　　　　　　　　　オ）十人十色
　　　　　　　　　　　　　　　　　　　カ）時は金なり
　　　　　　　　　　　　　　　　　　　キ）早起きは三文の得

## 4. 今後の指導上の課題・改善点

　これまで東京都内の8つの公立中学校において20数年間にわたり，英語のことわざを導入，指導してきた。その教育的成果は，計り知れないものが

ある。とは言え，筆者の英語のことわざ指導には，まだまだ改善すべき課題が山積しているのも確かである。例えば，現在，東京都が実施している少人数制の英語の授業では1つのクラスを2分割ないし3分割にし，約20人（生徒数は各学校により異なる）からなる生徒達に複数の英語の教員が教室を別にして，同時に同じ教材を使って実施している。1クラス40人近くの生徒を1人の教員が教えるのに比べると，英語教育の指導上の点から見ると，より効率的なクラス編成である，と言えるが，英語のことわざ指導の面では，種々困難が生じている。例えば，少人数制の授業では，指導や評価を統一する傾向があるので，教師一人ひとりの本来持っている個性的な指導は望めない。仮に望めたとしても，テストなど評価の段階で評価項目を統一する必要があるために，ことわざ指導の評価は出来ない。例えば，筆者の担当している1,2,3年の生徒のクラスの中の2,3年生達にはことわざの指導は続けて実践しているが，他の教員は指導しないので，定期テストなど評価の段階では，ことわざは，評価の対象には出来ない，ということわざ指導・評価上の問題が生じているのが現状である。

　ことわざ指導後のより適切なテストの評価方法の研究や，上述の新しい少人数制授業の環境の中で，英語のことわざ指導に，評価も含めてどのように取り組んで行くべきか，また，低学年（1年生）の生徒へのことわざ導入は可能かどうか等が，今後の課題である。

## 注

1) 日英言語文化研究会編(2005)『日英語の比較──発想・背景・文化』（奥津文夫教授古稀記念論集）三修社.
2) 3.1. 英語のことわざ導入の指導の実践例
本指導案は1989年8月11日に開催された関東甲信越英語教育学会第11回山梨研究大会での発表の資料である.

## 参考文献

濱崎敦弘.1988.「アイデア・ノート　ことわざの効用」『英語の窓』Summer. No.274. 中教出版.
岩崎春雄他編.1988.『現代人のための英語の常識百科』研究社.
John Simpson. 1988. *The Concise Oxford Dictionary of Proverbs*. Oxford University Press.
日英言語文化研究会編. 2005.『日英語の比較──発想・背景・文化』（奥津文夫教授古稀記念論集）. 三修社.

奥津文夫. 1983.『英語ことわざ散歩――イギリス人の知恵をさぐる』創元社.
＿＿＿＿.  2000.『日英ことわざの比較文化』大修館書店.
Ronald Ridout & Clifford Witting.1972. *English Proverbs Explained*. Pan Books.

**執筆者一覧**（肩書は 2008 年 3 月 1 日現在）

相澤　一美　　（東京電機大学教授）
浅野　博　　　（筑波大学名誉教授）
足利　俊彦　　（北海道医療大学講師）
池内　正直　　（明治大学教授）
石川　慎一郎　（神戸大学准教授）
岩﨑　永一　　（エセックス大学大学院在学中）
遠藤　雪枝　　（明治大学兼任講師）
大須賀　直子　（秋草学園短期大学准教授）
大谷　泰照　　（名古屋外国語大学教授・大阪大学名誉教授）
奥津　文夫　　（和洋女子大学名誉教授）
大崎　さつき　（中央大学兼任講師）
菅野　憲司　　（千葉大学准教授）
桑原　清美　　（大妻女子大学非常勤講師）
河内山　有佐　（和洋女子大学講師）
小島　章子　　（青山学院大学非常勤講師）
坂井　孝彦　　（明治大学兼任講師）
須釜　幸男　　（東亜大学専任講師）
田中　茂範　　（慶應義塾大学教授）
中尾　正史　　（桐朋学園芸術短期大学准教授）
中山　夏恵　　（共愛学園前橋国際大学専任講師）
行方　昭夫　　（東京大学名誉教授・東洋学園大学名誉教授）
根本　貴行　　（駒沢女子大学講師）
長谷川　修治　（千葉県立茂原高等学校教諭）
葉田野　不二美（東京学芸大学非常勤講師）
馬場　千秋　　（明星大学講師）
濱崎　敦弘　　（東京都武蔵野市立第六中学校教諭）
三宅　美鈴　　（広島国際大学准教授）
村田　年　　　（和洋女子大学教授・千葉大学名誉教授）
村田　勇三郎　（立教大学名誉教授）
森住　衛　　　（桜美林大学大学院教授・大阪大学名誉教授）
矢野　安剛　　（早稲田大学教授）
山岸　勝榮　　（明海大学大学院教授）
横山　多津枝　（防衛大学校准教授）
吉村　耕治　　（関西外国語大学短期大学部教授）

## あ と が き

　当研究会創設の発端は，会長の奥津文夫先生が古稀を迎えるに当たり，先生になんらかのかかわりのある方々を誘って論集を刊行しようと考えたことにあります。編集作業が楽しく，有意義でしたので，研究会を創ろうとの声があがり，2005年6月に設立総会を開き，隔月に例会を持ってみると，盛会で，日英語比較とその背景文化の研究への関心の高さを再認識しました。
　上記の論集『日英語の比較——発想・背景・文化——』は好評で，10か月ほどで再版の機会に恵まれました。そこで以前にも出ていた，さらにもう1冊論集を，との話が現実となり，役員を中心に，会員にも広く呼びかけて，刊行することになりました。
　2006年8月に論集編集委員会が組織され，論集全体をカバーする基本概念等を考えるとともに会員への執筆募集の案内作りにかかりました。2007年2月28日を締切りに執筆予約募集をしました。特に役員のみなさんには応募を強く勧めました。応募者のレジュメを検討し，4月2日に29名に執筆依頼を行いました。同時に，当論集の価値をいっそう高めるために招待執筆を8名の著名な研究者の方々にお願いすることにしました。
　原稿の締切りを2007年8月31日とし，その間に論文審査委員の選定と依頼を行いました。幸い顧問の先生方を初め日英言語文化研究の指導的立場の方々に審査を引き受けていただくことができました。
　9月から10月初旬にかけて審査委員に査読をお願いしました。査読は論文の採否の決定も含まれるが，どちらかと言うと，論文の改良に資する具体的なコメントをいただき，場合によっては何度も審査委員と執筆者とのやり取りをお願いしました。こうして，11月初旬に完成原稿（招待論文8編，審査論文25編）を三修社に渡し，12月初旬に初校，1月中旬に二校，2月上旬に三校を行い，予定通り3月初旬に刊行となりました。
　この間，審査委員長の浅野博氏には審査委員会の最終判断のみならず，そのあとの編集委員会にも出席いただき，貴重な助言を頂きました。また会長の奥津文夫氏にはすべての編集委員会に出席いただき，ご指導を賜りました。両先生に感謝申し上げます。執筆の方々には相当の無理をお願いしたことをお詫びしなければなりません。三修社の永尾真理氏にはご多忙のなか，いつも早め早めの対処をいただきました。ほかにも多くの方々にお世話になりま

した。編集委員一同深く御礼を申し上げます。

　この論集を契機に当研究会が（2008年6月の大会で学会を立ち上げる予定ですが）ますます盛んになり，発展することを願っております。なお，当研究会へのお問合わせは下記の事務局へお願いいたします。

　　　　　　2008年3月1日
　　　　　　　　日英言語文化研究会
　　　　　　　　　論集編集委員会
　　　　　　　　　　池内正直[**]　須釜幸男　　中尾正史
　　　　　　　　　　根本貴行　　馬場千秋　　村田　年[*]
　　　　　　　　　　　　　　（[*]委員長，[**]副委員長）


日英言語文化研究会事務局
〒191-8506　東京都日野市程久保2-1-1
明星大学理工学部（一般教育・英語）馬場千秋研究室内
連絡先：Tel/Fax: 042-591-5035
E-mail: ajelc@hotmail.co.jp

日英の言語・文化・教育──多様な視座を求めて

2008年3月25日　第1刷発行

編　者　日英言語文化研究会
　　　　　会長　奥津文夫
発行者　前田俊秀
発行所　株式会社 三修社
　　　　〒150-0001　東京都渋谷区神宮前 2-2-22
　　　　電話 03-3405-4511　FAX03-3405-4522
　　　　http://www.sanshusha.co.jp
　　　　振替口座　00190-9-72758
　　　　編集担当　永尾真理
印刷所　萩原印刷株式会社
製本所　牧製本印刷株式会社

©2008 Printed in Japan
ISBN978-4-384-05501-6 C3082

Ⓡ〈日本著作権センター委託出版物〉
本書の全部または一部を無断で複写（コピー）することは，著作権法上での例外を除き，禁じられています。本書からの複写を希望される場合は，日本著作権センター（Tel.03-3401-2382）にご連絡ください。

編集協力　編集工房 kyonsight
装　丁　やぶはな あきお